长 沙 市 统 计 局
国家统计局长沙调查队 编

长沙统计年鉴
CHANGSHA STATISTICAL YEARBOOK

（京）新登字041号

图书在版编目（CIP）数据

长沙统计年鉴.2018/长沙市统计局，国家统计局长沙调查队主编.—北京：中国统计出版社，2018.8
ISBN 978-7-5037-8504-7

Ⅰ.①长… Ⅱ.①长… ②国… Ⅲ.①统计资料—长沙—2018—年鉴 Ⅳ.①C832.641-54

中国版本图书馆CIP数据核字（2018）第130839号

长沙统计年鉴——2018

作　　者 / 长沙市统计局　国家统计局长沙调查队
责任编辑 / 陈越月　王　浩
责任校对 / 朱　乐
装祯设计 / 孔江陵
出版发行 / 中国统计出版社
地　　址 / 北京市丰台区西三环南路甲6号
邮政编码 / 100073
电　　话 / 邮购(010)63376909　书店(010)68783171
网　　址 / http://csp.stats.gov.cn
印　　刷 / 长沙市雅高彩印有限公司
经　　销 / 新华书店
开　　本 / 890×1240毫米 1/16
字　　数 / 862千字
印　　张 / 27.75
印　　数 / 1500册
版　　别 / 2018年8月第1版
版　　次 / 2018年8月第1次印刷
书　　号 / ISBN 978-7-5037-8504-7
定　　价 / 280元

《长沙统计年鉴—2018》编辑委员会

《长沙统计年鉴—2018》资料整理人员

编者说明

一、《长沙统计年鉴—2018》是一部全面反映长沙市国民经济和社会发展情况的资料性年刊。收录了全市及各区、县（市）2017年经济和社会发展方面的大量统计数据，以及重要历史年份的主要统计数据，还包括全国三十五个直辖市、省会和副省级城市主要经济社会指标对比资料，是一本社会各界全面、深入了解研究长沙的重要工具书。

二、《长沙统计年鉴—2018》首卷为特载一《长沙市2017年国民经济和社会发展统计公报》及特载二《主要经济社会指标统计图》。本年鉴正文内容分为18个篇章，即：1. 综合；2. 国民经济核算；3. 人口、就业和职工工资；4. 固定资产投资、建筑业；5. 财政、金融、保险；6. 物价指数；7. 人民生活；8. 城市建设、环境保护；9. 农业；10. 工业；11. 运输和邮电；12. 国内外贸易、对外经济和旅游；13. 服务业；14. 教育和科技；15. 文化、体育、卫生；16. 区县（市）主要经济和社会指标；17. 全国三十五个直辖市、省会和副省级城市主要经济社会指标；18. 国民经济主要指标解释及计算方法。

三、本年鉴资料大部分来自年度统计报表，一部分来自抽样调查。年鉴部分指标取自部门统计年报资料；各区、县（市）主要经济和社会统计指标取自当年各地统计年报资料；全国其他城市数据取自相关交换资料。

四、本年鉴部分数据合计数或相对数由于单位取舍不同及四舍五入处理所产生的计算误差均未作机械调整。

五、本年鉴按照《中国统计年鉴》的大体框架和规范要求编辑。统一使用《中国统计年鉴》指标解释，统一采用国际度量标准计量单位。

目 录
Contents

特载一:2017 年长沙市国民经济和社会发展统计公报 …… (1)

The First Special Issue:Statistical Communique on the National Economy and Social Development in 2017,Changsha

特载二:主要经济社会指标统计图 …… (9)

The Second Special Issue:Statistical Charts of Main Economic and Social Indicators

一、综 合

General Survey

1—1 自然环境 …… (23)

Natural Environment

1—2 行政区划 …… (24)

Administrative Division

1—3 国民经济主要综合指标 …… (26)

The Main General Indicators of National Economy

1—4 国民经济主要指标平均递增速度 …… (30)

The Average Growth Rate of Main National Economy Indicators

1—5 主要指标日均水平 …… (32)

Average Daily Level of Main Indicators

1—6 主要指标人均水平 …… (34)

Per Capita Level of Main Indicators

1—7 长沙市主要经济指标占湖南省的比重(2017 年) …… (37)
The Ratio of Main Economic Indicators of Changsha Municipal to Hunan Province(2017)

二、国民经济核算

National Accounts

2—1 历年总产出(按当年价格计算) …… (41)
Gross Output Value at Current Prices in Various Years

2—2 历年总产出构成 …… (43)
Composition of Gross Output Value in Various Years

2—3 历年总产出环比指数(按可比价格计算,以上年为 100) …… (44)
Chain Indices of Gross Output Value (at Comparable Prices,Preceding Year =100)

2—4 历年总产出定基指数(按可比价格计算,以 1978 年为 100) …… (46)
Fixed-base Indices of Gross Output Value (at Comparable Prices,1978 = 100)

2—5 历年地区生产总值(按当年价格计算) …… (48)
Gross Domestic Product at Current Prices in Various Years

2—6 历年地区生产总值构成 …… (50)
Composition of Gross Domestic Product in Various Years

2—7 历年地区生产总值环比指数(按可比价格计算,以上年为 100) …… (51)
Chain Indices of Gross Domestic Product in Various Years (at Comparable Prices, Preceding Year =100)

2—8 历年地区生产总值定基指数(按可比价格计算,以 1978 年为 100) …… (52)
Fixed-base Indices of Gross Domestic Product in Various Years (at Comparable Prices,1978 = 100)

2—9 历年地区生产总值(支出法,按当年价格计算) …… (54)
Gross Domestic Product in Various Years (by Expenditure Approach, at Current Prices)

2—10 历年地区生产总值构成(支出法) …… (55)
Composition of Gross Domestic Product in Various Years (by Expenditure Approach)

2—11 历年最终消费指数(按可比价格计算) …… (56)
Indices of Final Consumption Expenditure in Various years (at Comparable Prices)

2—12 历年资本形成总额指数(按可比价格计算) …… (57)
Indices of Gross Capital Formation in Various Years (at Comparable Prices)

2—13 历年居民消费水平及指数 …… (58)
Household Consumption Level and Indices in Various Years

2—14 地区生产总值构成项目(2017 年) …………………………………………………………………… (59)
Composition of Gross Domestic Product (2017)

三、人口、就业和职工工资

Population, Employment and Wages

3—1 历年人口数 …………………………………………………………………………………………… (63)
Population in Various Years

3—2 历年城镇化率 ………………………………………………………………………………………… (65)
Statistics on Urbanization Rate in Various Years

3—3 历年人口自然变动情况 ………………………………………………………………………………… (66)
Statistics on Natural Change of Urban Population in Various Years

3—4 历年市区人口自然变动情况 …………………………………………………………………………… (68)
Statistics on Natural Change of County or City Population in Various Years

3—5 历年县(市)人口自然变动情况 ………………………………………………………………………… (70)
Statistics on Natural Change of County or City Population in Various Years

3—6 历年计划生育情况 ……………………………………………………………………………………… (72)
Statistics on Family Planning in Various Years

3—7 历年婚姻登记情况 ……………………………………………………………………………………… (73)
Statistics on Marriage Register in Various Years

3—8 历年在岗职工人数与工资 ……………………………………………………………………………… (74)
Number of Employed Staff and Workers and Wage in Various Years

3—9 历年市区在岗职工人数与工资 ………………………………………………………………………… (75)
Number of Employed Staff and Workers and Wage in Urban in Various Years

3—10 单位从业人员和劳动报酬情况(2017 年) ……………………………………………………………… (76)
Statistics on Employed Person and Labor Payment in Units (2017)

3—11 年末分行业在岗职工人数 …………………………………………………………………………… (78)
Number of Employed Staff and Workers at the Year-end by Sector

3—12 年末城镇单位按行业分组的女性从业人员(2017 年) …………………………………………… (80)
Number of Female Employed in Urban Units at the Year-end by Sector(2017)

3—13 市区从业人员及工资总额(2017 年) ………………………………………………………………… (81)
Number of Employed staff and Total Wages in Urban (2017)

3—14 全社会从业人员(2017 年) …………………………………………………………………………… (82)

Total Number of Employees (2017)

3—15 历年城镇失业情况 ……………………………………………………………………………………… (82)

Statistics on Unemployment in Urban Units in Various Years

四、固定资产投资、建筑业

Investment in Fixed Assets and Construction

4—1 历年固定资产投资按项目性质、用途分类 ……………………………………………………………… (85)

Historic Investment in Fixed Assets by Type of Construction and Purpose

4—2 历年固定资产投资、新增固定资产及竣工房屋面积 ……………………………………………………… (87)

Historic Investment in Fixed Assets, Newly Increased Fixed Assets and Floor Space Completed

4—3 主要年份固定资产投资完成情况 ……………………………………………………………………… (89)

Statistics on Total Investment in Fixed Assets in Some Important Years

4—4 历年国有及民间投资情况 …………………………………………………………………………… (90)

Historic Nationalized and Non-governmental Investment in Fixed Assets

4—5 固定资产投资完成情况(2017 年) …………………………………………………………………… (91)

Main Indicators of Investment In Fixed Assets in City and Town(2017)

4—6 固定资产投资资金来源(2017 年) …………………………………………………………………… (95)

Sources of Funds for Investment in Fixed Assets in City and Town (2017)

4—7 主要年份更新改造投资完成主要指标 …………………………………………………………………… (96)

Main Indicators of Investment in Innovation in Some Important Years

4—8 主要年份房地产开发及商品房销售主要指标 ……………………………………………………………… (98)

Main Indicators of Investment in Real Estate Development and Selling of Commercial Houses in Some Important Years

4—9 房地产开发投资完成情况(2017 年) ………………………………………………………………… (99)

Statistics on Investment in Real Estate Development(2017)

4—10 房地产施工竣工及销售主要指标(2017 年) ……………………………………………………… (101)

Main Indicators of Real Estate Construction, Completed and Selling(2017)

4—11 固定资产投资主要新增生产能力(或效益)(2017 年) …………………………………………… (102)

Newly Increased Production Capacities(or Benefits)Through Investment in Fixed Assets (2017)

4—12 主要年份建筑业生产主要指标完成情况 …………………………………………………………… (103)

Statistics on Production of Construction in Some Important Years

4—13 建筑业企业生产情况(2017 年) …… (104)
Statistics on Production of Construction Enterprises (2017)

4—14 主要年份建筑业财务状况 …… (108)
Financial Indicators of Construction in Some Important Years

4—15 建筑业企业财务状况(2017 年) …… (110)
Financial Indicators of Construction Enterprises (2017)

五、财政、金融、保险

Finance, Banking and Insurance

5—1 主要年份财政收支情况 …… (119)
Government Revenue and Expenditure in Some Important Years

5—2 主要年份财政收支增长速度 …… (120)
Increase Rate of Government Revenue and Expenditure in Some Important Years

5—3 财政收入 …… (121)
Government Revenue

5—4 财政支出 …… (122)
Government Expenditure

5—5 主要年份金融统计指标 …… (123)
Financial Statistical Indicators in Some Important Years

5—6 金融机构消费贷款 …… (123)
Loans of Financial Institutions to Expenditure

5—7 金融机构存贷款(本外币) …… (124)
Deposits and Loans of Financial Institutions

5—8 金融机构存贷款(人民币) …… (124)
RMB Deposits and Loans of Financial Institutions

5—9 财产保险公司业务主要指标(2017 年) …… (125)
Major Indicators of Property Insurance Business(2017)

5—10 人寿保险公司业务主要指标(2017 年) …… (126)
Major Indicators of Life Insurance Business(2017)

六、物价指数

Price Indices

6—1 历年物价总指数(以上年价格为100) …… (129)
Historical General Price Index(Preceding Year = 100)

6—2 重要年份定基物价指数 …… (131)
Price Index in Key Years

6—3 商品零售价格指数(2017年,以上年价格为100) …… (133)
Retail Price Index of Commodities(2017,Preceding Year = 100)

6—4 居民消费价格指数(2017年,以上年价格为100) …… (134)
Consumer Price Index (2017,Preceding Year = 100)

6—5 居民消费价格定基指数(2017年,以2015年价格为100) …… (135)
Consumer Fixed-base Price Index(2017,2015 = 100)

6—6 商品零售价格定基指数(2017年,以2015年价格为100) …… (136)
Retail Fixed-base Price Index of Commodities(2017,2015 = 100)

6—7 居民消费价格指数(2017年分月,以上年同月为100) …… (137)
Monthly Consumer Price Index(Preceding Month = 100)

6—8 商品零售价格指数(2017年分月,以上年同月为100) …… (138)
Monthly Retail Price Index of Commodities(Preceding Month = 100)

6—9 主要商品零售平均价格(2017年) …… (139)
Average Retail Price of Major Commodities (2017)

6—10 原材料、燃料、动力购进价格指数(2017年,以上年价格为100) …… (140)
Raw and Processed Material, Fuel, Power Purchasing Price Index (Preceding Year = 100)(2017)

6—11 工业生产者出厂价格指数(2017年,以上年价格为100) …… (140)
Ex-factory Price Index of Industrial Producer(Preceding Year = 100)(2017)

6—12 房地产价格指数(2017年) …… (141)
Real Estate Price Index (2017)

七、人民生活

People's Livelihood

7—1 历年城市居民调查户基本情况 …… (145)
Basic Conditions of Urban Households Surveyed in Various Years

7—2 历年城市居民调查户消费性支出情况 …………………………………………………………… (146)

Consumption Expenditure of Urban Households Surveyed in Various Years

7—3 历年城市居民家庭全年人平主要食品、衣着及日用品消费量 ……………………………………… (147)

Per Capita Annual Purchases of Major Foods, Clothing and Daily Use Articles in Various Years

7—4 历年年末城市居民家庭平均每百户耐用消费品拥有量 ………………………………………… (150)

Number of Durable Consumer Goods Owned by Per 100 Urban Households at Various Year-end

7—5 城镇居民调查户基本情况(2017 年) ……………………………………………………………… (153)

Basic Conditions of Urban Households Surveyed (2017)

7—6 年末城镇居民调查户主要消费品拥有量(2017 年) …………………………………………………… (154)

Number of Major Consumer Goods Owned by Urban Households Surveyed at the Year-end(2017)

7—7 城镇居民家庭人平收支情况(2017 年) …………………………………………………………… (155)

Per Capita Annual Cash Income and Expenditure of Urban Households(2017)

7—8 城镇居民家庭人平收入情况(2017 年) …………………………………………………………… (156)

Per Capita Annual Cash Income of Urban Households (2017)

7—9 城镇居民家庭人平支出情况(2017 年) …………………………………………………………… (157)

Per Capita Annual Cash Expenditure of Urban Households (2017)

7—10 城镇居民家庭人平消费支出情况(2017 年) ……………………………………………………… (158)

Per Capita Annual Living Expenditure of Urban Households (2017)

7—11 城镇居民家庭人平主要食品及水电燃料购买消费量 (2017 年) ………………………………… (159)

Per Capita Consumption of Major Foods, Water, Electricity and Fuels of Urban Households (2017)

7—12 城镇居民家庭人平主要食品支出额(2017 年) …………………………………………………… (160)

Per Capita Annual Expenditure on Major Foods of Urban Households (2017)

7—13 城镇居民家庭人平主要设备用品及水电燃料消费额(2017 年) ………………………………… (161)

Per Capita Annual Expenditure on Major Facilities, Water, Electricity and Fuels of Urban Households (2017)

7—14 年末城镇居民家庭居住情况(2017 年) ………………………………………………………… (162)

Housing Conditions of Urban Households at the Year-end (2017)

7—15 城乡(镇)居民分区、县(市)家庭人平收入情况(2017 年) ……………………………………… (164)

Per Capita Annual Cash Income of Urban and Rural Households by District, County and City (2017)

7—16 城乡(镇)居民分区、县(市)家庭人平支出情况(2017 年) ……………………………………… (166)

Per Capita Annual Cash Expenditure of Urban and Rural Households by District, County and City (2017)

7—17 城乡(镇)居民分区、县(市)家庭人平消费支出情况(2017 年) ………………………………… (168)

Per Capita Annual Living Expenditure of Urban and Rural Households by District, County and City (2017)

7—18 2000—2017 年农村居民家庭调查户基本情况 …… (169)
Basic Conditions of Rural Households Surveyed (2000-2017)

7—19 农村居民家庭人均收入(2017 年) …… (171)
Per Capita Annual Income of Rural Households (2017)

7—20 农村居民家庭人均支出(2017 年) …… (172)
Per Capita Annual Expenditure of Rural Households (2017)

7—21 农村居民家庭人平可支配收入(2017 年) …… (173)
Per Capita Source of Net Income of Rural Households (2017)

7—22 农村居民家庭人平消费支出(2017 年) …… (175)
Per Capita Annual Cash Expenditure of Rural Households (2017)

7—23 农村居民家庭人平粮食收支情况(2017 年) …… (176)
Per Capita Statistics on Output and Input of Grains of Rural Households (2017)

7—24 农村居民家庭人平主要实物消费量(2017 年) …… (177)
Per Capita Annual Consumption of Major Foods of Rural Households (2017)

7—25 农村居民家庭每百户耐用消费品拥有量(2017 年) …… (178)
Number of Durable Consumer Goods Owned by Per 100 Rural Households (2017)

7—26 农村居民抽样调查人口与就业期末情况(2017 年) …… (179)
Sampling Investigation on Population and Employment of Rural Households(2017)

八、城市建设、环境保护

Construction of Cities and Environmental Protection

8—1 2009—2017 年城市公共交通情况 …… (183)
Statistics on Urban Public Traffics (2009—2017)

8—2 2000—2017 年城市房屋发展状况及住房水平 …… (184)
Development of Urban Building Construction and Housing Condition (2000—2017)

8—3 2000—2017 年城市自来水、供气、用电供应情况 …… (185)
Basic Statistics on Supply of Water, Gas and Electricity in City (2000-2017)

8—4 2000—2017 年城市环境卫生基本情况 …… (186)
Basic Statistics on Urban Environmental Sanitation (2000—2017)

8—5 2000—2017 年市政设施基本情况 …… (187)
Basic Statistics on Municipal facilities(2000—2017)

8—6 2000—2017 年城市园林、绿化情况 …… (188)
Basic Statistics on Urban Park, Garden and Green Areas (2000—2017)

8—7 2000—2017 年城市环境污染和治理情况 …… (189)
Basic Statistics on Urban Environment Pollution and Treatment (2000—2017)

九、农 业

Agriculture

9—1 历年农、林、牧、渔业总产值(按现行价格计算) …… (193)
Gross Output Value of Farming, Forestry, Animal and Fishing at Current Prices in Various Years

9—2 历年粮食总产量 …… (196)
Gross Yield of Grain in Various Years

9—3 历年耕地面积 …… (198)
Cultivated Areas in Various Years

9—4 历年牲猪、水产品生产情况 …… (200)
Statistics on Hogs and Aquatic Production in Various Years

9—5 农村基层组织情况与农业生产条件(2017 年) …… (202)
Statistics on Rural Grassroots Units and Agriculture Production Conditions (2017)

9—6 主要农产品生产情况(2017 年) …… (206)
Output of Major Farm Crops (2017)

9—7 茶叶、水果生产情况(2017 年) …… (214)
Output of Tea and Fruits (2017)

9—8 畜牧业生产情况(2017 年) …… (216)
Output of Animal Husbandry (2017)

9—9 渔业生产情况(2017 年) …… (220)
Output of Fishing (2017)

9—10 农林牧渔业总产值(2017 年) …… (222)
Gross Output Value of Farming, Forestry, Animal and Fishing (2017)

十、工 业

Industry

10—1 历年工业总产值 …… (229)
Gross Industrial Output Value in Various Years

10—2 历年工业总产值指数 …… (231)

Index of Gross Industrial Output Value in Various Years

10—3 规模以上工业企业主要产品产量 …… (235)

Output of Industrial Products above Designated Size

10—4 1998—2017 年规模以上工业企业主要经济指标 …… (236)

Main Economic Indicators of Industrial Enterprises above Designated Size (1998—2017)

10—5 规模以上工业企业主要经济指标(2017 年) …… (238)

Main Economic Indicators of Independent Enterprises above Desighated Size(2017)

10—6 规模以上国有及国有控股工业企业主要经济指标(2017 年) …… (256)

Main Economic Indicators of State owned and State holding Industrial Enterprises above Designated Size(2017)

10—7 规模以上大中型工业企业主要经济指标(2017 年) …… (268)

Main Economic Indicators of Large and Medium-sized Industrial Enterprises above Designated Size(2017)

10—8 规模以上工业企业主要能源按行业分组消费量(2017 年) …… (280)

Consumption of Major Energies by Sector of Industrial Enterprises above Designated Size(2017)

10—9 规模以上工业企业能源购进、消费及库存(2017 年) …… (284)

Energy Purchase,Consumption and Stock of Industrial Enterprises above Designated Size(2017)

10—10 规模以上工业企业能源加工转换与回收利用表(2017 年) …… (285)

Energy Processing Conversion and Recovery of Industrial Enterprises above Designated Size(2017)

10—11 主要耗能规模以上工业企业单位产品能源消耗情况 …… (286)

Unit Pcoduct Energy Consumption of Industrial Enterprises above Designated Size

10—12 规模以上工业企业用水情况(2017 年) …… (287)

Water Consumption of Industrial Enterprises above Designated Size(2017)

十一、运输和邮电

Transportation, Postal and Telecommunication Services

11—1 1995—2017 年全社会客、货运输量 …… (291)

Passenger and Freight Traffic(1995—2017)

11—2 陆运工具情况 …… (292)

Statistics on Land Carriage Vehicles

11—3 公路里程与桥梁情况(2017 年) …… (293)

Statistics on Length of Highways and Bridges (2017)

11—4 电信业务基本情况（2017 年） …… （293）

Basic Conditions of Telecommunications Service(2017)

11—5 邮政业务基本情况(2017 年) …… （294）

Basic Conditions of Postal Service (2017)

11—6 民用车辆拥有量(2017 年) …… （295）

Number of Civil Vehicles(2017)

十二、国内外贸易、对外经济和旅游

Domestic and Foreign Trade, Foreign Economy and Tourism

12—1 历年社会消费品零售总额 …… （299）

Total Retail Sales of Consumer Goods in Various Years

12—2 分行业社会消费品零售总额 …… （300）

Total Retail Sales of Consumer Goods by Sector

12—3 限额以上批发、零售、住宿和餐饮业基本情况(2017 年) …… （301）

Basic Statistics of Enterprises above Designated Size in Wholesale, Retail Trade, Catering Services and Hotels (2017)

12—4 限额以上批发和零售业法人企业商品购进、销售和库存(2017 年) …… （302）

Total Purchases, Sales and Inventory of Enterprises above Designated Size in Wholesale and Retail Trade(2017)

12—5 限额以上住宿和餐饮业法人企业经营情况(2017 年) …… （304）

Basic Statistics of Enterprises above Designated Size in Hotels and Catering Services(2017)

12—6 限额以上零售业、住宿业和餐饮业连锁经营情况(2017 年) …… （305）

Basic Statistics of Enterprises above Designated Size in Chain Store Hotel Services and Catering Services(2017)

12—7 限额以上批发企业主要财务状况(2017 年) …… （306）

Financial Affairs of Enterprises above Designated Size in Wholesale(2017)

12—8 限额以上零售企业主要财务状况(2017 年) …… （310）

Financial Affairs of Enterprises above Designated Size in Retail Trade(2017)

12—9 限额以上住宿企业主要财务状况(2017 年) …… （314）

Financial Affairs of Hotel Services above Designated Size(2017)

12—10 限额以上餐饮企业主要财务状况(2017 年) …… （318）

Financial Affairs of Catering Enterprises above Designated Size(2017)

12—11 亿元以上商品交易市场基本情况(按市场类别分组) …… （322）

Basic Statistics on Commodity Transaction Markets of Turnover above loo Million Yuan by Market Category

12—12 商业综合体总体情况(2017 年) …………………………………………………………… (324)
General Situation of Urban Commercial Complex(2017)

12—13 三资企业利用外资情况 …………………………………………………………………… (324)
Utilization of Foreign Capital by Three Kinds of Foreign-invested Enterprises or Ventures

12—14 利用外资按行业和主要国别(地区)分 ……………………………………………………… (325)
Utilization of Foreign Capital by Sector and Country or Territory

12—15 对外贸易进出口总值 …………………………………………………………………… (326)
Total Value of Imports and Exports

12—16 主要进出口商品总值 …………………………………………………………………… (326)
Major Imports and Exports Commodities in Value

12—17 进出口商品主要产销国别(地区)总值 ………………………………………………………… (327)
Value of Imports and Exports by Main Producers and Sales Countries or Regions

12—18 外派劳务按区、县(市)分组 ……………………………………………………………… (328)
Expatriate Labor by District, County and City

12—19 旅游业基本情况 ………………………………………………………………………… (329)
Basic Statistics on Tourism

12—20 接待国际游客按国别(地区)分 …………………………………………………………… (330)
Number of Foreign Tourists by Countries or Regions

十三、服务业

Service Trades

13—1 规模以上服务业企业财务状况(2017 年) ……………………………………………………… (332)
Financial Affairs of Service Administration above Designated Size(2017)

十四、教育和科技

Education, Science and Technology

14—1 历年高等学校情况 ………………………………………………………………………… (339)
Basic Statistics on Institutions of Higher Education in Various Years

14—2 历年中等职业学校情况 …………………………………………………………………… (341)
Basic Statistics on Specialized Secondary Schools in Various Years

14—3 历年普通中学情况 ……………………………………………………………………………… (343)
Basic Statistics on General Secondary Schools in Various Years
14—4 历年小学情况 …………………………………………………………………………………… (345)
Basic Statistics on Primary Schools in Various Years
14—5 历年高考录取人数 ……………………………………………………………………………… (347)
Number of New Students Enrollment by Institutions of Higher Education in Various Years
14—6 历年高校研究生数 ……………………………………………………………………………… (348)
Number of Postgraduates in Various Years
14—7 历年技工学校情况 ……………………………………………………………………………… (349)
Basic Statistics on Technical Schools in Various Years
14—8 高考录取情况(2017 年) ………………………………………………………………………… (350)
Basic Statistics on New Students Enrollment by Institutions of Higher Education (2017)
14—9 大学基本情况(2017 年) ………………………………………………………………………… (350)
Basic Statistics on Institutions of Higher Education (2017)
14—10 成人高等学历教育基本情况(2017 年) ……………………………………………………… (351)
Basic Statistics on Adult Education School (2017)
14—11 普通中学、小学情况(2017 年) ……………………………………………………………… (351)
Basic Statistics on General Secondary Schools and Primary Schools (2017)
14—12 特殊教育学校情况 (2017 年) ……………………………………………………………… (352)
Basic Statistics on Schools of Special Education(2017)
14—13 幼儿园情况 (2017 年) ……………………………………………………………………… (352)
Basic Statistics on Kindergartens (2017)
14—14 规模以上工业企业 R&D 活动人员情况(2017 年) ……………………………………… (353)
Statistics on Scientific and Technological Personnel of Industrial Enterprise above Designated Size(2017)
14—15 规模以上工业企业按活动类型分 R&D 经费内部支出情况 (2017 年) ………………… (355)
Intramural Expenditure on R&D by Activities of Industrial Enterprise above Designated Size(2017)
14—16 规模以上工业企业按经费来源分 R&D 经费内部支出情况(2017 年) ………………… (357)
Intramural Expenditure on R&D by Sources of Industrial Enterprise above Designated Size(2017)
14—17 规模以上工业企业按支出用途分 R&D 经费内部支出情况(2017 年) ………………… (359)
Intramural Expenditure on R&D by Use of Industrial Enterprise above Designated Size(2017)
14—18 规模以上工业企业办科技机构情况(2017 年) …………………………………………… (361)
Statistics on Projects of Science and Technology of Industrial Enterprise above Designated Size(2017)

14—19 规模以上工业企业科技活动产出情况(2017 年) ······ (363)
Statistics on Scientific and Technological Activities of Industrial Enterprise above Designated Size(2017)

14—20 规模以上工业企业 R&D 项目和新产品开发项目情况 (2017 年) ······ (365)
Statistics on S&T Personnel and Funds of S&T Activities of Industrial Enterprise above Designated Size(2017)

14—21 大中型工业企业 R&D 活动人员情况(2017 年) ······ (367)
Statistics on Institutions for Science and Technology in Large and Medium-sized Industrial Enterprises(2017)

14—22 大中型工业企业按活动类型分 R&D 经费内部支出情况(2017 年) ······ (369)
Intramural Expengiture on R&D by Activities in Large and Medium-sized Industrial Enterprises(2017)

14—23 大中型工业企业按经费来源分 R&D 经费内部支出情况(2017 年) ······ (371)
Intramural Expenditure on R&D by Sources in Large and Medium-sized Industrial Enterprises(2017)

14—24 大中型工业企业按支出用途分 R&D 经费内部支出情况(2017 年) ······ (373)
Intramural Expenditure on R&D by Use in Large and Medium-sized Industrial Enterprises(2017)

14—25 大中型工业企业办科技机构情况(2017 年) ······ (375)
Statistics on Projects of Scientific and Technology in Large and Medium-sized Industrial Enterprises(2017)

14—26 大中型工业企业科技活动产出情况(2017 年) ······ (377)
Statistics on R&D Outpues in Large and Medium-sized Industrial Enterprises(2017)

14—27 大中型工业企业 R&D 项目和新产品开发项目情况(2017 年) ······ (379)
Statistics on S&T personnel and Funds of S&T Activities in Large and Medium-sized Industrial Enterprises (2017)

十五、文化、体育、卫生

Culture, Sports and Public Health

15—1 历年文化事业发展情况 ······ (383)
Basic Statistics on Development of Culture in Various Years

15—2 历年出版事业发展情况 ······ (385)
Basic Statistics on Development of Publishing Undertaking in Various Years

15—3 历年市、县属广播事业发展情况 ······ (387)
Basic Statistics on Development of Broadcasting of Cities and Counties in Various Years

15—4 历年市、县训练体育干部、举办运动会情况 ······ (389)
Basic Statistics on Gymnastic Cadre Training and Sports Meets of Cities and Counties in Various Years

15—5 历年卫生事业发展情况 ······ (390)
Basic Statistics on Development of Public Health in Various Years

15—6 医疗机构诊疗人数（2017 年） …… (392)

Number of Patients Treated (2017)

15—7 医疗机构入院、出院人数(2017 年) …… (392)

Number of Hospital Admission Patients, Cured and Discharged from Hospitals (2017)

十六、区县(市)主要经济和社会指标

Main Economic and Social Statistical Indicators of District, County and City

16—1 区县(市)年末户籍户数和人口数(2017 年) …… (395)

Households and Population by District, County and City at the Year-end (2017)

16—2 历年分区县(市)年末户籍人口 …… (396)

Resident Population by District,County and City at the Year-end

16—3 历年分区县(市)年末常住人口 …… (397)

Resident Population by District,County and City at the Year-end

16—4 区县(市)人口自然变动情况(2017 年) …… (398)

Statistics on Natural Increase of Population by District, County and City (2017)

16—5 区县(市)人口机械增长情况(2017 年) …… (398)

Statistics on Mechanical Increase of Population by District, County and City (2017)

16—6 区县(市)地区生产总值(2017 年) …… (399)

Gross Domestic Product by District, County and City (2017)

16—7 区县(市)地区生产总值增长速度(2017 年) …… (399)

Growth Rate of Gross Domestic Product by District, County and City(2017)

16—8 区县(市)规模以上工业企业主要经济指标(2017 年) …… (400)

Main Economic Indicators of Industrial Enterprises above Designated Size by District,County and City (2017)

16—9 区县(市)单位 GDP 能耗上升或下降 …… (400)

Changes in Energy Consumption of Unit GDP by District,County and City

16—10 区县(市)单位 GDP 电耗上升或下降 …… (401)

Changes in Power Consumption of Unit GDP by District,County and City

16—11 区县(市)单位规模工业增加值能耗上升或下降 …… (401)

Changes in Energy Consumpiton of the Unit Value Added of Industrial Enterprises above the Designated Size

16—12 区县(市)固定资产投资主要指标完成情况(2017 年) …… (401)

Statistics on Total Investment in Fixed Assets by District, County and City (2017)

16—13 区县(市)财政收入(2017年) …… (402)
Government Revenue by District, County and City (2017)

16—14 区县(市)财政支出 (2017年) …… (404)
Government Expenditure by District, County and City (2017)

16—15 区县(市)社会消费品零售总额 (2017年) …… (405)
Total Retail Sales of Consumer Goods by District, County and City (2017)

十七、全国三十五个直辖市、省会和副省级城市主要经济社会指标

Main Economic and Social Statistics Indicators of National Thirty-five Municipalities, Provincial Capitals and Cities of Sub-provincial Rank

全国三十五个城市主要经济社会指标(2017年) …… (409)
Main Economic and Social Statistics Indicators of Thirty-five Cities (2017)

十八、国民经济主要指标解释及计算方法

Explanatory Notes and Calculation Methods on Main Statistical Indicators of National Economy

国民经济主要指标解释及计算方法 …… (419)
Explanatory Notes and Calculation Methods on Main Statistical Indicators of National Economy

特载一

2017年长沙市国民经济和社会发展统计公报

长沙统计年鉴

2017 年长沙市国民经济和社会发展统计公报[1]

2017 年，全市深入贯彻落实中央、省、市各项决策部署，持续深化供给侧结构性改革，大力实施创新引领开放崛起战略，着力打造国家智能制造中心、国家创新创意中心、国家交通物流中心，全市经济社会保持了稳中求进、进中向好的良好态势。

一、综　　合

初步核算，全市实现地区生产总值（GDP）10535.51[2]亿元，比上年增长 9.0%。分产业看，第一产业实现增加值 379.45 亿元，增长 3.0%；第二产业实现增加值 4998.26 亿元，增长 7.7%；第三产业实现增加值 5157.80 亿元，增长 10.9%。第一、二、三产业分别拉动 GDP 增长 0.1、3.8、5.1 个百分点，三次产业对 GDP 增长的贡献率分别为 1.2%、42.1%、56.7%。按常住人口计算，人均 GDP 达 135388 元，比上年增长 5.6%。三次产业结构调整为 3.6∶47.4∶49.0。全市非公有制经济实现增加值 6811.30 亿元，占 GDP 的比重达 64.7%。

图 1　2013－2017 年地区生产总值及其增长速度

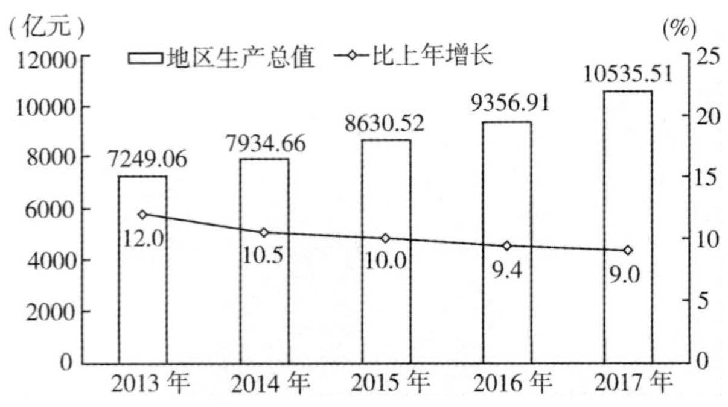

全市一般公共预算收入 1403.29 亿元，比上年增长 14.0%，其中地方一般公共预算收入 800.35 亿元，增长 11.5%。一般公共预算支出 1186.57 亿元，增长 13.9%。

图 2　2013－2017 年一般公共预算收入及地方一般公共预算收入

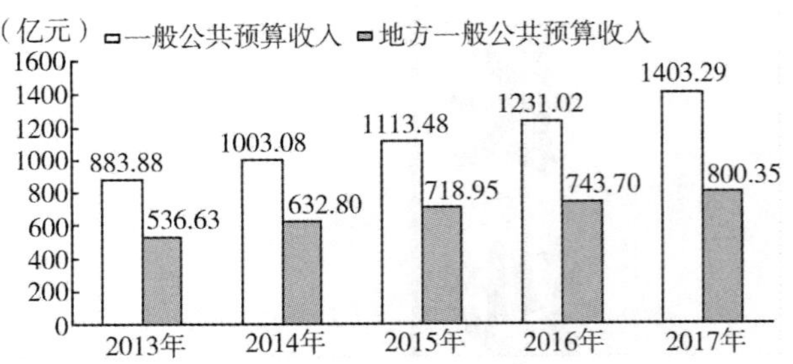

全市居民消费价格比上年上涨 1.3%，涨幅回落 0.6 个百分点；商品零售价格上涨 1.4%，涨幅增加 0.5 个百分点。

表 1　2017 年居民消费价格比上年涨跌幅度

指　　标	比上年上涨(%)
居民消费价格	1.3
服务项目价格	2.5
食品	-0.9
粮食	1.3
食用油	-0.8
畜肉类	-5.5
蛋	-1.5
水产品	8.2
菜	-6.1
烟酒	0.9
衣着	1.4
居住	5.0
生活用品及服务	0.3
交通和通信	0.2
教育文化和娱乐	1.7
医疗保健	1.3
其他用品和服务	1.0

全市新增城镇就业人员 14.2 万人，年末城镇登记失业率为 2.67%。

二、农　　业

全市实现农林牧渔业增加值 388.43 亿元，比上年增长3.2%,其中农业增加值245.16亿元,增长5.0%;林业增加值19.48亿元,增长9.2%;牧业增加值100.27亿元,下降2.8%;渔业增加值14.53亿元,增长4.9%;农林牧渔服务业增加值8.98亿元,增长13.5%。

图3 2013－2017年农林牧渔业增加值

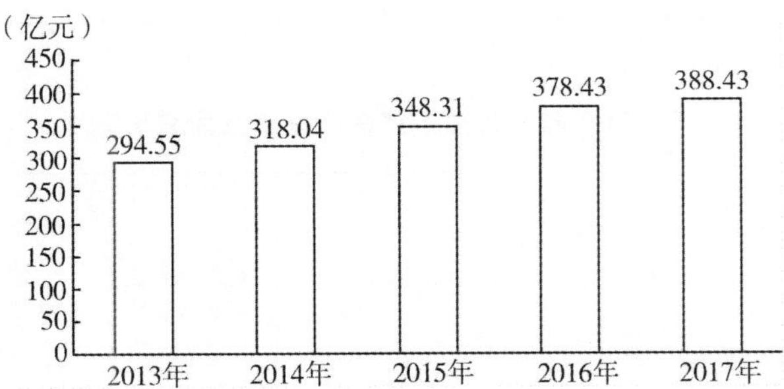

全年粮食播种面积36.9万公顷,比上年下降0.9%,其中稻谷播种面积33.3万公顷,下降1.1%,优质稻种植面积所占比重为80.0%;蔬菜播种面积17.3万公顷,增长0.8%;油料种植面积5.6万公顷,增长1.1%;出栏肉猪674.92万头,下降8.5%。

表2 2017年主要农产品产量及其增长速度

产品指标	计量单位	产　　量	比上年增长(%)
粮　食	万吨	238.80	-3.5
棉　花	万吨	0.04	-11.3
油　料	万吨	9.71	2.0
茶　叶	万吨	3.35	3.0
蔬　菜	万吨	601.83	1.4
禽　蛋	万吨	5.04	-4.8
水产品	万吨	12.25	-3.1
出栏肉猪	万头	674.92	-8.5
肉类总产量	万吨	60.91	-7.6
牛　奶	万吨	0.34	-22.9

农民专业合作组织10363个,比上年增长8.2%;入社农户23.74万户,参与农户19.66万户。

农业机械总动力602.10万千瓦,农业机械总值30.57亿元,水稻耕种收综合机械化水平为78.2%。

农村基础设施建设投入力度加大,全市开工各类水利工程1.67万处,水利工程投入资金34.69亿元,水利工程完成土石方0.29亿立方米。

三、工业和建筑业

全市全部工业增加值4101.47亿元,比上年增长8.1%,其中规模以上工业实现增加值3533.26亿元,增长8.5%;工业增加值占GDP的比重为38.9%。

图4 2013－2017年全部工业增加值及其增长速度

表3 2017年规模以上工业增加值及其增长速度

指　标	增加值(亿元)	比上年增长(%)
规模以上工业	3533.26	8.5
按轻、重工业分组:		
轻工业	1527.76	5.0
重工业	2005.50	11.5
按经济类型分组:		
国有企业	729.25	1.5
集体企业	9.20	-7.6
股份合作制企业	1.16	-17.3
股份制企业	2130.42	9.3
外商及港澳台投资企业	551.40	20.2
其他企业	111.83	-4.8
总计中:		
非公有制企业	2451.06	8.8
国有及国有控股工业	1036.79	8.5
大中型工业	2367.09	8.3

全市园区规模以上工业增加值2222.05亿元,比上年增长13.1%,占全市规模以上工业增加值的62.9%,对规模以上工业增长的贡献率达92.7%。

全市规模以上工业统计的216种主要工业产品中,产量比上年增长的有144种,占产品总数量的比重为66.7%。

表4　2017年规模以上工业主要产品产量及其增长速度

产品名称	计量单位	产　　量	比上年增长(%)
饲料	万吨	323.15	2.0
精制食用植物油	万吨	14.38	10.8
酱　油	万吨	22.77	9.8
大　米	万吨	71.08	-6.5
乳制品	万吨	9.66	2.1
软饮料	万吨	183.62	51.7
精制茶	万吨	4.88	1.7
卷　烟	亿支	1678.04	-1.0
服　装	万件	4674.00	7.6
涂　料	万吨	64.56	12.5
化学药品原药	万吨	0.93	-35.8
化学试剂	万吨	6.41	-4.1
焰火制品	亿元	455.00	3.6
家　具	万件	236.47	-4.8
水　泥	万吨	1121.42	-10.0
商品混凝土	万立方米	1389.55	-1.2
铝　材	万吨	175.50	23.2
起重机	万吨	51.78	42.1
挖掘、铲土运输机械	万台	4.15	77.9
压实机械	台	3212.00	57.8
混凝土机械	万台	3.87	2.4
环境污染防治专用设备	万台	2.13	-36.4
汽　车	万辆	33.11	10.3
其中:新能源汽车	万辆	4.17	24.0
光电子器件	亿只	23.79	15.4
印制电路板	万平方米	96.26	-55.9
电力电缆	亿米	19.12	1.9
自来水生产量	万立方米	83251.00	5.9

全市规模以上工业企业实现主营业务收入11371.98亿元,比上年增长10.4%;主营业务成本8922.56亿元,增长10.0%;利润总额736.48亿元,增长26.9%。

全市建筑业增加值902.15亿元,比上年增长14.1%。全市具有建筑业资质等级的独立核算企业完成建筑业总产值4374.53亿元,增长15.5%;房屋竣工面积7443.17万平方米,增长1.0%。

四、固定资产投资

全市固定资产投资7567.77亿元,比上年增长13.1%。全市计划总投资超过5000万元的在建项目(不含房地产开发)1732个,完成投资3607.33亿元,占固定资产投资总额的47.7%。

图5　2013－2017年固定资产投资

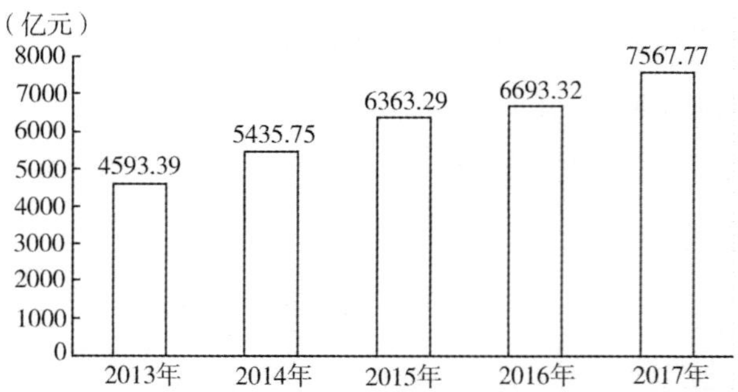

表5　2017年分行业固定资产投资及其增长速度

行　　业	投资额(亿元)	比上年增长(%)
总　计	7567.77	13.1
农、林、牧、渔业	70.64	-6.3
采矿业	12.98	-24.7
制造业	2139.04	8.8
其中:农副食品加工业	139.36	-3.5
食品制造业	146.26	24.4
印刷业和记录媒介的复制	42.44	-10.4
化学原料及化学制品制造业	181.70	-11.4
医药制造业	108.95	34.5
非金属矿物制品业	141.47	21.0
金属制品业	114.54	-20.8
通用设备制造业	150.73	-19.7
专用设备制造业	192.41	24.3
汽车制造业	214.64	33.8
电气机械及器材制造业	219.21	106.3
计算机、通信和其他电子设备制造业	123.31	20.4
仪器仪表制造业	22.18	74.5
电力、热力、燃气及水的生产和供应业	59.77	-34.2
其中:电力、热力的生产和供应业	27.91	-12.1
建筑业	24.05	-17.0
交通运输、仓储和邮政业	496.09	12.0
信息传输、软件和信息技术服务业	245.67	46.4
批发和零售业	461.95	62.6
住宿和餐饮业	68.94	41.4
金融业	26.93	-20.8
房地产业	1902.71	11.7
租赁和商务服务业	294.19	11.4
科学研究和技术服务业	242.73	21.1
水利、环境和公共设施管理业	864.74	-2.7
居民服务、修理和其他服务业	28.99	37.1
教育	188.19	25.3
卫生和社会工作	115.33	60.3
文化、体育和娱乐业	279.67	31.9
公共管理、社会保障和社会组织	45.14	72.2
国际组织	0.00	0.0

在固定资产投资中，第一产业完成投资（不含水利建设投资）54.76亿元，增长19.9%；第二产业完成投资2232.62亿元，增长6.3%，其中工业投资2211.80亿元，增长6.7%；第三产业完成投资5280.39亿元，增长16.1%。高技术产业投资805.49亿元，增长37.6%。基础设施建设完成投资1398.79亿元，下降2.7%。

全市房地产开发投资1489.69亿元，比上年增长18.2%。全市商品房销售面积2259.15万平方米，下降12.9%；商品房销售额1736.74亿元，增长4.5%。

五、国内贸易

全市社会消费品零售总额4547.68亿元，比上年增长10.5%，剔除物价因素实际增长9.0%。按经营地统计，城镇零售额4133.32亿元，增长10.4%；乡村零售额414.36亿元，增长10.7%。按消费形态统计，商品零售额4133.89亿元，增长10.5%；餐饮收入额413.78亿元，增长10.1%。

图6　2013－2017年社会消费品零售总额

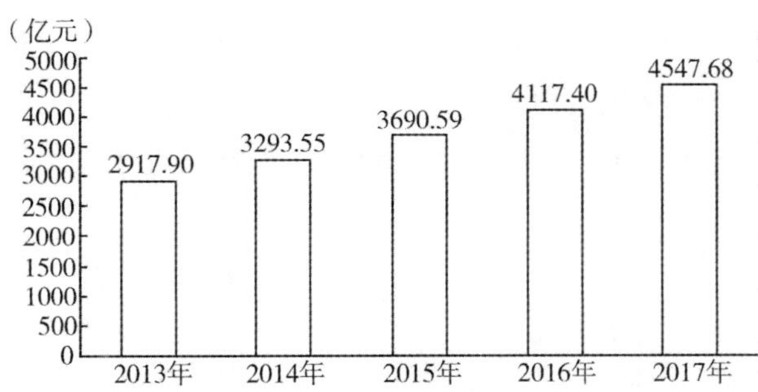

表6　2017年社会消费品零售总额及其增长速度

指　　标	零售额（亿元）	比上年增长（%）
社会消费品零售总额	4547.68	10.5
按销售单位所在地：		
城镇	4133.32	10.4
其中：城区	3439.96	10.4
乡村	414.36	10.7
按行业分：		
批发业	614.36	10.9
零售业	3516.33	10.5
住宿业	53.25	5.8
餐饮业	363.74	10.3

限额以上商品零售额比上年增长12.4%，分类别看，粮油、食品类增长18.0%；服装、鞋帽、针纺织品类增长9.8%；化妆品类增长6.7%；金银珠宝类下降3.9%；书报杂志类增长14.4%；家用电器和音像器材类增长13.3%；中西药品类增长9.5%；文化办公用品类增长21.2%；通讯器材类增长10.1%；石油及制品类增长13.4%；汽车类增长13.1%。

六、交通和邮电

全市全社会运输周转量547.65亿吨公里，比上年增长14.0%，其中旅客周转量增长2.1%；货物周转量增长15.8%。

表7　2017年交通运输业主要指标及其增长速度

指　　标	计量单位	绝对数	比上年增长（%）
货物周转量	亿吨公里	448.79	15.8
铁　路	亿吨公里	39.95	9.3
公　路	亿吨公里	383.31	17.1
水　运	亿吨公里	20.33	9.2
航　空	亿吨公里	1.03	12.4
旅客周转量	亿人公里	279.30	2.1
铁　路	亿人公里	83.40	8.1
公　路	亿人公里	42.93	－13.3
航　空	亿人公里	152.97	4.1

全市电信业务总量247.22亿元（2015年不变价），比上年增长47.5%。邮政业务总量82.86亿元（2010年不变价），增长42.9%；邮电业务收入161.84亿元，增长13.8%，其中电信业务收入113.68亿元，增长7.9%；邮政业务收入48.16亿元，增长30.6%。年末本地固定电话用户167.04万户，下降2.3%，固定电话普及率为21.10户/百人，比上年减少1.23户/百人；移动电话用户1202.9万户，移动电话普及率为151.92户/百人。年末互联网宽带用户达279.10万户。

七、对外经济和旅游

全市进出口总额（海关口径）938.02亿元人民币（折合138.86亿美元），比上年增长29.0%，其中出口总额587.89亿元，增长20.9%；进口总额

350.13 亿元，增长 45.2%。在出口总额中，机电产品 322.2 亿元，占 54.8%；高新技术产品 145.9 亿元，占 24.8%。在进口总额中，机电产品 223.3 亿元，占 63.8%；高新技术产品 93.6 亿元，占 26.7%。

图 7　2013－2017 年进出口总额

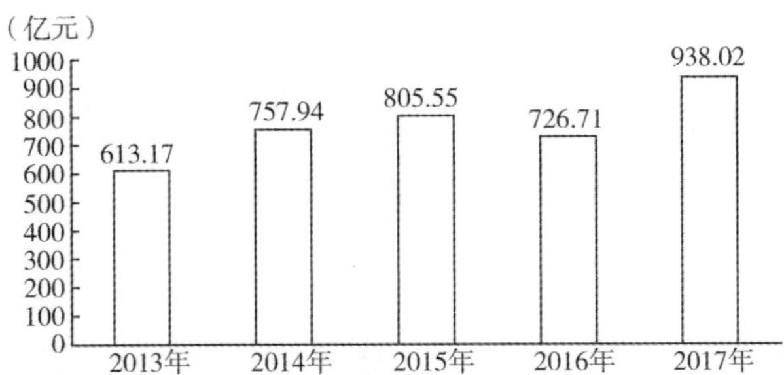

全市利用外资项目 197 个，合同外资金额 78.92 亿美元，比上年增长 24.6%；实际利用外资金额 52.50 亿美元，增长 9.1%。全市新增实际到位省外境内资金项目 500 个，实际到位省外境内资金 909.41 亿元，增长 15.9%。

图 8　2013－2017 年实际利用外资金额

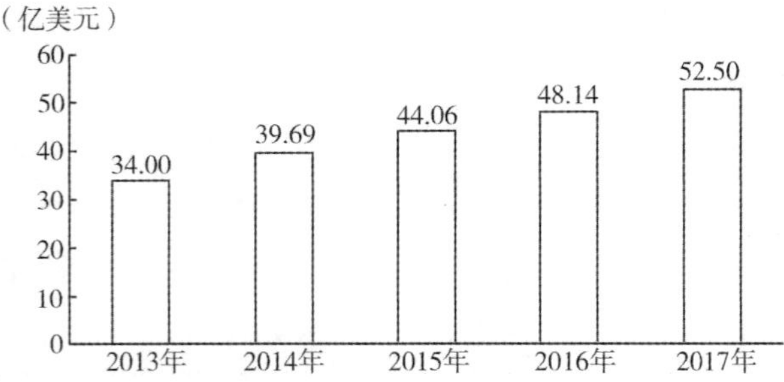

全市接待国内外旅游者 13802.26 万人次，比上年增长 10.9%；旅游总收入 1770.06 亿元，增长 15.3%。接待国内旅游者 13673.06 万人次，增长 10.9%；国内旅游收入 1713.62 亿元，增长 15.6%。接待入境旅游者 129.20 万人次，增长 6.3%；入境旅游收入 84519.20 万美元，增长 6.1%。

八、金　融

年末金融机构各项存款余额（本外币合计，下同）17141.83 亿元，比年初增加 1653.06 亿元，其中住户存款余额 5203.64 亿元，比年初增加 331.43 亿元；年末金融机构各项贷款余额 16027.07 亿元，比年初增加 2160.10 亿元，其中短期贷款余额 3060.20 亿元，比年初增加 386.69 亿元；中长期贷款 12590.62 亿元，比年初增加 2114.56 亿元。

全市保险公司原保险保费收入 331.65 亿元，比上年增长 29.6%，其中财产保险公司原保险保费收入 115.12 亿元，增长 17.4%；人身保险公司原保险保费收入 216.53 亿元，增长 37.2%。赔付支出 94.71 亿元，增长 14.6%。

九、教育和科学技术

全市有普通高校 51 所，普通高中 83 所，初中学校 230 所，普通小学 918 所。在学研究生 6.16 万人，比上年增长 10.99%；普通高校在校学生 61.04 万人，增长 3.5%；普通高中在校学生 13.68 万人，增长 2.0%；普通初中在校学生 24.68 万人，增长 2.7%；普通小学在校学生 57.42 万人，增长 7.0%；幼儿园在园幼儿 29.39 万人，增长 9.9%。小学适龄儿童入学率 100%，小学升初中入学率 106.2%。全市共投入学生免费入学和资助经费 12.56 亿元，全市所有义务教育阶段 159.9 万人次学生全部享受了免杂费入学，执行公办教育收费标准的 150.92 万人次学生全部享受了“一费制”（含课本费、教辅资料费和作业本费）全免入学，在长沙市就读的 13.9 万名外来务工人员子女，全部享受免杂费、免“一费制”入学。全市补助了 7.65 万人次农村家庭经济困难寄宿学生生活费。

图 9　2013－2017 年高等学校、普通中学在校学生数

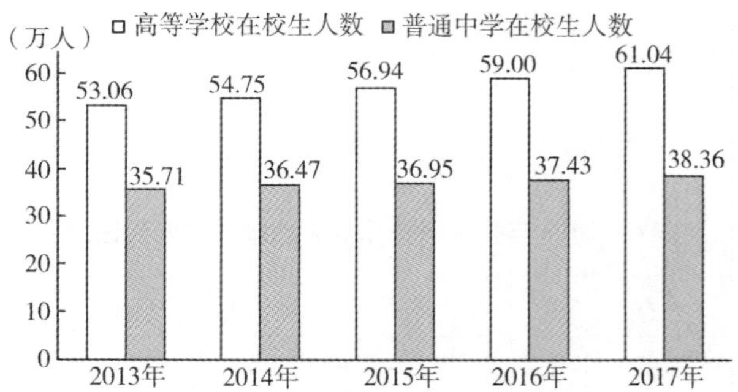

全市有科学研究开发机构 95 个，取得省部级以上科技成果 328 项。专利申请 37050 件，比上年增长 24.5%，授权专利 17170 件，增长 14.8%；签订技术合同 3496 项，成交金额 102.54 亿元。高新技术产业增加值 3510.2 亿元，增长 14.5%。

十、文化、卫生和体育

全市有艺术表演团体 12 个，文化馆 10 个，公共图书馆12个,博物馆(纪念馆)15个,档案馆14个。全市广播综合人口覆盖率达99.48%;电视综合人口覆盖率达99.13%。

全市有卫生机构(含村卫生室)4493个,其中医院、卫生院287个;卫生防疫、防治机构12个;妇幼保健机构11个。卫生技术人员7.74万人,比上年增加0.28万人,其中执业医师、执业助理医师2.93万人,增加0.2万人;注册护士3.65万人,增加0.19万人。卫生机构床位7.37万张,增加0.24万张,其中医院、卫生院6.65万张,增加0.17万张。

图10 2013-2017年卫生技术人员数

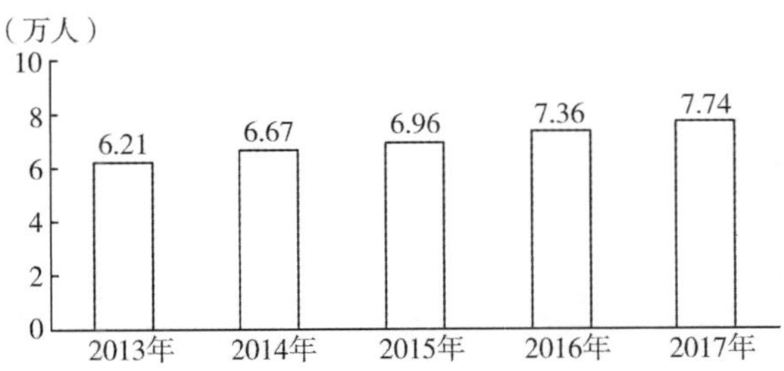

全市开展全民健身项目241项次(市级、区县、乡镇街道三级),全市全民健身运动参加人数达530万人。年末拥有各级健身辅导站691个,公共体育场地1852个。

十一、环境、节能和安全生产

省级自然保护区1个,自然保护区面积0.67万公顷。地表水水质优良率为91.3%。

初步核算,全市规模工业综合能源消费量517.64万吨标准煤,比上年增长4.1%。其中,六大高耗能行业综合能源消费量316.95万吨标准煤,增长3.9%。重点耗能工业企业的单位产品能耗中吨水泥综合能耗下降2.1%,吨水泥熟料综合能耗下降1.6%,电厂火力发电标准煤耗下降0.3%。

全市生产安全事故死亡人数102人,比上年上升117.0%;亿元GDP各类事故死亡人数0.010人,上升92.8%;道路交通事故死亡人数218人,上升2.3%;万车死亡人数0.93人,下降3.6%。

十二、人民生活和社会保障

年末全市常住总人口791.81万人,比上年增长3.57%。按户籍人口计算,人口出生率为16.47‰,死亡率为18.47‰[3],自然增长率为-2.00‰。城镇化率为77.59%,比上年提高1.60个百分点。

全市城镇居民人均可支配收入46948元,比上年增长8.4%。其中,人均工资性收入25241元,增长8.4%;人均经营净收入6782元,增长5.5%;人均转移净收入8343元,增长11.5%;城镇居民人均消费支出34645元,增长8.9%。在城镇居民消费分类中,食品烟酒人均消费8549元,增长7.7%;衣着人均消费2173元,增长0.4%;居住人均消费6947元,增长8.9%;生活用品及服务人均消费2810元,增长10.6%;交通通信人均消费4813元,增长7.0%;教育文化娱乐人均消费6378元,增长11.1%;医疗保健人均消费2266元,增长14.2%;其他用品和服务人均消费708元,增长22.6%。城镇居民平均每百户家庭拥有家用汽车55.1辆;计算机91.4台,接入互联网的计算机84.9台。城镇居民人均自有现住房建筑面积45.5平方米。

全市农村居民人均可支配收入27360元,比上年增长7.5%。农民人均消费支出19189元,增长9.2%。农村居民平均每百户家庭拥有计算机41.0台,移动电话机305.5台。农村居民人均自有现住房建筑面积59.1平方米。

全市有社会福利院、敬老院、养老院、光荣院等195所。各类收养性社会福利单位收养人员2.07万人。城镇各种社区服务设施4412处,其中综合性社区服务中心651个。接受社会捐赠8864万元。发放居民最低生活保障金6.04亿元,居民得到政府最低生活保障人数为13.96万人(包括城镇和农村)。

年末参加全市劳动保障部门城镇职工基本养老保险的人数达226.11万人,比上年末增长6.6%,基本养老金社会化发放率达100%;参加城镇居民养老保险人数为8.45万人,参加新型农村养老保险人数为257.35万人;参加城镇职工基本医疗保险人数为209.11万人,增长19.8%。参加失业保险职工人数为142.92万人,增长10.3%,领取失业保险金人数为4.76万人；参加工伤保险职工人数为146.57万人，增长4.6%；参加生育保险人数为144.53万人，增长20.9%；参加城乡居民医疗保险人数为513.02万人。

注：[1]本公报部分数据为初步统计数，部分数据因四舍五入的原因，存在与分项合计不等的情况。

[2]地区生产总值(GDP)、各产业增加值绝对数按现行价格计算，增长速度按不变价格计算。

[3]2017年8月至12月，市公安局集中开展了死亡未销户人员信息核对工作，累计注销往年死亡后应销未销户口，故死亡率较高。

特载二

主要经济社会指标统计图

户籍总人口（万人）

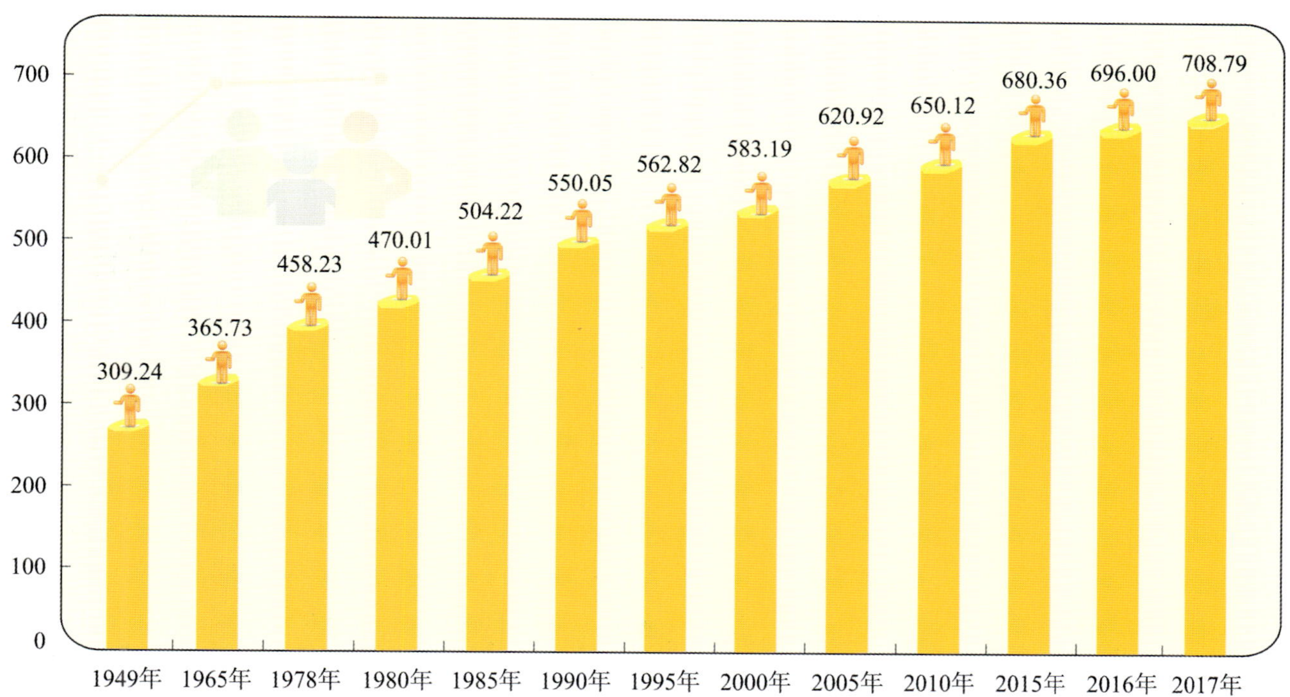

地区生产总值及增长速度（亿元、%）

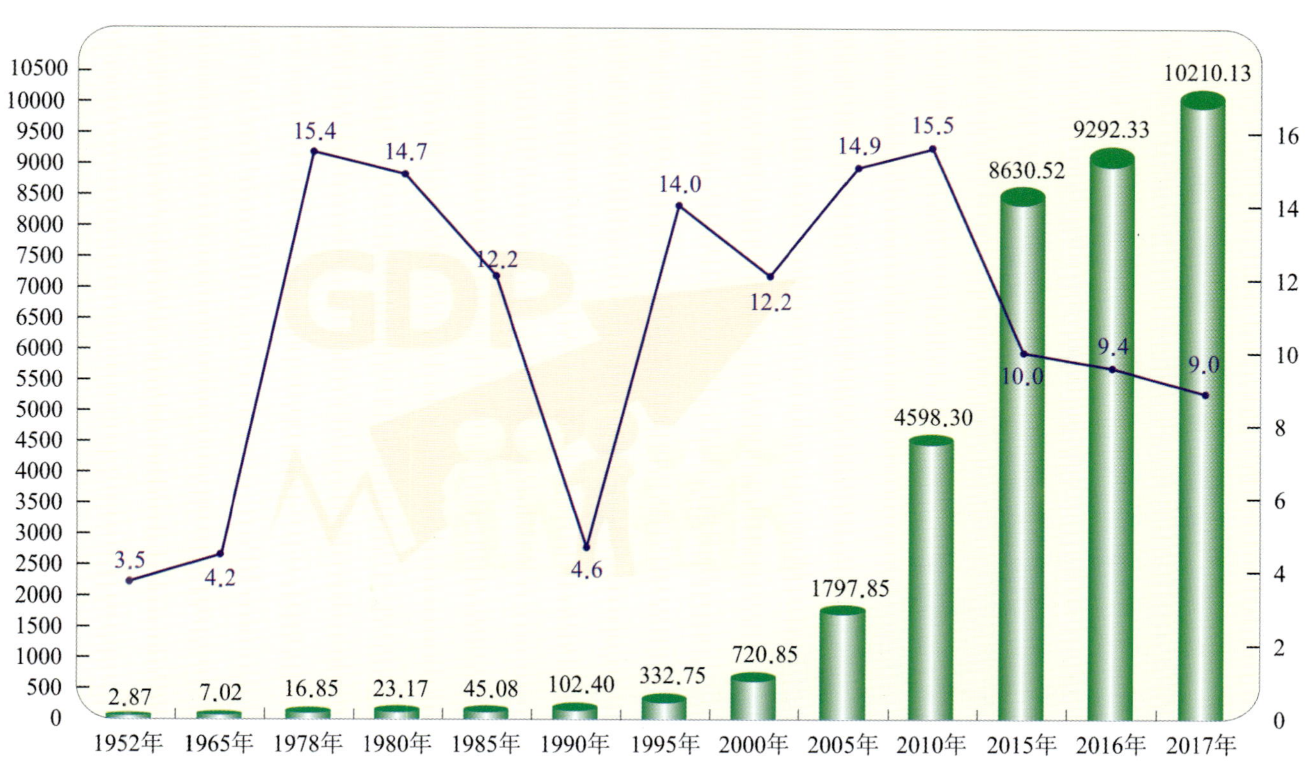

人均地区生产总值（元/人）

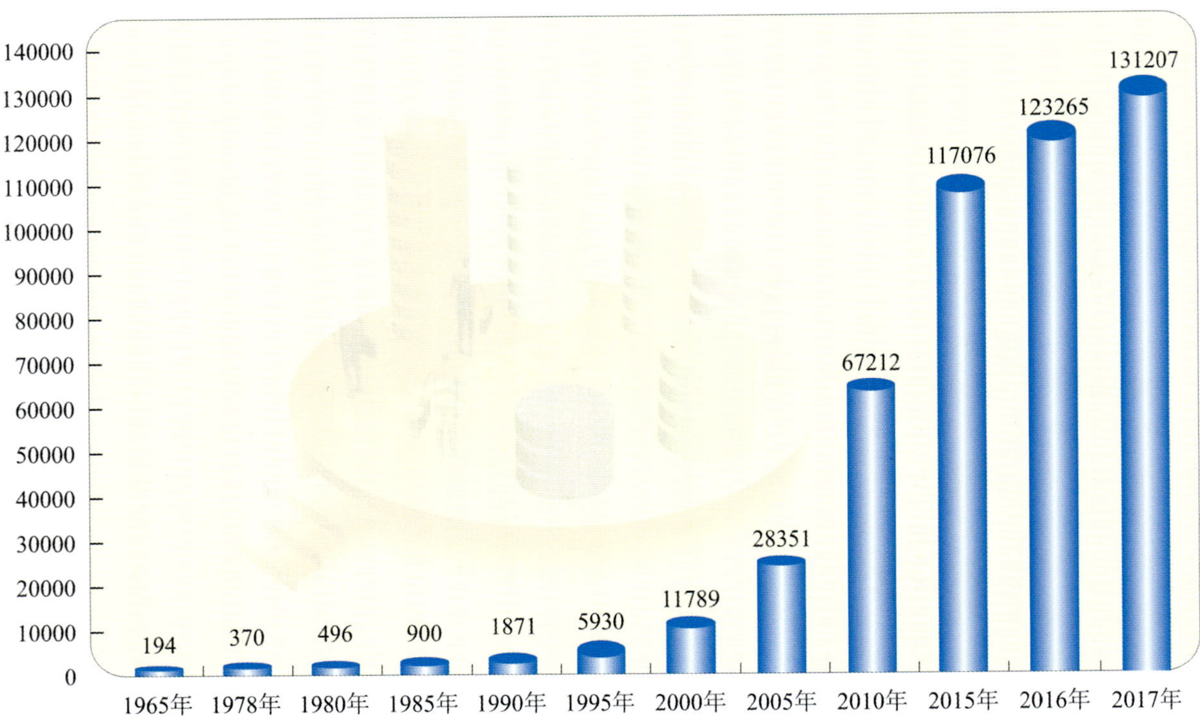

注：2000年以前人均地区生产总值按户籍人口计算，2000年以后按常住人口计算。

三次产业增加值（亿元）

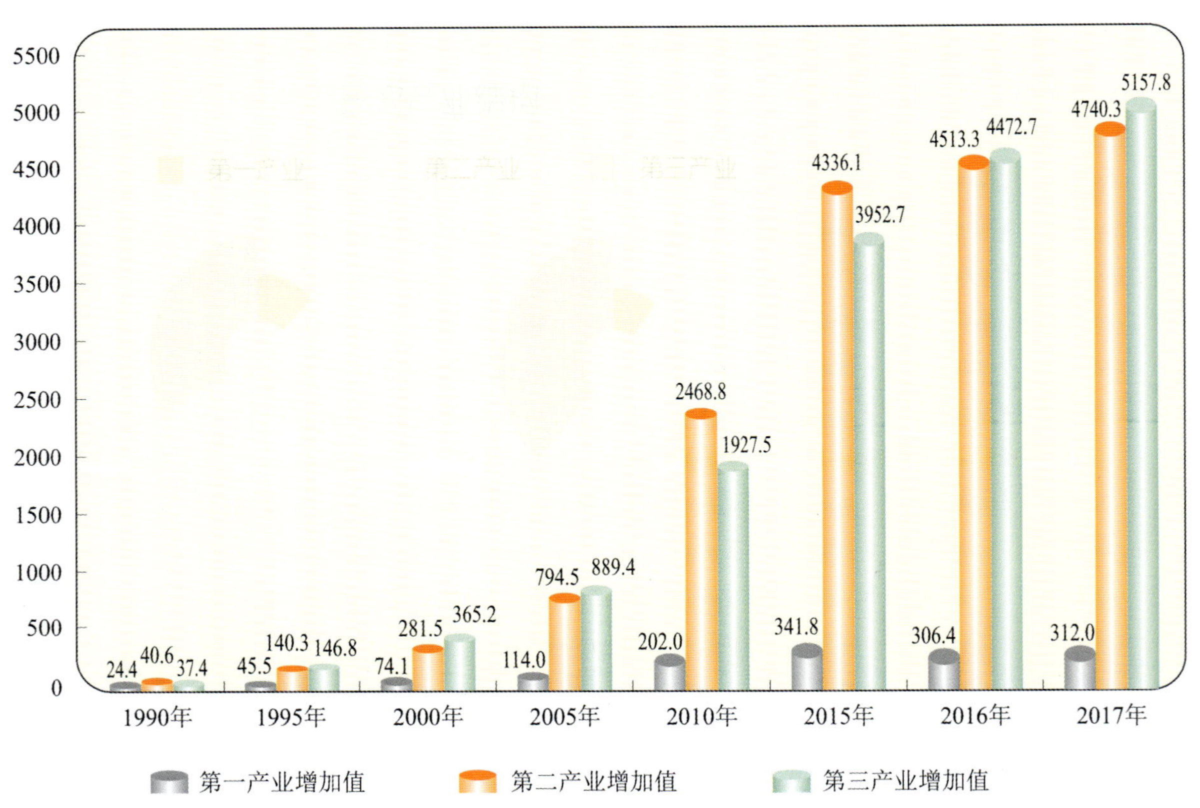

三次产业构成

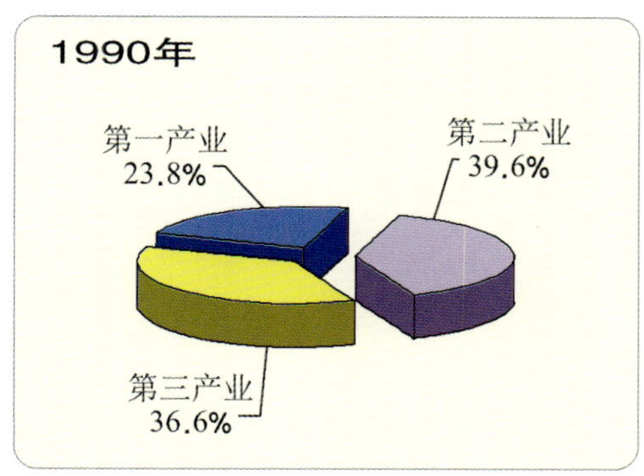

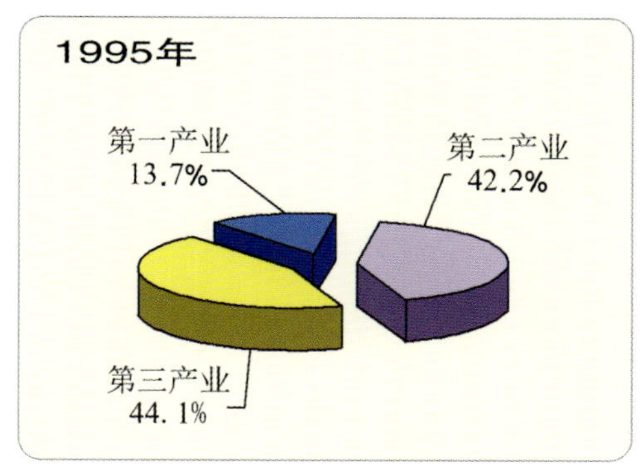

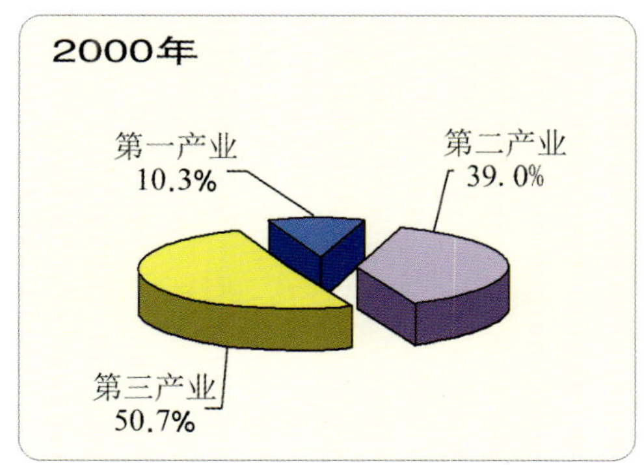

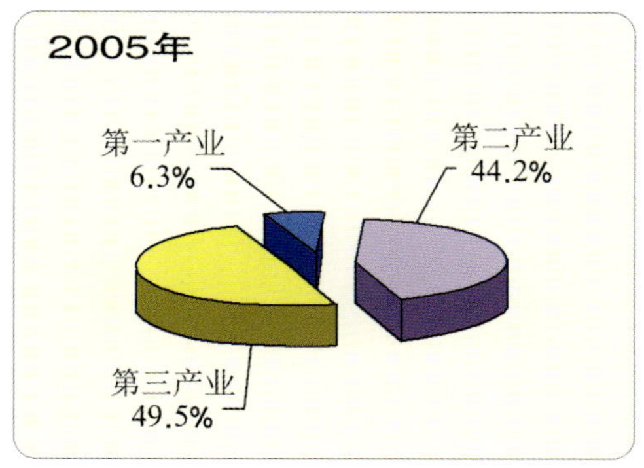

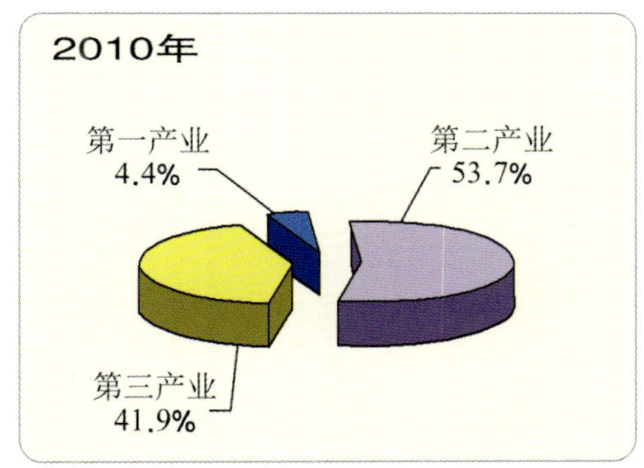

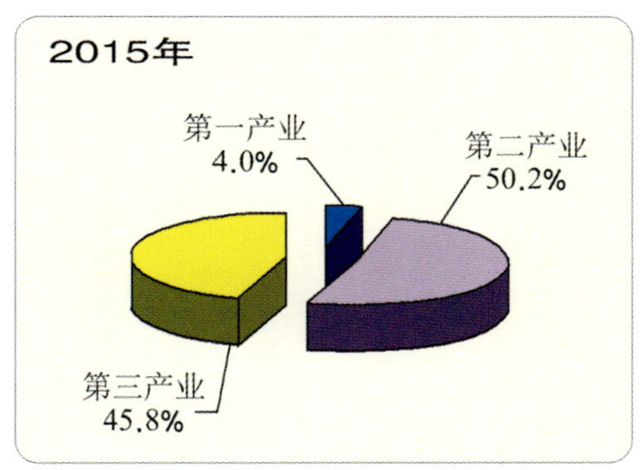

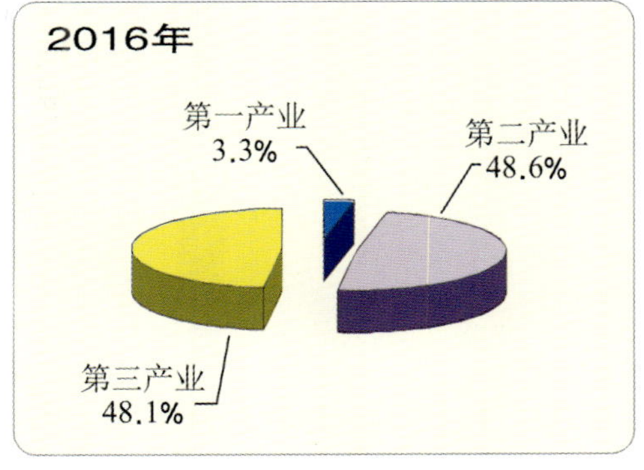

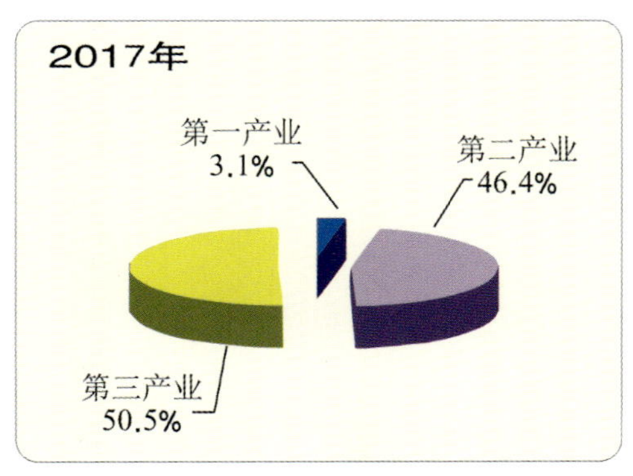

■ 第一产业　■ 第二产业　■ 第三产业

农林牧渔业总产值（亿元）

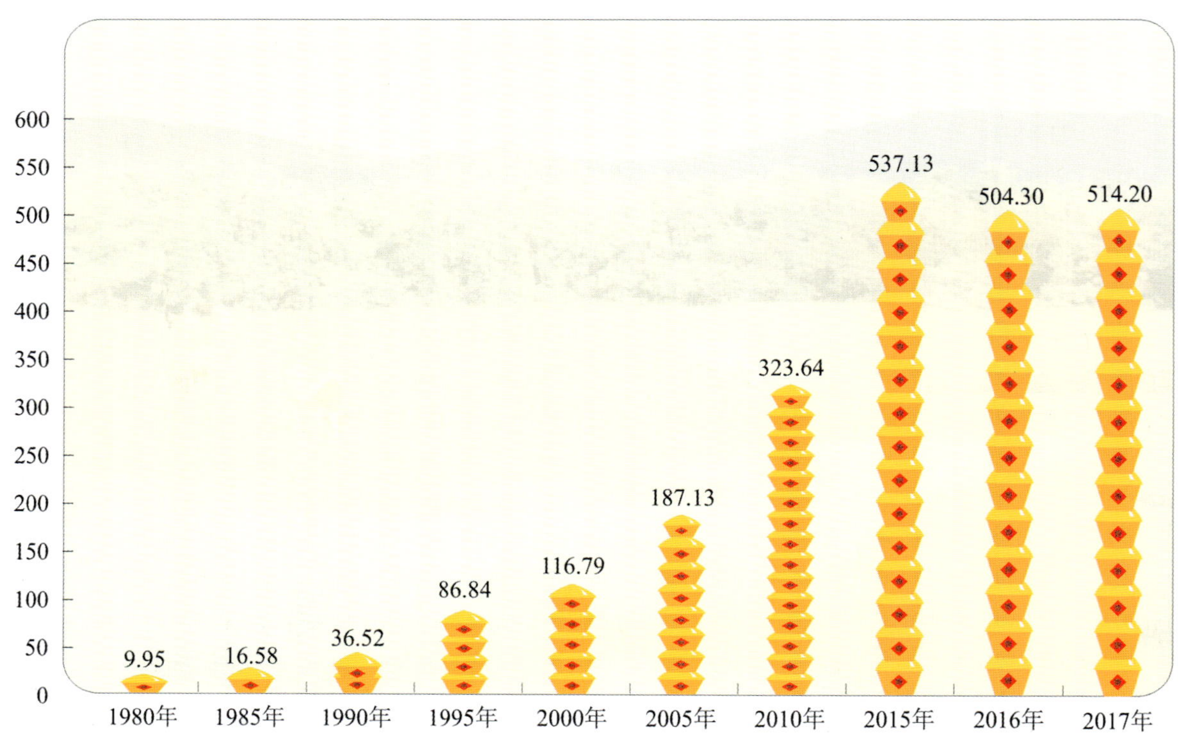

规模以上工业增加值（亿元）

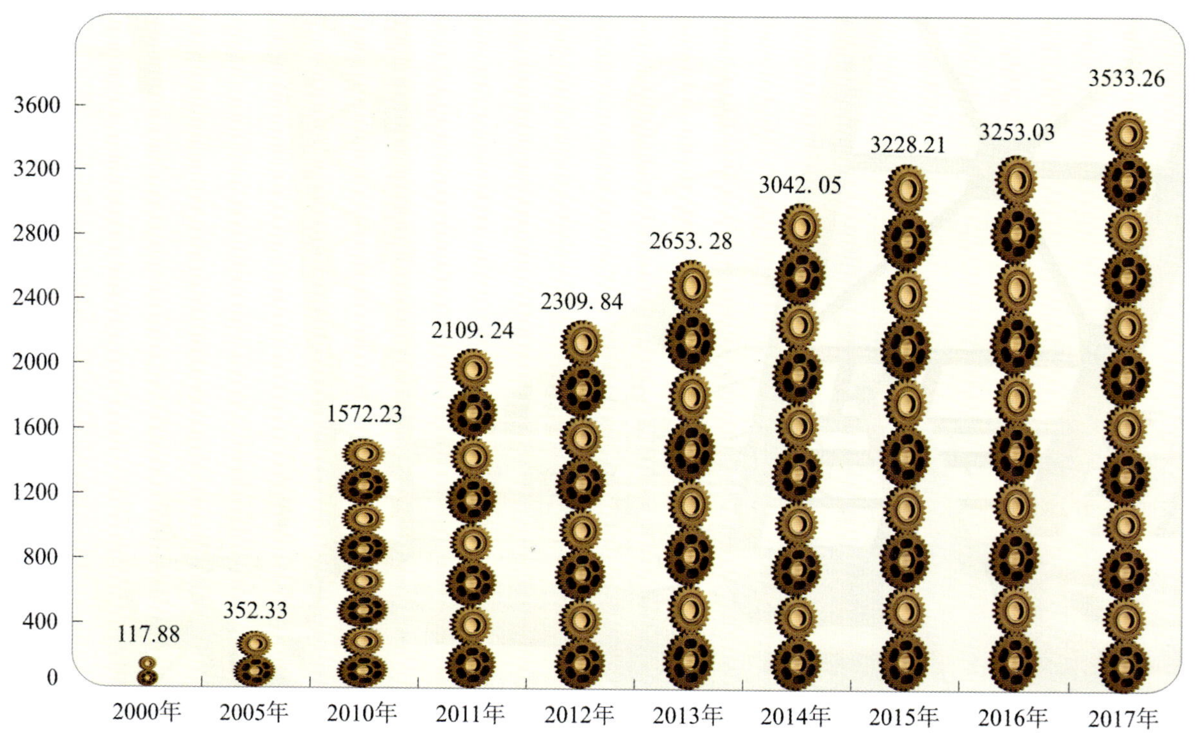

固定资产投资（亿元）

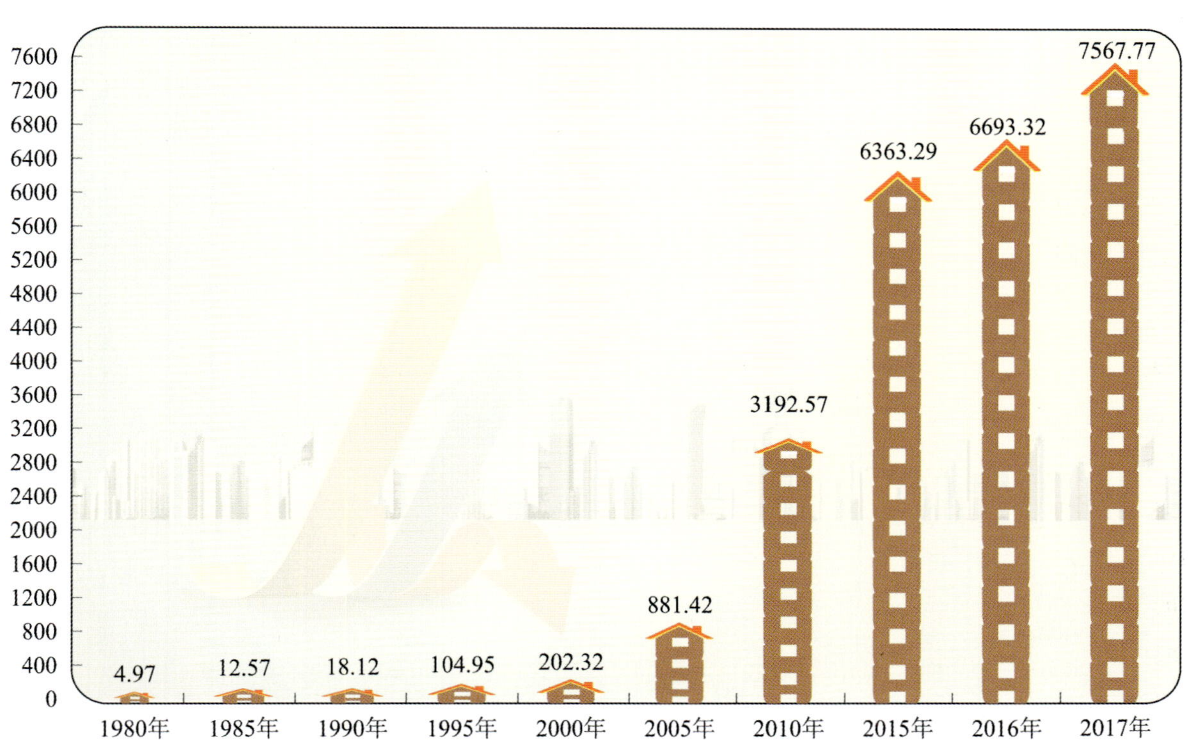

社会消费品零售总额（亿元）

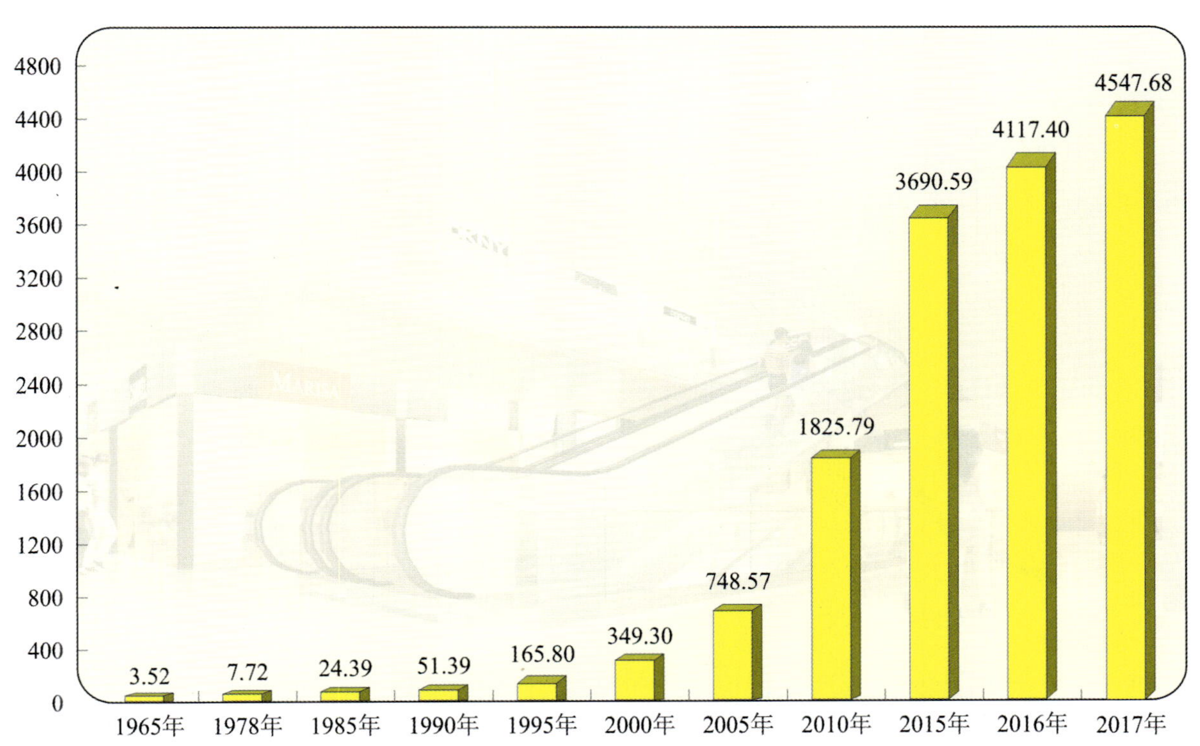

实际使用外商直接投资（亿美元）

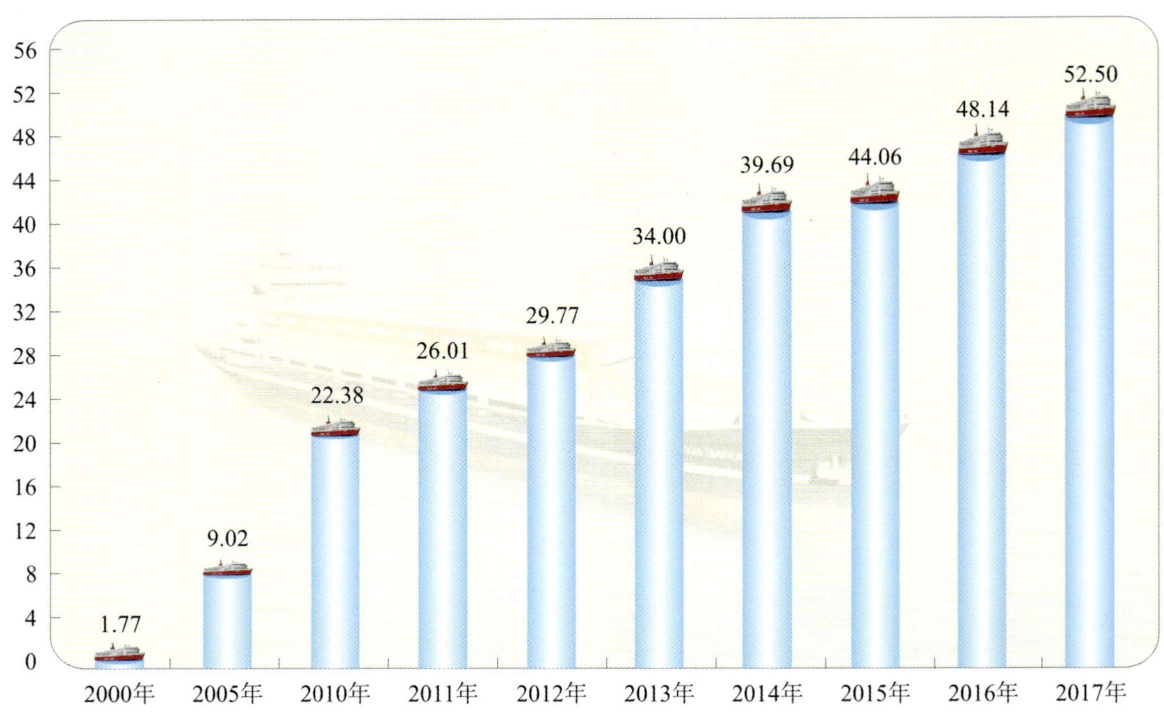

进出口总额（亿美元）

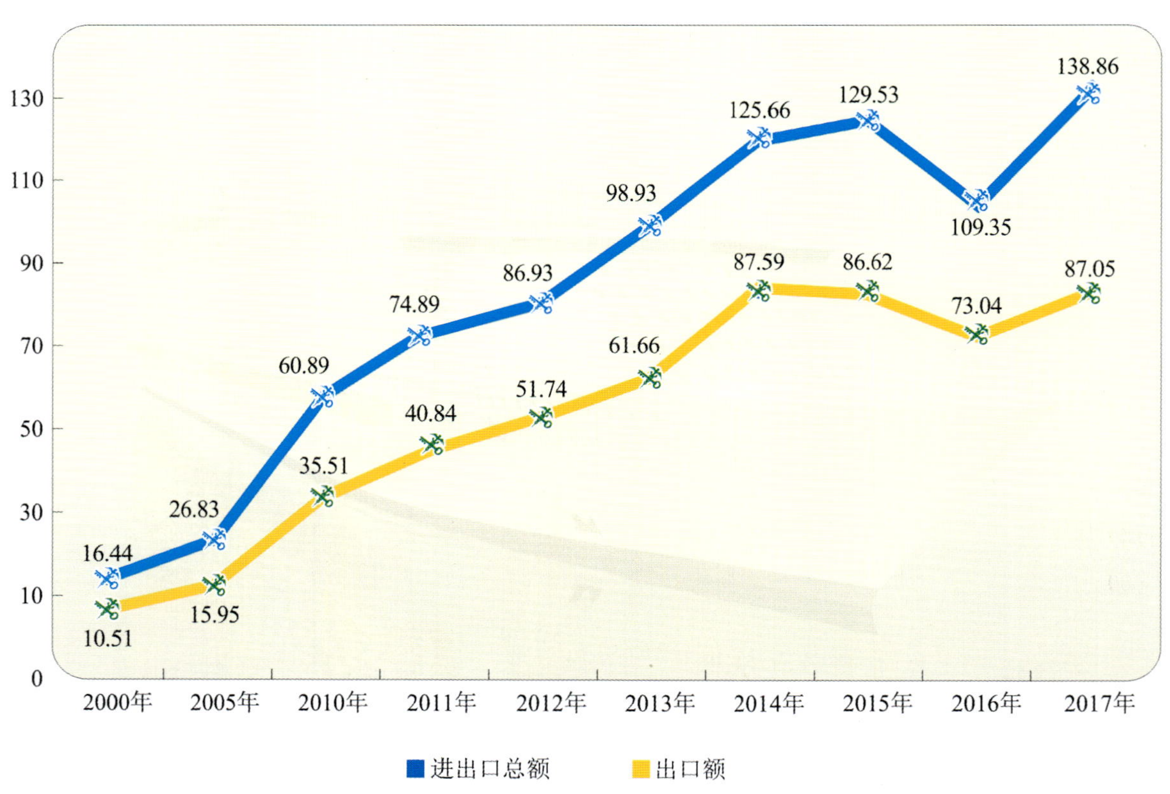

城乡居民储蓄余额（亿元）

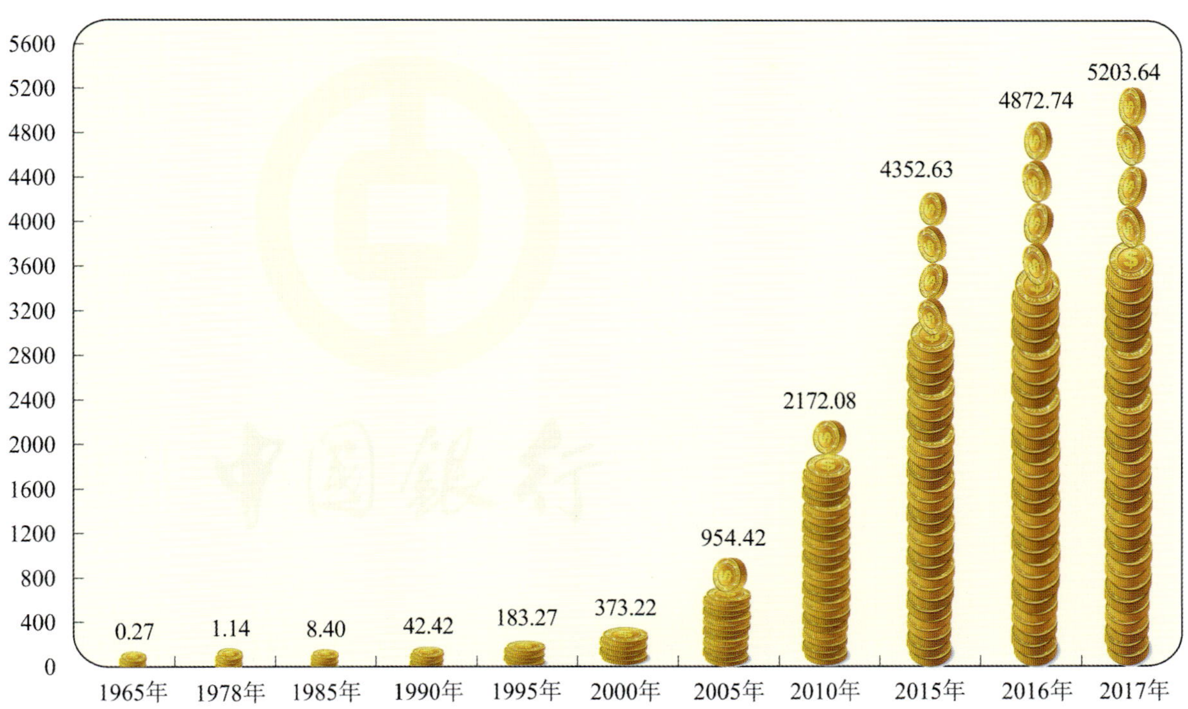

财政收入（亿元）

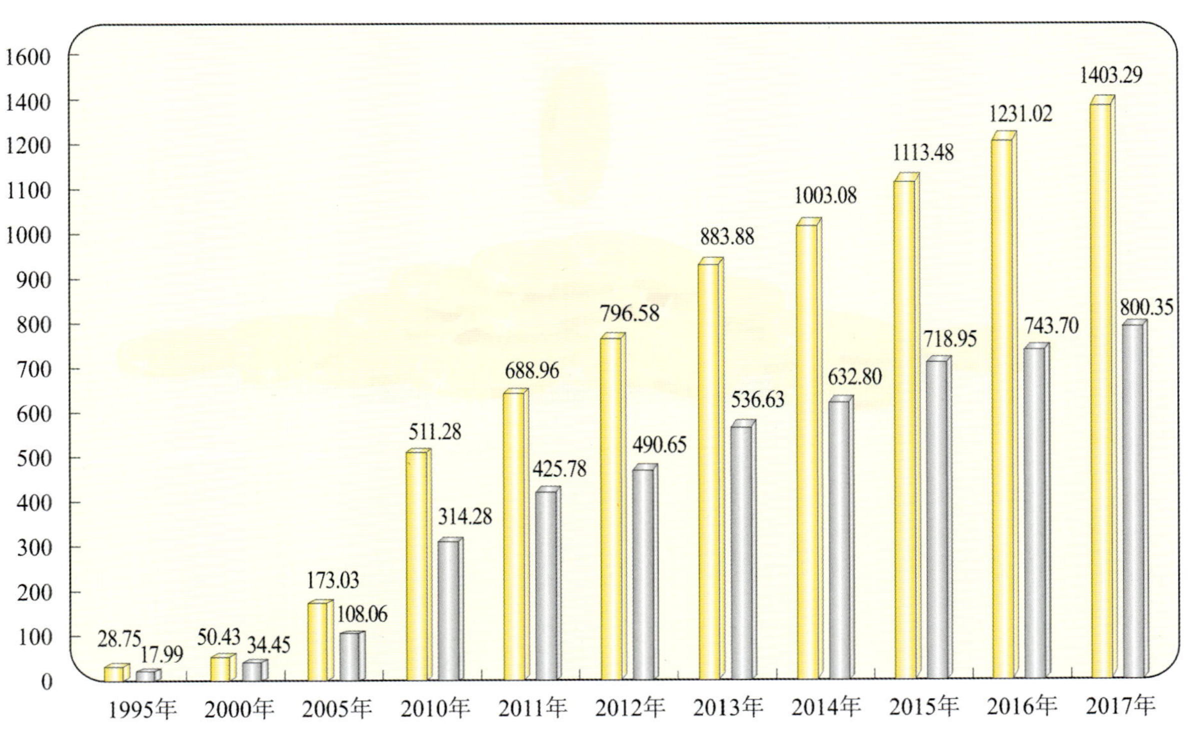

城市居民人均可支配收入（元/人）

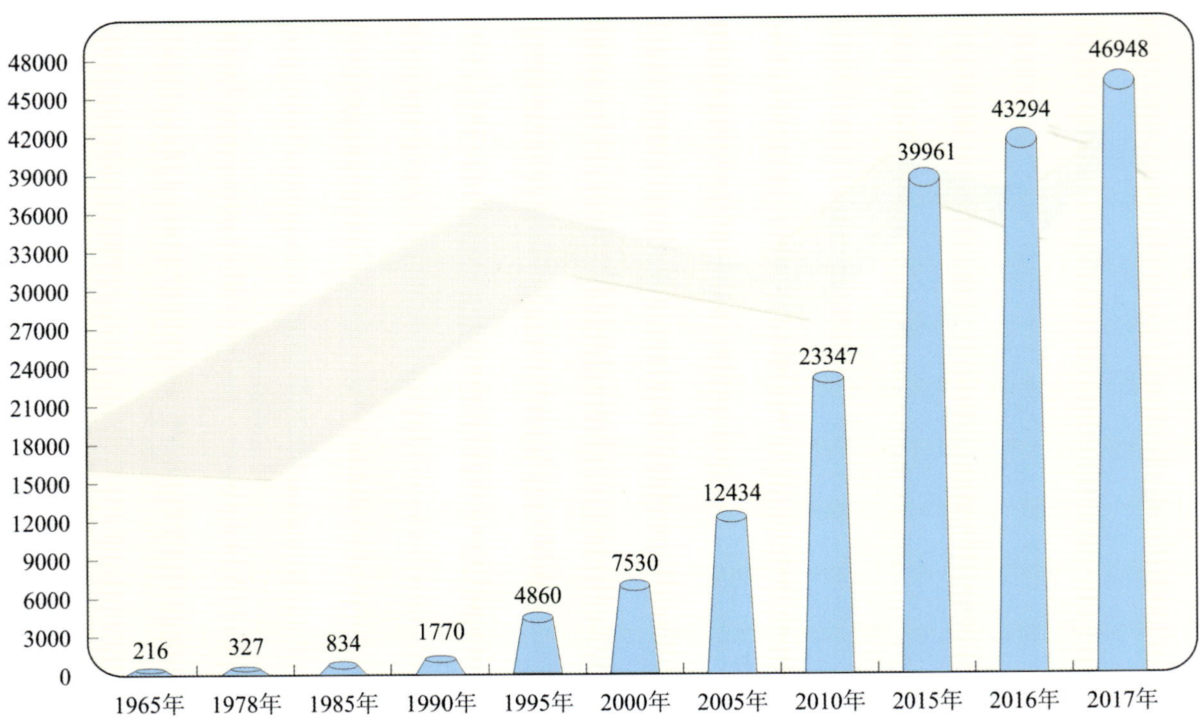

注：2012年以前为城市居民人均可支配收入，2013年开始为城镇居民人均可支配收入。

农村居民人均可支配收入（元/人）

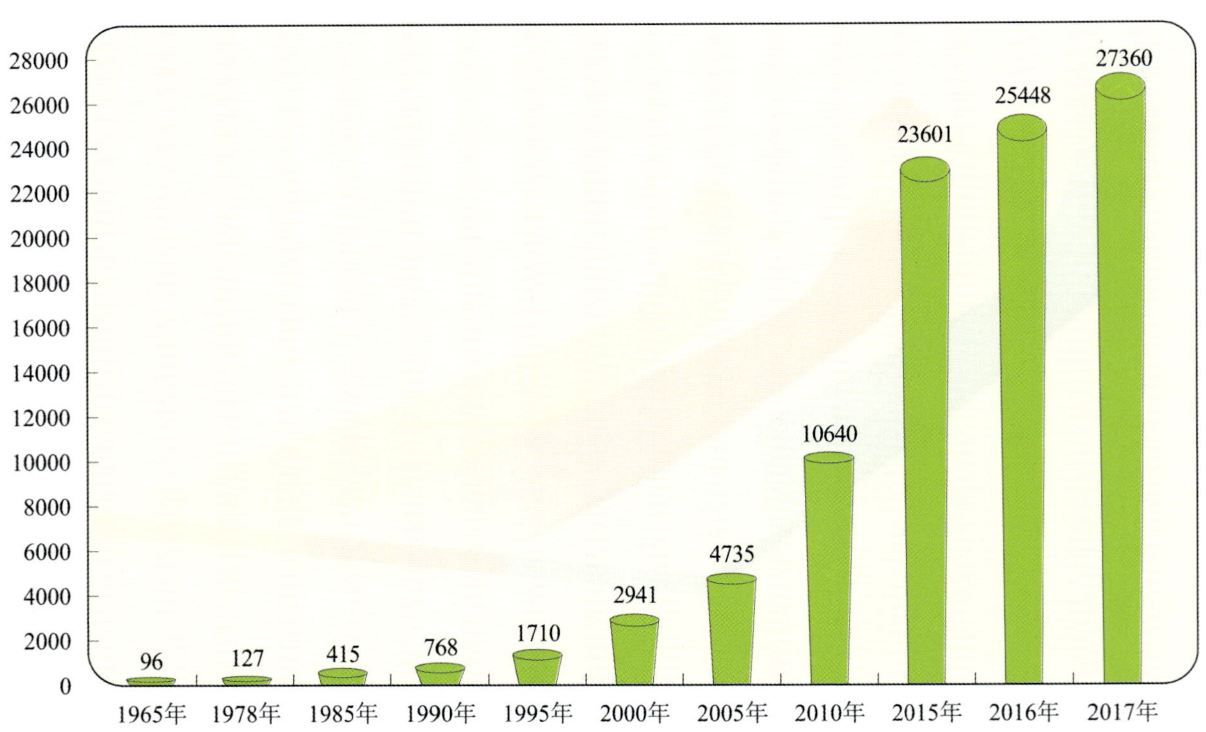

高等学校在校学生数（万人）

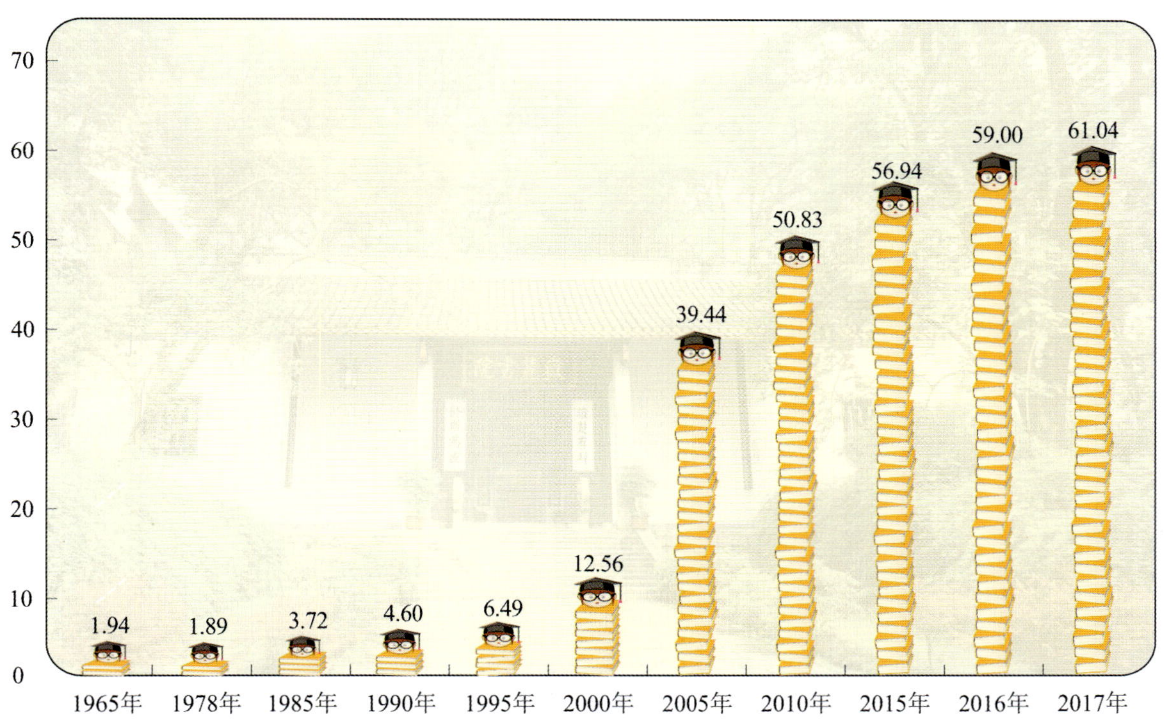

普通中学在校学生数（万人）

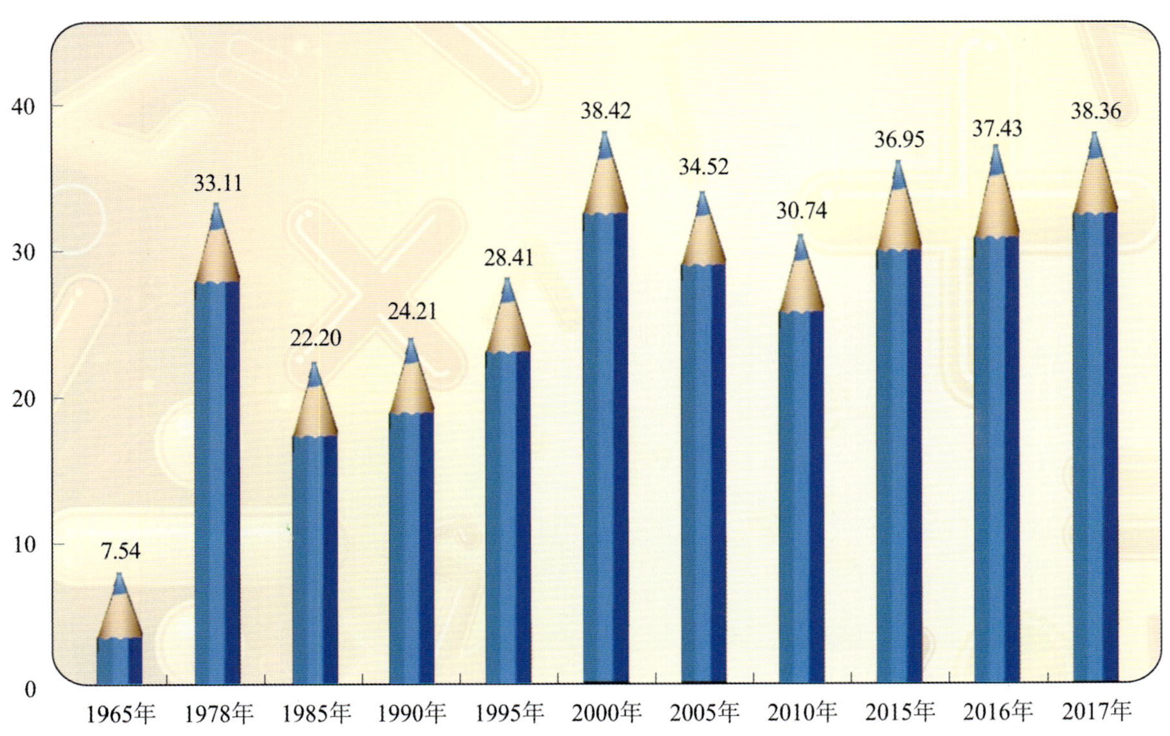

卫生技术人员（万人）

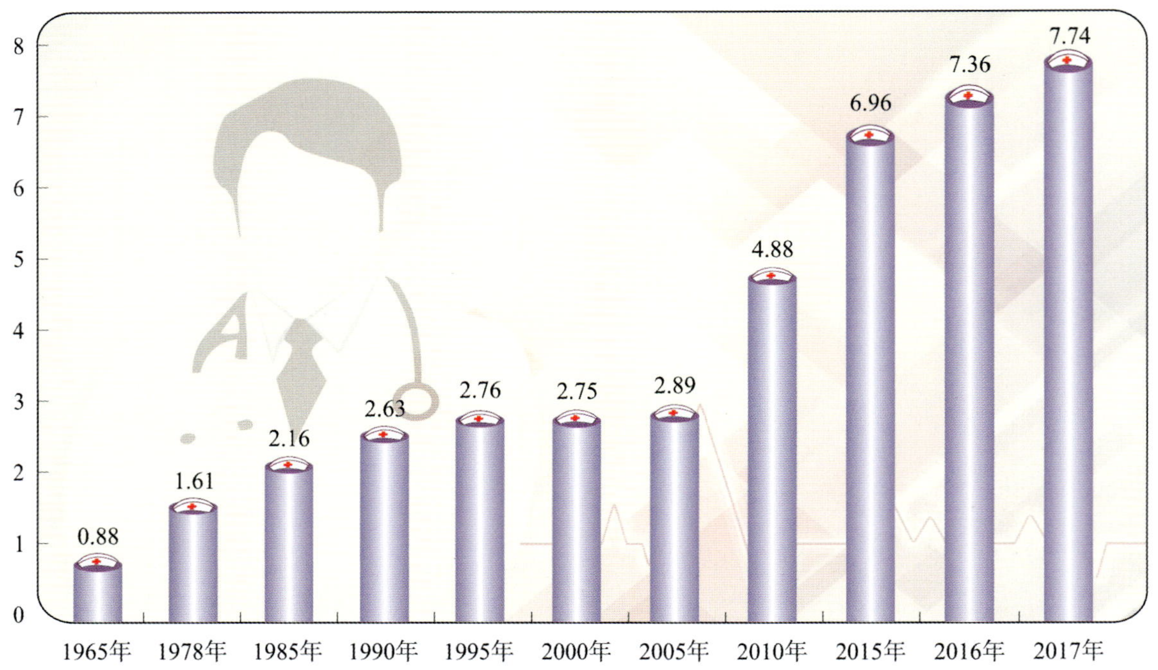

医疗病床数（万张）

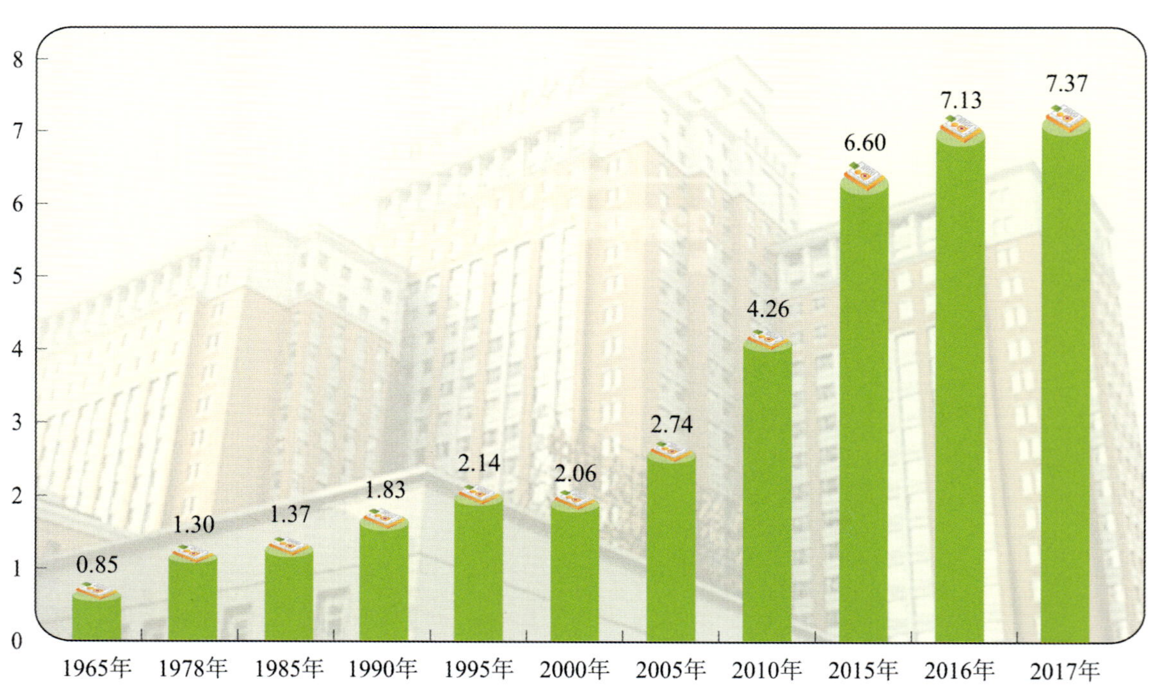

1 综 合

长沙统计年鉴

1-1 自 然 环 境

位置:

长沙位于中国东南部,湖南省东部偏北,湘江下游和长浏盆地西缘。地域范围为东经111°53′~114°15′,北纬27°51′~28°41′。东临江西省宜春地区和萍乡市,南接株洲、湘潭两市,西连娄底、益阳两市,北抵岳阳、益阳两市。

地貌:

长沙地形复杂,湘江两岸形成地势低平的冲积平原,其东西两侧及东南面为地势较高的低山、丘陵。东有属于湘赣边雁阵式山系的大围山,其主峰七星岭,海拔1607.9米,为全市最高处,望城区乔口镇西侧湛湖海拔23.5米,为全市最低处。市区地势为南高北低,南郊的金盆岭、豹子岭,海拔在100米以上。北郊的浏阳河、捞刀河和湘江的汇合处,海拔仅30米,成为市区最低点。

面积:

长沙东西长约230公里,南北宽约88公里。2017年全市土地面积11816.0平方公里,其中市区面积2150.9平方公里,建成区面积434.82平方公里。

河流:

长沙市区属湘江水系。湘江自湘潭昭山流经长沙县西南边境,然后由南向北纵贯市区,经望城区乔口出境。经过市境的长度有74公里,其间流入湘江的支流有15条,其中较大的有浏阳河、捞刀河、靳江、沩水。

气候:

长沙属亚热带季风气候。由于位居盆地内部,距海较远,受冬夏季风转换,地势向北倾斜等因素的影响,气候温和,四季分明。2017年长沙市年平均气温18.4℃,极端最高温度为39.9℃,极端最低温度为零下2.4℃,降雨量1632.5毫米,总日照时数为1494.5小时。

自然资源:

长沙市地下矿藏种类多,以非金属矿具特色。已查明的有铁、锰、钒、铜、铅、锌、硫、磷、海泡石、重晶石、菊花石、煤等50余种,矿点300多处。植被以亚热带常绿阔叶林为主,有自然生长和引进栽培树102科、977种,其中常绿树462种,落叶树515种,乔木457种,灌木414种,竹藤类106种。主要林木有松、杉、栎、樟、楠、椿、茶、油茶、柑橘、毛竹等。1985年市八届人大常委会通过,市人民政府公布香樟为市树,杜鹃花为市花。

1－2 行 政 区 划

年份地区	市辖区数	市辖县（市）数	土地面积（平方公里）	镇 数
1949	5	112		
1965	4	1	3995	
1978	5	2	3995	7
1990	5	4	11818.50	21
2000	5	4	11819.46	75
2001	5	4	11819.46	76
2002	5	4	11819.46	79
2003	5	4	11819.46	81
2004	5	4	11819.46	81
2005	5	4	11819.46	79
2006	5	4	11819.46	80
2007	5	4	11819.46	83
2008	5	4	11819.46	84
2009	5	4	11819.46	86
2010	5	4	11815.96	85
2011	6	3	11815.96	88
2012	6	3	11815.96	82
2013	6	3	11815.96	79
2014	6	3	11815.96	80
2015	6	3	11815.96	67
2016	6	3	11815.96	68
2017	6	3	11815.96	68
芙蓉区	1		42.68	
天心区	1		137.40	
岳麓区	1		538.83	2
开福区	1		188.73	
雨花区	1		292.20	1
望城区	1		951.06	5
长沙县		1	1755.62	13
浏阳市		1	4997.35	26
宁乡市		1	2912.09	21

单位:个

街道办事处数	居民委员会数	乡　数	村民委员会数
59	18	11	
25	201	60	1145
39	329	84	1096
35	535	210	2987
50	763	46	3111
52	542	44	2786
54	568	39	2727
54	523	38	2677
54	560	38	1276
55	569	37	1281
55	571	34	1271
53	566	31	1258
53	568	30	1243
57	578	27	1236
59	590	26	1226
62	638	22	1187
82	689	19	1170
94	714	15	1169
94	715	14	1169
94	719	7	1165
94	724	6	765
95	651	6	891
13	74		6
14	80		13
17	119		55
16	98		9
12	121		28
10	23		117
5	85		114
4	19	2	303
4	32	4	246

1－3 国民经济主要综合指标

指标	单位	1949年	1965年	1978年	1990年	1995年	2000年	2005年
一、土地面积	平方公里	112.0	3995.0	3995.0	11818.0	11819.5	11819.5	11819.5
# 市区	平方公里	112.0	177.07	352.00	367.00	556.33	556.33	556.33
# 建成区	平方公里	6.70	20.93	53.04	101.00	115.00	118.82	167.70
二、年末户籍总人口	万人	309.24	365.73	458.23	550.05	562.82	583.19	620.92
年末常住总人口	万人	…	…	…	…	…	613.87	639.30
三、地区生产总值	亿元	2.87△	7.02	16.85	102.40	332.75	720.85	1797.85
第一产业	亿元	…	…	5.61	24.38	45.58	74.11	113.98
第二产业	亿元	…	…	7.44	40.58	140.34	281.50	794.46
# 工业	亿元	…	…	6.37	34.34	106.57	226.48	590.77
第三产业	亿元	…	…	3.79	37.44	146.83	365.24	889.41
人均地区生产总值	元/人	89△	194	370	1871	5930	11789	28351
四、工业总产值	亿元	0.58	7.97	23.85	117.70	407.95	620.49	1300.62
五、农林牧渔业总产值	亿元	1.70	2.98	7.38	36.52	86.84	116.79	187.13
# 农业	亿元	1.51	2.43	…	…	42.66	62.80	92.64
六、粮食产量	万吨	74.30	101.01	189.81	264.13	244.80	262.33	262.28
七、耕地面积	千公顷	274.27	265.87	255.91	247.93	245.77	242.32	246.90
八、固定资产投资	亿元	0.05△	0.54	2.41	18.12	104.95	202.32	881.42
# 城镇及以上固定资产投资	亿元	…	…	…	…	…	153.34	791.16
新增固定资产	亿元	0.05※	0.46	1.32	8.25	49.37	88.34	343.72
竣工房屋面积	万平方米	7.02※	34.28	81.41	109.77	314.55	343.54	931.57
# 住宅	万平方米	1.19※	13.09	41.17	91.95	168.87	198.51	612.26
九、货物运输量	万吨	…	…	…	6165	6419	5910	10991
货物周转量	亿吨公里	…	…	…	26.26	60.13	140.48	100.38
旅客运输量	万人	…	…	…	…	8935	9052	10895
旅客周转量	亿人公里	…	…	…	…	34.90	34.83	99.57
十、邮电业务总量	万元	121	451	704	13870	89069	349844	802762
十一、社会消费品零售总额	亿元	0.92	3.52	7.72	51.39	165.80	349.30	748.57
十二、进出口总额	亿美元	…	…	…	…	…	16.44	26.83
# 出口	亿美元	…	…	…	…	…	10.51	15.95

2010 年	2011 年	2012 年	2013 年	2014 年	2015 年	2016 年	2017 年	2017 年比 2016 年 ±%
11816.0	11816.0	11816.0	11816.0	11816.0	11816.0	11816.0	11816.0	持平
958.80	1909.86	1909.86	1909.86	1909.86	1909.86	2150.90	2150.90	持平
272.39	306.39	315.81	325.51	336.25	363.69	374.64	434.82	16.1
650.12	656.62	660.62	662.81	671.41	680.36	696.00	708.79	1.8
704.07	709.07	714.66	722.14	731.15	743.18	764.52	791.81	3.6
4598.30	5683.69	6479.78	7249.06	7934.66	8630.52	9292.33	10210.13	9.0
202.01	243.38	272.31	294.55	311.90	341.78	306.36	312.01	3.0
2468.80	3191.88	3644.57	4015.27	4321.89	4336.08	4513.28	4740.32	7.7
2052.45	2702.67	3103.99	3420.63	3655.57	3602.90	3727.24	3843.54	8.1
1927.49	2248.43	2562.89	2939.24	3300.88	3952.66	4472.68	5157.80	10.9
67212	80441	91025	100906	109195	117076	123265	131207	5.6
5487.74	7127.36	8263.08	8938.05	10444.51	11174.62	12207.73	12411.58	1.7
323.64	387.72	419.78	454.62	490.59	537.13	504.30	514.20	3.3
173.59	208.26	230.31	251.85	284.91	317.39	312.16	323.94	5.4
209.05	216.00	224.86	230.31	234.57	236.83	233.07	226.44	-3.5
276.79	275.65	274.89	274.15	273.36	271.97	270.16	274.16	1.5
3192.57	3510.24	4011.96	4593.39	5435.75	6363.29	6693.32	7567.77	13.1
2909.83	3274.28	3742.32	4254.57	—	—	—	—	—
1471.50	2130.78	2260.80	2861.34	3361.65	4094.82	3370.70	4286.86	27.2
1741.56	1606.85	1528.11	1522.97	1681.04	1432.02	1921.23	1309.89	-31.8
1184.42	1216.21	1150.53	1083.82	1126.19	964.28	1169.64	804.28	-31.2
22947	25651	26145	28048	30449	33932	36767	41739	13.5
219.25	257.12	301.66	334.07	359.74	386.19	387.65	448.79	15.8
33983	35525	36440	37922	12745	11839	11164	10592	-5.1
194.55	245.41	254.47	276.70	221.00	243.69	273.60	279.30	2.1
846295	1049349	1149802	1353237	1948598	2511522	3781152	—	—
1825.79	2215.34	2546.01	2917.90	3293.55	3690.59	4117.40	4547.68	10.5
60.89	74.89	86.93	98.93	125.66	129.53	109.35	138.86	26.9
35.51	40.84	51.74	61.66	87.59	86.62	73.04	87.05	19.1

1－3 续表

指　标	单　位	1949 年	1965 年	1978 年	1990 年	1995 年	2000 年	2005 年
十三、实际使用外商直接投资金额	亿美元	…	…	…	…	…	1.77	9.02
十四、全市居民消费价格总指数	%	…	…	…	…	…	…	102.3
# 城市居民消费价格总指数	%	109.63◆	97.72	99.63	101.50	117.10	101.70	101.90
全市商品零售价格指数	%	…	…	…	…	…	…	101.70
# 城市商品零售价格指数	%	105.64★	97.90	99.94	100.20	114.00	100.70	100.40
十五、地方一般公共预算收入	亿元	…	…	…	…	17.99	34.45	108.06
一般公共预算支出	亿元	…	…	…	…	21.60	41.43	133.05
十六、高等学校数	所	2	9	8	21	21	23	45
高等学校在校学生数	万人	0.27	1.94	1.89	4.60	6.49	12.56	39.44
中等职业学校数	所	16	21	23	40	42	40	104
中等职业学校在校学生数	万人	0.23	0.78	0.98	2.56	5.54	8.41	11.27
普通中学在校学生数	万人	1.13	7.54	33.11	24.21	28.41	38.42	34.52
小学在校学生数	万人	14.71	59.37	68.01	57.07	62.37	46.65	33.87
十七、艺术表演团体	个	9	19	13	12	12	13	12
十八、图书出版量	万册	1626△	2549	1983	32135	33677	24844	30483
杂志出版量	万份	245△	221	2680	5144	7636	10404	10925
报纸出版量	万份	6786△	17000	30057	40325	55721	62354	75309
十九、卫生机构数	个	34	1035	1195	1346	1100	1036	1519
# 医院、卫生院	个	14	138	248	297	205	263	260
医疗病床数	张	747	8454	12976	18349	21378	20590	27395
卫生技术人员	人	1253	8779	16068	26307	27553	27460	28943
# 执业医师和执业助理医师	人	…	…	7247	12423	12107	12345	12088
二十、城市居民人均可支配收入	元	131△	216	327	1770	4860	7530	12434
农村居民人均可支配收入	元	41	96	127	768	1710	2941	4735
农民人均纯收入	元	48△	103	143	820	1737	3005	4908
二十一、年末金融机构本外币存款余额	亿元	…	…	…	…	306	826	2322
# 城乡居民储蓄余额	亿元	0.0073※	0.27	1.14	42.42	183	373	954
年末金融机构本外币贷款余额	亿元	…	…	…	…	241	632	2055

注:1. 土地面积按当年实际情况整理。

2. ※为 1950 年数,★为 1951 年数,△为 1952 年数,◆为 1953 年数。

3. 工、农业总产值 1990 年以前按不变价格计算;1990 年以后按现行价格计算。

4. 邮电业务总量 1949－1978 年按 1970 年不变价格计算;1990－2001 年按 1990 年不变价格计算;2002 年－2009 年按 2000 年不变价格计算,2010 年以后按 2010 年不变价格计算。

5. 2003 年开始因教育制度改革,现行中等职业学校包括普通中专、职业高中,2002 年以前年份的数据是中等专业学校数据。

6. 人均地区生产总值 2000 年以前按户籍人口计算,2000 年以后按常住人口计算。

7. 2005－2008 年的地区生产总值、社会消费品零售总额、2008 年工业总产值按第二次经济普查数据修正。

8. 根据国家抽样调查情况,全省统一对 2010 年粮食产量数据进行了调整。

2010 年	2011 年	2012 年	2013 年	2014 年	2015 年	2016 年	2017 年	2017 年比 2016 年 ± %
22.38	26.01	29.77	34.00	39.69	44.06	48.14	52.50	9.1
103.1	105.5	102.0	102.6	—	—	—	—	—
102.9	105.5	102.3	102.8	102.7	101.1	101.9	101.3	1.3
103.5	105.5	101.7	101.7	—	—	—	—	—
103.8	105.4	101.5	101.2	101.7	99.6	100.9	101.4	1.4
314.28	425.78	490.65	536.63	632.80	718.95	743.70	800.35	7.6
403.33	520.89	624.62	701.82	802.38	925.00	1041.43	1182.60	13.6
48	50	50	50	50	51	51	51	持平
50.83	51.68	52.32	53.06	54.75	56.94	59.00	61.04	3.5
67	59	50	50	52	50	51	56	9.8
11.37	11.56	12.09	10.82	8.67	9.15	9.30	10.47	12.6
30.74	32.51	34.38	35.71	36.47	36.95	37.43	38.36	2.5
41.35	42.54	43.95	45.79	48.13	50.94	53.65	57.42	7.0
12	12	9	9	9	12	12	12	持平
31109	34479	36014	35733	42142	48494	51630	45869	-11.2
12540	12140	12496	12804	13247	13918	13757	11473	-16.6
101861	94019	102698	105924	107582	105635	70934	65592	-7.5
2655	2680	4270	4690	4586	4661	4605	4493	-2.4
255	255	254	279	276	284	286	287	0.3
42629	47036	51285	57919	63606	66036	71335	73711	3.3
48791	53030	55978	62123	66735	69634	73603	77442	5.2
18258	19100	20268	22936	24340	25599	27271	29265	7.3
23347	27069	31044	33662	36826	39961	43294	46948	8.4
10640	12717	15057	19713	21723	23601	25448	27360	7.5
11206	13400	15763	—	—	—	—	—	—
6428	7364	8801	10149	11266	14066	15489	17142	9.5
2172	2527	3004	3508	3899	4353	4873	5204	10.5
6354	7484	8519	9633	10713	12324	13867	16027	11.5

9. 从 2011 年起，原全社会固定资产投资指标改名为固定资产投资，固定资产投资统计起点由 50 万元提高到 500 万元及以上。
10. 因统计方法制度改革，从 2013 年开始取消农民人均纯收入统计指标，城市居民人均可支配收入调整为城镇统计口径，2012 年以前为城市统计口径，与往年数据不具可比性。
11. 2014 年货物、旅客运输量及周转量统计口径发生变化，与以前年度数据不具可比性。
12. 2014 年邮电业务总量测算方法发生变化，与以前年度数据不具可比性。
13. 因统计制度变化，从 2014 年起居民消费价格指数和商品零售价格数取消全年统计口径数据。
14. 2016 年，将部分研发支出计入 GDP，并对历史数据进行了调整。
15. 图书出版印数 2000 年以前按"书籍"统计，2000 年以后按"图书"统计。
16. 2017 年开始电信业务总量使用 2015 年不变价，而邮政业务总量仍使用 2010 年不变价格，故两者 2017 年不能合计。

1－4 国民经济主要指标平均递增速度

指　　标	1949～1965年	1965～1978年	1949～2017年	1978～2017年	2000～2017年	2010～2017年
一、年末户籍总人口	1.1	1.7	1.2	1.1	1.2	1.2
二、地区生产总值	4.3	5.1	9.3	12.9	13.5	11.2
第一产业	…	…	…	5.1	4.7	4.2
第二产业	…	…	…	14.4	15.1	11.5
# 工业	…	…	…	14.9	16.8	14.3
第三产业	…	…	…	14.4	13.0	11.4
人均地区生产总值	…	…	…	11.5	12.0	9.1
三、工业总产值	18.3	9.9	15.1	15.5	18.4	12.4
四、农林牧渔业总产值	3.2	3.6	4.4	4.9	5.0	3.7
# 农业	2.8	4.4	3.8	4.2	5.0	5.7
五、粮食产量	1.9	5	1.7	0.6	－0.6	0.1
六、固定资产投资	…	…	…	22.9	23.7	18.3
新增固定资产	23.4※	3.4	16.9△	23.0	25.7	16.5
竣工房屋面积	19.5※	1.8	6.8△	7.4	8.2	－4.0
# 住宅	25.5※	1.2	7.3△	7.9	8.6	－5.4
七、社会消费品零售总额	9.1	6.8	13.3	17.8	16.3	14
八、地方一般公共预算收入	…	…	…	…	20.3	14.3
一般公共预算支出	…	…	…	…	21.8	16.7

1－4 续表

单位:%

指　　标	1949～1965年	1965～1978年	1949～2017年	1978～2017年	2000～2017年	2010～2017年
九、高等学校数	9.9	－0.9	4.9	4.9	4.8	0.9
高等学校在校学生数	13.2	－0.2	8.3	9.6	9.7	2.7
普通中学在校学生数	12.6	12.1	5.3	0.4	0.0	3.2
小学在校学生数	9.1	1.1	2.0	－0.4	1.2	4.8
十、艺术表演团体	4.8	－2.9	0.4	－0.2	－0.5	0.0
十一、图书出版量	3.5△	－1.9	5.3△	8.4	3.7	5.7
杂志出版量	－1.1△	21.6	6.1△	3.8	0.1	－1.3
报纸出版量	7.3△	4.5	3.6△	2.0	0.3	－6.1
十二、卫生机构数	23.8	1.1	7.4	3.5	9.0	7.8
# 医院、卫生院	15.4	4.6	4.5	0.4	0.5	1.7
医疗病床数	16.4	3.4	7.0	4.6	7.8	8.1
卫生技术人员	12.9	4.8	6.3	4.1	6.3	6.8
# 执业医师和执业助理医师	…	…	…	3.6	5.2	7.0
十三、城市居民人均可支配收入	3.9△	4.1	…	…	…	…
农民人均纯收入	6.0△	2.6	…	…	…	…
城乡居民储蓄余额	27.2※	10.1	21.9※	24.1	16.8	13.3

注:※表示以1950年为基期,△表示以1952年为基期。

1－5 主要指标日均水平

指标	单位	1949 年	1965 年	1978 年	1990 年	1995 年	2000 年	2005 年
一、地区生产总值	万元	78.53△	192.44	461.52	2805	9116	19749	49256
二、工业总产值	万元	15.87	218.33	627.18	3196	9341	17000	35633
三、公共财政预算收入	万元	…	…	…	…	493	944	2960
四、农林牧渔业总产值	万元	46.63	81.64	267.56	1001	2479	3200	5127
五、粮食总产量	吨	2036	2767	5200	7236	6707	7187	7186
六、固定资产投资	万元	5.60△	14.89	66.13	496	2875	5543	24149
竣工房屋面积	平方米	192※	939	2230	3007	8618	9412	25522
# 住宅	平方米	33※	359	1128	1265	4622	5439	16774
七、邮电:函件	万件	1.65※	5.28	5.88	17.68	30.52	23.01	10.74
八、社会消费品零售总额	万元	25	96	252	1408	4543	9570	20509
九、城市生活用水	万吨	0.1	4.33	12.81	34.15	47.23	58.21	86.41
十、城市公共汽车乘客人数	万人次	1.65	11.29	45.06	72.76	64.77	92.64	214.14
十一、出生	人	…	352	193	242	113	170	185
死亡	人	…	94	83	103	101	114	117
结婚	对	…	…	…	140	110	110	125
离婚	对	…	…	…	14	20	17	28
十二、出版报纸	万份	18.59△	46.58	82.35	110.48	150.38	170.83	206.33
出版杂志	万份	0.67△	0.58	7.34	14.09	20.92	28.5	29.93
出版图书	万册	4.45△	6.98	5.43	88.04	92.27	68.07	83.52

注:1. ※为 1950 年数,△为 1952 年数。

2. 1949 年、1965 年工农业总产值按不变价格计算,其他年份按现价计算。

2010 年	2011 年	2012 年	2013 年	2014 年	2015 年	2016 年	2017 年
125981	155718	177528	198604	217388	236453	254584	279730
150349	195270	226386	244878	286151	306154	334458	340043
8610	11665	13442	14701	17337	19697	20375	21927
8867	10622	11501	12455	13441	14716	13816	14088
5727	5918	6161	6310	6427	6488	6385	6204
87468	96171	109917	125847	148925	174337	183379	207336
47715	44023	41866	41725	46055	39233	52636	35887
32449	33321	31521	29693	30855	26419	32045	22035
11.64	11.44	9.40	5.70	4.90	4.30	3.40	3.00
50021	60694	69753	76766	90234	101112	112806	124594
72.91	80.12	82.05	85.65	92.82	96.27	96.44	101.60
197.87	290.85	291.4	285.21	318.57	320.39	308.36	333.51
196	208	227	242	279	268	284	317
100	85	117	103	97	89	83	355
190	216	209	182	191	159	159	144
46	50	55	57	58	60	60	83
279.07	257.59	281.36	290.2	294.75	289.41	194.34	179.70
34.36	33.26	34.24	35.08	36.29	38.13	37.69	31.43
85.23	94.46	99.42	97.9	115.46	132.86	141.45	25.67

1－6 主要指标人均水平

指　　标	单位	1949 年	1965 年	1978 年	1990 年	1995 年	2000 年	2005 年	
								按户籍人口计算	按常住人口计算
一、地区生产总值	元	89△	194	370	1871	5930	12368	29202	28351
二、工业总产值	元	19	221	503	2132	6811	10464	21126	20510
三、农林牧渔业总产值	元	55	82	215	667	1548	2004	3040	2951
四、粮食产量	公斤	240	280	417	480	435	450	426	414
五、固定资产投资完成额	元	6.34△	15.04	53.02	331	1870	3471	14317	13900
竣工房屋面积	平方米	0.02※	0.09	0.18	0.2	0.56	0.59	1.51	1.47
六、社会消费品零售总额	元	30	96	201	934	2955	5993	12159	11804
七、职工工资	元	439△	585	601	2135	5319	10137	21499	21499
八、人民生活									
农村居民人均可支配收入	元	48△	103	143	721	1737	3005	4908	4908
城镇居民人均可支配收入	元	131△	216	327	1770	4860	7530	12434	12434
城市居民人均购买主要商品：									
粮食	公斤	…	…	…	134.1	106.8	95.9	95.6	95.6
油脂类	公斤	…	…	…	7.8	7.7	9.8	13.6	13.6
鲜菜	公斤	…	…	…	134.9	115.5	115.4	121.7	121.7
猪肉	公斤	…	…	…	24.2	19.2	17.9	24.8	24.8
鲜蛋	公斤	…	…	…	5.6	7.8	7.3	7.2	7.2
煤炭	公斤	…	…	…	159.2	37.4	20.3	38.4	38.4
液化气	公斤	…	…	…	22.2	29.7	35.4	40	40
管道煤气	立方米	…	…	…	…	1.3	15.3	35.5	35.5
电	度(千瓦时)	…	…	…	…	169.2	307.3	626.9	626.9
九、城市住房建筑面积	平方米	…	…	…	…	…	18.6	27.2	27.2
十、城乡居民储蓄余额	元	…	…	25	771	3266	6400	15503	15050
十一、年末医疗病床数	张/千人	0.24	2.34	2.85	3.34	3.8	3.53	4.45	4.32

注：1. ※为 1950 年数，△为 1952 年数。
2. 1949 年、1965 年工农业总产值按不变价格计算。
3. 1999 年以后职工工资均为在岗职工平均工资。
4. 2003 年以前的除城乡居民调查指标、职工工资、城市住宅居住面积以外的指标按户籍人口计算。
5. 从 2013 年开始，农村居民人均可支配收入开始统计，2012 年及以前为农民纯收入统计口径，城镇居民人均可支配收入 2012 年以前为城市统计口径。

2010年		2011年		2012年		2013年		2014年	
按户籍人口计算	按常住人口计算	按户籍人口计算	按常住人口计算	按户籍人口计算	按常住人口计算	按户籍人口计算	按常住人口计算	按户籍人口计算	按常住人口计算
70909	67212	86990	80441	98385	91025	109550	100906	118940	109196
84625	80193	109093	100854	125461	116077	135074	124416	156563	143736
4991	4729	5934	5486	6374	5897	6870	6328	7354	6751
322	306	331	306	341	316	348	321	352	323
49232	46654	53725	49668	60915	56358	69417	63939	81482	74806
2.69	2.55	2.46	2.27	2.32	2.15	2.3	2.12	2.16	1.98
28155	26681	33906	31346	38657	35765	42345	39003	49370	45325
38338	38338	44497	44497	50904	50904	56381	56381	61787	61787
11206	11206	13400	13400	15763	15763	19713	19713	21723	21723
23347	23347	27069	27069	31044	31044	33662	33662	36826	36826
71.8	71.8	70.6	70.6	71.7	71.7	77.8	77.8	64.3	64.3
13.9	13.9	12.8	12.8	14	14	18.5	18.5	16.8	16.8
143	143	141.5	141.5	128.3	128.3	118.4	118.4	99.9	99.9
24.8	24.8	25.3	25.3	23.5	23.5	27.6	27.6	25	25
8.3	8.3	7.9	7.9	8.1	8.1	9.3	9.3	8.7	8.7
4.3	4.3	2.9	2.9	2	2	17.2	17.2	16.5	16.5
19.7	19.7	14.4	14.4	16.5	16.5	19.4	19.4	16.4	16.4
3.6	3.6	6.9	6.9	5.1	5.1	1.3	1.3	1.2	1.2
988.8	988.8	1004.9	1004.9	987.4	987.4	1038.4	1038.4	964.4	964.4
30.9	30.9	32.2	32.2	31.8	31.8	41.4	41.4	46.7	46.7
33495	31741	38676	35756	45612	42200	53006	48824	58444	53655
6.57	6.23	7.2	6.66	7.79	7.2	8.75	8.06	9.53	8.75

1－6 续表

指　标	单位	2015 年		2016 年		2017 年	
		按户籍人口计算	按常住人口计算	按户籍人口计算	按常住人口计算	按户籍人口计算	按常住人口计算
一、地区生产总值	元	127692	117077	135028	123265	145361	131208
二、工业总产值	元	165333	151589	177392	161938	176703	159498
三、农林牧渔业总产值	元	7947	7286	7328	6690	7321	6608
四、粮食产量	公斤	350	321	339	309	322	291
五、固定资产投资完成额	元	94148	86321	97261	88788	107742	97251
竣工房屋面积	平方米	2.12	1.94	2.79	2.55	1.86	1.68
六、社会消费品零售总额	元	54604	50065	59830	54618	64745	58441
七、职工工资	元	67266	67266	77782	77782	85187	85187
八、人民生活							
农村居民人均可支配收入	元	23601	23601	25448	25448	27360	27360
城镇居民人均可支配收入	元	39961	39961	43294	43294	46948	46948
城市居民人均购买主要商品:							
粮食	公斤	55.7	55.7	59.8	59.8	62.1	62.1
油脂类	公斤	15.5	15.5	17.1	17.1	16.2	16.2
鲜菜	公斤	93.1	93.1	97.1	97.1	102.3	102.3
猪肉	公斤	23.6	23.6	25.6	25.6	27.3	27.3
鲜蛋	公斤	7.5	7.5	8.2	8.2	7.7	7.7
煤炭	公斤	13.7	13.7	9.7	9.7	5.4	5.4
液化气	公斤	16.8	16.8	18	18	24.1	24.1
管道煤气	立方米	1.1	1.1	0.4	0.4	0.4	0.4
电	度(千瓦时)	1041.4	1041.4	1234.2	1234.2	1238.6	1238.6
九、城市住房建筑面积	平方米	45.3	45.3	44.8	44.8	45.5	45.5
十、城乡居民储蓄余额	元	64399	59046	70806	64638	75615	69028
十一、年末医疗病床数	张/千人	9.77	8.96	10.37	9.46	10.71	9.78

1－7 长沙市主要经济指标占湖南省的比重(2017年)

	单 位	湖南省	长沙市	长沙市占湖南省的比重(%)
一、地区生产总值	亿元	33902.96	10210.13	30.1
第一产业	亿元	2998.40	312.01	10.4
第二产业	亿元	14145.49	4740.32	33.5
第三产业	亿元	16759.07	5157.80	30.8
人均地区生产总值	元	49558	131207	(比全省高)81649
二、工业增加值	亿元	11879.94	3843.54	32.4
三、粮食产量	万吨	3073.60	226.44	7.4
四、固定资产投资总额	亿元	31328.1	7567.77	24.2
五、社会消费品零售总额	亿元	14854.9	4547.68	30.6
六、地方一般公共预算收入	亿元	2756.7	800.35	29.0
七、进出口总额	亿元	2434.3	938.02	38.5
# 出口总额	亿元	1565.5	587.89	37.6
八、实际利用外资金额	亿美元	144.7	52.50	36.3
九、年末金融机构本外币存款余额	亿元	46729.3	17141.83	36.7
# 住户存款	亿元	23371.6	5203.64	22.3
年末金融机构本外币贷款余额	亿元	31850	16027.07	50.3
十、城镇居民人均可支配收入	元	33948	46948	(比全省高)13000
城镇居民人均消费性支出	元	23163	34645	(比全省高)11482
农村居民人均可支配收入	元	12936	27360	(比全省高)14424
农村居民人均生活消费支出	元	11534	19189	(比全省高)7655

2 国民经济核算

长沙统计年鉴

2-1 历年总产出

（按当年价格计算）

单位:万元

年 份	总产出	第一产业	第二产业	工 业	建筑业
1978	445167	94885	261262	228923	32339
1979	512800	100294	298835	263262	35573
1980	566778	99522	330929	290431	40498
1981	597597	102508	343903	301612	42291
1982	653134	115616	364941	313445	51496
1983	716729	133258	386077	328343	57734
1984	848086	140045	467896	388263	79633
1985	1070680	166053	591822	482327	109495
1986	1231664	180977	685235	556770	128465
1987	1544336	212304	861354	700625	160729
1988	2013436	274536	1132867	948752	184115
1989	2292734	307534	1284368	1121732	162636
1990	2498218	365244	1328070	1166550	161520
1991	2942165	368160	1572739	1371512	201227
1992	3807618	409372	2074753	1801621	273132
1993	5028164	480104	2860695	2444544	416151
1994	6595639	725156	3600830	3036926	563904
1995	8240569	868362	4454041	3406708	1047333
1996	10256270	1011363	5687635	4502675	1184960
1997	12039809	1114485	6648486	5344290	1304196
1998	13451981	1137967	7455518	5880203	1575315
1999	14471584	1146479	7981480	6270220	1711260
2000	15978660	1167935	8748929	6902519	1846410
2001	18346572	1239986	9932709	7359676	2573033
2002	20870200	1302245	11076359	7842960	3233399
2003	24604045	1371608	13658734	9648174	4010560
2004	29217117	1720663	16130998	11395605	4735393
2005	39388751	1871313	21397931	15109129	6288803
2006	48161693	1903000	27474114	19588310	7885804
2007	60974271	2171300	36496839	28091372	8405467
2008	75373122	2818996	47177646	37171939	10005707
2009	85876615	2946120	53878897	42642488	11236409
2010	110405737	3236412	74357726	57457785	16899941
2011	136785666	3877163	94213826	73795874	20417952
2012	156137344	4197846	108394151	85490251	22903900
2013	178514938	4546157	123888975	98694685	25194290
2014	201713514	4822930	140099800	108339183	31938725
2015	222614022	5279133	153389323	118803007	34781819
2016	242707442	4774581	166626076	128976089	37864500
2017	275963310	4837516	189023787	145389176	43872286

注:2004 年开始行业分类按《国民经济行业分类》GB/T4754－2002 标准执行;2014 年执行新的《三次产业划分规定》,第一产业不含农、林、牧、渔服务业,划入第三产业;第二产业不含开采辅助活动,金属制品、机械和设备修理划入第三产业。本章节数据相应调整。2016 年,将部分研发支出计入 GDP,并对历史数据进行了调整,总产出进行了相应调整。

2－1 续表

单位:万元

年份	第三产业	运输邮电业	批零餐饮业	金融保险业	房地产业	其它服务业
1978	89020	13371	44740	5811	2472	22626
1979	113671	14681	67286	7748	3508	20448
1980	136327	16532	85098	8281	3826	22590
1981	151186	17016	88469	10396	4803	30502
1982	172577	18756	97993	15478	7162	33188
1983	197394	19496	107028	15768	7284	47818
1984	240145	29057	129045	16099	8864	57080
1985	312805	33065	168113	19685	10424	81518
1986	365452	41562	186341	36243	10994	90312
1987	470678	51710	219776	49340	11618	138234
1988	606033	64103	284396	65060	13068	179406
1989	700832	74676	311346	86466	13728	214616
1990	804904	83888	370881	89610	15809	244716
1991	1001266	104325	499593	92454	19098	285796
1992	1323493	131979	670888	131440	23284	365902
1993	1687365	156154	898097	162164	33950	437000
1994	2269653	198468	1125958	252566	44842	647819
1995	2918166	268451	1479267	304331	62621	803496
1996	3557272	380222	1634927	368767	80094	1093262
1997	4276838	502581	1833517	469979	93396	1377365
1998	4858496	569160	1917848	450031	113360	1808097
1999	5343625	629051	1973462	466289	129017	2145806
2000	6061796	564692	2115542	493440	198579	2689543
2001	7173877	886577	2224348	500138	278584	3284230
2002	8491596	1012094	2436837	505376	357754	4179535
2003	9573703	1110567	2609552	528518	421431	4903635

年份	第三产业	运输仓储邮政业	批发零售业	住宿餐饮业	金融保险业	房地产业	其它服务业
2004	11365456	908212	2176196	948442	566267	640735	6125604
2005	16119507	1564680	2551144	1511009	1646100	1000624	7845948
2006	18784579	1788637	2930295	1820634	1886243	1321325	9037445
2007	22306132	2196608	3654189	2295949	2371947	1585570	10201869
2008	25376480	2544687	4102151	2413104	2625656	1478295	12212586
2009	29051598	2821984	4816549	2630963	3255809	1961896	13564397
2010	32811599	3180407	5549636	2990783	3703589	2152435	15234749
2011	38694677	3763168	6485229	3449536	4229975	2356685	18410084
2012	43545347	3952640	7651929	3931253	5170389	2478412	20360724
2013	50079806	4350988	8499719	4204586	6280235	2890968	23853310
2014	56790784	4832519	9714132	4796462	7533192	2601038	27313441
2015	63945566	5111552	10203616	5299598	8025299	3072608	32232893
2016	71306785	5601897	11056173	5802107	8156260	3611702	37078646
2017	82102007	6062900	11957942	6218901	9844795	3950743	44066726

2-2 历年总产出构成

单位:%

年份	总产出	第一产业	第二产业			第三产业					
				工业	建筑业		运输邮电业	批零餐饮业	金融保险业	房地产业	其它服务业
1978	100	21.3	58.7	51.4	7.3	20.0	3.0	10.1	1.3	0.6	5.0
1979	100	19.6	58.2	51.3	6.9	22.2	2.9	13.1	1.5	0.7	4.0
1980	100	17.6	58.3	51.2	7.1	24.1	2.9	15.0	1.5	0.7	4.0
1981	100	17.2	57.6	50.5	7.1	25.2	2.8	14.8	1.7	0.8	5.1
1982	100	17.7	55.9	48.0	7.9	26.4	2.9	14.9	2.4	1.1	5.1
1983	100	18.6	53.9	45.8	8.1	27.5	2.7	14.9	2.2	1.0	6.7
1984	100	16.5	55.2	45.8	9.4	28.3	3.4	15.2	1.9	1.0	6.8
1985	100	15.5	55.3	45.1	10.2	29.2	3.1	15.7	1.8	1.0	7.6
1986	100	14.7	55.6	45.2	10.4	29.7	3.4	15.1	2.9	0.9	7.4
1987	100	13.7	55.8	45.4	10.4	30.5	3.3	14.2	3.2	0.8	9.0
1988	100	13.6	56.3	47.1	9.2	30.1	3.2	14.1	3.2	0.6	9.0
1989	100	13.4	56.0	48.9	7.1	30.6	3.3	13.6	3.7	0.6	9.4
1990	100	14.6	53.2	46.7	6.5	32.2	3.4	14.8	3.6	0.6	9.8
1991	100	12.5	53.5	46.6	6.9	34.0	3.5	17.0	3.2	0.6	9.7
1992	100	10.7	54.5	47.3	7.2	34.8	3.5	17.6	3.5	0.6	9.6
1993	100	9.5	56.9	48.6	8.3	33.6	3.1	17.9	3.2	0.7	8.7
1994	100	11.0	54.6	46.0	8.6	34.4	3.0	17.1	3.8	0.7	9.8
1995	100	10.5	54.1	41.4	12.7	35.4	3.3	17.9	3.7	0.8	9.7
1996	100	9.8	55.5	43.9	11.6	34.7	3.7	15.9	3.6	0.8	10.7
1997	100	9.3	55.2	44.4	10.8	35.5	4.2	15.2	3.9	0.8	11.4
1998	100	8.5	55.4	43.7	11.7	36.1	4.2	14.3	3.3	0.8	13.5
1999	100	7.9	55.2	43.4	11.8	36.9	4.3	13.7	3.2	0.9	14.8
2000	100	7.3	54.8	43.2	11.6	37.9	3.5	13.2	3.1	1.2	16.8
2001	100	6.8	54.1	40.1	14.0	39.1	4.8	12.1	2.7	1.5	17.9
2002	100	6.2	53.1	37.6	15.5	40.7	4.8	11.7	2.4	1.7	20.0
2003	100	5.6	55.5	39.2	16.3	38.9	4.5	10.6	2.1	1.7	19.9

年份	总产出	第一产业	第二产业			第三产业						
				工业	建筑业		运输仓储邮政业	批发零售业	住宿餐饮业	金融保险业	房地产业	其它服务业
2004	100	5.9	55.2	39.0	16.2	38.9	3.1	7.4	3.2	1.9	2.2	21.0
2005	100	4.8	54.3	38.4	16.0	40.9	4.0	6.5	3.8	4.2	2.5	19.9
2006	100	4.0	57.0	40.7	16.4	39.0	3.7	6.1	3.8	3.9	2.7	18.8
2007	100	3.6	59.9	46.1	13.8	36.6	3.6	6.0	3.8	3.9	2.6	16.7
2008	100	3.7	62.6	49.3	13.3	33.7	3.4	5.4	3.2	3.5	2.0	16.2
2009	100	3.4	62.7	49.7	13.1	33.8	3.3	5.6	3.1	3.8	2.3	15.8
2010	100	2.9	67.3	52.0	15.3	29.7	2.9	5.0	2.7	3.4	1.9	13.8
2011	100	2.8	68.9	54.0	14.9	28.3	2.8	4.7	2.5	3.1	1.7	13.5
2012	100	2.7	69.4	54.8	14.7	27.9	2.5	4.9	2.5	3.3	1.6	13.0
2013	100	2.5	69.4	55.3	14.1	28.1	2.4	4.8	2.4	3.5	1.6	13.4
2014	100	2.4	69.5	53.7	15.8	28.2	2.4	4.8	2.4	3.7	1.3	13.5
2015	100	2.4	68.9	53.4	15.6	28.7	2.3	4.6	2.4	3.6	1.4	14.5
2016	100	2.0	68.7	53.1	15.6	29.4	2.3	4.6	2.4	3.4	1.5	15.3
2017	100	1.8	68.5	52.7	15.9	29.8	2.2	4.3	2.3	3.6	1.4	16.0

2－3 历年总产出环比指数

（按可比价格计算，以上年为100）

年 份	总产出	第一产业	第二产业	工 业	建筑业
1978					
1979	111.4	105.7	113.3	115.0	102.0
1980	106.8	99.2	109.5	110.3	103.0
1981	105.0	99.3	103.1	103.2	102.4
1982	110.0	112.4	106.1	104.2	121.2
1983	109.2	107.0	107.0	106.4	111.6
1984	114.0	104.4	118.0	114.4	142.2
1985	115.6	108.1	119.0	119.5	116.8
1986	112.8	106.0	114.2	113.1	119.9
1987	117.9	103.0	120.3	121.2	115.5
1988	113.6	104.5	117.8	118.8	112.4
1989	107.0	102.8	106.6	109.7	88.6
1990	105.3	102.3	102.7	103.2	99.1
1991	112.7	103.5	115.4	115.7	113.6
1992	113.5	102.9	112.8	111.8	120.1
1993	114.5	105.5	118.0	116.2	130.5
1994	114.8	106.3	117.8	117.6	119.4
1995	115.9	106.4	121.3	116.1	153.2
1996	115.4	108.4	115.2	116.6	108.6
1997	114.5	107.8	115.5	117.1	107.6
1998	114.0	103.5	115.5	115.0	118.5
1999	110.6	103.1	110.9	111.5	107.8
2000	111.8	104.7	112.8	112.0	116.9
2001	113.8	106.0	112.2	107.9	128.5
2002	113.4	102.4	110.5	107.4	120.5
2003	116.1	105.1	119.9	118.9	122.7
2004	117.2	111.4	120.6	121.1	119.3
2005	116.0	106.5	118.6	117.0	123.2
2006	114.2	99.4	119.3	123.9	108.1
2007	116.9	106.8	117.8	121.0	108.9
2008	117.8	116.7	120.6	124.9	107.5
2009	116.3	106.4	118.4	120.0	112.8
2010	118.1	104.5	122.9	124.4	117.2
2011	115.0	104.0	117.1	118.9	111.1
2012	120.3	104.0	122.4	125.6	110.5
2013	114.2	103.0	115.3	116.9	108.5
2014	113.1	104.5	113.6	113.2	115.3
2015	111.2	103.5	110.2	110.8	107.8
2016	110.0	103.1	109.1	109.4	108.1
2017	109.8	103.0	109.2	109.7	107.5

单位:%

第三产业	运输邮电业	批零餐饮业	金融保险业	房地产业	其它服务业
115.6	102.0	117.8	133.3	141.9	109.7
111.1	102.5	116.0	106.9	109.1	107.2
116.9	102.9	114.9	123.4	123.4	125.6
115.9	108.6	107.7	146.3	146.6	119.6
115.9	102.9	116.7	100.1	99.9	130.8
115.9	148.3	116.1	98.5	117.3	111.4
115.9	118.0	114.7	109.0	104.8	121.6
115.9	108.3	112.4	174.7	100.1	110.3
124.6	114.6	122.0	124.2	96.2	137.4
111.6	118.6	114.0	106.6	90.9	109.7
110.1	110.4	107.6	114.8	90.7	113.9
111.8	111.6	112.2	102.1	113.5	114.9
112.7	107.1	120.7	96.5	113.0	108.3
119.6	111.0	126.5	124.7	117.4	109.3
112.3	115.7	112.1	103.1	120.4	114.3
112.5	106.8	111.6	126.6	107.2	112.0
109.6	120.3	111.0	99.9	124.9	105.9
118.1	121.7	107.2	133.8	118.3	132.8
114.6	126.6	106.1	109.1	110.7	126.5
114.1	120.3	104.6	103.6	120.1	127.9
111.8	111.1	108.9	103.5	123.1	116.7
111.6	119.4	104.0	105.7	126.0	117.5
117.6	129.8	109.7	100.6	128.8	123.6
119.2	123.1	108.8	100.8	129.8	127.6
112.9	122.2	107.1	104.6	118.4	115.0

第三产业	运输仓储邮政业	批发零售业	住宿餐饮业	金融保险业	房地产业	其它服务业
113.3	115.9	104.0	104.3	106.5	121.4	117.4
113.4	107.6	113.3	113.6	107.1	108.9	115.3
109.1	108.3	112.4	106.2	112.9	109.0	108.0
116.6	120.1	115.8	121.0	115.9	118.0	115.3
113.7	110.0	114.5	117.2	112.6	94.0	116.3
113.9	109.9	119.6	106.4	125.1	131.3	110.0
111.5	117.8	112.1	112.2	110.0	104.1	111.2
111.4	111.1	112.5	108.9	111.5	103.1	112.7
116.9	111.5	120.5	114.6	123.0	109.1	116.6
112.4	107.9	109.2	104.6	119.1	110.4	114.5
112.4	110.0	112.4	111.0	119.2	90.2	113.9
114.2	108.3	105.5	106.0	126.9	111.7	116.5
112.7	107.4	107.3	106.8	106.6	114.0	117.6
111.9	111.3	107.2	109.0	109.2	95.4	115.9

2-4 历年总产出定基指数

(按可比价格计算,以1978年为100)

年份	总产出	第一产业	第二产业	工业	建筑业
1978	100	100	100	100	100
1979	111.4	105.7	113.3	115.0	102.0
1980	119.0	104.9	124.1	126.8	105.1
1981	125.0	104.2	127.9	130.9	107.6
1982	137.5	117.1	135.7	136.4	130.4
1983	150.2	125.3	145.2	145.1	145.5
1984	171.2	130.8	171.3	166.0	206.9
1985	197.9	141.4	203.8	198.4	241.7
1986	223.2	149.9	232.7	224.4	289.8
1987	263.2	154.4	279.9	272.0	334.7
1988	299.0	161.3	329.7	323.1	376.2
1989	319.9	165.8	351.5	354.4	333.3
1990	336.9	169.6	361.0	365.7	330.3
1991	379.7	175.5	416.6	423.1	375.2
1992	431.0	180.6	469.9	473.0	450.6
1993	493.5	190.5	554.5	549.6	588.0
1994	566.5	202.5	653.2	646.3	702.1
1995	656.6	215.5	792.3	750.4	1075.6
1996	757.7	233.6	912.7	875.0	1168.1
1997	867.6	251.8	1054.2	1024.6	1256.9
1998	989.1	260.6	1217.6	1178.3	1489.4
1999	1093.9	268.7	1350.3	1313.8	1605.6
2000	1223.0	281.3	1523.1	1471.5	1876.9
2001	1391.8	298.2	1708.9	1587.7	2411.8
2002	1578.3	305.4	1888.3	1705.2	2906.2
2003	1832.4	321.0	2264.1	2027.5	3565.9
2004	2147.6	357.6	2730.5	2455.3	4254.1
2005	2491.2	380.8	3238.4	2872.7	5241.1
2006	2845.0	378.7	3863.4	3559.3	5665.6
2007	3325.8	404.5	4551.1	4306.8	6169.8
2008	3917.8	471.8	5488.6	5379.2	6632.5
2009	4556.4	502.2	6498.5	6455.0	7481.5
2010	5381.1	524.8	7986.7	8030.0	8768.3
2011	6188.3	545.8	9352.4	9547.7	9741.6
2012	7444.5	567.6	11447.3	11991.9	10764.5
2013	8501.6	584.6	13198.7	14018.5	11679.5
2014	9615.3	610.9	14993.7	15868.9	13466.5
2015	10692.2	632.3	16523.1	17582.7	14516.9
2016	11761.4	651.9	18026.7	19235.5	15692.8
2017	12914.0	671.5	19685.2	21101.3	16869.8

单位:%

第三产业	运 输 邮电业	批 零 餐饮业	金 融 保险业	房地 产业	其 它 服务业
100	100	100	100	100	100
115.6	102.0	117.8	133.3	141.9	109.7
128.4	104.6	136.6	142.5	154.8	117.6
150.1	107.6	157.0	175.8	191.0	147.7
174.0	116.9	169.1	257.2	280.0	176.6
201.7	120.3	197.3	257.5	279.7	231.0
233.8	178.4	229.1	253.6	328.1	257.3
271.0	210.5	262.8	276.4	343.8	312.9
314.1	228.0	295.4	482.9	344.1	345.1
391.4	261.3	360.4	599.8	331.0	474.2
436.8	309.9	410.9	639.4	300.9	520.2
480.9	342.1	442.1	734.0	272.9	592.5
537.6	381.8	496.0	749.4	309.7	680.8
605.9	408.9	598.7	723.2	350.0	737.3
724.7	453.9	757.4	901.8	410.9	805.9
813.8	525.2	849.0	929.8	494.7	921.1
915.5	560.9	947.5	1177.1	530.3	1031.6
1003.4	674.8	1051.7	1175.9	662.3	1092.5
1185.0	821.2	1127.4	1573.4	783.5	1450.8
1358.0	1039.6	1196.2	1716.6	867.3	1835.3
1549.5	1250.6	1251.2	1778.4	1041.6	2347.3
1732.3	1389.4	1362.6	1840.6	1282.2	2739.3
1933.2	1658.9	1417.1	1945.5	1615.6	3218.7
2273.4	2153.3	1554.6	1957.2	2080.9	3978.3
2709.9	2650.7	1691.4	1972.9	2701.0	5076.3
3059.5	3239.2	1811.5	2063.7	3198.0	5837.7

第三产业	运输仓储 邮政业	批 发 零售业	住 宿 餐饮业	金 融 保险业	房地 产业	其 它 服务业
3466.4	3638.3	1872.5	1883.1	2197.8	3872.8	6853.5
3930.9	3914.8	2121.6	2139.2	2353.9	4217.5	7902.1
4288.6	4238.7	2384.2	2272.4	2656.8	4596.6	8534.3
5000.5	5090.7	2760.9	2749.6	3079.3	5424.0	9840.0
5685.6	5599.7	3161.2	3222.6	3467.3	5098.5	11443.9
6475.9	6156.4	3779.8	3427.8	4336.4	6695.5	12588.3
7220.6	7252.2	4237.2	3846.0	4770.0	6970.0	13998.2
8043.7	8055.8	4767.5	4189.6	5317.5	7185.3	15776.0
9403.1	8982.2	5744.8	4801.3	6540.5	7839.2	18394.8
10569.1	9691.8	6273.3	5022.2	7789.7	8654.5	21062.0
11879.7	10661.0	7051.2	5574.6	9285.3	7806.4	23989.6
13566.6	11545.9	7439.0	5909.1	11783.0	8719.7	27947.9
15289.6	12400.3	7982.0	6310.9	12560.7	9940.5	32866.7
17109.1	13801.5	8556.7	6878.9	13716.3	9483.2	38092.5

2－5 历年地区生产总值

（按当年价格计算）

年 份	地区生产总值（GDP）	第一产业	第二产业	工 业	建筑业
1978	168453	56092	74436	63735	10701
1979	213830	66329	100585	87584	13001
1980	231716	65819	111424	96623	14801
1981	257289	70974	123181	106641	16540
1982	286247	77973	135101	112880	22221
1983	323103	91952	146343	120864	25479
1984	364037	100688	161664	129822	31842
1985	450774	120844	197301	155838	41463
1986	514749	131395	222520	174528	47992
1987	634135	147543	275363	214193	61170
1988	825712	194304	356294	288687	67607
1989	932540	212031	393832	330194	63638
1990	1023956	243772	405796	343378	62418
1991	1189012	241941	484759	410114	74645
1992	1498739	266151	626843	522893	103950
1993	1935420	301613	830974	687474	143500
1994	2609009	358777	1132512	937517	194995
1995	3327521	455780	1403433	1065652	337781
1996	4157722	583757	1731447	1369267	362180
1997	5037611	687320	2056865	1671931	384934
1998	5709136	707519	2336161	1877559	458602
1999	6280205	713285	2521526	2042102	479424
2000	7208461	741104	2814982	2264823	550159
2001	8185333	783636	3182635	2458448	724187
2002	9302779	791826	3643217	2751136	892081
2003	10860986	832886	4502866	3378634	1124232

年 份	地区生产总值（GDP）	第一产业	第二产业	工 业	建筑业
2004	13089830	1045950	5491605	4043841	1447764
2005	17978497	1139776	7944584	5907734	2036850
2006	21378191	1163200	9893610	7652717	2240893
2007	26047100	1329500	12234286	9721814	2512472
2008	33341947	1721126	16945418	13927416	3018002
2009	37878437	1793998	19201655	15811180	3390475
2010	45983041	2020081	24688016	20524513	4163503
2011	56836892	2433845	31918789	27026673	4892116
2012	64797773	2723145	36445717	31039946	5405771
2013	72490550	2945508	40152657	34206309	5946348
2014	79346649	3118995	43218888	36555704	6707481
2015	86305197	3417777	43360777	36028986	7378229
2016	92923260	3063635	45132823	37272350	7909461
2017	102101307	3120052	47403232	38435431	9021531

注:1. 2004 年开始行业分类按《国民经济行业分类》GB/T4754－2002 标准执行;2014 年执行新的《三次产业划分规定》,第一产业不含农、林、牧、渔服务业,划入第三产业;第二产业不含开采辅助活动,金属制品、机械和设备修理划入第三产业。本章节数据相应调整。

2. 2000 年以前人均地区生产总值按户籍人口计算,2000 年以后按常住人口计算。

3. 2016 年,将部分研发支出计入 GDP,并对历史数据进行了调整。

单位:万元

第三产业	运输邮电业	批零餐饮业	金融保险业	房地产业	其它服务业	人均地区生产总值(元/人)
37925	8417	13427	4090	1978	10013	370
46916	9002	19072	5811	2807	10224	464
54473	9939	23967	6211	3061	11295	496
63134	10267	25976	7797	3843	15251	544
73173	11802	27438	11609	5730	16594	596
84808	12058	31188	11826	5827	23909	662
101685	16537	37443	12074	7091	28540	737
132629	19833	48934	16764	8339	38759	900
160834	24937	54039	27907	8795	45156	1012
211229	29992	64834	37992	9294	69117	1227
275114	37180	85372	50596	10035	91931	1526
326677	43006	93404	66579	10983	112705	1718
374388	48991	112377	69000	12647	131373	1871
462312	62071	153974	71596	15994	158677	2155
605745	80035	209877	93536	18534	203763	2703
802833	105875	274691	117513	27024	277730	3485
1117720	126546	366270	178916	35650	410338	4680
1468308	184223	516085	224019	49846	494135	5930
1842518	257171	617100	270892	63915	633440	7356
2293426	337992	749793	306628	74623	824390	8842
2665456	382181	852130	336268	90688	1004189	9939
3045394	417239	952207	362988	103562	1209398	10834
3652375	525950	1086770	389800	159062	1490793	11789
4219062	584865	1215367	400167	223285	1795378	13267
4867736	649131	1390327	403000	286847	2138431	14921
5525234	709677	1565903	430689	337988	2480977	17305

第三产业	运输仓储邮政业	批发零售业	住宿餐饮业	金融保险业	房地产业	其它服务业	人均地区生产总值(元/人)
6552275	560137	1567600	383674	469797	514253	3056814	20821
8894137	719753	1837690	622278	806589	860537	4047290	28351
10321381	822773	2110807	749790	924259	1047555	4666196	33253
12483315	1010440	2554309	875136	1162254	1331727	5549449	40090
14675403	1201981	2940177	1069162	1286506	1267867	6909710	50846
16882784	1332497	3452215	1165687	1593933	1681973	7656479	57271
19274944	1570005	3984640	1324917	1780423	1844637	8770322	67212
22484258	1786425	4651427	1528260	2033472	1922122	10562552	80441
25628911	2016779	5153121	1723354	2311174	2043367	12381116	91025
29392386	2206553	5712022	1880529	2773320	2374176	14445786	100906
33008766	2435576	6223922	2042144	3217757	2221583	16867784	109195
39526643	2524342	6547337	2235337	5133754	2615315	20470558	117076
44726802	2686454	6993073	2421014	5684306	3294375	23647580	123265
51578023	2960787	7536229	2589146	6860565	3544328	28086968	131207

2－6 历年地区生产总值构成

单位:%

年份	地区生产总值(GDP)	第一产业	第二产业	工业	建筑业	第三产业	运输邮电业	批零餐饮业	金融保险业	房地产业	其它服务业
1978	100	33.3	44.2	37.8	6.4	22.5	5.0	8.0	2.4	1.2	5.9
1979	100	31.0	47.1	41.0	6.1	21.9	4.2	8.9	2.7	1.3	4.8
1980	100	28.4	48.1	41.7	6.4	23.5	4.3	10.3	2.7	1.3	4.9
1981	100	27.6	47.9	41.4	6.5	24.5	4.0	10.1	3.0	1.5	5.9
1982	100	27.2	47.2	39.4	7.8	25.6	4.1	9.6	4.1	2.0	5.8
1983	100	28.5	45.3	37.4	7.9	26.2	3.7	9.7	3.7	1.8	7.3
1984	100	27.7	44.4	35.7	8.7	27.9	4.5	10.3	3.3	1.9	7.9
1985	100	26.8	43.8	34.6	9.2	29.4	4.4	10.9	3.7	1.8	8.6
1986	100	25.5	43.2	33.9	9.3	31.3	4.8	10.5	5.4	1.7	8.9
1987	100	23.3	43.4	33.8	9.6	33.3	4.7	10.2	6.0	1.5	10.9
1988	100	23.5	43.2	35.0	8.2	33.3	4.5	10.3	6.1	1.2	11.2
1989	100	22.8	42.2	35.4	6.8	35.0	4.6	10.0	7.1	1.2	12.1
1990	100	23.8	39.6	33.5	6.1	36.6	4.8	11.0	6.7	1.2	12.9
1991	100	20.3	40.8	34.5	6.3	38.9	5.2	13.0	6.0	1.3	13.4
1992	100	17.8	41.8	34.9	6.9	40.4	5.3	14.1	6.2	1.2	13.6
1993	100	15.6	42.9	35.5	7.4	41.5	5.5	14.2	6.1	1.4	14.3
1994	100	13.8	43.4	35.9	7.5	42.8	4.9	14.0	6.9	1.4	15.6
1995	100	13.7	42.2	32.0	10.2	44.1	5.5	15.5	6.7	1.5	14.9
1996	100	14.0	41.6	32.9	8.7	44.4	6.2	14.9	6.5	1.5	15.3
1997	100	13.6	40.8	33.2	7.6	45.6	6.7	14.9	6.1	1.5	16.4
1998	100	12.4	40.9	32.9	8.0	46.7	6.7	14.9	5.9	1.6	17.6
1999	100	11.4	40.2	32.5	7.7	48.4	6.6	15.2	5.8	1.6	19.2
2000	100	10.3	39.0	31.4	7.6	50.7	7.3	15.1	5.4	2.2	20.7
2001	100	9.6	38.9	30.0	8.8	51.5	7.1	14.8	4.9	2.7	21.9
2002	100	8.5	39.2	29.6	9.6	52.3	7.0	14.9	4.3	3.1	23.0
2003	100	7.7	41.5	31.1	10.4	50.8	6.5	14.4	4.0	3.1	22.8

年份	地区生产总值(GDP)	第一产业	第二产业	工业	建筑业	第三产业	运输仓储邮政业	批发零售业	住宿餐饮业	金融保险业	房地产业	其它服务业
2004	100	8.0	42.0	30.9	11.1	50.0	4.3	12.0	2.9	3.6	3.9	23.3
2005	100	6.3	44.2	32.9	11.3	49.5	4.0	10.2	3.5	4.5	4.8	22.5
2006	100	5.4	46.3	35.8	10.5	48.3	3.8	9.9	3.5	4.3	4.9	21.8
2007	100	5.1	47.0	37.3	9.6	47.9	3.9	9.8	3.4	4.5	5.1	21.3
2008	100	5.2	50.8	41.8	9.1	44.0	3.6	8.8	3.2	3.9	3.8	20.7
2009	100	4.7	50.7	41.7	9.0	44.6	3.5	9.1	3.1	4.2	4.4	20.2
2010	100	4.4	53.7	44.6	9.1	41.9	3.4	8.7	2.9	3.9	4.0	19.1
2011	100	4.3	56.1	47.6	8.5	39.6	3.1	8.2	2.7	3.6	3.4	18.6
2012	100	4.2	56.2	47.9	8.3	39.6	3.1	8.0	2.7	3.6	3.2	19.1
2013	100	4.1	55.4	47.2	8.2	40.5	3.0	7.9	2.6	3.8	3.3	19.9
2014	100	3.9	54.5	46.1	8.5	41.6	3.1	7.8	2.6	4.1	2.8	21.3
2015	100	4.0	50.2	41.7	8.5	45.8	2.9	7.6	2.6	5.9	3.0	23.7
2016	100	3.3	48.6	40.1	8.5	48.1	2.9	7.5	2.6	6.1	3.5	25.4
2017	100	3.1	46.4	37.6	8.8	50.5	2.9	7.4	2.5	6.7	3.5	27.5

2-7 历年地区生产总值环比指数

（按可比价格计算，以上年为100）

单位：%

年份	地区生产总值（GDP）	第一产业	第二产业			第三产业						人均地区生产总值
				工业	建筑业		运输邮电业	批零餐饮业	金融保险业	房地产业	其它服务业	
1978												
1979	115.4	110.0	120.0	120.0	120.0	117.2	123.2	109.4	118.1	141.9	128.9	114.3
1980	114.7	110.1	121.3	120.7	127.4	111.3	121.7	108.1	108.3	109.1	113.8	113.1
1981	111.2	109.5	110.0	110.0	110.0	115.9	121.5	109.8	127.8	123.4	116.9	109.9
1982	112.4	109.5	110.0	107.7	131.7	120.6	114.4	106.3	138.5	146.6	139.7	110.6
1983	114.2	109.5	110.0	109.7	112.3	126.9	109.7	120.5	110.7	112.1	164.9	112.3
1984	112.3	109.8	110.0	105.6	143.1	118.2	119.5	110.9	131.8	117.4	121.2	111.4
1985	112.2	109.2	109.9	109.0	115.0	118.3	112.6	115.7	137.1	104.8	117.6	110.4
1986	109.4	105.5	111.6	109.4	122.8	110.8	112.7	105.0	124.1	103.5	110.5	107.7
1987	110.4	100.5	115.4	115.6	114.9	114.1	113.6	108.7	116.3	102.8	120.5	108.7
1988	113.7	103.3	117.1	118.3	111.2	118.4	107.6	116.9	126.0	106.7	121.7	108.8
1989	104.5	102.0	108.4	112.3	88.7	102.0	100.2	105.2	97.1	94.5	103.5	104.0
1990	104.6	103.8	102.9	103.6	98.5	107.3	112.2	102.3	103.4	104.1	112.6	103.7
1991	108.7	94.1	113.9	113.9	113.9	112.9	113.0	120.0	107.5	112.0	109.6	107.8
1992	117.2	101.7	122.6	120.6	135.9	120.0	117.5	128.7	110.3	113.8	118.3	116.6
1993	118.2	105.6	120.7	120.7	120.6	121.5	120.5	119.2	115.9	126.0	126.4	118.0
1994	113.4	105.0	116.4	117.3	110.9	113.6	101.8	108.4	118.8	107.2	121.3	113.0
1995	114.0	104.9	115.4	110.6	145.5	116.0	127.9	122.4	110.6	124.9	108.4	113.3
1996	114.0	108.0	115.4	117.7	104.7	114.5	119.9	116.0	110.9	118.3	112.3	113.2
1997	115.9	108.2	116.5	119.1	102.8	117.7	124.2	114.9	107.5	110.7	123.2	115.0
1998	113.9	102.5	114.5	113.9	118.3	116.8	121.2	113.6	108.4	120.1	121.0	113.0
1999	111.5	103.4	110.7	111.2	108.2	114.7	111.0	115.6	107.7	123.1	116.9	110.5
2000	112.2	104.0	112.5	112.6	112.0	113.9	117.0	113.3	105.7	126.0	114.6	110.7
2001	113.6	104.9	113.7	109.3	131.6	115.3	110.7	113.9	104.4	128.4	119.4	112.5
2002	114.4	101.8	114.6	112.8	120.8	116.5	113.0	117.6	102.6	129.8	118.5	113.0
2003	115.2	104.8	120.8	120.1	122.9	112.8	108.2	112.6	105.8	118.4	115.0	114.8

年份	地区生产总值（GDP）	第一产业	第二产业			第三产业							人均地区生产总值
				工业	建筑业		运输仓储邮政业	批发零售业	住宿餐饮业	金融保险业	房地产业	其它服务业	
2004	116.1	107.0	120.8	121.4	119.0	113.6	109.2	114.5	116.9	104.6	122.1	114.0	115.8
2005	114.9	106.7	117.5	116.9	119.4	113.8	107.6	113.3	115.7	107.3	108.9	116.9	113.9
2006	115.3	101.1	118.7	123.0	106.4	114.1	109.0	113.5	122.2	112.1	117.9	113.6	113.8
2007	115.8	106.5	116.1	119.7	104.2	116.5	120.1	115.8	112.3	118.8	116.2	116.5	114.5
2008	115.6	106.8	118.6	121.8	106.3	113.6	112.2	112.8	118.1	110.6	88.0	119.7	114.4
2009	114.8	106.6	116.5	117.7	111.3	114.0	109.9	119.6	106.0	120.7	131.7	109.5	113.7
2010	115.5	104.5	120.6	121.4	116.5	111.5	117.6	111.5	112.6	107.8	103.9	112.5	113.9
2011	114.4	104.0	118.3	120.3	108.1	110.7	112.4	110.4	111.5	107.2	95.9	114.1	110.9
2012	113.2	104.0	114.7	115.9	108.1	112.0	112.5	109.0	108.1	111.6	103.8	115.3	112.1
2013	112.0	103.0	112.6	113.4	108.3	111.9	107.2	108.9	104.3	117.7	110.1	114.3	110.9
2014	110.5	104.4	111.4	111.4	111.1	109.7	108.5	107.2	105.7	113.7	92.1	113.2	109.2
2015	110.0	103.6	108.9	108.9	108.9	112.0	106.1	105.6	105.2	123.8	111.0	114.0	108.4
2016	109.4	103.0	107.2	107.3	106.5	112.4	105.4	105.8	105.5	105.6	113.1	117.7	107.0
2017	109.0	103.0	107.7	108.1	105.9	110.9	109.5	106.3	107.7	108.5	94.2	115.3	105.6

2－8 历年地区生产总值定基指数

（按可比价格计算，以1978年为100）

年份	地区生产总值（GDP）	第一产业	第二产业	工业	建筑业
1978	100	100	100	100	100
1979	115.4	110.0	120.0	120.0	120.0
1980	132.4	121.1	145.6	144.8	152.9
1981	147.2	132.6	160.2	159.3	168.2
1982	165.5	145.2	176.2	171.6	221.5
1983	189.0	159.0	193.8	188.2	248.7
1984	212.2	174.6	213.2	198.7	355.9
1985	238.1	190.7	234.3	216.6	409.3
1986	260.5	201.2	261.5	237.0	502.6
1987	287.6	202.2	301.8	274.0	577.5
1988	327.0	208.9	353.4	324.1	642.2
1989	341.7	213.1	383.1	364.0	569.6
1990	357.4	221.2	394.2	377.1	561.1
1991	388.5	208.1	449.0	429.5	639.1
1992	455.3	211.6	550.5	518.0	868.5
1993	538.2	223.4	664.5	625.2	1047.4
1994	610.3	234.6	773.5	733.4	1161.6
1995	695.7	246.1	892.6	811.1	1690.1
1996	793.1	265.8	1030.1	954.7	1769.5
1997	919.2	287.6	1200.1	1137.0	1819.0
1998	1047.0	294.8	1374.1	1295.0	2151.9
1999	1167.4	304.8	1521.1	1440.0	2328.4
2000	1309.8	317.0	1711.2	1621.4	2607.8
2001	1487.9	332.5	1945.6	1772.2	3431.9
2002	1702.2	338.5	2229.7	1999.0	4145.7
2003	1960.9	354.7	2693.5	2400.8	5095.1
2004	2276.6	379.5	3253.7	2914.6	6063.2
2005	2615.8	404.9	3823.1	3407.2	7239.5
2006	3016.0	409.5	4538.0	4190.9	7702.8
2007	3492.5	436.1	5268.6	5016.5	8026.3
2008	4037.3	465.8	6248.6	6110.1	8532.0
2009	4634.8	496.1	7279.6	7191.6	9499.7
2010	5353.2	518.4	8779.2	8730.6	11067.2
2011	6124.1	539.1	10385.8	10502.9	11963.6
2012	6932.5	560.7	11912.5	12172.9	12932.7
2013	7764.4	577.5	13413.5	13804.1	14006.1
2014	8579.7	602.9	14942.6	15377.8	15560.8
2015	9437.7	624.6	16272.5	16746.4	16945.7
2016	10324.8	643.3	17444.1	17968.9	18047.2
2017	11254.0	662.6	18787.3	19424.4	19112.0

单位:%

第三产业	运输邮电业	批零餐饮业	金融保险业	房地产业	其它服务业	人均地区生产总值
100	100	100	100	100	100	100
117.2	123.2	109.4	118.1	141.9	128.9	114.3
130.4	149.9	118.3	127.9	154.8	146.7	129.3
151.1	182.1	129.9	163.5	191.0	171.5	142.1
182.2	208.3	138.1	226.4	280.0	239.6	157.2
231.2	228.5	166.4	250.6	313.9	395.1	176.5
273.3	273.1	184.5	330.3	368.5	478.9	196.6
323.3	307.5	213.5	452.8	386.2	563.2	217.0
358.2	346.6	224.2	561.9	399.7	622.3	233.7
408.7	393.7	243.7	653.5	410.9	749.9	254.0
483.9	423.6	284.9	823.4	438.4	912.6	276.4
493.6	424.4	299.7	799.5	414.3	944.5	287.5
529.6	476.2	306.6	826.7	431.3	1063.5	298.1
597.9	538.1	367.9	888.7	483.1	1165.6	321.4
717.5	632.3	473.5	980.2	549.8	1378.9	374.8
871.8	761.9	564.4	1136.1	692.7	1742.9	442.3
990.4	775.6	611.8	1349.7	742.6	2114.1	499.8
1148.9	992.0	748.8	1492.8	927.5	2291.7	566.3
1315.5	1189.4	868.6	1655.5	1097.2	2573.6	641.1
1548.3	1477.2	998.0	1779.7	1214.6	3170.7	737.3
1808.4	1790.4	1133.7	1929.2	1458.7	3836.5	833.1
2074.2	1987.3	1310.6	2077.7	1795.7	4484.9	920.6
2362.5	2325.1	1484.9	2196.1	2262.6	5139.7	1019.1
2724.0	2573.9	1691.3	2292.7	2905.2	6136.8	1146.5
3173.5	2908.5	1989.0	2352.3	3770.9	7272.1	1295.5
3579.7	3147.0	2239.6	2488.7	4464.7	8362.9	1487.2

第三产业	运输仓储邮政业	批发零售业	住宿餐饮业	金融保险业	房地产业	其它服务业	人均地区生产总值
4066.5	3327.3	2530.0	2629.8	2603.2	5451.4	9533.7	1722.2
4627.7	3580.2	2866.5	3042.7	2793.2	5936.6	11144.9	1962.2
5280.2	3902.4	3253.5	3718.2	3131.2	6999.2	12660.6	2232.2
6151.5	4686.8	3767.5	4175.5	3719.9	8133.1	14749.6	2556.1
6988.1	5258.6	4249.8	4931.2	4114.2	7157.1	17655.3	2924.5
7966.4	5779.2	5083.5	5227.6	4966.3	9427.0	19332.5	3325.7
8882.5	6796.3	5668.1	5886.3	5353.7	9794.7	21749.1	3788.0
9833.0	7639.0	6257.6	6563.2	5739.2	9393.1	24815.7	4200.9
11012.9	8593.9	6820.8	7094.8	6404.9	9750.0	28612.5	4709.2
12323.5	9212.7	7427.9	7399.9	7538.6	10734.8	32704.1	5222.5
13518.8	9995.8	7962.7	7821.7	8571.4	9886.8	37021.1	5703.0
15141.1	10605.5	8408.6	8228.4	10611.4	10974.3	42204.0	6182.1
17018.6	11178.2	8896.3	8681.0	11205.6	12411.9	49674.1	6614.8
18873.6	12240.1	9456.8	9349.4	12158.1	11692.0	57279.2	6985.2

2－9 历年地区生产总值(支出法)

(按当年价格计算)

单位:万元

年份	地区生产总值(GDP)	最终消费	居民消费	农村居民	城镇居民	政府消费	资本形成总额	固定资本形成总额	存货增加	货物和服务净流出
1978	168453	172284	148449	90300	58149	23835	25139	13202	11937	－28970
1979	213830	195851	169757	99247	70510	26094	36380	23846	12534	－18401
1980	231716	206529	178792	104594	74198	27737	42262	29101	13161	－17075
1981	257289	224473	191815	112488	79327	32658	42860	29041	13819	－10044
1982	286247	242481	205422	129065	76357	37059	54528	40018	14510	－10762
1983	323103	266839	222561	139564	82997	44278	66275	43772	22503	－10011
1984	364037	310906	253169	153520	99649	57737	72934	47180	25754	－19803
1985	450774	363593	306265	186515	119750	57328	114712	65232	49480	－27531
1986	514749	404309	330827	198362	132465	73482	138607	87772	50835	－28167
1987	634135	464652	378087	227320	150767	86565	183887	110839	73048	－14404
1988	825712	574394	472492	276756	195736	101902	260415	185088	75327	－9097
1989	932540	626774	517780	284874	232906	108994	287779	206652	81127	17987
1990	1023956	671614	551512	297910	253602	120102	315923	223335	92588	36419
1991	1189012	750219	599488	316895	282593	150731	375134	278238	96896	63659
1992	1498739	887244	683049	358103	324946	204195	445048	331721	113327	166447
1993	1935420	1116510	863978	451008	412970	252532	555844	415519	140325	263066
1994	2609009	1431179	1109662	549491	560171	321517	808398	534270	274128	369432
1995	3327521	1740592	1325481	658868	666613	415111	1111454	784506	326948	475475
1996	4157722	2110832	1566483	766006	800477	544349	1453339	1072228	381111	593551
1997	5037611	2504380	1880989	895894	985095	623391	1784578	1304841	479737	748653
1998	5709136	2788818	2077880	977425	1100455	710938	2054219	1546063	508156	866099
1999	6280205	3016682	2280621	1016441	1264180	736061	2222696	1709202	513494	1040827
2000	7208461	3778692	2894838	912951	1981887	883854	2234085	1949709	284376	1195684
2001	8185333	4166220	3111904	976855	2135049	1054316	2946647	2537045	409602	1072466
2002	9302779	4590803	3423539	1028848	2394691	1167264	3575646	3282486	293160	1136330
2003	10860986	5082389	3692596	1055639	2636957	1389793	4832086	4316753	515333	946511
2004	13089830	5820921	4133537	1166155	2967382	1687384	6697473	6062709	634764	571436
2005	17978497	7281447	5154218	1398217	3756001	2127229	9216481	8670149	546332	1480569
2006	21378191	8495012	6047745	1468718	4579027	2447267	11111066	10467210	643856	1772113
2007	26047100	9990866	7140064	1606337	5533727	2850802	13940406	13250419	689987	2115828
2008	33341947	11233193	7915467	1839035	6076432	3317726	18812828	17914640	898188	3295926
2009	37878437	12970239	9236442	1995720	7240722	3733797	22130697	21546652	584045	2777501
2010	45983041	14932431	10785757	2358393	8427364	4146674	27536053	27022093	513960	3514557
2011	56836892	17040491	12137968	2248546	9889422	4902523	35737569	35060858	676711	4058832
2012	64797773	19659088	13756755	2614758	11141997	5902333	40507558	39731577	775981	4631127
2013	72490550	26876245	19840271	3724345	16115926	7035974	41659726	40873581	786145	3954579
2014	79346649	30708512	23151292	4160093	18991199	7557220	45343973	44588959	755014	3294164
2015	86305197	35010132	26770288	4908446	21861842	8239844	48751003	48069487	681516	2544062
2016	92923260	39202965	30027695	5606859	24420836	9175270	51141574	50391906	749668	2578721
2017	102101307	44659907	34073416	6401604	27671812	10586491	54864686	54031142	833544	2576714

2-10 历年地区生产总值构成(支出法)

单位:%

年份	地区生产总值(GDP)	最终消费	居民消费	农村居民	城镇居民	政府消费	资本形成总额	固定资本形成总额	存货增加	货物和服务净流出
1978	100	102.3	88.1	53.6	34.5	14.2	14.9	7.8	7.1	
1979	100	91.6	79.4	46.4	33.0	12.2	17.0	11.1	5.9	
1980	100	89.1	77.1	45.1	32.0	12.0	18.3	12.6	5.7	
1981	100	87.2	74.5	43.7	30.8	12.7	16.7	11.3	5.4	
1982	100	84.7	71.8	45.1	26.7	12.9	19.1	14.0	5.1	
1983	100	82.6	68.9	43.2	25.7	13.7	20.5	13.5	7.0	
1984	100	85.4	69.5	42.2	27.3	15.9	20.0	12.9	7.1	
1985	100	80.7	68.0	41.4	26.6	12.7	25.4	14.4	11.0	
1986	100	78.5	64.2	38.5	25.7	14.3	27.0	17.1	9.9	
1987	100	73.3	59.6	35.8	23.8	13.7	29.0	17.5	11.5	
1988	100	69.6	57.2	33.5	23.7	12.4	31.5	22.4	9.1	
1989	100	67.2	55.5	30.5	25.0	11.7	30.9	22.2	8.7	1.9
1990	100	65.6	53.9	29.1	24.8	11.7	30.8	21.8	9.0	3.6
1991	100	63.1	50.4	26.6	23.8	12.7	31.5	23.4	8.1	5.4
1992	100	59.2	45.6	23.9	21.7	13.6	29.7	22.1	7.6	11.1
1993	100	57.7	44.6	23.3	21.3	13.1	28.7	21.4	7.3	13.6
1994	100	54.9	42.6	21.1	21.5	12.3	31.0	20.5	10.5	14.1
1995	100	52.3	39.8	19.8	20.0	12.5	33.4	23.6	9.8	14.3
1996	100	50.8	37.7	18.4	19.3	13.1	35.0	25.8	9.2	14.2
1997	100	49.7	37.3	17.8	19.5	12.4	35.4	25.9	9.5	14.9
1998	100	48.8	36.4	17.1	19.3	12.4	36.0	27.1	8.9	15.2
1999	100	48.0	36.3	16.2	20.1	11.7	35.4	27.2	8.2	16.6
2000	100	52.4	40.5	12.8	27.7	12.4	30.4	26.4	4.0	16.7
2001	100	50.9	38.0	11.9	26.1	12.9	36.0	31.0	5.0	13.1
2002	100	49.3	36.8	11.1	25.7	12.5	38.4	35.3	3.2	12.2
2003	100	46.8	34.0	9.7	24.3	12.8	44.5	39.7	4.7	8.7
2004	100	44.5	31.6	8.9	22.7	12.9	51.2	46.3	4.8	4.4
2005	100	40.5	28.7	7.8	20.9	11.8	51.3	48.2	3.0	8.2
2006	100	39.7	28.3	6.9	21.4	11.4	52.0	49.0	3.0	8.3
2007	100	38.4	27.4	6.2	21.2	10.9	53.5	50.9	2.6	8.1
2008	100	33.7	23.7	5.5	18.2	10.0	56.4	53.7	2.7	9.9
2009	100	34.2	24.4	5.3	19.1	9.9	58.4	56.9	1.5	7.3
2010	100	32.5	23.5	5.1	18.3	9.0	59.9	58.8	1.1	7.6
2011	100	30.0	21.4	4.0	17.4	8.6	62.9	61.7	1.2	7.1
2012	100	30.3	21.2	4.0	17.2	9.1	62.5	61.3	1.2	7.1
2013	100	37.1	27.4	5.1	22.2	9.7	57.5	56.4	1.1	5.5
2014	100	38.7	29.2	5.2	23.9	9.5	57.1	56.2	1.0	4.2
2015	100	40.6	31.0	5.7	25.3	9.5	56.5	55.7	0.8	2.9
2016	100	42.2	32.3	6.0	26.3	9.9	55.0	54.2	0.8	2.8
2017	100	43.7	33.4	6.3	27.1	10.4	53.7	52.9	0.8	2.5

2－11 历年最终消费指数

（按可比价格计算）

单位：%

年份	最终消费		居民消费		农村居民		城镇居民		政府消费	
	环比	定基	环比	定基	环比	定基	环比	定基	环比	定基
1978		100		100		100		100		100
1979	103.9	103.9	104.7	104.7	99.9	99.9	112.1	112.1	99.5	99.5
1980	110.9	115.2	110.7	115.9	111.5	111.4	109.5	122.7	112.5	111.9
1981	108.8	125.3	107.4	124.5	107.7	120.0	107.1	131.4	117.9	131.9
1982	104.7	131.2	103.8	129.2	111.2	133.4	93.3	122.6	110.0	145.1
1983	116.0	152.2	114.3	147.7	114.0	152.1	114.6	140.5	126.0	182.8
1984	116.2	176.9	113.4	167.5	109.7	166.9	119.7	168.2	130.0	237.6
1985	106.0	187.5	109.7	183.7	110.1	183.8	108.9	183.2	90.0	213.8
1986	106.5	199.7	103.5	190.1	101.9	187.3	106.0	194.2	122.8	262.5
1987	103.0	205.7	102.4	194.7	102.7	192.4	102.0	198.1	105.6	277.2
1988	108.2	222.6	109.3	212.8	106.5	204.9	113.6	225.0	103.0	285.5
1989	100.8	224.4	101.2	215.4	95.1	194.9	109.9	247.3	98.8	282.1
1990	102.1	229.1	101.5	218.6	99.6	194.1	103.8	256.7	105.0	296.2
1991	104.6	239.6	101.8	222.5	99.6	193.3	104.3	267.7	117.5	348.0
1992	110.0	263.6	106.0	235.9	105.1	203.2	106.9	286.2	126.0	438.5
1993	115.3	303.9	115.9	273.4	115.4	234.5	116.4	333.1	113.3	496.8
1994	107.7	327.3	107.9	295.0	102.4	240.1	114.0	379.7	107.0	531.6
1995	108.1	353.8	104.2	307.4	106.8	256.4	101.6	385.8	121.5	645.9
1996	111.2	393.4	110.5	339.7	106.0	271.8	115.2	444.4	113.2	731.2
1997	113.5	446.5	114.7	389.6	112.3	305.2	116.9	519.5	110.0	804.3
1998	111.9	499.6	112.8	439.5	109.6	334.5	115.7	601.1	109.0	876.7
1999	109.8	548.6	109.6	481.7	105.4	352.6	113.3	681.0	110.3	967.0
2000	108.9	597.4	109.2	526.0	103.7	365.6	113.6	773.6	108.0	1044.4
2001	111.0	663.1	108.9	572.8	105.3	385.0	110.8	857.1	117.9	1231.3
2002	109.0	722.8	108.6	622.1	102.2	393.5	111.7	957.4	110.0	1354.4
2003	112.2	811.0	109.9	683.7	105.5	415.1	111.9	1071.3	119.2	1614.4
2004	112.0	908.3	107.9	737.7	102.0	423.4	110.5	1183.8	123.1	1987.3
2005	112.3	1020.0	111.9	825.5	107.6	455.6	113.5	1343.6	113.1	2247.6
2006	114.5	1167.9	114.9	948.2	104.0	473.8	118.9	1597.5	113.8	2557.8
2007	114.4	1336.1	115.0	1090.5	104.3	494.2	118.5	1893.1	113.0	2890.3
2008	113.9	1521.8	113.5	1237.3	116.6	576.2	112.6	2131.0	114.9	3321.0
2009	115.5	1757.7	117.3	1451.5	109.1	628.4	119.8	2552.1	111.0	3686.3
2010	115.7	2033.7	116.2	1686.6	118.5	744.7	115.6	2950.2	114.4	4217.1
2011	109.3	2222.8	108.3	1826.6	94.0	700.0	112.3	3313.1	112.1	4727.4
2012	115.6	2569.6	111.9	2044.0	111.3	779.1	112.1	3714.0	124.7	5895.1
2013	110.9	2849.7	110.9	2266.8	108.0	841.4	111.6	4144.8	110.9	6537.7
2014	113.6	3237.3	115.0	2606.8	111.7	939.8	115.8	4799.7	110.4	7217.6
2015	112.6	3645.2	113.4	2956.1	115.9	810.9	112.8	5414.1	110.7	7989.9
2016	111.8	4075.3	112.1	3313.8	114.0	924.4	111.6	6042.1	110.8	8852.8
2017	112.7	4592.9	112.1	3714.8	112.9	1043.6	111.9	6761.1	114.5	10136.5

2-12 历年资本形成总额指数

（按可比价格计算）

单位:%

年 份	资本形成总额		固定资本形成总额		存货增加	
	环比	定基	环比	定基	环比	定基
1978		100		100		100
1979	131.5	131.5	164.2	164.2	95.4	95.4
1980	122.9	161.6	129.2	212.1	111.1	106.0
1981	101.6	164.2	99.9	211.9	105.1	111.4
1982	123.3	202.5	133.6	283.1	101.8	113.4
1983	128.2	259.6	115.3	326.4	163.5	185.4
1984	109.7	284.8	107.5	350.9	114.1	211.5
1985	142.6	406.1	125.3	439.7	174.1	368.2
1986	115.8	470.3	128.9	566.8	98.4	362.3
1987	118.9	559.2	113.2	641.6	128.8	466.6
1988	123.9	692.8	146.1	937.4	90.2	420.9
1989	102.1	707.3	103.1	966.5	99.5	418.8
1990	104.6	739.8	103.0	995.5	108.8	455.7
1991	111.2	822.7	116.6	1160.8	98.0	446.6
1992	110.3	907.4	110.9	1287.3	108.8	485.9
1993	114.4	1038.1	114.8	1477.8	113.4	551.0
1994	122.2	1268.6	108.1	1597.5	164.2	904.7
1995	122.2	1550.2	130.5	2084.7	106.0	959.0
1996	119.9	1858.7	124.9	2603.8	107.8	1033.8
1997	117.4	2182.1	116.8	3041.2	119.3	1233.3
1998	115.6	2522.5	119.0	3619.0	106.4	1312.2
1999	109.8	2769.7	112.2	4060.5	102.5	1345.0
2000	113.0	3129.8	117.3	4763.0	98.8	1328.9
2001	124.3	3890.3	121.6	5791.8	142.5	1893.7
2002	119.7	4656.7	128.0	7413.5	71.1	1346.4
2003	135.9	6328.5	132.1	9793.3	175.8	2367.0
2004	130.0	8227.1	130.8	12809.6	123.8	2930.3
2005	121.4	9987.7	126.8	16242.5	76.5	2241.7
2006	116.7	11655.6	116.8	18971.3	114.0	2555.5
2007	118.0	13753.6	118.3	22443.0	112.8	2882.6
2008	118.6	16311.8	119.4	26797.0	105.7	3045.8
2009	118.0	19247.9	120.7	32344.0	65.2	1986.5
2010	118.3	22770.2	119.3	38586.3	81.7	1623.0
2011	117.1	26664.0	117.5	45338.9	97.0	1574.3
2012	112.7	30050.3	112.7	51097.0	112.8	1775.8
2013	113.2	34016.9	113.4	57944.0	101.6	1804.2
2014	110.9	37724.8	111.1	64375.8	98.0	1768.1
2015	111.3	41987.7	111.2	71585.9	114.4	2022.7
2016	108.2	45430.6	108.2	77455.9	109.6	2216.9
2017	106.8	48519.9	106.7	82645.4	108.2	2398.7

2－13 历年居民消费水平及指数

年份	按当年价格计算(元/人)			按可比价格计算					
				环比指数(以上年为100)			定基指数(以1978年为100)		
	居民消费水平	农村居民消费水平	城镇居民消费水平	居民消费水平	农村居民消费水平	城镇居民消费水平	居民消费水平	农村居民消费水平	城镇居民消费水平
1978	337	248	635				100	100	100
1979	380	273	726	99.5	99.8	104.7	99.5	99.8	104.7
1980	390	287	727	111.7	111.1	101.2	111.1	110.9	106.0
1981	414	306	751	106.3	106.9	104.0	118.1	118.6	110.2
1982	439	347	700	103.0	110.1	92.6	121.6	130.6	102.0
1983	470	371	741	112.7	112.7	112.2	137.0	147.2	114.4
1984	521	409	836	110.4	110.0	108.3	151.2	161.9	123.9
1985	429	499	942	109.5	110.5	105.1	165.6	178.9	130.2
1986	572	522	1031	102.4	100.1	105.9	169.6	179.1	137.9
1987	731	587	1162	101.3	100.6	102.2	171.8	180.2	140.9
1988	895	703	1455	108.8	105.0	113.3	186.9	189.2	159.6
1989	959	711	1678	100.8	100.2	100.9	188.4	189.6	161.0
1990	1008	734	1791	101.7	100.1	103.4	191.6	189.8	166.5
1991	1091	790	1906	102.3	100.4	103.9	196.0	190.6	173.0
1992	1235	907	2053	107.3	106.9	106.9	210.3	203.8	184.9
1993	1556	1167	2443	115.7	116.0	114.1	243.3	236.4	211.0
1994	1984	1453	3095	107.9	103.1	111.5	262.5	243.7	235.3
1995	2345	1776	3432	105.3	106.6	102.6	276.4	259.8	241.4
1996	2736	2111	3819	110.5	109.8	109.0	305.4	285.3	263.1
1997	3239	2519	4379	114.9	113.2	114.9	350.9	323.0	302.3
1998	3531	2788	4627	110.5	109.7	113.6	387.7	354.3	343.4
1999	3814	2951	4985	108.4	102.1	112.6	420.3	361.7	386.7
2000	4734	2695	7267	108.6	104.5	109.6	456.4	378.0	423.8
2001	5044	2863	7742	106.1	105.1	105.1	484.2	397.3	445.4
2002	5477	3100	8169	108.7	109.7	106.3	526.3	435.8	473.5
2003	5884	3308	8547	106.8	106.1	105.9	562.1	462.4	501.4
2004	6575	3800	9221	110.1	112.3	105.8	618.9	519.3	530.5
2005	7364	4330	9961	110.9	112.8	107.0	686.4	585.8	567.6
2006	8523	4758	11421	113.3	108.8	111.9	777.7	637.4	635.1
2007	9957	5628	12818	113.8	112.8	110.1	885.0	719.0	699.2
2008	12071	7141	15259	104.0	107.8	102.5	920.4	775.1	716.7
2009	13965	7929	17674	116.3	111.6	116.4	1070.4	865.0	834.2
2010	15766	9285	19594	112.9	117.1	110.9	1208.5	1012.9	924.8
2011	17179	10104	20431	109.0	108.8	104.3	1317.3	1102.0	964.6
2012	19325	11996	22559	112.5	118.7	110.4	1482.0	1308.1	1064.9
2013	27617	17633	31775	109.9	111.5	108.7	1628.7	1458.5	1157.5
2014	31860	20698	36128	113.7	117.3	111.7	1851.8	1710.8	1292.9
2015	36315	25000	40423	111.7	118.7	109.6	2068.5	2030.7	1417.0
2016	39832	29988	43079	109.6	119.7	106.5	2267.1	2430.7	1509.1
2017	43787	35466	46299	108.6	117.0	106.2	2462.1	2843.9	1602.7

注:1. 2005－2008年历史数据按第二次经济普查结果调整。

2. 2000年以前居民消费水平按户籍人口计算,2000年以后按常住人口计算。

2－14 地区生产总值构成项目(2017年)

单位:万元

指标	增加值	劳动者报酬	生产税净额	#补贴	固定资产折旧	营业盈余
地区生产总值	102101307	44417464	16484922	33861	9366789	31832132
农、林、牧、渔业	3287628	2823086	3946	33861	234407	226189
农业	2233136	1917594	2680	23001	159222	153640
林业	195164	167587	234	2011	13915	13428
畜牧业	580366	498360	697	5977	41380	39929
渔业	111386	95647	133	1148	7942	7664
农、林、牧、渔服务业	167576	143898	202	1724	11948	11528
工业	38435431	12473130	8558396		2390013	15013892
采矿业	498802	206395	122706		26438	143263
# 开采辅助活动	4922	2844	1155		746	177
制造业	36956721	11934682	8249288		2007378	14765373
# 金属制品、机械和设备修理业	48808	35026	1627		5422	6733
电力、热力、燃气及水的生产和供应业	979908	332053	186402		356197	105256
建筑业	9021531	6335021	1323141		241114	1122255
批发和零售业	7536229	2576273	2223491		550421	2186044
批发业	4327288	1354307	1408099		226318	1338564
零售业	3208941	1221966	815392		324103	847480
交通运输、仓储和邮政业	2960787	1472978	245194		700306	542309
铁路运输业	92277	57593	10317		18343	6024
道路运输业	1564006	854146	136223		454055	119582
水上运输业	24735	3242	2063		13951	5479
航空运输业	172697	95382	17190		47671	12454
邮政业	255344	163905	15251		80214	－4026
其他交通活动	851728	298710	64150		86072	402796
住宿和餐饮业	2589146	1714186	464096		360616	50248
住宿业	746497	433016	108282		176242	28957
餐饮业	1842649	1281170	355814		184374	21291
信息传输、软件和信息技术服务业	3038256	1245022	189391		836573	767270
电信、广播电视和卫星传输服务	2270119	852936	128223		778430	510530
其他信息活动	768137	392086	61168		58143	256740
金融业	6860565	1825015	939070		113521	3982959
货币金融服务	5378393	1252325	742416		92217	3291435
资本市场服务	599699	228302	116879		7971	246547
保险业	724452	291900	70222		10396	351934
其他金融业	158021	52488	9553		2937	93043
房地产业	3544328	624883	770965		1289700	858780
房地产开发经营	2232999	494134	745999		165287	827579
其他房地产活动	212240	130749	24966		25324	31201
自有房地产经营活动	1099089				1099089	
租赁和商务服务业	3773811	971062	427482		501416	1873851
科学研究和技术服务业	2861369	1854472	274187		158926	573784
水利、环境和公共设施管理业	501691	315859	78883		69064	37885
居民服务、修理和其他服务业	3028704	2360686	254098		236960	176960
教育	3307520	2521582	25089		260841	500008
卫生和社会工作	1295862	754102	10457		137859	393444
文化、体育和娱乐业	5286823	1376246	689338		755715	2465524
公共管理、社会保障和社会组织	4771626	3173861	7698		529337	1060730
第一产业	3120052	2679188	3744	32137	222459	214661
第二产业	47403232	18770281	9878755		2624959	16129237
第三产业	51578023	22967995	6602423	1724	6519371	15488234

3 人口、就业和职工工资

长沙统计年鉴

3－1 历 年 人 口 数

单位:人

年 份	年末总人口		年末总人口性别		总人口中非农业人口
		#市 区	男	女	
1949	3092437	383480	1627510	1464927	…
1950	3145165	413635	1651036	1494129	541516
1951	3196041	457535	1689104	1506937	541220
1952	3258889	516649	1765075	1493814	594811
1953	3303293	553645	1751683	1551610	613308
1954	3387651	611273	1787749	1599902	677017
1955	3424900	616425	1797081	1627819	681060
1956	3495470	672224	1850703	1644767	735358
1957	3503470	673291	1854666	1648804	751649
1958	3483494	663049	1825598	1657896	794300
1959	3492082	722762	1838482	1653600	871173
1960	3424156	761761	1795656	1628500	898527
1961	3377929	726486	1768523	1609406	853456
1962	3389151	721271	1776645	1612506	800737
1963	3495649	748797	1822271	1673378	826516
1964	3569849	764357	1861086	1708763	835599
1965	3657335	767725	1906015	1751320	838458
1966	3738916	770835	1950918	1787998	833097
1967	3810119	786500	1986179	1823940	826945
1968	3905884	763400	2030386	1875498	812115
1969	4001407	749700	2079936	1921471	792368
1970	4056467	742284	2105841	1950626	759390
1971	4130870	759730	2147639	1983231	819740
1972	4203286	779922	2183495	2019791	830731
1973	4290576	799715	2234648	2055928	857908
1974	4366094	824109	2270621	2095473	882576
1975	4433412	827874	2308774	2124638	886884
1976	4481192	827582	2331700	2149492	894068
1977	4521943	823848	2353927	2168016	891943
1978	4582271	948305	2387967	2194304	940265
1979	4643351	992761	2420686	2222665	1003276
1980	4700086	1019438	2449155	2250931	1039452
1981	4766041	1046890	2489027	2277014	1072702
1982	4844868	1072350	2527992	2316876	1105302
1983	4913280	1097558	2562729	2350551	1135401
1984	4969539	1123923	2593427	2376112	1247495
1985	5042168	1157176	2631652	2410516	1292901

3－1 续表

单位:人

年份	年末总人口		年末总人口性别		总人口中非农业人口
		#市区	男	女	
1986	5127298	1192667	2680097	2447201	1276052
1987	5212346	1226819	2721147	2491199	1317406
1988	5346897	1263481	2790048	2556849	1373221
1989	5444511	1301171	2838683	2605828	1401767
1990	5500533	1326825	2861410	2639123	1429440
1991	5535603	1349865	2881298	2654305	1449901
1992	5553843	1372749	2888636	2665207	1480589
1993	5554172	1387087	2887752	2666600	1511184
1994	5594385	1422651	2912803	2681582	1556040
1995	5628222	1454461	2919369	2708853	1601864
1996	5675339	1603804	2950934	2724405	1673328
1997	5719062	1634412	2960697	2758365	1709754
1998	5768787	1669081	2987038	2781749	1736934
1999	5824692	1714606	3011434	2813258	1809828
2000	5831894	1754142	3015303	2816591	1864206
2001	5870933	1807670	3030648	2840285	1918942
2002	5954592	1889773	3065775	2888817	1991046
2003	6017624	1962561	3093901	2923723	2058257
2004	6103844	2024646	3137629	2966215	2125741
2005	6209248	2086476	3186039	3023209	2180688
2006	6309958	2146096	3231737	3078221	2256477
2007	6373561	2187488	3258991	3114570	2305611
2008	6417367	2370643	3274848	3142519	2332132
2009	6468350	2391675	3292771	3175579	2347616
2010	6501248	2395348	3300191	3201057	2377815
2011	6566185	2967851	3326741	3239444	2418105
2012	6606166	2979005	3340494	3265672	2455126
2013	6628122	2992513	3346546	3281576	2495548
2014	6714121	3035103	3384823	3329298	2566387
2015	6803579	3184995	3423948	3379631	—
2016	6959998	3283293	3494672	3465326	—
2017	7087939	3397749	3542794	3545145	—

注:历年人口数为公安户籍人口。因户籍制度改革,2015 年取消非农业人口统计指标。

3-2 历年城镇化率

	常住人口(万人)	# 城镇人口	城镇化率(%)
2002 年	626.88	294.01	46.90
2003 年	628.34	308.89	49.16
2004 年	629.00	321.99	51.19
2005 年	639.30	344.39	53.87
2006 年	646.50	365.27	56.50
2007 年	652.92	393.06	60.20
2008 年	658.56	403.37	61.25
2009 年	664.22	416.00	62.63
2010 年	704.07	476.58	67.69
2011 年	709.07	485.64	68.49
2012 年	714.66	495.84	69.38
2013 年	722.14	509.86	70.60
2014 年	731.15	528.88	72.34
2015 年	743.18	552.78	74.38
2016 年	764.52	580.97	75.99
2017 年	791.81	614.38	77.59

3－3 历年人口自然变动情况

年份	年内出生人数（人）	出生率（‰）	年内死亡人数（人）	死亡率（‰）	年内自然增长人数（人）	自然增长率（‰）
1954	131963	39.45	55897	16.71	76066	22.74
1956	105956	30.62	38032	10.99	67924	19.63
1957	115144	32.90	35906	10.26	79238	22.64
1958	102730	29.41	67454	19.31	35276	10.10
1960	74321	21.49	94529	27.34	－20208	－5.84
1961	43524	12.80	71606	21.05	－28082	－8.26
1962	111205	32.87	39432	11.65	71773	21.21
1963	159097	46.22	32012	9.30	127085	36.92
1965	126297	35.50	34359	9.51	93938	26.00
1971	99124	24.21	31826	7.77	67298	16.44
1973	100011	23.55	31069	7.32	68942	16.23
1974	91174	21.06	34589	7.99	56585	13.07
1975	91494	20.80	33273	7.56	58221	13.23
1976	78301	17.57	32546	7.30	45755	10.27
1977	76402	16.97	33773	7.50	42629	9.47
1978	70593	15.51	30800	6.77	39793	8.74
1979	72294	15.67	31970	6.93	40324	8.74
1980	66900	14.32	31670	6.78	35230	7.54
1981	73936	15.62	30853	6.52	43083	9.10
1982	87006	18.11	31928	6.64	55078	11.46
1983	78950	16.18	33772	6.92	45178	9.26
1984	72092	14.59	33442	6.77	38650	7.82
1985	76747	15.33	33236	6.64	43511	8.69
1986	83611	16.44	32137	6.32	51474	10.12
1987	89952	17.40	33857	6.55	56095	10.85
1988	87708	16.61	35382	6.70	52326	9.91
1989	100791	18.70	36904	6.80	63887	11.80
1990	88309	16.10	37683	6.80	50626	9.30

3－3 续表

年　份	年内出生人数（人）	出生率（‰）	年内死亡人数（人）	死亡率（‰）	年内自然增长人数（人）	自然增长率（‰）
1991	59771	10.83	36717	6.65	23054	4.18
1992	42654	7.69	37281	6.72	5373	0.97
1993	33420	6.02	36436	6.56	－3016	－0.54
1994	35592	6.39	35621	6.39	－29	－0.01
1995	41370	7.37	36742	6.55	4628	0.82
1996	47944	8.48	35842	6.34	12102	2.14
1997	49607	8.71	34933	6.13	14674	2.58
1998	52969	9.22	37124	6.46	15845	2.76
1999	55873	9.64	38162	6.58	17711	3.06
2000	62026	10.64	41506	7.12	20520	3.52
2001	53994	9.23	31587	5.40	22407	3.83
2002	53746	9.09	36363	6.15	17383	2.94
2003	49683	8.30	40064	6.69	9619	1.61
2004	56062	9.25	37273	6.15	18789	3.10
2005	67537	10.97	42788	6.95	24749	4.02
2006	62960	10.06	31607	5.05	31353	5.01
2007	64312	10.14	37565	5.92	26747	4.22
2008	71118	11.12	38565	6.03	32553	5.09
2009	69777	10.83	34983	5.43	34794	5.40
2010	71677	11.05	36567	5.64	35110	5.41
2011	75825	11.61	30895	4.73	44930	6.88
2012	82741	12.56	42575	6.46	40166	6.10
2013	83357	12.60	52090	7.87	31267	4.73
2014	101938	15.28	35379	5.30	66559	9.98
2015	97861	14.48	32626	4.83	65235	9.65
2016	103484	15.04	30347	4.41	73137	10.63
2017	115691	16.47	129736	18.47	－14045	－2.00

3－4 历年市区人口自然变动情况

年份	年内出生人数（人）	出生率（‰）	年内死亡人数（人）	死亡率（‰）	年内自然增长人数（人）	自然增长率（‰）
1950	10356	25.98	5256	13.19	5100	12.79
1952	20076	41.22	6552	13.45	13524	27.77
1954	26861	46.12	6981	11.99	19880	34.13
1956	25303	39.27	6426	9.97	18877	29.30
1957	30306	45.05	6250	9.29	24056	35.76
1958	21682	32.45	7231	10.82	14451	21.63
1960	19431	26.18	8555	11.53	10876	14.65
1961	12814	17.22	10876	14.62	1938	2.60
1962	22248	30.73	7382	10.20	14866	20.54
1963	28618	37.88	6091	8.05	22527	29.78
1965	14028	18.31	4704	6.14	9324	12.17
1971	10638	14.16	5139	6.84	5499	7.32
1972	9739	12.65	5196	6.75	4543	5.90
1973	9795	12.40	4939	6.25	4856	6.15
1974	9476	11.67	5443	6.70	4033	4.97
1975	10737	13.00	5297	6.41	5440	6.59
1976	9384	11.34	5503	6.65	3881	4.69
1977	10416	12.61	5907	7.15	4509	5.46
1978	11600	13.09	5981	6.75	5619	6.34
1979	12502	12.88	5755	5.93	6747	6.95
1980	10098	10.04	6005	5.97	4093	4.07
1981	14382	13.92	6639	6.43	7743	7.49
1982	17287	16.31	6673	6.30	10614	10.01
1983	15576	14.36	6879	6.34	8697	8.02
1984	14139	12.73	6783	6.11	7356	6.62
1985	14546	12.75	7258	6.36	7288	6.39
1986	14359	12.23	6677	5.53	7682	6.54
1987	17779	14.70	7244	5.99	10535	8.71
1988	16962	13.62	8019	6.44	8943	7.18
1989	15966	12.50	7818	6.10	8148	6.40
1990	14920	11.40	7822	6.00	7098	5.40

3－4 续表

年　份	年内出生人　数（人）	出生率（‰）	年内死亡人　数（人）	死亡率（‰）	年内自然增长人数（人）	自然增长率（‰）
1991	10801	8.07	7599	5.68	3202	2.39
1992	9245	6.79	7993	5.87	1252	0.92
1993	8490	6.15	7504	5.44	986	0.71
1994	9760	6.95	7070	5.03	2690	1.91
1995	9799	6.81	7510	5.22	2289	1.59
1996	12508	8.18	7697	5.03	4811	3.15
1997	10400	6.42	7259	4.48	3141	1.94
1998	11631	7.04	8428	5.10	3203	1.94
1999	12775	7.55	10211	6.04	2564	1.52
2000	16533	9.53	10581	6.10	5952	3.43
2001	13735	7.71	5948	3.34	7787	4.37
2002	12286	6.65	7284	3.94	5002	2.71
2003	14334	7.44	5635	2.93	8699	4.52
2004	15768	7.91	7275	3.65	8493	4.26
2005	16037	7.80	7218	3.51	8819	4.29
2006	20156	9.52	11106	5.24	9050	4.28
2007	20815	9.61	9247	4.27	11568	5.34
2008	23565	9.95	10877	4.59	12688	5.36
2009	21218	9.08	8213	3.51	13005	5.57
2010	20485	8.56	7313	3.06	13172	5.50
2011	33652	11.39	10572	3.58	23080	7.81
2012	37146	12.49	15854	5.33	21292	7.16
2013	36757	12.30	15728	5.27	21029	7.04
2014	42139	13.98	13720	4.55	28419	9.43
2015	43335	13.93	13091	4.21	30244	9.72
2016	48740	15.07	11225	3.47	37515	11.60
2017	59031	17.67	63380	18.97	－4349	－1.30

注：2011 年开始市区包括望城区数据。

3－5 历年县(市)人口自然变动情况

年份	年内出生人数（人）	出生率（‰）	年内死亡人数（人）	死亡率（‰）	年内自然增长人数（人）	自然增长率（‰）
1954	105102	38.04	48916	17.70	56186	20.34
1956	80653	15.28	31606	11.22	49047	17.42
1957	84838	30.01	29656	10.50	55182	19.63
1958	81048	28.69	60223	21.32	20825	7.37
1960	54890	20.21	85974	31.66	31084	－11.45
1961	30710	11.56	60730	22.86	－30020	－11.30
1962	88957	33.45	32050	12.05	56907	21.40
1963	130479	48.19	25921	9.57	104558	38.62
1965	114269	40.13	29655	10.41	84614	29.71
1971	88486	26.47	26687	6.34	61799	18.49
1972	91082	26.81	27979	8.24	63103	18.57
1973	90216	26.10	26130	7.56	64086	18.54
1974	81698	23.23	29146	8.29	52552	14.94
1975	80757	22.60	27976	7.83	52781	14.77
1976	68917	18.99	27043	7.45	41874	11.54
1977	65986	17.95	27866	7.58	38120	10.37
1978	58993	16.09	24819	6.77	34174	9.32
1979	59792	16.42	26215	7.20	33577	9.22
1980	56802	15.50	25665	7.00	31137	8.49
1981	59554	16.01	24214	6.54	35340	9.55
1982	69719	18.61	25255	6.74	44464	11.87
1983	63374	16.70	26893	7.09	36481	9.62
1984	57953	15.13	26659	6.96	31294	8.17
1985	62201	16.09	25978	6.72	36223	9.37
1986	69252	17.71	25460	6.51	43792	11.20
1987	72173	18.23	26613	6.72	45560	11.50
1988	70746	17.54	27363	6.78	43383	10.75
1989	84825	20.60	29086	7.00	55739	13.60
1990	73389	17.60	29861	7.20	43528	10.50

3-5 续表

年　份	年内出生人　数（人）	出生率（‰）	年内死亡人　数（人）	死亡率（‰）	年内自然增长人数（人）	自然增长率（‰）
1991	48970	11.72	29118	6.97	19852	4.75
1992	33409	7.99	29288	7.00	4121	0.99
1993	24930	5.97	28932	6.93	-4002	-0.96
1994	25832	6.20	28551	6.85	-2719	-0.65
1995	31571	7.57	29232	7.01	2339	0.56
1996	35436	8.60	28145	6.83	7291	1.77
1997	39207	9.61	27674	6.79	11533	2.83
1998	41338	10.10	28696	7.01	12642	3.09
1999	43098	10.50	27951	6.81	15147	3.69
2000	45493	11.11	30925	7.55	14568	3.56
2001	40259	9.91	25639	6.31	14620	3.60
2002	41460	10.20	29079	7.16	12381	3.04
2003	35349	8.72	34429	8.48	920	0.24
2004	40294	9.91	29998	7.38	10296	2.53
2005	51500	12.56	35570	8.67	15930	3.89
2006	42804	10.33	20501	4.95	22303	5.38
2007	43497	10.42	28318	6.78	15179	3.64
2008	47553	11.81	27688	6.88	19865	4.93
2009	48559	11.83	26770	6.52	21789	5.31
2010	51192	12.51	29254	7.15	21938	5.36
2011	42173	11.78	20323	5.68	21850	6.10
2012	45595	12.62	26721	7.40	18874	5.22
2013	46600	12.83	36362	10.01	10238	2.82
2014	59799	16.35	21659	5.92	38140	10.43
2015	54526	14.94	19535	5.40	34991	9.59
2016	54744	15.01	19122	5.24	35622	9.77
2017	56660	15.38	66356	18.01	-9696	-2.63

注:2011年开始县(市)不包括望城区数据。

3－6 历年计划生育情况

单位:人

年份	计划内生育率(%)	已婚育龄妇女	已落实节育措施人数	节育率(%)	有一子女育龄妇女人数	已领独生子女证(对)	领证率(%)
1980	72.62	636467	538117	84.55	104240	49446	7.77
1981	73.53	659267	556807	84.46	118706	61433	9.32
1982	69.04	710965	608098	85.53	135451	83853	11.79
1983	70.94	750229	653919	87.16	157472	104442	13.92
1984	68.71	790499	690817	87.39	177205	118010	14.93
1985	70.49	818855	722933	88.29	192701	127607	15.58
1986	70.91	858473	745234	86.81	216053	135519	15.79
1987	72.13	910133	815513	89.60	237870	145567	15.99
1988	72.41	963351	862340	89.51	262167	160844	16.70
1989	63.37	1008878	895987	88.81	…	162357	16.09
1990	68.90	1051259	948723	90.25	…	181953	17.31
1991	80.30	1083592	994278	91.76	…	187256	17.28
1992	97.27	1109091	1025914	92.50	…	197764	17.83
1993	99.27	1122068	1047645	93.37	…	212443	18.93
1994	99.37	1138915	1056082	92.73	391508	220772	19.38
1995	96.29	1142678	1051298	92.00	446396	218407	19.11
1996	99.32	1178074	1073664	91.14	476914	237342	20.15
1997	98.03	1199736	1080488	90.06	495804	240706	20.06
1998	98.47	1196938	1075935	89.89	530862	221305	18.49
1999	97.73	1196508	1076656	89.98	560329	208970	17.46
2000	98.00	1213156	1093858	90.17	584109	197693	16.30
2001	97.82	1216453	1097351	90.21	598690	195612	16.08
2002	97.77	1227225	1100768	89.70	593854	180916	14.74
2003	97.84	1242152	1126182	90.66	573853	177604	14.30
2004	97.89	1271326	1140033	89.67	675558	182902	14.39
2005	96.75	1306840	1174861	89.90	728547	351674	26.91
2006	96.81	1317525	1181269	89.66	749256	395674	30.03
2007	96.09	1267952	1140108	89.92	742927	426384	33.63
2008	92.65	1301996	1158319	88.96	772509	453414	34.82
2009	93.24	1341581	1188184	88.57	801539	463698	34.56
2010	95.32	1417574	1256182	88.61	864236	512730	36.17
2011	93.52	1393485	1189349	85.35	785942	387332	27.80
2012	93.14	1393739	1195544	85.78	834893	427938	30.70
2013	92.39	1366756	1154941	84.49	841827	193737	23.01
2014	90.16	1357620	1155528	85.11	842016	184245	21.88
2015	90.70	1341778	1137853	84.80	831097	360023	43.32
2016	97.01	1330232	1020890	76.75	805473	346413	43.01
2017	97.68	1321984	970473	73.41	745589	314896	42.23

注:领证率＝只有一个15周岁以下孩子已领独生子女证数/已婚育龄妇女人数×100%。

3-7 历年婚姻登记情况

单位:对

年份	登记结婚	#涉外婚	离婚总数	登记离婚	调解离婚	判决离婚
1980	37635	7	…	666	…	…
1981	52812	2	…	706	…	…
1982	48954	10	…	776	…	…
1983	37903	3	1879	761	981	137
1984	44115	15	2327	885	1203	239
1985	44710	11	2099	763	1174	162
1986	55830	16	2545	952	1414	179
1987	53378	35	3157	1068	1831	258
1988	48000	57	4053	1324	2347	382
1989	56329	65	4753	1377	2739	637
1990	51366	95	4968	1372	2903	693
1991	48159	144	4999	1465	2696	838
1992	43702	246	5395	1765	2772	858
1993	38103	307	5755	2029	2847	878
1994	34463	361	6996	2120	3534	1342
1995	40178	468	7448	2628	3327	1493
1996	39672	551	7970	2831	3520	1619
1997	39910	512	7424	3810	2436	1178
1998	39947	576	6553	3232	2115	1206
1999	37140	596	7420	3365	1835	928
2000	39977	710	6291	3782	1486	1023
2001	39365	749	5875	3376	1465	1034
2002	35950	907	5639	4337	591	711
2003	42297	500	7152	4997	1048	1107
2004	47581	98	10064	6887	1143	2034
2005	45622	88	10048	7983	1012	1053
2006	57061	89	11443	8304	1350	1789
2007	52358	306	11889	9104	1381	1404
2008	62759	316	13885	10537	1740	1608
2009	79816	298	15862	12720	1813	1329
2010	69251	316	16786	13770	1778	1238
2011	78954	258	18310	15507	1877	926
2012	76127	241	20079	16528	2443	1108
2013	66317	231	20853	17429	2177	1247
2014	69709	213	21147	17007	1945	2195
2015	58187	133	22007	18183	2019	1805
2016	55272	…	25287	20108	2022	3157
2017	52453	…	30472	24360	2958	3154

3－8 历年在岗职工人数与工资

年　份	年末人数(人)	年平均人数(人)	工资总额(万元)	年平均工资(元)
1998	732766	737636	559561	7586
1999	693863	695666	596986	8582
2000	662207	661120	670168	10137
2001	593964	598389	733898	12265
2002	625839	628383	901247	14342
2003	598370	600425	1019924	16987
2004	631679	628634	1190857	18944
2005	684154	677171	1455835	21499
2006	741106	729237	1795041	24615
2007	782838	769253	2151481	27968
2008	816795	810169	2579185	31835
2009	931149	919382	3207591	34889
2010	1037487	1014399	3888976	38338
2011	1162124	1143753	5089361	44497
2012	1177512	1177222	5992566	50904
2013	1221088	1206441	6802064	56381
2014	1239662	1237767	7655378	61848
2015	1232744	1233405	8296622	67266
2016	1143208	1125463	8754046	77782
2017	1161485	1134512	9664535	85187

注:因为统计制度改革,在岗职工指标从 1998 年年报开始使用。

3-9 历年市区在岗职工人数与工资

年　份	年末人数(人)	年平均人数(人)	工资总额(万元)	年平均工资(元)
1998	552018	557168	442090	7935
1999	527978	531626	475812	8950
2000	506733	505917	540794	10689
2001	444879	449278	584165	13002
2002	479088	481051	715969	14883
2003	449920	452303	795129	17580
2004	458026	456312	912810	20004
2005	489713	485936	1089144	22413
2006	529329	526011	1351710	25697
2007	543329	536916	1554223	28947
2008	557777	555166	1799291	32410
2009	619898	614190	2241291	36492
2010	668105	657800	2641521	40157
2011	791751	775786	3554995	45824
2012	802520	793221	4183751	52744
2013	820361	809542	4793347	59211
2014	833122	826930	5347681	64669
2015	847560	837806	5986297	71452
2016	810254	800345	6653933	83138
2017	789733	777807	7118639	91522

3－10 单位从业人员和劳动报酬情况(2017年)

项目	单位从业人员年末人数	在岗职工	其他从业人员
总计	**1233178**	**1161485**	**71693**
一、按注册类型分组			
1. 国有单位	301506	284300	17206
2. 集体单位	15661	15183	478
3. 其他单位	916011	862002	54009
二、按企业、事业、机关分组			
1. 企业	949480	893920	55560
2. 事业	191846	180001	11845
3. 机关	68347	65207	3140
4. 民间非营利组织	5876	5769	107
5. 其他	17629	16588	1041
三、按国民经济行业分组			
(一)农、林、牧、渔业	1407	1366	41
(二)采矿业	421	421	
(三)制造业	336828	331971	4857
(四)电力、热力、燃气及水生产和供应业	8225	8089	136
(五)建筑业	224637	190540	34097
(六)批发和零售业	68510	66958	1552
(七)交通运输、仓储和邮政业	47086	44333	2753
(八)住宿和餐饮业	26194	25793	401
(九)信息传输、软件和信息技术服务业	20230	19722	508
(十)金融业	70620	66142	4478
(十一)房地产业	45555	43888	1667
(十二)租赁和商务服务业	27810	27284	526
(十三)科学研究和技术服务业	49438	46080	3358
(十四)水利、环境和公共设施管理业	10593	9907	686
(十五)居民服务、修理和其他服务业	4070	3877	193
(十六)教育	110687	102594	8093
(十七)卫生和社会工作	73495	71121	2374
(十八)文化、体育和娱乐业	22803	21836	967
(十九)公共管理、社会保障和社会组织	84569	79563	5006
(二十)国际组织			

单位：人、万元

单位从业人员平均人数	在岗职工	其他从业人员	单位从业人员劳动报酬	在岗职工	其他从业人员
1202183	**1134512**	**67671**	**9991611**	**9664535**	**327076**
298796	282179	16617	3264929	3188758	76171
15313	14843	470	86198	83989	2209
888074	837490	50584	6640485	6391789	248696
			0	0	0
921130	869440	51690	7073522	6812383	261139
189781	178068	11713	2047474	1997828	49646
67921	64873	3048	593148	579775	13373
5787	5624	163	28950	28350	599
17564	16507	1057	248518	246199	2319
1397	1360	37	5922	5802	120
417	417		1696	1696	
322294	317750	4544	2142883	2125073	17810
8202	8083	119	61852	61183	669
214829	184018	30811	1280143	1118290	161853
67480	65953	1527	408683	403820	4863
47328	44670	2658	357819	335951	21868
26208	25693	515	114184	112576	1608
20106	19619	487	205434	201441	3993
69105	65186	3919	1179485	1164409	15076
45265	43558	1707	321571	313995	7576
27346	26776	570	197346	195117	2229
48663	45124	3539	458540	442040	16500
10512	9826	686	65010	62724	2286
3957	3766	191	17846	17247	599
109978	101858	8120	1132604	1104463	28141
72003	69633	2370	1075138	1057865	17273
22899	21915	984	253442	248775	4668
84194	79307	4887	712016	692071	19945

3－11 年末分行业在岗职工人数

行　业	2003 年	2004 年	2005 年	2006 年	2007 年
总　计	**598370**	**631679**	**684154**	**741106**	**782838**
# 国有经济单位	396717	378460	331003	367600	363384
城镇集体经济单位	41593	45649	41990	42679	44705
按国民经济行业分组					
(一)农、林、牧、渔业	2913	2804	3003	2576	1784
(二)采矿业	6434	10751	11596	11954	9107
(三)制造业	127853	146675	166184	173092	190189
(四)电力、热力、燃气及水生产和供应业	9702	7436	7569	8169	11929
(五)建筑业	68965	72073	94224	119117	131732
(六)批发和零售业	41023	49481	44314	48692	54058
(七)交通运输、仓储和邮政业	30084	28839	29279	30405	30470
(八)住宿和餐饮业	20896	22459	31506	34215	32743
(九)信息传输、软件和信息技术服务业	12647	9895	9943	10241	9065
(十)金融业	20407	21696	19249	21033	24420
(十一)房地产业	9838	12269	22051	23816	22519
(十二)租赁和商务服务业	13540	15428	15762	15189	12333
(十三)科学研究和技术服务业	24917	24395	23121	25070	25536
(十四)水利、环境和公共设施管理业	6483	7216	7430	9056	9340
(十五)居民服务、修理和其他服务业	1966	2295	2388	2737	4140
(十六)教育	82925	82419	80410	83246	87654
(十七)卫生和社会工作	30868	32060	33868	37479	38950
(十八)文化、体育和娱乐业	19483	15345	15498	18503	18754
(十九)公共管理、社会保障和社会组织	67426	68143	66759	66516	68115
(二十)国际组织					

单位：人

2008 年	2009 年	2010 年	2011 年	2012 年	2013 年	2014 年	2015 年	2016 年	2017 年
816795	**931149**	**1037487**	**1162124**	**1177512**	**1221088**	**1239662**	**1232744**	**1143208**	**1161485**
367771	361869	382313	381401	387797	339566	315810	305922	305677	284300
44564	44693	46098	39455	36059	27745	23931	20584	19992	15183
1502	109	464	1446	1219	1070	768	974	935	1366
8187	10098	9918	12087	12055	12112	4789	3716	1387	421
199707	253295	296984	366112	363083	371804	384988	368837	300104	331971
12184	13825	15849	6518	7822	7262	7482	8012	7985	8089
135895	145429	153193	174571	168026	182446	198622	209827	192915	190540
53847	60818	63755	72676	74866	81543	75977	78176	71857	66958
30230	28582	26773	43777	45294	49567	49570	47074	47014	44333
32255	34429	39177	42418	44399	44326	37241	34402	27474	25793
9029	9507	13299	18867	19455	20262	22019	22118	24423	19722
22955	31290	46108	48197	50538	54716	57461	61284	62500	66142
27311	34433	39674	41037	42671	44934	46982	47251	41951	43888
13524	15718	20618	22370	28453	25791	25925	27948	26193	27284
28684	32705	34998	38592	43548	49470	50284	42916	44514	46080
10778	13193	13224	10692	11537	9277	9135	9193	10232	9907
4348	3863	4987	6007	7248	5314	3937	4290	3817	3877
97593	100022	103590	107471	105352	102571	105185	93848	98001	102594
41398	51228	54962	56478	59349	60686	62561	65684	69726	71121
17109	16704	18710	22600	22094	22142	22812	21521	20981	21836
70259	75901	81204	70208	70503	75795	73924	85673	91199	79563

3－12　年末城镇单位按行业分组的女性从业人员(2017年)

单位:人

行　业	合　计	国有经济	城镇集体经济	其他经济
总　计	**475359**	**143473**	**7218**	**324668**
(一)农、林、牧、渔业	573	59	1	513
(二)采矿业	150	13	41	96
(三)制造业	122492	835	1720	119937
(四)电力、热力、燃气及水生产和供应业	2769	189	21	2559
(五)建筑业	29981	1522	262	28197
(六)批发和零售业	39535	703	75	38757
(七)交通运输、仓储和邮政业	15441	2860	38	12543
(八)住宿和餐饮业	14989	1921	222	12846
(九)信息传输、软件和信息技术服务业	7780	138		7642
(十)金融业	38554	2077		36477
(十一)房地产业	18552	451	61	18040
(十二)租赁和商务服务业	10407	615	646	9146
(十三)科学研究和技术服务业	13951	6639	2	7310
(十四)水利、环境和公共设施管理业	3527	2559	22	946
(十五)居民服务、修理和其他服务业	2609	108	6	2495
(十六)教育	63039	48871	1346	12822
(十七)卫生和社会工作	52700	41155	2723	8822
(十八)文化、体育和娱乐业	10934	5592	31	5311
(十九)公共管理、社会保障和社会组织	27376	27166	1	209
(二十)国际组织				

3－13 市区从业人员及工资总额(2017 年)

单位:人、万元

项目	单位从业人员年末人数	在岗职工	其他从业人员	单位从业人员平均人数	在岗职工	其他从业人员	单位从业人员劳动报酬	在岗职工	其他从业人员
总计	**847711**	**789733**	**57978**	**833364**	**777807**	**55557**	**7385022**	**7118639**	**266383**
一、按企业、事业、机关分组									
1. 企业	654031	609027	45004	641623	598893	42730	5243355	5028813	214542
2. 事业	130921	121886	9035	129376	120483	8893	1482730	1445673	37057
3. 机关	42789	39902	2887	42506	39706	2800	396810	384554	12255
4. 民间非营利组织	3681	3634	47	3632	3519	113	20069	19726	344
5. 其他	16289	15284	1005	16227	15206	1021	242059	239873	2186
二、按国民经济行业分组									
(一)农、林、牧、渔业	1170	1138	32	1162	1132	30	4828	4720	109
(二)采矿业	80	80		80	80		290	290	
(三)制造业	116573	113446	3127	115561	112585	2976	783985	775094	8891
(四)电力、热力、燃气及水生产和供应业	6485	6475	10	6476	6468	8	48656	48614	42
(五)建筑业	192696	166016	26680	184939	160038	24901	1124708	993148	131560
(六)批发和零售业	60221	58866	1355	59269	57914	1355	341447	337655	3792
(七)交通运输、仓储和邮政业	33350	30677	2673	33282	30704	2578	264187	242602	21585
(八)住宿和餐饮业	23002	22690	312	23127	22830	297	101932	100878	1054
(九)信息传输、软件和信息技术服务业	19519	19056	463	19396	18954	442	200990	197197	3793
(十)金融业	67622	63459	4163	66143	62538	3605	1139188	1126773	12415
(十一)房地产业	39676	38041	1635	39413	37742	1671	272326	264861	7465
(十二)租赁和商务服务业	25030	24700	330	24762	24389	373	181120	180041	1079
(十三)科学研究和技术服务业	47861	44675	3186	47151	43781	3370	449969	433859	16109
(十四)水利、环境和公共设施管理业	7250	6828	422	7220	6789	431	42717	41313	1404
(十五)居民服务、修理和其他服务业	3646	3553	93	3530	3439	91	16117	15760	358
(十六)教育	75194	68700	6494	74661	68141	6520	812997	790311	22686
(十七)卫生和社会工作	54219	52730	1489	53219	51726	1493	885756	874435	11321
(十八)文化、体育和娱乐业	21481	20593	888	21582	20677	905	243717	239344	4373
(十九)公共管理、社会保障和社会组织	52636	48010	4626	52391	47880	4511	470092	451745	18347
(二十)国际组织									

3－14 全社会从业人员(2017年)

单位:万人

项　　目	2017年	2016年
从业人员合计	**474.61**	**466.36**
1.按就业身份分组		
城镇非私营在岗职工	116.15	114.32
个体工商户	99.6	86.7
私营企业从业人员	109.06	101.73
农村从业人员	97.77	100.26
其他从业人员	52.03	63.35
2.按产业分组		
第一产业	97.77	100.26
第二产业	162.79	159.5
第三产业	214.05	206.6

3－15 历年城镇失业情况

年　　份	年末城镇登记失业人数(人)	年末城镇登记失业率(%)
2000	39565	3.5
2001	44035	3.8
2002	50066	4.2
2003	52310	4.2
2004	53805	3.87
2005	49001	3.8
2006	47673	3.62
2007	38129	3.12
2008	43939	3.41
2009	46067	3.47
2010	41335	2.89
2011	54764	2.86
2012	58748	2.88
2013	60751	2.89
2014	59065	2.85
2015	34011	2.60
2016	40223	2.74
2017	38988	2.67

4 固定资产投资、建筑业

4-1 历年固定资产投资按项目性质、用途分类

单位:万元

年份	按项目性质分				按用途分		
	基本建设	更新改造	城镇集体及其它	房地产开发	生产性建设	非生产性建设	#住宅
1951	2816				1030	1786	338
1952	1828				546	1282	544
1953	3947				1339	2608	197
1954	3842				1506	2336	732
1955	4520				2223	2297	915
1956	5226				2419	2807	927
1957	4705				2318	2387	813
1958	8850				7185	1665	177
1959	12001				8942	3059	955
1960	15958				11717	4241	788
1961	3551				2274	1277	196
1962	1581				1113	468	161
1963	2237				1310	927	431
1964	4852		440		3226	2066	900
1965	4365		386		3162	1589	622
1966	4864		490		4121	1233	433
1967	3092		472		2818	746	229
1968	2632		420		2152	900	231
1969	3333		558		2651	1240	372
1970	3851		601		3798	654	288
1971	4081		644		3542	1183	265
1972	8393		687		7903	1177	542
1973	10005	716	731		8527	2925	1490
1974	11755	461	541		9514	3243	1440
1975	13898	565	652		11480	3635	1349
1976	14926	331	596		12550	3303	1393
1977	12291	459	715		9511	3954	1574
1978	17355	907	1076		12021	7317	3269
1979	20831	3947	1133		12249	13662	8055
1980	26808	6709	4526		20850	17193	10905
1981	26195	8490	4549		19744	19490	12859
1982	29049	12141	6685		24012	23863	14183
1983	27347	20035	5941		27785	25538	13630
1984	34186	21846	4322		28541	31813	16121
1985	47881	34767	7446		48570	41524	18861

4－1 续表

年　份	按项目性质分				按用途分		
	基本建设	更新改造	城镇集体及其它	房地产开发	生产性建设	非生产性建设	#住　宅
1986	61682	33983	8929		56636	47958	19335
1987	57541	30802	11430		54657	45116	18641
1988	64064	44637	15709		79149	45261	16247
1989	75319	29108	12934		72212	45149	18021
1990	64098	31403	9786		63925	41362	16254
1991	78694	41773	11965		82832	49600	24116
1992	126866	77635	23097	37602	142064	123136	68739
1993	169923	101502	26973	110618	213502	195514	117735
1994	252111	122572	19773	122277	276814	239919	134355
1995	384730	236186	25440	229657			193965
1996	478687	229143	43015	195679			182731
1997	522409	250450	20853	157374			162080
1998	635004	221346	42157	174078			281600
1999	615723	252996	32383	225765			282935
2000	724858	318703	40775	330238			238246
2001	1228733	313587	87130	631878			396807
2002	1538278	438381	137921	817883			566393
2003	2112133	723661	278144	1225551			831982
2004	2827529	942369	332705	1755376			1339396
2005		1238674		2563500			2282295
2006		1565282		3038612			2595357
2007		2734688		4129929			3698799
2008		4031531		4694654			3959407
2009		5455484		4974692			4125399
2010		7531385		6841481			5240352
2011		9613561		8869232			7068387
2012		13028480		10320003			7291779
2013		16356206		11536073			7815668
2014		18165719		13104995			8757828
2015		21799365		9966008			6615143
2016		13696322		12605475			7348861
2017		10307083		14896906			8077656

说明：因国家报表制度取消按“项目性质”有关指标分组，部分年份有关指标缺失。

4-2 历年固定资产投资、新增固定资产及竣工房屋面积

单位:万元

年份	固定资产投资额	#市区	新增固定资产	#市区	房屋竣工面积(万 m^2)	#住宅
1951	2816	2736	1845	1765	11.74	1.92
1952	1828	1730	1630	1532	17.84	8.11
1953	3947	3797	3479	3329	31.67	7.93
1954	3842	3577	3327	3062	40.06	13.47
1955	4520	4307	3901	3687	47.18	15.30
1956	5226	4917	4043	3733	50.45	16.07
1957	4705	4336	4424	4099	58.48	23.65
1958	8850	7513	7207	6134	64.30	6.78
1959	12001	10075	9138	7551	79.09	20.92
1960	15958	13154	12053	10010	79.57	20.80
1961	3551	3212	2415	2143	22.10	5.30
1962	1581	1037	1368	967	11.39	2.54
1963	2237	1734	1645	1198	9.83	5.31
1964	5292	4364	4039	3366	23.64	10.08
1965	4751	3654	4615	3993	34.28	13.09
1966	5354	2912	3839	2960	30.18	10.37
1967	3564	1703	3631	969	18.61	4.56
1968	3052	2230	2486	1785	21.97	6.10
1969	3891	3699	3306	2742	22.43	6.21
1970	4452	3527	2871	2280	22.29	6.13
1971	4725	3866	1791	1302	23.42	5.02
1972	9080	7913	5096	4494	33.27	8.67
1973	11452	9031	6358	5198	55.34	23.43
1974	12757	10502	6927	5469	42.33	18.30
1975	15115	13162	7402	6420	43.98	16.26
1976	15853	14226	5891	5487	50.78	18.13
1977	13465	11999	13517	12533	58.63	21.35
1978	19338	15460	13202	10485	81.41	41.17
1979	25911	22331	18846	15261	116.75	81.59
1980	38043	32150	29101	25288	180.17	109.92
1981	39234	32235	29041	25984	169.77	114.18
1982	47875	41878	40018	31582	182.83	114.17
1983	53323	47161	40772	36434	208.32	120.17
1984	60354	53262	47180	41748	170.2	95.38
1985	90094	80012	64883	57605	186.78	93.49

4－2 续表

年　份	固定资产投资额	#市　区	新增固定资　产	#市　区	房屋竣工面积(万 m²)	#住　宅
1986	104594	92115	61507	54382	183.62	94.12
1987	99773	82812	75918	63473	178.11	76.79
1988	124410	97916	72322	59022	147.54	61.08
1989	117361	104388	98524	90968	143.13	61.64
1990	105287	93023	82545	74365	109.77	91.95
1991	132432	117253	113889	99600	131.37	55.72
1992	265200	241509	158962	143582	196.38	114.36
1993	409016	361367	240534	223206	213.38	116.41
1994	516733	457287	268878	237979	215.65	136.56
1995	876013	744446	493739	462822	314.55	168.87
1996	946524	877722	599994	555437	269.19	161.76
1997	951086	804219	620944	505469	259.56	135.57
1998	1072585	907871	683627	538812	333.86	185.63
1999	1126867	976976	785031	728914	401.03	282.04
2000	1414574	1340870	883380	826963	343.54	198.51
2001	2261328	1847913	1107918	828550	435.83	258.3
2002	2932463	2209442	1710366	1407213	655.42	358.3
2003	4339489	2913082	2419902	1865769	785.81	417.64
2004	5857979	3996135	2983264	1932250	946.28	542.01
2005	7911578	5506268	3437205	2403500	931.57	612.26
2006	9727734	6718000	4185400	2801450	874.75	544.88
2007	13264416	8810139	4564415	2418662	997.47	646.41
2008	17122436	11321325	6507365	3818165	1017.39	712.75
2009	22384726	14563385	12552343	9040592	1509.9	1131.71
2010	29098275	18774670	13758212	8631083	1741.56	1184.42
2011	32742805	20806850	19716236	11907021	1606.85	1216.21
2012	40119564	25386814	22607968	14119928	1528.11	1150.53
2013	45933871	26916899	28613400	16601383	1522.97	1083.82
2014	54357478	30635115	33616542	18918108	1681.04	1126.19
2015	63632944	36933099	40948168	23646606	1432.02	964.28
2016	66933188	38215904	33707045	17448846	1921.23	1169.64
2017	75677703	42171906	42868614	20012839	1309.89	804.28

注:2012 年以前为城镇投资。

4-3 主要年份固定资产投资完成情况

单位:万元

指　　标	1998 年	1999 年	2000 年	2001 年	2002 年	2003 年	2004 年	2005 年	2006 年	2007 年
固定资产投资	**1484337**	**1648488**	**2023194**	**2798029**	**3625747**	**4949713**	**6680876**	**8814166**	**10898087**	**14451811**
一、城镇投资合计	1172569	1219514	1533449	2381395	3120627	4373774	5905978	7911578	9727734	13264416
基本建设	635004	615723	724858	1228733	1538278	2112133	2827529			
更新改造	221346	252996	318703	313587	438381	723661	942369	1238674	1565282	2734688
城镇集体及其它	61046	32383	40775	87130	137921	278144	332705			
房地产开发	174078	225765	330238	631878	817883	1225551	1755376	2563500	3038612	4129929
城镇私人建房	81095	92647	118875	120067	80921	34285	47999			
跨区项目					107243				94200	105000
二、农村投资合计	311768	389483	439096	416634	505120	575939	774898	902588	1170353	1187395
# 农村个人	198165	245890	298665	265757	347283	382579	444081	516306	541385	586897

4-3 续表

指　　标	2008 年	2009 年	2010 年	2011 年	2012 年	2013 年	2014 年	2015 年	2016 年	2017 年
固定资产投资	**18733290**	**24417763**	**31925699**	**35102425**	**40119564**	**45933871**	**54357478**	**63632944**	**66933188**	**75677703**
一、城镇投资合计	17122436	22384726	29098275	32742805	37423204	42545671				
基本建设										
更新改造	4031531	5455484	7531385	9613561	13028480	16356206	18165719	21799365	13696322	10307083
城镇集体及其它										
房地产开发	4694654	4974692	6841481	8869232	10320003	11536073	13104995	9966008	12605475	14896906
城镇私人建房										
跨区项目	121835	326758	567641	600170	559000					
二、农村投资合计	1610854	2033037	2827424	2359620	2696360	3388200				
# 农村个人	649617	699692	572300							

注:从 2011 年开始,原全社会固定资产投资指标改名为固定资产投资,固定资产投资统计起点由 50 万元提高到 500 万元。从 2014 年起,取消城镇投资和农村投资分组。

4－4 历年国有及民间投资情况

单位:万元

年份	固定资产投资	国有	民间投资	#集体	#个体
1979	33109	24778	8331	3200	5131
1980	49665	33517	16148	7175	8973
1981	54243	34685	19558	8561	10997
1982	60749	41190	19559	9685	9874
1983	73354	47382	25972	12422	13550
1984	88663	56032	32631	14111	18520
1985	125655	82648	43007	19516	23491
1986	136742	95665	41077	21330	19747
1987	138980	88343	50637	25003	25634
1988	166314	108701	57613	27765	29848
1989	169625	104427	65198	32407	32791
1990	181209	95501	85708	38706	47002
1991	214801	120467	94334	41965	52369
1992	368464	247474	120990	58570	62420
1993	566259	334655	197995	100082	73827
1994	686636	408461	227761	96819	92856
1995	1049543	624367	245430	73273	118481
1996	1171025	688967	313008	109419	148133
1997	1239759	711195	351964	96308	205704
1998	1484337	920319	463704	126955	279260
1999	1648488	1013028	561138	158021	338537
2000	2023194	1113413	787656	204096	424555
2001	2798029	1370056	814754	225598	402705
2002	3625747	1646219	1727379	194818	561035
2003	4949713	2012591	2682577	243485	679585
2004	6680876	2256470	4078114	478166	947923
2005	8814166	2701981	5819174		
2006	10898081	2837387	7672717		
2007	14451811	3516975	10523601		
2008	18733290	4390152	14014870		
2009	24417763	6923805	17237278		
2010	31925699	8159763	23381580		
2011	35102425	8366550	24584329		
2012	40119564	9702681	25177233		
2013	45933871	11063544	31478330		
2014	54357478	12011393	38086644		
2015	63632944	15151604	43705950		
2016	66933188	17967475	40687389		
2017	75677703	18163717	48025933		
总计	520783162	135237578	343527271		
“九五”时期	7566803	4446922	2477470		
“十五”时期	26868531	9987317	15121998		
“十一五”时期	100426644	25828082	72830046		
“十二五”时期	239146282	56295772	163032486		
“十三五”时期	142610891	36131192	88713322		

4－5 固定资产投资完成情况(2017 年)

指 标	单位	总计	中央	地方				
					省	市	县(市)	其他
计划投资	万元	235430527	7904219	227526308	11916665	32983077	28909159	153717407
本年新开工项目	万元							
自开始建设累计完成投资	万元	162197334	6319985	155877349	9798051	17535411	18920510	109623377
本年完成投资	万元	75677703	1640755	74036948	2441538	7125639	10714161	53755610
# 国有经济控股	万元	26334296	1509750	24824546	1911935	5430748	9569888	7911975
# 住宅	万元	8363372	199242	8164130	442849	570643	560408	6590230
按登记注册类型分								
内资企业	万元	73127556	1625297	71502259	2391197	7075095	10670612	51365355
国有企业	万元	11054285	528822	10525463	663829	2323282	4671578	2866774
集体企业	万元	387550	2950	384600		625	118719	265256
股份合作企业	万元	111181		111181			33931	77250
国有联营企业	万元							
集体联营企业	万元	12224		12224	2624			9600
国有与集体联营企业	万元							
其他联营企业	万元	70602		70602		5500	3500	61602
国有独资公司	万元	7109461	176901	6932560	199509	1756534	2398942	2577575
其他有限责任公司	万元	22437839	771031	21666808	1417791	2581613	2693226	14974178
股份有限公司	万元	2480627	145593	2335034	105944	195256	302397	1731437
私营独资企业	万元	2687624		2687624				2687624
私营合作企业	万元	675315		675315				675315
私营有限责任公司	万元	23348157		23348157		151195		23196962
私营股份有限公司	万元	1632419		1632419				1632419
其他企业	万元	1120272		1120272	1500	61090	448319	609363
港、澳、台商投资企业	万元	1852749	15458	1837291	17407	10508		1809376
合资经营企业(港或澳、台资)	万元	533546	15458	518088	17407	6608		494073
合作经营企业(港或澳、台资)	万元	44293		44293				44293
港、澳、台商独资经营企业	万元	748456		748456		3900		744556
港、澳、台商投资股份有限公司	万元	526454		526454				526454
其他港、澳、台商投资企业	万元							
外商投资企业	万元	674178		674178	32934	40036	43549	557659
中外合资经营企业	万元	433723		433723	32934	37824	3740	359225
中外合作经营企业	万元							
外资企业	万元	239623		239623		2212	39809	197602
外商投资股份有限公司	万元	832		832				832
其他外商投资企业	万元							
个体经营	万元	23220		23220				23220
个体户	万元	15752		15752				15752
个体合伙	万元	7468		7468				7468
按建设性质分								
新建	万元	45728481	932442	44796039	1202282	5562512	8269065	29762180
扩建	万元	5901903	246481	5655422	208096	141072	785435	4520819
改建和技术改造	万元	8067877	108552	7959325	55051	233938	1085090	6585246
按构成分								
建筑工程	万元	55541277	897989	54643288	1483512	5638424	9472899	38048453
安装工程	万元	7604980	334679	7270301	215785	646855	486191	5921470
设备工器具购置	万元	5961430	225215	5736215	436967	189318	270471	4839459
# 用于更新的设备	万元							
其他费用	万元	6570016	182872	6387144	305274	651042	484600	4946228

4－5 续表 1

指　　标	单位	总计						
			中央	地方				
					省	市	县(市)	其他
按国民经济行业分								
(一)农、林、牧、渔业	万元	706437		706437		757	233755	471925
农业	万元	361920		361920		757	21600	339563
林业	万元	109925		109925			87310	22615
畜牧业	万元	41135		41135			2975	38160
渔业	万元	34615		34615				34615
农、林、牧、渔服务业	万元	158842		158842			121870	36972
(二)采矿业	万元	129848		129848			24224	105624
煤炭开采和洗选业	万元	4896		4896				4896
石油和天然气开采业	万元							
黑色金属矿采选业	万元	18124		18124			9302	8822
有色金属矿采选业	万元	23819		23819			6010	17809
非金属矿采选业	万元	73997		73997			3477	70520
开采辅助活动	万元	3577		3577				3577
其他采矿业	万元	5435		5435			5435	
(三)制造业	万元	21390447	551152	20839295	446182	450821	810142	19132150
农副食品加工业	万元	1393643		1393643	64778	35264	28397	1265204
食品制造业	万元	1462624	3900	1458724			16090	1442634
酒、饮料和精制茶制造业	万元	300290		300290			10545	289745
烟草制品业	万元	41100		41100				41100
纺织业	万元	153404		153404		36600		116804
纺织服装、服饰业	万元	153793		153793				153793
皮革、毛皮、羽毛及其制品和制鞋业	万元	76315		76315				76315
木材加工和木、竹、藤、棕、草制品业	万元	263179		263179			2310	260869
家具制造业	万元	325229		325229				325229
造纸和纸制品业	万元	552546		552546		24683	12600	515263
印刷业和记录媒介复制业	万元	424434		424434			9485	414949
文教、工美、体育和娱乐用品制造业	万元	102847		102847	3004		10930	88913
石油加工、炼焦和核燃料加工业	万元	23262		23262				23262
化学原料和化学制品制造业	万元	1817005		1817005	2508	17901	156809	1639787
医药制造业	万元	1089510		1089510	13800	20000	2524	1053186
化学纤维制造业	万元	15740		15740				15740
橡胶和塑料制品业	万元	356364		356364			9760	346604
非金属矿物制品业	万元	1414660		1414660		31204	62680	1320776
黑色金属冶炼和压延加工业	万元	62392		62392				62392
有色金属冶炼和压延加工业	万元	138649		138649		17794		120855
金属制品业	万元	1145388	168400	976988		10	126138	850840
通用设备制造业	万元	1507254		1507254	3986	47285	93321	1362662
专用设备制造业	万元	1924120	199455	1724665	7445	104278	47670	1565272
汽车制造业	万元	2146428	4142	2142286	219926	12820	208843	1700697
铁路、船舶、航空航天和其他运输设备制造	万元	319723	133391	186332		15881		170451
电气机械和器材制造业	万元	2192135	24099	2168036		84121	4025	2079890
计算机、通信和其他电子设备制造业	万元	1233061	17765	1215296	130735	2980		1081581
仪器仪表制造业	万元	221781		221781			221	221560
其他制造业	万元	433272		433272			7794	425478
废弃资源综合利用业	万元	71615		71615				71615
金属制品、机械和设备修理业	万元	28684		28684				28684

4－5 续表 2

指　　标	单位	总计	中央	地方	省	市	县(市)	其他
(四)电力、燃气及水的生产和供应业	万元	597661	7457	590204	3741	108536	54033	423894
电力、热力的生产和供应业	万元	279062	7457	271605	1081	4214	15640	250670
燃气生产和供应业	万元	21096		21096			1500	19596
水的生产和供应业	万元	297503		297503	2660	104322	36893	153628
(五)建筑业	万元	240513	22675	217838		10282		207556
房屋建筑业	万元	25139		25139				25139
土木工程建筑业	万元	86301	22675	63626		1482		62144
建筑安装业	万元	52927		52927		8800		44127
建筑装饰和其他建筑业	万元	76146		76146				76146
(六)批发和零售业	万元	4619506	4247	4615259	294402	191860	376100	3752897
批发业	万元	2182053	4247	2177806	69000	157290	150432	1801084
零售业	万元	2437453		2437453	225402	34570	225668	1951813
(七)交通运输、仓储和邮政业	万元	4960875	124289	4836586	8111	1693266	915637	2219572
铁路运输业	万元	205157	115000	90157				90157
道路运输业	万元	2720026	1139	2718887	5325	1433601	743056	536905
水上运输业	万元	171297		171297		157106	3500	10691
航空运输业	万元	71655		71655	497		12311	58847
管道运输业	万元	2565		2565				2565
装卸搬运和运输代理业	万元	623683		623683	2289	99999	37550	483845
仓储业	万元	1034659	8150	1026509		2560	10905	1013044
邮政业	万元	131833		131833			108315	23518
(八)住宿和餐饮业	万元	689430		689430		98850	81960	508620
住宿业	万元	455377		455377		98850	77960	278567
餐饮业	万元	234053		234053			4000	230053
(九)信息传输、软件和信息技术服务业	万元	2456680	237533	2219147	56281	39668	143172	1980026
电信、广播电视和卫星传输服务	万元	221246	137380	83866	3880	3370	46239	30377
互联网和相关服务	万元	595367	100153	495214		10290	80313	404611
软件和信息技术服务业	万元	1640067		1640067	52401	26008	16620	1545038
(十)金融业	万元	269290	17090	252200	3200	12780	41710	194510
货币金融服务	万元	107011	17090	89921		7150	25062	57709
资本市场服务	万元	84279		84279	3200	2740	15048	63291
保险业	万元	20378		20378				20378
其他金融业	万元	57622		57622		2890	1600	53132
(十一)房地产业	万元	19027119	426809	18600310	791327	1524639	2353009	13931335
(十二)租赁和商务服务业	万元	2941920	6789	2935131	3490	299584	47535	2584522
租赁业	万元	284109	3500	280609		41254	17259	222096
商务服务业	万元	2657811	3289	2654522	3490	258330	30276	2362426
(十三)科学研究和技术服务业	万元	2427338	10400	2416938	88271	15321	246389	2066957
研究与试验发展	万元	1042844	3000	1039844	82009	3520	79970	874345
专业技术服务业	万元	627471		627471	6262	9801	133635	477773
科技推广和应用服务业	万元	757023	7400	749623		2000	32784	714839

4－5 续表 3

指　标	单位	总计	中央	地方	省	市	县(市)	其他
(十四)水利、环境和公共设施管理业	万元	8647372	84272	8563100	168949	1902438	3672468	2819245
水利管理业	万元	656835		656835		37690	367135	252010
生态保护和环境治理业	万元	263468		263468		23360	101094	139014
公共设施管理业	万元	7727069	84272	7642797	168949	1841388	3204239	2428221
(十五)居民服务、修理和其他服务业	万元	289869		289869		6755	19509	263605
居民服务业	万元	138033		138033		6755	19509	111769
机动车、电子产品和日用产品修理业	万元	109388		109388				109388
其他服务业	万元	42448		42448				42448
(十六)教育	万元	1881930	64263	1817667	208816	196887	752699	659265
(十七)卫生和社会工作	万元	1153341	64311	1089030	165973	99516	140934	682607
卫生	万元	811905	60326	751579	165973	93516	87779	404311
社会工作	万元	341436	3985	337451		6000	53155	278296
(十八)文化、体育和娱乐业	万元	2796695	11818	2784877	197943	362083	652707	1572144
新闻和出版业	万元	57116		57116	37578		1450	18088
广播、电视、电影和影视录音制作业	万元	216410		216410	106990		7955	101465
文化艺术业	万元	1396381	5918	1390463	53375	217689	348595	770804
体育	万元	285090	5900	279190		4800	64500	209890
娱乐业	万元	841698		841698		139594	230207	471897
(十九)公共管理、社会保障和社会组织	万元	451432	7650	443782	4852	111596	148178	179156
中国共产党机关	万元							
国家机构	万元	351087	7650	343437	4852	107968	125280	105337
人民政协、民主党派	万元							
社会保障	万元	8470		8470			8470	
群众团体、社会团体和其他成员组织	万元	9238		9238		3628	3400	2210
基层群众自治组织	万元	82637		82637			11028	71609
新增固定资产	万元	42868614	2670857	40197757	818819	1775491	6387304	31216143
施工项目个数	个							
# 本年新开工	个							
本年投产项目个数	个							
施工面积	万 m^2	105830570	2999306	102831264	5773472	8342207	5757849	82957736
# 住宅	万 m^2	62073047	1900425	60172622	3322147	4718939	3376765	48754771
竣工面积	万 m^2	13098931	392352	12706579	686391	977425	576016	10466747
# 住宅	万 m^2	8042874	174914	7867960	448049	704003	294770	6421138

4－6 固定资产投资资金来源(2017 年)

指　　标	单位	总计	中央	地方				
					省	市	县(市)	其他
本年资金来源合计	**万元**	**89185266**	**1883670**	**87301596**	**2965684**	**7771239**	**11134586**	**65430087**
上年末结余资金	万元	8579277	243430	8335847	278440	907450	320497	6829460
本年资金来源小计	万元	80605989	1640240	78965749	2687244	6863789	10814089	58600627
国家预算内资金	万元	3037598	113487	2924111	80671	428815	1686216	728409
国内贷款	万元	7139758	87608	7052150	287066	1318376	1129181	4317527
债券	万元	151009	0	151009	0	147400	3109	500
利用外资	万元	170427	0	170427	0	3901	6985	159541
# 外商直接投资	万元							
自筹资金	万元	55578265	975805	54602460	1351454	3660808	7516120	42074078
# 企、事业单位自有资金	万元							
其他资金来源	万元	14528932	463340	14065592	968053	1304489	472478	11320572
各项应付款合计	万元	7529221	591627	6937594	429549	1511932	410536	4585577
# 工程款	万元	3753096	323396	3429700	210229	881597	206523	2131351

4－7 主要年份更新改造投资完成主要指标

指　　标	1998年	1999年	2000年	2001年	2002年	2003年	2004年	2005年
一、本年完成投资额合计	221346	252996	318703	313587	438381	723661	942369	1238674
按隶属关系分								
中央部属	172819	160774	135945	112949	127476	102509	164903	149968
省　　属	9374	6721	3285	45582	98948	117315	140096	326157
市县属及其他	39153	85501	179473	155056	211957	503837	637370	762549
按构成分								
建筑安装工程	58989	77169	166120	113130	148174	393327	521878	959315
设备工器具购置	146324	140804	136576	180591	240907	242539	331781	121960
其他费用	16033	35023	16007	19866	49300	87795	88710	157399
按产业分								
第一产业				72	312			550
第二产业	76214	86864	186365	183906	333612	519701	779416	1151002
第三产业	145132	166132	132338	129609	104457	203960	162953	87122
按用途分								
# 增　　产	29417	62520	151144	113238	216884			
节约能源			1301	2794	1792			
增加品种	14805	13650	14347	41160	18894			
提高质量	7262	4444	2237	2880	19582			
二、本年新增固定资产	99463	136975	253727	235225	191519	327935	371891	583362
三、项目个数(个)								
施工项目	184	183	103	129	209	287	290	475
竣工项目	102	101	54	50	84	98	64	193
四、房屋建筑面积(万 m2)								
施工面积	13.48	26.94	18.05	31.43	92.99	130.3	275.68	241.76
竣工面积	4.82	8.41	14.2	10.39	21.81	34.53	41.95	74.21

单位:万元

2006年	2007年	2008年	2009年	2010年	2011年	2012年	2013年	2014年	2015年	2016年	2017年
1565282	2734688	4031531	5455484	7531385	9613561	13028480	16356206	18165719	21799365	13696322	10307083
172661	295419	227137	178507	191156	313359	372454	343072	233500	153561	258526	224274
185466	296571	387370	315991	531877	551785	798082	714460	712832	434611	325413	390837
1207155	2142698	3417024	4960986	6808352	8748417	11857944	15298674	17219387	21211193	13112383	9691972
728957	1625392	2707061	3716770	5247972	7120834	9320098	11978656	12974750	16701906	10489712	7834283
677030	828415	1038779	1274225	1586369	1549807	2533083	2817550	3365576	3343278	2017730	1814568
159295	280881	285691	464489	697044	942920	1175299	1560000	1825393	1754181	1188880	658232
7428	16961	25330	21573	62830	113146	98584	160177	52167	51702	35424	
1367014	2482222	3231738	3919417	5331142	6588171	9134626	11819086	12944462	14997360	9994486	9963527
190840	235505	774463	1514494	2137413	2912244	3795270	4376943	5169090	6750303	3666412	343556
774955	1278199	1598106	3217321	4402110	6370171	9881912	11758664	13752438	16857898	8327304	6710882
660	1016	1654	1827	2132	2483	2674	3418	3574	4461	2643	1739
276	348	704	651	1134	1629	1909	2530	2765	3427	1544	1238
176.9	283.8	359.09	646.15	771.2	601.76	407.65	290.11	292	241.98	134.36	66.18
79.98	108.27	85.92	89.19	274.09	106.96	56.74	45.07	56.98	36.33	42.73	20.74

4－8 主要年份房地产开发及商品房销售主要指标

指 标	单位	1998年	1999年	2000年	2001年	2002年	2003年	2004年	2005年	2006年	2007年
一、完成投资额	万元	174078	225765	330238	631878	817883	1225551	1755376	2563500	3038612	4129929
# 住宅	万元	77797	131260	151091	305549	442655	732833	1167921	2011118	2305640	3408702
二、新增固定资产	万元	121802	205616	166677	377131	525566	743987	932398	828971	1048277	1268230
三、建筑面积											
施工房屋面积	万 m^2	339.01	336.68	385.32	634.01	833.94	1102.12	1462.41	1913.57	2411.94	3270.34
竣工房屋面积	万 m^2	98.38	156.27	147.73	214.99	332.12	443.24	591.9	515.16	547.09	699.9
四、商品房销售情况											
商品房销售额	万元	67692	137043	178455	305217	418141	666279	1072486	1162249	1961129	3258716
商品房销售面积	万 m^2	39.97	79.97	92.72	163.9	232.1	325.82	519.95	536.99	741.69	985.09
五、土地开发情况											
本年购置土地面积	万 m^2	35.1	28.91	49.56	262.86	544.43	789.72	807.63	1007.59	1186.1	973.23
本年完成开发土地面积	万 m^2	118.08	61.66	176.23	221.25	358.58	562.14	543.46	246.81	707.68	645.94
土地开发投资额	万元	26757	39059	85418	92344	130367	216418	224325	196384	477218	626022

4－8 续表

指 标	单位	2008年	2009年	2010年	2011年	2012年	2013年	2014年	2015年	2016年	2017年
一、完成投资额	万元	4694654	4974692	6841481	8869232	10320003	11536073	13104995	9966008	12605475	14896906
# 住宅	万元	3688740	3929930	5163283	6843026	6988572	7665970	8556727	6391805	6899559	8077656
二、新增固定资产	万元	1900755	3686224	4293394	5294334	5602631	5930203	5650417	6899198	6153304	
三、建筑面积											
施工房屋面积	万 m^2	4225.29	6168.62	6687.29	7670.96	7361.67	8668.15	9647.15	9208.6	9586.41	9715.03
竣工房屋面积	万 m^2	750.57	1314.71	1392.55	1451.77	1402.27	1400.36	1438.85	1349.29	1670.58	1143.86
四、商品房销售情况											
商品房销售额	万元	2733593	5130956	7423283	8824072	9315598	11603801	9289202	11166104	16614055	17367424
商品房销售面积	万 m^2	822.59	1406.58	1680.21	1500.2	1526.93	1840.59	1519.2	1904.89	2593.71	2259.15
五、土地开发情况											
本年购置土地面积	万 m^2	965.48	392.92	288.48	331.71	311.15	458.99	279.5	106.68	204.77	205.85
本年完成开发土地面积	万 m^2	581.8	640.51	216.78							
土地开发投资额	万元	601574	337539	327188							

4－9 房地产开发投资完成情况(2017 年)

单位:万元

指　标	总计	中央	地方	省	地市县属	地区	县	其他
计划总投资	103187520	3130377	100057143	7608556	92448587	7980195	3798553	80669839
本年完成投资	14896906	330605	14566301	700810	13865491	1119656	544154	12201681
# 土地购置费	2101662	35142	2066520	28998	2037522	110970	31980	1894572
# 国有经济控股	2677392	315147	2362245	540556	1821689	441280	415849	964560
按登记注册类型分								
内资	14042676	315147	13727529	687389	13040140	1119656	544154	11376330
国有	226056		226056		226056	167537	58519	
集体								
股份合作								
联营								
# 其他联营								
有限责任公司	8453918	315147	8138771	680739	7458032	780944	459902	6217186
国有独资公司	472791	55606	417185	46006	371179	69386	143949	157844
其他有限责任公司	7981127	259541	7721586	634733	7086853	711558	315953	6059342
股份有限公司	595627		595627	6650	588977	19980	25733	543264
私营	4767075		4767075		4767075	151195		4615880
其他内资								
港澳台投资	806524	15458	791066	13421	777645			777645
港澳台合资经营	235397	15458	219939	13421	206518			206518
港澳台合作经营	40593		40593		40593			40593
港澳台独资	530534		530534		530534			530534
外商投资	47706		47706		47706			47706
中外合资经营企业	30113		30113		30113			30113
外资企业	17593		17593		17593			17593

4－9 续表

单位:万元

指标	总计	中央	地方	省	地市县属	地区	县	其他
按构成分								
建筑工程	9676038	204885	9471153	441914	9029239	757921	476229	7795089
安装工程	2068308	26001	2042307	106568	1935739	172383	20074	1743282
设备工器具购置	231204	4805	226399	4060	222339	33565	9000	179774
其他费用	2921356	94914	2826442	148268	2678174	155787	38851	2483536
按工程用途分								
住宅	8077656	197627	7880029	440909	7439120	555514	424630	6458976
办公楼	1300310	10170	1290140	130118	1160022	197247	3000	959775
商业营业用房	2997144	70233	2926911	67103	2859808	178256	33000	2648552
其他	2521796	52575	2469221	62680	2406541	188639	83524	2134378
本年新增固定资产	4820787	172863	4647924	347895	4300029	425546	106809	3767674
本年资金来源合计								
上年末结余资金	7578141	209419	7368722	253028	7115694	508207	151387	6456100
本年资金来源小计	21399983	475053	20924930	1026706	19898224	1442453	811083	17644688
国内贷款	3839625	0	3839625	21700	3817925	229614	202400	3385911
利用外资								
# 外商直接投资								
自筹资金	5319552	36160	5283392	57573	5225819	414457	371724	4439638
# 企事业单位自有资金								
其他资金来源	12240806	438893	11801913	947433	10854480	798382	236959	9819139
# 定金及预付款	7118731	345322	6773409	562672	6210737	490327	118818	5601592
本年各项应付款合计	4720407	189766	4530641	210388	4320253	460381	171694	3688178
# 工程款	2305885	129995	2175890	163115	2012775	192651	53541	1766583

4-10 房地产施工竣工及销售主要指标(2017 年)

指标	单位	合计	按用途分						
			商品住宅	#90 平方米以下	#140 平方米以上住房	#别墅、高档公寓	办公楼	商业营业用房	其他
房屋施工面积	万㎡	9715.03	6145.06	1387.47	971.80	271.14	678.00	1296.94	1595.02
# 新开工面积	万㎡	2116.42	1293.50	155.40	164.30	35.16	106.81	295.99	420.12
房屋竣工面积	万㎡	1143.86	789.06	196.76	112.76	33.01	46.44	124.74	183.61
竣工房屋价值	万元	4102977	2994776	662739	435031	119791	170333	505386	432482
商品房屋销售建筑面积	万㎡	2259.15	1823.81	307.29	303.23	77.16	114.12	214.81	106.42
商品房销售额	万元	17367424	13278100	2047360	2744955	728108	1172228	2444171	472925
商品房待售面积	万㎡	754.66	294.45	65.55	92.50	46.51	68.04	219.30	172.87
# 待售 1-3 年面积(含一年)	万㎡	507.06	175.42	40.77	54.67	28.55	46.02	147.23	138.39
待售 3 年以上面积(含三年)	万㎡	62.40	32.59	6.92	16.77	7.62	0.39	15.75	13.66

4－11 固定资产投资主要新增生产能力(或效益)(2017 年)

指 标	单位	数 量
新建公路	公里	241
# 高速公路	公里	
一级公路	公里	20
二级公路	公里	218
改建公路	公里	397.64
# 高速公路	公里	
一级公路	公里	
二级公路	公里	382.5
新建独立公路桥梁	延长米	4200
新建独立公路桥梁	座	1
新建独立公路隧道	延长米	
新建独立公路隧道	处	
新(扩)建公路客、货运站	个	3
新(扩)建公路客、货运站	平方米	5050
民航机场跑道	条	
民航机场跑道	米	
城市自来水供水能力	万吨/日	
城市污水处理能力	万吨/日	2.3

4－12 主要年份建筑业生产主要指标完成情况

项　目	单位	2006 年	2007 年	2008 年	2009 年	2010 年	2011 年
一、企业个数	个	445	447	501	481	517	540
二、建筑业总产值	万元	7368797	9601564	11091958	13394211	17401686	21002701
1. 建筑工程产值	万元	6216932	8172834	9503215	11660263	15073216	18474160
2. 安装工程产值	万元	388116	601774	599862	606981	712116	814652
3. 其他产值	万元	763749	826956	988881	1126967	1616354	1713889
三、竣工产值	万元	4504392	5528176	6881158	7996605	9003006	11581484
四、房屋建筑施工面积	万 m^2	6983.43	9500.7	10910.1	10998.63	15052.19	18325.65
# 本年新开工面积	万 m^2	3771.37	5237.54	4715.3	4736.42	7149.8	7299.01
# 实行投标承包面积	万 m^2	6106.65	8242.84	10179.8	10349.69	14298.23	14931.5
五、房屋建筑竣工面积	万 m^2	2811.5	3045.6	3565.23	3757.24	4267.59	4523.29
六、年末自有施工机械设备							
1、净值	万元	397547	446669	568426	608749	610815	706808
2、总台数	台	117455	121980	133226	136815	176855	160030
3、总功率	万千瓦	239.49	244.35	278.69	327.69	368.86	422.21
七、计算劳动生产率平均人数	万人	51.78	56.86	64.95	64.42	72.74	75.98

4－12 续表

项　目	单位	2012 年	2013 年	2014 年	2015 年	2016 年	2017 年
一、企业个数	个	555	592	564	552	545	584
二、建筑业总产值	万元	23299080	27637110	31938738	34781817	37864479	43745344
1. 建筑工程产值	万元	20611794	23998080	27104990	30051017	33252557	38609049
2. 安装工程产值	万元	952003	1235752	1613458	1672813	1779164	1991298
3. 其他产值	万元	1735283	2403279	3220289	3057987	2832758	3144997
三、竣工产值	万元	15036364	17642193	17984470	20216497	21999213	22731199
四、房屋建筑施工面积	万 m^2	19728.7	23775.93	26251.72	25848.26	27980.19	301150.95
# 本年新开工面积	万 m^2	6540.38	8813.35	9275.52	7965.95	8885.55	9734.52
# 实行投标承包面积	万 m^2	16099.54	19301.8	23972.89	23665.58	25374.59	—
五、房屋建筑竣工面积	万 m^2	5005.64	6517.54	6697.81	6537.11	7370.01	7443.17
六、年末自有施工机械设备							
1、净值	万元	533180	735361	946082	1075868	12357011	1666937
2、总台数	台	144560	146421	149930	156653	152527	199670
3、总功率	万千瓦	424.8	414.55	419.99	500.2	452.49	443.43
七、计算劳动生产率平均人数	万人	78.62	91.27	100.27	110.22	107.01	112.34

4－13 建筑业企业生产情况(2017 年)

项目	企业个数（个）	建筑业总产值（万元）	#装饰装修产值	#在外省完成的产值	建筑工程产值
总计	**584**	**43745344**	**2013882**	**19577801**	**38609049**
# 国有及国有控股企业	78	22519751	502707	14939432	21343875
一、按登记注册类型分组					
内资企业	581	43603347	1975619	19494972	38467687
国有企业	16	1942331	6478	904617	1788851
集体企业	5	128558	26377	41107	70083
联营企业	1	11476	10976	2000	10976
国有联营企业	1	11476	10976	2000	10976
有限责任公司	195	28515287	1151017	15992271	25891506
国有独资公司	23	7554966	269722	4327683	7198334
其他有限责任公司	172	20960321	881295	11664589	18693173
股份有限公司	22	3048019	176227	798487	2366128
私营企业	342	9957676	604544	1756489	8340144
私营合伙企业					
私营有限责任公司	332	9368937	592219	1495124	7799147
私营股份有限公司	10	588740	12325	261365	540996
其他企业					
港、澳、台商投资企业	2	39177	38263	914	38542
合资经营企业(港或澳、台资)	2	39177	38263	914	38542
港、澳、台商独资经营企业					
外商投资企业	1	102820		81914	102820
中外合资经营企业					
外资企业	1	102820		81914	102820

		竣工产值（万元）	房屋建筑施工面积（m^2）		房屋建筑竣工面积（m^2）	直接从事生产经营活动的平均人数（人）	工程技术人员（人）
安装工程产值	其他产值			#本年新开工面积			
1991298	**3144997**	**22731199**	**301159464**	**97345232**	**74431661**	**1123342**	**118098**
683847	492030	10821846	183544699	53871646	30478727	449163	40421
1991298	3144362	22601966	301159464	97345232	74431661	1117614	117177
111770	41710	1082877	14965366	2923151	3858244	37737	5600
56612	1863	84309	572698	118150	119096	5812	368
	500					175	20
	500					175	20
970889	1652891	13796069	211962637	68563299	42376138	668081	62950
139520	217113	3873301	38445626	10898469	6781624	143017	13160
831370	1435779	9922768	173517011	57664830	35594514	525064	49790
104655	577236	1345985	19451995	5651274	7343372	87166	7447
747371	870162	6292726	54206768	20089358	20734811	318643	40792
726829	842961	5652531	50566804	19535280	17335141	302904	38772
20542	27202	640195	3639964	554078	3399670	15739	2020
	635	26414				1357	58
	635	26414				1357	58
		102820				4371	863
		102820				4371	863

4－13 续表 1

项目	企业个数（个）	建筑业总产值（万元）	#装饰装修产值	#在外省完成的产值	建筑工程产值
二、按建筑业行业中类分组					
房屋建筑业	280	32194118	1169624	13279944	29106528
土木工程建筑业	134	9352324	37791	5384464	8261941
铁路、道路、隧道和桥梁工程建筑	57	6554551	7253	3750251	5833376
水利和内河港口工程建筑	23	1889166	25422	1285402	1852770
工矿工程建筑	4	92368		70865	81119
架线和管道工程建筑	23	477327	1790	244323	229205
其他土木工程建筑	27	338912	3327	33623	265471
建筑安装业	79	1156236	74785	504922	567294
电气安装	25	411223		132360	42500
管道和设备安装	5	44744	14519	11882	17519
其他建筑安装业	49	700270	60266	360680	507276
建筑装饰和其他建筑业	91	1042666	731683	408470	673287
建筑装饰业	62	779974	715066	340167	583184
工程准备活动	8	127106		61843	34079
提供施工设备服务	1	10480		2582	5465
其他未列明建筑业	20	125107	16617	3879	50560
三、按企业资质等级分组					
施工总承包	370	40924104	1325800	18398300	37034648
特　级	11	16083944	57967	10722670	15405309
一　级	117	18905777	988315	6758211	16687961
二　级	137	4418963	188820	807746	3743155
三级及以下	105	1515419	90699	109673	1198224
专业承包	214	2821240	688082	1179501	1574401
一　级	50	1359693	595889	649820	763366
二　级	66	978660	24966	444361	452931
三级及以下	98	482887	67228	85319	358104

		竣工产值（万元）	房屋建筑施工面积（m²）		房屋建筑竣工面积（m²）	直接从事生产经营活动的平均人数（人）	工程技术人员（人）
安装工程产值	其他产值			#本年新开工面积			
791846	2295744	16567217	293976485	94675664	71489850	835680	81625
607525	482858	4640725	6377788	2414320	2668350	230569	27414
348227	372949	2748444	3556665	903774	1707239	153691	15445
10000	26396	1281380	1970135	1119440	459988	46324	5998
10643	606	34513	98452	93214	50586	3764	312
224989	23133	307661	49880	38584	36996	14956	3859
13667	59774	268727	702656	259308	413541	11834	1800
420629	168314	759168	742956	245448	273461	29049	4654
222456	146267	239014	15489	15275		8646	1661
27225		38633			62500	985	367
170948	22047	481522	727467	230173	210961	19418	2626
171297	198082	764090	62235	9800		28044	4405
111367	85423	588827				18622	2637
	93027	113191				2597	749
5015		1328	51400			323	134
54915	19632	60744	10835	9800		6502	885
1185997	2703459	20730201	300205267	97057524	73701059	1046179	105362
177849	500787	8733351	167134616	50496110	30253792	318632	23497
743489	1474328	8561981	98406674	31275970	31631979	504501	51028
138531	537277	2590691	27499663	12756827	9201797	168659	22038
126129	191067	844179	7164314	2528617	2613491	54387	8799
805301	441538	2000999	954197	287708	730602	77163	12736
310692	285635	849572	79279	21521	7862	36038	4491
384700	141030	848353	467019	14415	398480	26155	5541
109910	14873	303074	407899	251772	324260	14970	2704

4－14 主要年份建筑业财务状况

项 目	单位	2004 年	2005 年	2006 年	2007 年
一、年末资产负债					
流动资产合计	万元	2497515	2837325	3314982	4270154
固定资产合计	万元	744062	853474	987386	1242267
固定资产原价	万元	1016557	1014513	1184889	1612399
# 生产经营用	万元	842984	829613	1002572	1409999
累计折旧	万元	375197	373969	438718	551166
# 本年折旧	万元	70832	69070	72647	75814
资产合计	万元	3506609	3983250	4633015	5996227
流动负债合计	万元	2045453	2233802	2685378	3751735
长期负债合计	万元	184479	300389	335771	402464
所有者权益合计	万元	1276677	1449059	1611867	1842028
# 实收资本	万元	1073970	1058647	1169051	1271429
二、损益及分配					
工程结算收入	万元	4435990	5373740	6954650	8987932
工程结算成本	万元	3976472	4840714	6258321	8086699
工程结算税金	万元	150500	192859	242343	320945
工程结算利润	万元	288449	328120	428752	531138
管理费用	万元	172786	197115	234888	271463
利润总额	万元	114030	120833	181684	245663
# 应交所得税	万元	31436	35207	49380	63394
应付利润	万元	49120	33505	64611	77834
三、工资福利费					
本年应付工资总额	万元	544287	658688	892361	972833
本年应付福利费总额	万元	61906	73090	105268	104317
应付职工薪酬	万元				
四、建筑业增加值	万元	965292	—	—	2132700
五、亏损企业个数	个	114	100	107	82

2008 年	2009 年	2010 年	2011 年	2012 年	2013 年	2014 年	2015 年	2016 年	2017 年
5122164	6252585	8001811	9709347	11483057	13600316	15879020	18371152	22082517	24984789
1408123	1458198	1337343	1296658	1577538	1547066	1645353	1682273	1615510	1739552
1785749	1962253	1875495	2026409	2152809	2341521	2574911	2670440	2616760	2763772
1466618	1299391	1537300	—	—	—	—	—	—	—
602533	694491	775604	891674	1010130	1125930	1222525	1342849	1340516	1403635
132602	139803	172206	186788	187878	178722	223529	234960	209190	224505
7078559	8350689	10402388	12540899	14979997	17815511	20658175	23665787	28570473	33113744
4250492	5210629	6760187	7637066	8783469	10516791	12044082	13413952	16462656	19526859
469312	556174	507208	753704	951942	1030037	1284100	1550722	2601079	2360007
2358755	2583886	3135023	4024090	4874075	5966979	7072768	8194043	8970403	10591487
1478953	1595580	1917221	2170676	2474991	2963173	3554730	3917093	4352833	5634836
10454726	12713365	16904511	19993351	21974786	26653588	31139757	33379898	36755907	41360815
9270280	11440235	15254694	18001663	19734193	23614205	27828963	29902777	33428524	38168137
410904	444092	580124	694310	742423	978091	1175188	1126043	821344	546811
721953	770303	1011895	—	—	—	—	—	—	—
277710	329378	438016	507585	570283	793192	888405	954001	1050216	1197040
477409	418620	574081	712628	828360	1129347	1102611	1125163	1181762	1273773
63536	87801	91193	127590	163997	218115	198906	219279	232523	229813
122978	187868	173645	—	—	—	—	—	—	—
1412042	1183888	1573560	—	—	—	—	—	—	—
187003	120383	137333	—	—	—	—	—	—	—
			1487379	1700926	4666217	4027362	3855556	3697098	3591991
2561400	3027543	4163506	4892120	5405771	5946348	6707481	7378229	7909461	9021531
50	69	82	65	101	69	76	80	84	81

4－15　建筑业企业财务状况(2017年)

指　　标	资产总计	流动资产合计	应收工程款	#存货	固定资产合计	固定资产原价
总　　计	**33113744**	**24984789**	**7424551**	**5539044**	**1739552**	**2763772**
# 国有及国有控股企业	22247719	16199448	4454711	3799856	892818	1512079
一、按登记注册类型分组						
内资企业	32917360	24802109	7369449	5530478	1735858	2762884
国有企业	396083	296863	137342	40519	35628	46487
集体企业	97860	60528	13255	14837	9149	8582
联营企业	9683	8762	958	523	891	1878
有限责任公司	26161572	19171180	5721167	4341015	1184734	1922598
国有独资公司	9438510	6199239	1426520	1731840	504175	791887
其他有限责任公司	16723063	12971941	4294646	2609175	680559	1130711
股份有限公司	933811	831457	256499	128401	78877	180421
私营企业	5318352	4433319	1240228	1005183	426580	602918
私营独资企业						
私营有限责任公司	4751407	3940503	1100880	803770	396967	549387
私营股份有限公司	566945	492816	139348	201413	29613	53531
其他企业						
港、澳、台商投资企业	57862	57388	5523	1251	474	888
合资经营企业(港或澳、台资)	57862	57388	5523	1251	474	888
港、澳、台商独资经营企业						
外商投资企业	138522	125292	49580	7315	3220	
中外合资经营企业						
外资企业	138522	125292	49580	7315	3220	
二、按建筑业行业中类分组						
房屋建筑业	22887079	17194979	4809840	4017120	1001591	1516889
土木工程建筑业	8544850	6412318	2112275	1300997	614100	1122827
铁路、道路、隧道和桥梁工程建筑	4833560	4020033	1561498	719062	260444	556788
水利和内河港口工程建筑	2889081	1710155	315383	499443	285589	461880
工矿工程建筑	92602	81866	35180	2322	3983	8334
架线和管道工程建筑	517269	411141	151908	47280	45183	67726
其他土木工程建筑	212338	189124	48306	32890	18901	28099
建筑安装业	910029	714362	280913	115234	55948	60958
电气安装	270793	216557	126140	22649	12810	23676
管道和设备安装	32992	28225	8188	1474	3624	3322
其他建筑安装业	606243	469580	146586	91111	39514	33959
建筑装饰和其他建筑业	771786	663131	221523	105693	67913	63099
建筑装饰业	514553	451388	136213	78944	36922	37655
工程准备活动	116667	88605	43467	1739	20019	10305
提供施工设备服务	7728	5932	1423	3180	1796	1796
其他未列明建筑业	132839	117205	40419	21830	9177	13343
三、按企业资质等级分组						
施工总承包	30789562	22975821	6738810	5243408	1541810	2508704
特　　级	15363387	10069617	2363995	2256933	671227	1024941
一　　级	11658461	9745612	3318217	2348006	523573	1013281
二　　级	2968336	2524900	804783	565823	267698	385953
三级及以下	799379	635692	251816	72646	79312	84531
专业承包	2324182	2008968	685740	295636	197742	255068
一　　级	1053491	915462	332067	196276	100735	147941
二　　级	849677	740685	229158	60743	57832	68434
三级及以下	421014	352821	124515	38618	39175	38693

单位:万元

累计折旧	#本年折旧	在建工程	流动负债合计	应付账款	非流动负债合计	负债合计	所有者权益合计	#实收资本
1403635	**224505**	**221122**	**19526859**	**9113318**	**2360007**	**22522257**	**10591487**	**5634836**
810903	155626	126836	15069431	7762222	1968206	17131856	5115863	3147626
1403221	224474	221122	19374565	9068818	2360007	22369963	10547397	5627074
22492	5727	752	161631	45645	35205	289072	107012	65266
4483	431	421	59099	6080	5641	65450	32410	6682
1033	30	46	3116	1732		3587	6096	6033
986616	172801	152669	16385982	8164141	2204980	18864056	7297517	3973025
396500	59079	108788	5339519	2479306	1314384	6654904	2783606	1662437
590116	113722	43881	11046463	5684835	890596	12209152	4513911	2310588
116457	4736	11992	313220	35153	517	423489	510322	195678
272139	40750	55243	2451517	816067	113664	2724311	2594041	1380391
246508	38875	55243	2122267	727947	91964	2373012	2378395	1284375
25631	1875		329250	88120	21700	351299	215646	96016
415	32		53051	12499		53051	4811	2071
415	32		53051	12499		53051	4811	2071
			99242	32001		99242	39280	5691
			99242	32001		99242	39280	5691
693775	123898	86903	13100755	5974865	1424968	15059880	7827199	4170207
659797	93086	107446	5462035	2690834	870068	6429442	2115409	1131839
329314	52025	4354	3574954	1826095	182700	3850989	982571	724740
279379	34941	100546	1438007	702701	684119	2122609	766472	210226
4351	579		66696	30809	2350	69046	23556	20684
37042	3233	2546	287661	115528	809	289127	228143	100267
9712	2307		94716	15702	89	97670	114668	75922
27344	4215	13174	461965	230158	47231	510242	399787	180953
11519	1361		119254	58320	104	119644	151149	62871
851	268	1113	16037	3667	400	16437	16556	13350
14975	2586	12061	326675	168171	46727	374161	232082	104732
22719	3306	13600	502104	217460	17741	522693	249093	151836
11913	1331	8500	352327	165124	5065	360065	154488	90124
6006	1263	5070	63808	16992	12675	76484	40183	18564
343	111		2628			2628	5100	5100
4457	601	30	83341	35344		83517	49322	38048
1279598	200912	180223	18034185	8376084	2336622	20994765	9794797	5201417
505626	109647	114777	9531557	4716178	1694665	11226221	4137165	2459414
558961	64259	25611	6651043	3048671	548684	7732019	3926442	1769863
185012	21721	23904	1542619	518990	83777	1693539	1274797	708280
29999	5286	15931	308967	92246	9497	342986	456393	263860
124037	23593	40899	1492673	737234	23386	1527491	796691	433419
75172	15837	13338	786184	379332	17203	806468	247023	159864
33158	3243	15003	521724	284897	5236	531527	318151	139113
15707	4513	12558	184766	73005	947	189497	231517	134442

4－15 续表 1

指　　标	国家资本	集体资本	法人资本	个人资本	港澳台资本	营业收入
总　　计	**1847034**	**52277**	**2045002**	**1689922**	**175**	**41676354**
# 国有及国有控股企业	1835011	416	1303302	8472		22471853
一、按登记注册类型分组						
内资企业	1845759	52277	2039115	1689922		41547120
国有企业	65266					349222
集体企业		6682				128171
联营企业	374			5659		11847
有限责任公司	1768609	14173	1648857	541387		29473756
国有独资公司	1230220		432909	－692		9987315
其他有限责任公司	538389	14173	1215948	542079		19486441
股份有限公司	8948	7454	5018	174257		2679618
私营企业	2563	23968	385240	968619		8904507
私营独资企业						
私营有限责任公司	2563	23968	358333	899510		8360129
私营股份有限公司			26907	69109		544378
其他企业						
港、澳、台商投资企业	1275		196		175	26414
合资经营企业(港或澳、台资)	1275		196		175	26414
港、澳、台商独资经营企业						
外商投资企业			5691			102820
中外合资经营企业						
外资企业			5691			102820
二、按建筑业行业中类分组						
房屋建筑业	1241831	44139	1582863	1301374		30706017
土木工程建筑业	528940	6417	382489	213994		8899431
铁路、道路、隧道和桥梁工程建筑	357749	34	283768	83189		5201566
水利和内河港口工程建筑	147591	334	14000	48301		2623924
工矿工程建筑			20684			106400
架线和管道工程建筑	18801	6048	31952	43466		592062
其他土木工程建筑	4800		32084	39038		375479
建筑安装业	46440	970	30328	103216		1059517
电气安装	19739		11354	31778		352442
管道和设备安装	2000		1900	9450		42496
其他建筑安装业	24701	970	17074	61988		664578
建筑装饰和其他建筑业	29824	751	49323	71339	175	1011390
建筑装饰业	12411	151	36332	40631	175	722667
工程准备活动	13873			4691		102706
提供施工设备服务				5100		9947
其他未列明建筑业	3540	600	12991	20917		176070
三、按企业资质等级分组						
施工总承包	1759688	44460	1914259	1483010		38947827
特　　级	1127592	#VALUE!	1211740	120082		16573243
一　　级	538510	19209	419375	792770		16772389
二　　级	86742	18365	210975	392198		4190309
三级及以下	6845	6886	72169	177960		1411886
专业承包	87346	7817	130744	206912	175	2728528
一　　级	69175	1617	50060	38587		1325142
二　　级	8111	6140	60672	64016	175	909427
三级及以下	10060	60	20012	104309		493958

单位:万元

主营业务收入	营业成本	主营业务成本	营业税金及附加	主营业务税金及附加	其他业务利润	销售费用	管理费用	#税金
41360815	**38530939**	**38168137**	**556145**	**546811**	**23760**	**96017**	**1197040**	
22451357	21155280	21138599	87709	86140	5950	11235	631499	
41231602	38433842	38071075	555191	545861	23760	95675	1190208	
348986	324032	323774	4531	4508	-23	297	12937	
128171	118691	118691	2290	2290		1529	4226	
11301	11370	10897	148	148	53		246	
29295973	27460756	27242998	309252	306497	19178	27516	861319	
9978541	9258747	9251348	50159	48797	2641	7394	399735	
19317432	18202010	17991650	259093	257700	16537	20123	461584	
2561208	2418411	2309052	60508	55458	109	2108	80456	
8885964	8100582	8065663	178463	176961	4443	64226	231024	
8342121	7598209	7563290	176784	175286	4042	61790	218073	
543843	502373	502373	1679	1675	401	2436	12952	
26392	24726	24690	161	157		288	1247	
26392	24726	24690	161	157		288	1247	
102820	72372	72372	793	793		54	5585	
102820	72372	72372	793	793		54	5585	
30524346	28530603	28297075	472802	465913	15727	61493	734585	
8879214	8165941	8151755	60559	58702	7401	22764	366908	
5192797	4842901	4834945	30994	30887	1649	15625	172941	
2616490	2370334	2366856	14551	12955	2782	2512	148019	
105152	99228	96575	1105	967	485	2	4395	
591492	512382	512312	6260	6249	439	2274	30304	
373283	341097	341067	7649	7644	2046	2351	11250	
1040921	928497	910688	9907	9780	146	5738	46193	
336092	297574	282802	4143	4139		2413	19706	
41773	35613	35513	702	702	126	913	2894	
663056	595310	592372	5062	4939	21	2412	23593	
916333	905898	808619	12877	12416	486	6021	49354	
628706	657602	561165	9121	8660	435	5304	29932	
101632	83161	82444	878	878	52	265	8992	
9947	8306	8306	153	153			1406	
176050	156830	156705	2726	2726		453	9025	
38663826	36132669	35821219	516181	507500	20070	75454	1067047	
16564386	15510506	15503341	77225	75927	3167	9755	465382	
16505855	15545725	15269800	312460	306074	15421	28873	432329	
4182335	3799255	3793631	95695	94890	1472	27743	129539	
1411249	1277183	1254447	30800	30610	10	9083	39798	
2696989	2398270	2346918	39964	39310	3690	20563	129993	
1312629	1209265	1179147	11168	10991	1402	7393	55710	
897010	762637	748580	16759	16428	185	5728	42097	
487350	426368	419191	12037	11891	2103	7442	32186	

4－15 续表 2

指　　标	财务费用	利息收入	#利息支出	资产减值损失	公允价值变动收益	投资收益
总　　计	**182361**	**139920**	**216224**	**21947**	**232**	**136524**
# 国有及国有控股企业	110515	136046	173088	19773		96138
一、按登记注册类型分组						
内资企业	182810	139890	216224	21947	232	136524
国有企业	2137	30		278		1877
集体企业	291	207	68			
联营企业	15	3	17			
有限责任公司	131123	137035	188966	20747	170	132573
国有独资公司	58043	57610	89255	3796		19926
其他有限责任公司	73080	79425	99711	16950	170	112647
股份有限公司	6103	1134	1278	544		30
私营企业	43143	1481	25895	378	61	2044
私营独资企业						
私营有限责任公司	37840	773	19959	237	61	505
私营股份有限公司	5302	708	5936	141		1539
其他企业						
港、澳、台商投资企业	－30	30				
合资经营企业(港或澳、台资)	－30	30				
港、澳、台商独资经营企业						
外商投资企业	－419					
中外合资经营企业						
外资企业	－419					
二、按建筑业行业中类分组						
房屋建筑业	106105	106050	158358	13421	232	126375
土木工程建筑业	72930	33279	54787	4458		8934
铁路、道路、隧道和桥梁工程建筑	24392	24669	25351	4395		6223
水利和内河港口工程建筑	45147	7962	26707	－1541		2254
工矿工程建筑	435	122	477	791		9
架线和管道工程建筑	1105	484	1728	508		447
其他土木工程建筑	1851	42	524	305		
建筑安装业	895	311	1571	2192		1149
电气安装	53	68	102	67		11
管道和设备安装	309	－18	0			－63
其他建筑安装业	534	261	1469	2125		1200
建筑装饰和其他建筑业	2430	280	1508	1876		67
建筑装饰业	1919	123	1156	363		
工程准备活动	420	116	253	1384		5
提供施工设备服务	－3	－3				
其他未列明建筑业	94	43	99	129		62
三、按企业资质等级分组						
施工总承包	175157	138234	209704	20267	232	137367
特　　级	87289	109761	146317	9867		89797
一　　级	64837	26889	50533	9902	170	44495
二　　级	18591	1540	11211	477	61	3075
三级及以下	4440	45	1644	22		
专业承包	7203	1686	6520	1679		－843
一　　级	4811	954	4320	790		5
二　　级	1026	642	1559	－109		43
三级及以下	1366	90	641	998		－891

单位:万元

营业利润	营业外收入		营业外支出	利润总额	应交所得税	应付职工薪酬(本年贷方累计发生额)	建筑业企业在境外完成的营业收入	应交增值税
		补贴收入						
741	**1270569**	**15913**	**12681**	**1273773**	**229813**	**3591991**	**1260216**	**715342**
141	585131	11976	7465	589642	77379	1765297	910501	308563
741	1246111	15594	12466	1249211	223598	3573002	1178302	714339
	6887	263	177	6973	1690	21717		8547
	1145		3	1142	423	15305		2926
	68			68	15			510
449	834032	13027	7979	838995	121612	2369496	1122717	432320
117	262494	9184	4995	266683	43762	512134	689738	175228
332	571538	3843	2985	572312	77849	1857362	432979	257092
	111519	945	1370	111094	27737	369343	151	59656
292	292460	1360	2937	290939	72123	797142	55434	210381
185	270064	1344	2833	268630	67184	768282	55434	184919
107	22396	16	104	22309	4939	28860		25462
	22	2		24	65	6944		1003
	22	2		24	65	6944		1003
	24436	318	215	24538	6151	12046	81914	
	24436	318	215	24538	6151	12046	81914	
460								
460	951507	6676	7972	950211	169217	2726486	176405	542756
243	218853	8368	4217	223003	42399	677022	1027875	137532
56	118234	1406	1738	117901	19053	312526	296718	73373
	49326	5555	386	54494	9910	208085	647539	29899
5	458	44	170	332	234	25778	1704	7622
126	39803	1308	1626	39485	9739	69991	81914	22012
56	11032	55	296	10791	3464	60641		4626
9	67181	429	294	67287	13106	88024	413	19529
9	28507	73	81	28499	6654	33433		4604
	1987	93	3	1992	363	3178		1000
	36688	263	210	36796	6089	51413	413	13926
29	33029	441	199	33271	5092	100460	55523	15525
	18426	101	20	18507	3778	60896	55523	11550
	7613	315	53	7876	-50	12205		2362
	84			84	17	910		327
29	6905	24	126	6803	1347	26449		1286
0								
607	1137402	13536	10746	1140191	203110	3324289	1096414	676720
	504363	9782	5375	508770	70029	1481250	704309	274114
426	458443	2543	3316	457670	98866	1272175	265220	274381
181	124038	1080	1146	123973	21842	444694	97537	95284
	50557	131	910	49779	12373	126171	29349	32941
134	133168	2378	1935	133581	26703	267702	163802	38622
	35955	787	365	36432	4175	104119	55411	21956
78	81310	1403	1375	81337	18093	114112	82026	11604
56	15904	189	196	15813	4435	49471	26364	5062

5

财政、金融、保险

长沙统计年鉴

5－1 主要年份财政收支情况

单位：万元

年份	辖区内一般公共预算收入	一般公共预算收入	上划中央两税	地方一般公共预算收入	国土收入	一般预算支出
1994	…	231865	91711	134875	5282	152093
1995	518409	287494	98314	179864	9316	216021
1996	675251	374213	119022	245965	9226	273809
1997	787809	375994	119610	250306	6078	280728
1998	910694	422279	119613	294507	8159	329659
1999	991512	454291	130630	316691	6970	362715
2000	1096493	504342	150260	344491	9591	414336
2001	1239745	617997	170220	421620	26157	523252
2002	1369867	754759	204719	460682	35768	625493
2003	1612343	1027631	234356	598930	114311	784168
2004	2051400	1331234	287636	806555	104542	1005542
2005	2524803	1730364	336548	1080572	135778	1330503
2006	2966297	2171904	401804	1328345	183528	1671873
2007	5062048	2663841	486275	1745761	550501	2181733
2008	5989800	3188656	552269	2055700	933144	2605584
2009	6856000	3729724	663675	2462933	1123813	3140820
2010	8482000	5112800	830606	3142836	1346962	4033349
2011	11014000	6889551	1024740	4257827	2395757	5208876
2012	12453330	7965760	1148368	4906482	2651327	6246207
2013	14203395	8838849	1330601	5366331	4114049	7018238
2014	16214467	10030833	1328466	6327992	5499579	8023838
2015	17621465	11134811	1359797	7189468	3721509	9249992
2016	18261529	12310190	2018282	7436954	2762966	10414331
2017	20404954	14032905	2900339	8003456	3254258	11826043

注：原财政总收入名称变更为一般公共预算收入。

5－2 主要年份财政收支增长速度

单位:%

年 份	辖区内一般公共预算收入	一般公共预算收入	上划中央两税	地方一般公共预算收入	一般预算支出
1995	…	24.0	7.2	33.4	42.0
1996	30.3	30.2	21.1	36.8	26.8
1997	16.7	0.5	0.5	1.8	2.5
1998	15.6	12.3		17.7	17.4
1999	8.9	7.6	9.2	7.5	10.0
2000	10.6	11.0	15.0	8.8	14.2
2001	13.1	22.5	13.3	22.4	26.3
2002	10.5	22.1	20.3	22.0	19.5
2003	17.7	36.2	14.5	33.2	25.4
2004	27.2	29.5	22.7	34.7	28.2
2005	23.1	30.0	17.0	34.0	32.3
2006	17.5	25.5	19.4	22.9	25.7
2007		43.3	21.0	31.4	30.5
2008	18.3	19.7	13.6	17.8	19.4
2009	14.5	17.0	20.2	19.8	20.5
2010	23.7	28.1	25.2	31.2	28.4
2011	29.9	34.8	23.4	35.5	29.1
2012	13.1	15.6	12.1	15.2	19.9
2013	14.1	11.0	15.9	9.4	12.4
2014	14.2	13.5	-0.2	17.9	14.3
2015	8.7	11.0	2.4	13.6	15.3
2016	3.6	10.6	48.4	3.4	12.6
2017	11.7	14.0	43.7	11.5	13.6

注:因口径变化,2006年、2007年辖区内一般公共预算收入不具可比性。

5-3 财政收入

单位:万元

指标	2017年	2016年	2017年比2016年±%
上划中央“两税”	2900339	2018282	43.7
地方一般公共预算收入	8003456	7436954	11.5
增值税	1796607	1092259	56.1
营业税	14345	739673	-96.6
企业所得税	634299	527872	20.2
企业所得税退税			
个人所得税	318731	273805	16.4
资源税	672	839	-19.9
固定资产投资方向调节税			
城市维护建设税	732510	445122	64.6
房产税	260351	208631	24.8
印花税	105190	87585	20.1
城镇土地使用税	129405	113860	13.7
土地增值税	496155	382385	29.8
车船税	78063	68357	14.2
耕地占用税	176792	124093	42.5
烟叶税	6317	9144	-30.9
契税	933543	679541	37.4
国有资本经营收入	12752	33185	-61.6
国有资源(资产)有偿使用收入	836692	1082873	-22.7
行政性收费	321219	301449	6.6
罚没收入	116176	115632	0.5
专项收入	510404	519569	-1.8
其他收入	523233	631080	-17.1
基金收入	3597056	3095416	16.2

5－4 财 政 支 出

单位:万元

指 标	2017 年	2016 年	2017 年比 2016 年 ±%
一般公共预算支出	11826043	10414331	13.6
一般公共服务	1482502	1315468	12.7
科学技术	293220	246112	19.1
交通运输	551961	507042	8.9
农林水事务	814133	808919	0.6
环境保护	477620	392861	21.6
城乡社区事务	2904206	2477252	17.2
文化体育与传媒	169042	162474	4.0
教育支出	1772617	1567751	13.1
医疗卫生支出	616146	554994	11.0
社会保障和就业	969703	829289	16.9
公共安全	670767	534323	25.5
外交支出			
其他支出	1104126	1017846	8.5
基金支出合计	3284259	3004532	9.3

5－5 主要年份金融统计指标

单位:亿元

年 份	各项存款余 额	#城乡居民储蓄存款	各项贷款余 额	#短期贷款	#中长期贷 款
1994	235.31	132.80	180.85	145.33	24.21
1995	306.02	183.27	240.84	176.71	31.56
1996	399.57	218.20	350.59	233.68	57.65
1997	449.56	241.43	379.24	277.16	72.28
1998	594.69	269.43	468.90	279.30	111.78
1999	723.57	346.12	588.87	382.74	159.03
2000	826.18	373.22	631.57	378.29	184.48
2001	986.84	444.10	778.28	447.47	264.61
2002	1232.98	544.99	1207.42	555.09	550.23
2003	1598.70	704.85	1629.42	680.13	859.68
2004	1960.23	800.89	1851.38	775.58	1016.02
2005	2322.32	954.42	2055.35	751.94	1209.74
2006	2756.80	1093.04	2482.50	854.34	1495.71
2007	3267.46	1177.17	2982.40	967.88	1904.50
2008	3869.21	1494.93	3516.27	1083.35	2275.10
2009	5325.84	1881.32	5200.76	1201.37	3751.76
2010	6427.95	2172.08	6353.68	1371.86	4846.59
2011	7364.26	2526.93	7483.83	1708.80	5698.04
2012	8800.66	3004.07	8518.93	1957.10	6393.43
2013	10148.76	3507.51	9633.02	2331.67	7165.55
2014	11266.10	3898.85	10712.82	2529.89	7992.60
2015	14065.66	4352.63	12323.87	2668.64	9137.69
2016	15488.77	4872.74	13866.96	2677.38	10472.19
2017	17141.83	5203.64	16027.07	3060.20	12590.62

注:从 2015 年开始人民银行不公布城乡居民储蓄存款这一指标,数据由住户存款代替。

5－6 金融机构消费贷款

单位:万元

指 标	2017 年	
	年末余额	比年初±额
消费贷款总计	35782856	7694063
短期个人消费贷款	3968805	2267496
住房贷款	27287	12030
汽车贷款	15055	－491
助学贷款	815	－831
其他贷款	3925648	2256789
中长期个人消费贷款	31814051	5426566
住房贷款	29580257	4869730
汽车贷款	137010	3609
助学贷款	233372	31921
其他贷款	1863411	521306

5－7　金融机构存贷款(本外币)

单位:亿元

指　　标	2017年		指　　标	2017年	
	年末余额	比年初±额		年末余额	比年初±额
各项存款	17141.83	1653.06	各项贷款	16027.07	2160.10
一、境内存款	17126.00	1649.26	一、境内贷款	15937.14	2135.08
1.住户存款	5203.64	331.43	1.短期贷款	3060.20	386.69
2.非金融企业存款	7198.39	565.56	2.中长期贷款	12590.62	2114.56
3.广义政府存款	3243.23	416.23	3.融资租赁	0.00	0.00
4.非银行业金融机构存款	1480.74	336.04	4.票据融资	273.94	－364.73
二、境外存款	15.83	3.79	5.各项垫款	11.05	－2.43
			二、境外贷款	89.93	25.02

5－8　金融机构存贷款(人民币)

单位:亿元

指　　标	2017年		指　　标	2017年	
	年末余额	比年初±额		年末余额	比年初±额
各项存款	17105.92	1646.23	各项贷款	15981.23	2167.39
一、境内存款	17090.26	1642.36	一、境内贷款	15891.39	2142.46
1.住户存款	5200.21	332.09	1.短期贷款	3046.75	392.64
2.非金融企业存款	7174.69	555.84	2.中长期贷款	12560.61	2102.59
3.广义政府存款	3241.92	415.88	3.融资租赁		
4.非银行业金融机构存款	1473.44	338.54	4.票据融资	271.97	－351.34
二、境外存款	15.66	3.88	5.各项垫款	10.73	－2.43
			二、境外贷款	89.84	24.93

5-9 财产保险公司业务主要指标(2017 年)

单位:万元

指　　标	保费收入	赔款支出
合　　计	**1151159**	**583732**
1. 企业财产保险	45328	28391
2. 家庭财产保险	4467	2466
3. 机动车辆保险	842738	444346
4. 工程保险	11683	6464
5. 责任保险	64284	21842
6. 信用保险	21043	16567
7. 保证保险	67731	12427
# 机动车辆消费贷款保证保险	47	60
个人贷款抵押房屋保证保险	56	0.3
8. 船舶保险	1237	535
9. 货物运输保险	4194	1892
10. 特殊风险保险	1647	647
11. 农业保险	21242	16181
12. 健康险	26943	19413
13. 意外伤害保险	32044	8729
14. 其他险	6578	3568

5－10 人寿保险公司业务主要指标(2017年)

单位:万元

指　　标	2017年
一、原保险保费收入	2165338
1. 寿险小计	1752390
2. 意外伤害险小计	63884
(1)一年期以内业务	3814
(2)一年期业务	39770
(3)一年期以上业务	20300
3. 健康险小计	349064
二、赔付支出	363348
1. 赔款支出	65135
(1)意外伤害险	8933
一年期以内业务	599
一年期业务	8334
(2)一年期以内及一年期健康险	56202
个人业务	12266
团体业务	43936
2. 死伤医疗给付	63611
(1)寿险	16015
个人业务	
团体业务	
(2)一年期以上健康险	47595
个人业务	28865
团体业务	18731
3. 满期给付	164409
(1)寿险	164285
个人业务	
其中:年金保险	
团体业务	
其中:年金保险	
(2)一年期以上健康险	123
个人业务	123
团体业务	
4. 年金给付	70194
(1)个人业务	
其中:年金保险	
(2)团体业务	
其中:年金保险	
三、退保金	316096
1. 寿险	306822
(1)个人业务	
其中:年金保险	
(2)团体业务	
其中:年金保险	
2. 一年期以上健康险	9273

6 物价指数

长沙统计年鉴

6-1 历年物价总指数

（以上年价格为100）

年份	商品零售价格指数	居民消费价格指数	服务项目价格指数
1951	105.6		
1952	97.4		
1953	107.6	109.6	105.7
1954	104.8	104.8	100.5
1955	100.9	100.2	100.2
1956	100.2	99.9	94.4
1957	103.9	104.9	96.2
1958	98.5	98.6	99.7
1959	101.0	100.8	99.3
1960	103.0	102.7	100.0
1961	128.8	123.6	100.5
1962	92.2	93.2	103.4
1963	84.9	85.8	95.0
1964	95.4	95.3	94.2
1965	97.9	97.7	95.9
1966	100.1	99.4	92.8
1967	100.9	100.7	98.1
1968	99.7	99.7	100.0
1969	100.5	100.5	100.0
1970	99.3	99.4	100.0
1971	99.8	99.9	100.0
1972	99.9	99.9	99.9
1973	100.3	99.8	94.7
1974	99.8	99.6	97.9
1975	100.1	100.1	100.0
1976	100.0	99.9	97.8
1977	100.1	99.5	94.0
1978	99.9	99.6	96.4
1979	101.3	101.3	101.7
1980	107.7	107.2	101.7
1981	101.6	101.7	102.9
1982	101.8	101.7	101.1
1983	101.4	101.8	106.9
1984	103.5	103.7	106.1
1985	112.7	112.2	107.0

6－1 续表

年 份	商品零售价格指数	居民消费价格指数	服务项目价格指数
1986	105.3	105.4	106.5
1987	109.8	109.6	107.7
1988	124.9	123.7	111.2
1989	115.4	115.8	120.3
1990	100.2	101.5	113.3
1991	106.5	106.9	110.3
1992	111.8	114.0	128.5
1993	118.4	119.7	127.6
1994	119.0	123.8	133.7
1995	114.0	117.1	119.2
1996	105.4	106.9	111.6
1997	100.8	103.5	112.3
1998	98.5	101.2	112.6
1999	98.4	100.2	112.6
2000	100.7	101.7	111.1
2001	98.2	98.4	103.1
2002	98.6	99.2	102.2
2003	99.2	100.9	101.1
2004	101.3	103.2	102.4
2005	100.4	101.9	102.9
2006	101.1	101.1	101.0
2007	102.3	104.9	101.9
2008	103.9	105.2	101.4
2009	97.7	99.4	100.5
2010	103.8	102.9	101.3
2011	105.4	105.5	103.6
2012	101.5	102.3	102.1
2013	101.2	102.8	104.0
2014	101.7	102.7	102.7
2015	99.6	101.1	100.6
2016	100.9	101.9	101.8
2017	101.4	101.3	102.5

6-2 重要年份定基物价指数

年份	基期	居民消费价格指数	商品零售价格指数
1952	以1950年为100		102.9
1957	以1950年为100	124.0	121.7
	以1952年为100	120.6	118.3
1965	以1950年为100	136.5	136.1
	以1952年为100	132.7	132.3
	以1957年为100	110.1	111.8
1970	以1950年为100	138.6	138.9
	以1952年为100	134.7	135.0
	以1957年为100	111.8	114.1
	以1965年为100	101.5	102.1
1978	以1950年为100	136.0	138.8
	以1952年为100	132.2	134.9
	以1957年为100	109.6	114.0
	以1965年为100	99.6	102.0
	以1970年为100	98.1	99.9
1980	以1950年为100	147.7	151.4
	以1952年为100	143.6	147.2
	以1957年为100	119.1	124.4
	以1965年为100	108.2	111.3
	以1970年为100	106.6	109.0
	以1978年为100	108.7	109.1
1990	以1950年为100	308.8	309.1
	以1952年为100	291.9	300.5
	以1957年为100	249.0	254.0
	以1965年为100	227.7	230.5
	以1970年为100	224.1	225.9
	以1978年为100	223.7	223.0
	以1980年为100	205.9	204.4
2000	以1950年为100	733.5	613.4
	以1952年为100	713.2	596.3
	以1957年为100	591.5	504.1
	以1965年为100	537.3	450.9
	以1970年为100	529.3	441.6
	以1978年为100	539.6	442.1
	以1980年为100	496.6	405.2
	以1990年为100	241.3	198.3
	以1995年为100	114.1	103.7
2005	以1950年为100	759.8	605.3
	以1952年为100	738.7	582.6
	以1957年为100	612.7	492.4
	以1965年为100	556.5	440.4
	以1970年为100	548.3	431.4
	以1978年为100	558.9	431.9
	以1980年为100	514.3	395.8
	以1990年为100	249.9	193.7
	以1995年为100	118.2	101.3
	以2000年为100	105.3	100.5
2010	以1950年为100	866.9	659.6
	以1952年为100	843.0	634.8
	以1957年为100	699.2	536.6
	以1965年为100	635.1	479.6
	以1970年为100	625.5	470.1
	以1978年为100	637.8	470.6
	以1980年为100	586.9	431.3
	以1990年为100	285.1	211.1
	以1995年为100	134.8	110.4
	以2000年为100	123.0	109.6
	以2005年为100	116.9	111.5

6－2 续表

年　份	基　期	居民消费价格指数	商品零售价格指数
2012	以 1950 年为 100	935.6	705.6
	以 1952 年为 100	909.8	679.1
	以 1957 年为 100	754.7	574.1
	以 1965 年为 100	685.4	513.1
	以 1970 年为 100	675.1	502.9
	以 1978 年为 100	688.4	503.4
	以 1980 年为 100	633.4	461.4
	以 1990 年为 100	307.7	225.8
	以 2000 年为 100	132.7	117.2
	以 2005 年为 100	124.3	119.3
	以 2010 年为 100	108.1	106.8
2013	以 1950 年为 100	961.8	714.1
	以 1952 年为 100	935.3	687.2
	以 1957 年为 100	775.8	581.0
	以 1965 年为 100	704.6	519.3
	以 1970 年为 100	694.0	508.9
	以 1978 年为 100	707.7	509.4
	以 1980 年为 100	651.1	466.9
	以 1990 年为 100	316.3	228.5
	以 2000 年为 100	136.4	118.6
	以 2005 年为 100	127.8	120.7
	以 2010 年为 100	112.6	109.3
2014	以 1950 年为 100	987.8	726.2
	以 1952 年为 100	960.6	698.9
	以 1957 年为 100	796.7	590.9
	以 1965 年为 100	723.6	528.1
	以 1970 年为 100	712.7	517.6
	以 1978 年为 100	726.8	518.1
	以 1980 年为 100	668.7	474.8
	以 1990 年为 100	324.8	232.4
	以 2000 年为 100	140.1	120.6
	以 2005 年为 100	131.3	122.8
	以 2010 年为 100	114.4	109.7
2015	以 1950 年为 100	998.7	723.3
	以 1952 年为 100	971.2	696.1
	以 1957 年为 100	805.5	588.5
	以 1965 年为 100	731.6	526.0
	以 1970 年为 100	720.5	515.5
	以 1978 年为 100	734.8	516.0
	以 1980 年为 100	676.1	472.9
	以 1990 年为 100	328.4	231.5
	以 2000 年为 100	141.6	120.1
	以 2005 年为 100	132.7	122.3
	以 2010 年为 100	115.7	109.9
2016	以 1950 年为 100	1017.7	729.8
	以 1952 年为 100	989.7	702.4
	以 1957 年为 100	820.8	593.8
	以 1965 年为 100	745.5	530.7
	以 1970 年为 100	734.2	520.1
	以 1978 年为 100	748.8	520.6
	以 1980 年为 100	688.9	477.2
	以 1990 年为 100	334.6	233.6
	以 2000 年为 100	139.2	123.1
	以 2005 年为 100	135.2	123.4
	以 2010 年为 100	117.9	110.9
	以 2015 年为 100	102.7	101.7
2017	以 1950 年为 100	1030.9	740.0
	以 1952 年为 100	1002.6	712.2
	以 1957 年为 100	831.5	602.1
	以 1965 年为 100	755.2	538.1
	以 1970 年为 100	743.7	527.4
	以 1978 年为 100	758.5	527.9
	以 1980 年为 100	697.9	483.9
	以 1990 年为 100	338.9	236.9
	以 2000 年为 100	140.4	124.9
	以 2005 年为 100	137.0	125.1
	以 2010 年为 100	119.4	112.5
	以 2015 年为 100	103.5	103.2

6-3 商品零售价格指数(2017年)

(以上年价格为100)

项　目	以上年价格为100	项　目	以上年价格为100
商品零售价格总指数	**101.4**	15. 在外餐饮	99.7
一、食品	99.4	二、饮料、烟酒	101.1
1. 粮食	101.3	三、服装、鞋帽	101.3
2. 薯类	93.3	四、纺织品	100.7
3. 豆类	99.7	五、家用电器及音像器材	100.1
4. 食用油	99.2	六、文化办公用品	101.0
5. 菜	93.9	七、日用品	101.2
6. 畜肉类	95.4	八、体育娱乐用品	100.4
7. 禽肉类	99.1	九、交通、通信用品	100.2
8. 水产品	108.4	十、家具	100.4
9. 蛋类	98.4	十一、化妆品	100.4
10. 奶类	100.6	十二、金银珠宝	102.8
11. 干鲜瓜果类	105.7	十三、中西药品及医疗保健用品	102.8
12. 糖果糕点类	100.1	十四、书报杂志及电子出版物	99.9
13. 调味品	100.6	十五、燃料	108.4
14. 其他食品类	100.5	十六、建筑材料及五金电料	102.5

6－4 居民消费价格指数(2017年)

(以上年价格为100)

项目	以上年价格为100	项目	以上年价格为100
居民消费价格总指数	**101.3**	5. 鞋类	100.1
一、食品烟酒	99.5	三、居住	105.0
1. 食品	99.1	1. 租赁房房租	105.0
(1)粮食	101.3	2. 住房保养维修及管理	103.1
(2)薯类	93.3	3. 水电燃料	101.8
(3)豆类	99.7	4. 自有住房	108.2
(4)食用油	99.2	四、生活用品及服务	100.3
(5)菜	93.9	1. 家具及室内装饰品	100.3
(6)畜肉类	94.5	2. 家用器具	100.0
(7)禽肉类	99.2	3. 家用纺织品	100.2
(8)水产品	108.2	4. 家庭日用杂品	101.1
(9)蛋类	98.5	5. 个人护理用品	100.5
(10)奶类	100.7	6. 家庭服务	98.7
(11)干鲜瓜果类	105.9	五、交通和通信	100.2
(12)糖果糕点类	100.1	1. 交通	102.7
(13)调味品	100.6	2. 通信	96.3
(14)其他食品类	100.4	六、教育文化和娱乐	101.7
2. 茶及饮料	101.1	1. 教育	100.8
3. 烟酒	100.9	2. 文化娱乐	102.7
4. 在外餐饮	100.0	七、医疗保健	101.3
二、衣着	101.4	1. 药品及医疗器具	102.6
1. 服装	101.7	2. 医疗服务	100.4
2. 服装材料	102.6	八、其他用品和服务	101.0
3. 其他衣着及配件	100.0	1. 其他用品类	102.2
4. 衣着加工服务费	105.3	2. 其他服务类	99.9

6－5 居民消费价格定基指数(2017 年)

(以 2015 年价格为 100)

项　　目	以 2015 年价格为 100	项　　目	以 2015 年价格为 100
居民消费价格总指数	**103.5**	5. 鞋类	100.8
一、食品烟酒	103.8	三、居住	109.0
1. 食品	104.1	1. 租赁房房租	109.5
(1)粮食	102.6	2. 住房保养维修及管理	104.1
(2)薯类	98.5	3. 水电燃料	102.9
(3)豆类	100.0	4. 自有住房	115.5
(4)食用油	101.5	四、生活用品及服务	101.1
(5)菜	108.5	1. 家具及室内装饰品	101.3
(6)畜肉类	103.9	2. 家用器具	99.8
(7)禽肉类	101.2	3. 家用纺织品	100.6
(8)水产品	108.2	4. 家庭日用杂品	102.8
(9)蛋类	104.6	5. 个人护理用品	100.8
(10)奶类	100.4	6. 家庭服务	101.8
(11)干鲜瓜果类	104.6	五、交通和通信	99.0
(12)糖果糕点类	100.1	1. 交通	101.9
(13)调味品	101.3	2. 通信	94.5
(14)其他食品类	100.3	六、教育文化和娱乐	100.0
2. 茶及饮料	100.8	1. 教育	99.6
3. 烟酒	102.4	2. 文化娱乐	100.5
4. 在外餐饮	103.9	七、医疗保健	104.3
二、衣着	104.3	1. 药品及医疗器具	105.9
1. 服装	105.1	2. 医疗服务	103.2
2. 服装材料	102.6	八、其他用品和服务	103.4
3. 其他衣着及配件	100.4	1. 其他用品类	106.6
4. 衣着加工服务费	116.4	2. 其他服务类	100.4

6－6 商品零售价格定基指数(2017 年)

(以 2015 年价格为 100)

项　　目	以 2015 年价格为 100	项　　目	以 2015 年价格为 100
商品零售价格总指数	**103.2**	15. 在外餐饮	103.8
一、食品	104.3	二、饮料、烟酒	102.2
1. 粮食	102.8	三、服装、鞋帽	103.9
2. 薯类	98.5	四、纺织品	100.9
3. 豆类	100.1	五、家用电器及音像器材	100.3
4. 食用油	101.5	六、文化办公用品	101.1
5. 菜	108.5	七、日用品	103.0
6. 畜肉类	104.6	八、体育娱乐用品	100.0
7. 禽肉类	101.2	九、交通、通信用品	98.3
8. 水产品	108.3	十、家具	101.8
9. 蛋类	104.7	十一、化妆品	100.6
10. 奶类	100.3	十二、金银珠宝	110.3
11. 干鲜瓜果类	104.6	十三、中西药品及医疗保健用品	106.1
12. 糖果糕点类	100.1	十四、书报杂志及电子出版物	99.7
13. 调味品	101.3	十五、燃料	110.5
14. 其他食品类	100.3	十六、建筑材料及五金电料	103.8

6-7 居民消费价格指数(分月)(2017年)

(以上年同月为100)

项目	一月	二月	三月	四月	五月	六月	七月	八月	九月	十月	十一月	十二月
居民消费价格总指数	**102.8**	**101.4**	**101.1**	**101.0**	**101.6**	**101.8**	**101.8**	**101.6**	**101.0**	**100.8**	**100.2**	**100.8**
一、食品烟酒	102.9	98.3	97.0	97.3	99.5	100.6	101.0	100.4	99.3	99.7	98.5	100.1
1. 食品	104.3	97.3	95.4	95.8	99.1	100.8	101.3	100.5	98.7	99.4	97.5	99.9
(1)粮食	101.6	101.5	101.5	101.5	101.3	101.2	101.5	101.5	101.2	101.2	100.9	100.8
(2)薯类	99.2	93.8	89.2	81.7	78.6	82.5	95.9	99.5	100.8	105.7	103.1	103.7
(3)豆类	99.1	99.6	99.6	99.6	99.6	99.6	99.6	99.8	99.7	99.7	99.8	100.4
(4)食用油	100.4	99.9	99.8	99.6	99.0	98.6	98.4	98.4	98.4	98.5	99.7	99.8
(5)菜	109.8	75.7	71.0	76.1	91.5	103.7	112.8	108.6	100.1	105.7	93.7	98.8
(6)畜肉类	104.1	101.5	100.0	95.4	93.3	91.8	90.4	90.7	90.8	91.4	91.9	94.3
(7)禽肉类	101.0	98.3	98.2	98.1	98.5	98.3	98.6	98.5	99.5	99.9	100.2	101.2
(8)水产品	108.1	107.7	107.3	109.2	109.5	110.7	109.9	108.5	107.6	107.8	106.1	106.4
(9)蛋类	100.5	97.2	94.3	94.3	94.5	98.1	101.6	100.9	102.1	98.4	97.5	101.9
(10)奶类	100.5	100.5	100.5	100.5	100.5	100.5	100.5	100.7	100.9	100.9	100.9	100.9
(11)干鲜瓜果类	105.7	107.8	105.4	106.3	111.3	112.4	108.4	106.1	102.4	99.8	99.9	104.7
(12)糖果糕点类	100.2	100.1	100.0	100.0	100.0	100.0	100.0	100.0	100.1	100.1	100.1	100.1
(13)调味品	101.6	101.2	101.1	101.1	100.9	100.4	100.3	100.2	100.2	100.2	100.2	100.2
(14)其他食品类	100.9	100.8	100.7	100.8	100.6	100.5	100.3	100.3	100.0	100.0	100.0	100.1
2. 茶及饮料	101.0	101.0	101.2	101.2	101.4	101.4	101.4	101.4	100.9	100.8	100.8	100.8
3. 烟酒	100.7	100.9	100.9	100.9	100.9	101.0	101.0	101.0	101.0	101.0	101.0	101.0
4. 在外餐饮	100.0	100.0	100.0	100.0	99.9	99.9	99.9	99.9	99.9	99.9	100.2	100.2
二、衣着	102.1	101.8	101.7	101.3	101.2	101.3	101.4	101.3	101.3	101.4	101.2	101.2
三、居住	106.0	106.7	106.4	106.2	105.8	105.9	105.4	105.3	104.3	103.8	102.3	102.4
四、生活用品及服务	100.5	99.8	99.9	100.1	100.3	100.2	100.3	100.3	100.4	100.4	100.5	100.7
五、交通和通信	101.1	100.5	100.9	100.0	100.3	99.6	99.0	99.6	99.9	100.0	100.4	101.2
六、教育文化和娱乐	101.8	102.0	102.8	102.9	102.1	102.0	102.5	102.5	101.7	100.2	100.1	99.7
七、医疗保健	101.7	101.7	101.8	101.8	101.9	101.9	101.6	101.1	100.7	100.6	100.4	100.5
八、其他用品和服务	103.5	102.1	101.5	102.0	101.7	101.5	99.7	100.3	100.2	99.7	99.4	100.6

6-8 商品零售价格指数(分月)(2017年)

(以上年同月为100)

项　　目	一月	二月	三月	四月	五月	六月	七月	八月	九月	十月	十一月	十二月
商品零售价格总指数	**102.7**	**101.5**	**101.2**	**101.2**	**101.6**	**101.5**	**101.2**	**101.4**	**101.0**	**101.3**	**101.0**	**101.5**
一、食品	103.5	97.7	96.2	96.7	99.4	100.8	101.3	100.6	99.2	99.8	98.2	100.0
1.粮食	101.8	101.5	101.5	101.5	101.3	101.1	101.4	101.4	101.2	101.2	100.9	100.8
2.薯类	99.2	93.8	89.2	81.7	78.6	82.5	95.9	99.5	100.8	105.7	103.1	103.7
3.豆类	99.1	99.7	99.7	99.7	99.7	99.7	99.7	99.8	99.7	99.7	99.9	100.5
4.食用油	100.4	99.9	99.8	99.6	99.0	98.6	98.4	98.4	98.4	98.5	99.7	99.8
5.菜	109.8	75.8	71.1	76.2	91.6	103.7	112.8	108.5	100.1	105.7	93.7	98.8
6.畜肉类	104.5	102.0	100.6	96.3	94.3	92.9	91.6	91.9	91.9	92.5	92.6	94.5
7.禽肉类	101.0	98.3	98.2	98.0	98.4	98.2	98.6	98.5	99.5	99.8	100.1	101.2
8.水产品	108.2	107.7	107.4	109.5	109.9	110.9	110.2	108.8	107.8	107.7	106.0	106.2
9.蛋类	100.4	97.1	94.2	94.2	94.4	98.1	101.6	100.9	102.1	98.4	97.5	102.0
10.奶类	100.4	100.4	100.4	100.4	100.4	100.4	100.4	100.6	100.8	100.8	100.8	100.8
11.干鲜瓜果类	105.6	107.6	105.2	106.1	110.9	112.0	108.2	105.9	102.4	99.8	99.9	104.6
12.糖果糕点类	100.2	100.1	100.0	100.0	100.0	100.0	100.0	100.0	100.1	100.1	100.1	100.1
13.调味品	101.6	101.3	101.1	101.1	100.9	100.4	100.3	100.2	100.2	100.2	100.2	100.2
14.其他食品类	101.0	100.9	100.8	100.9	100.7	100.6	100.3	100.3	100.0	100.0	100.0	100.1
15.在外餐饮	99.7	99.7	99.7	99.7	99.6	99.6	99.6	99.6	99.6	99.6	100.2	100.2
二、饮料、烟酒	100.9	101.1	101.1	101.1	101.2	101.2	101.2	101.2	101.1	101.1	101.1	101.1
三、服装、鞋帽	101.7	101.7	101.6	101.1	101.1	101.1	101.2	101.1	101.1	101.2	101.0	101.1
四、纺织品	100.7	100.7	100.7	100.7	100.7	100.7	100.7	100.7	100.7	100.7	100.7	100.7
五、家用电器及音像器材	100.2	100.2	100.2	100.2	100.2	100.2	100.2	100.1	100.1	100.1	100.0	100.0
六、文化办公用品	100.8	100.8	101.2	101.3	101.3	101.3	101.2	100.9	100.9	100.9	100.9	101.1
七、日用品	100.9	100.6	100.7	101.1	101.4	101.0	101.2	101.4	101.6	101.3	101.3	101.7
八、体育娱乐用品	99.7	100.2	100.2	100.5	100.5	100.5	100.5	100.5	100.5	100.5	100.5	100.5
九、交通、通信用品	99.7	100.0	100.1	100.1	100.1	100.1	100.1	100.1	100.3	100.5	100.4	100.5
十、家具	100.1	100.1	100.1	100.1	100.1	100.1	100.1	100.1	100.1	100.5	101.3	101.3
十一、化妆品	99.8	99.9	100.0	99.9	100.5	100.9	100.7	100.3	100.6	100.8	101.0	100.9
十二、金银饰品	112.2	108.4	105.5	106.9	106.2	104.5	98.3	100.2	99.2	97.6	96.5	100.1
十三、中西药品及医疗保健用品	103.3	103.3	103.6	103.6	103.9	103.9	103.4	103.0	101.8	101.4	101.0	101.2
十四、书报杂志及电子出版物	99.7	99.7	100.1	100.2	100.3	99.7	99.7	99.7	100.0	100.0	99.7	100.3
十五、燃料	113.2	113.9	113.3	111.9	108.8	104.5	101.7	105.7	104.6	106.9	108.7	108.0
十六、建筑材料及五金电料	101.7	101.5	101.6	102.1	102.4	102.6	102.7	103.0	103.4	103.4	102.8	102.7

6-9 主要商品零售平均价格(2017 年)

单位:元

项　　目	规 格 等 级	单　位	年平均价	年末价
面粉	富强粉	千克	4.80	4.80
大米	猫牙米	千克	5.98	5.99
植物油	鲁花花生油	升	29.88	29.30
猪肉	无骨鲜猪肉	千克	29.09	27.94
淡水鱼	草鱼	千克	16.54	16.28
鲜瓜果	苹果	千克	13.13	12.73
甲级卷烟	硬盒白沙牌烟	盒	5.25	5.25
果酒	天津王朝干红红葡萄酒瓶装	瓶	55.40	55.40
皮鞋	江苏产森达 40 码男鞋	双	1123.50	1123.50
内衣	三枪牌男式全棉套装	套	299.00	299.00
家具	沙发床	张	2338.33	2580.00
手机	苹果	部	7190.29	7188.00
电脑	戴尔笔记本	台	4150.00	4150.00
空调	格力空调	台	3599.00	3599.00
微波炉	美的微波炉	台	1298.00	1298.00
汽车	本田雅阁	辆	206633.00	206800.00
洗衣机	小天鹅	台	3898.00	3898.00
彩色电视机	创维彩电	台	4492.75	4499.00
电冰箱	海尔冰箱	台	3508.63	3449.00
肥皂	雕牌肥皂	条	4.90	4.90
洗发水	海飞丝洗发水	瓶	45.90	45.90
金饰品	24K 金项链	克	327.41	326.50
液化石油气	民用(14.5 公斤/瓶装)	千克	7.50	7.93

6－10 原材料、燃料、动力购进价格指数(2017年)

(以上年价格为100)

项 目	2017年	项 目	2017年
总指数	**107.2**		
1. 燃料、动力类	112.3	5. 木材及纸浆类	104.8
2. 黑色金属材料类	114.9	6. 建筑材料类及非金属矿类	104.2
# 钢材	110.2	7. 其他工业原材料及半成品类	101.2
其它	121.5	8. 农副食品类	100.3
3. 有色金属材料和电线类	115.9	9. 纺织原料类	106.3
4. 化工原料类	105.6		

6－11 工业生产者出厂价格指数(2017年)

(以上年价格为100)

项 目	2017年	项 目	2017年
总指数	**105.8**		
一、按轻重工业分		耐用消费品	99.9
1. 轻工业	101.7	三、按工业行业分	
以农产品为原料	101.9	1. 冶金工业	120.0
以非农产品为原料	101.0	2. 电力工业	99.0
2. 重工业	107.4	3. 煤炭及炼焦工业	120.4
采掘工业	122.9	4. 石油工业	111.7
原料工业	111.1	5. 化学工业	105.2
加工工业	104.8	6. 机械工业	100.0
二、按两大部类分		7. 建筑材料工业	107.8
1. 生产资料	107.3	8. 森林工业	98.7
采掘	122.9	9. 食品工业	101.1
原料	111.5	10. 纺织工业	102.7
加工	104.9	11. 缝纫工业	97.3
2. 生活资料	101.1	12. 皮革工业	103.4
食品	101.1	13. 造纸工业	111.4
衣着	99.1	14. 文教艺术用品工业	100.3
一般日用品	102.3	15. 其它工业	107.1

6－12 房地产价格指数(2017年)

项　　目	以上年同月为100	以2015年为100
一、新建住宅价格指数	105.9	125.3
二、新建商品住宅价格指数	106.1	126.0
1.90m^2 及以下	105.6	123.0
2.90－144m^2	105.9	126.5
3.144m^2 以上	106.6	127.3
三、二手住宅价格指数	111.4	126.0
1.90m^2 及以下	112.1	125.7
2.90－144m^2	111.4	125.0
3.144m^2 以上	110.5	127.6

注:该表数据为2017年12月数据。

7 人民生活

长沙统计年鉴

7-1 历年城市居民调查户基本情况

年份	调查户数（户）	平均每户家庭人口（人）	平均每一就业者负担人数（人）	月人均家庭总收入（元）	#可支配收入（元）	月人均消费性支出（元）	人均住房使用面积（m^2）
1980	100	3.70	1.68	44.26	43.47	39.41	7.67
1981	100	3.75	1.61	45.74	44.94	42.32	8.31
1982	100	3.75	1.60	47.05	46.25	41.68	8.93
1983	100	3.72	1.65	50.01	48.39	44.59	9.33
1984	100	3.70	1.67	55.92	55.01	47.63	10.10
1985	150	3.49	1.77	70.65	69.54	65.16	11.18
1986	150	3.44	1.82	81.99	80.87	74.59	11.85
1987	150	3.39	1.80	92.87	91.80	82.69	11.95
1988	200	3.46	1.76	118.89	117.80	114.72	11.51
1989	200	3.38	1.76	138.69	136.59	119.71	11.69
1990	200	3.30	1.71	148.74	147.51	124.64	12.07
1991	200	3.28	1.73	165.49	164.21	139.95	12.90
1992	200	3.20	1.76	208.10	206.80	162.79	13.53
1993	200	3.13	1.70	271.81	270.52	216.23	13.33
1994	200	3.39	1.60	341.58	339.08	291.85	13.22
1995	200	3.36	1.69	408.98	405.02	344.25	13.11
1996	200	3.31	1.65	470.22	440.74	391.40	13.93
1997	200	3.13	1.62	522.52	490.01	455.75	15.89
1998	200	3.07	1.57	558.43	522.84	465.38	16.66
1999	200	3.07	1.66	610.72	573.56	530.36	17.22
2000	200	3.07	1.64	670.92	627.48	587.55	18.23
2001	400	3.04	1.69	732.98	683.95	617.51	17.88
2002	400	2.99	1.85	802.87	751.72	654.52	17.82
2003	400	3.06	1.92	888.15	827.71	694.20	18.17
2004	400	3.05	1.85	993.93	918.38	752.63	18.80
2005	400	2.85	2.09	1114.26	1036.16	804.99	21.26
2006	400	2.81	2.06	1167.56	1160.34	889.98	21.40
2007	400	2.82	1.97	1472.43	1346.10	1023.99	21.64
2008	400	2.97	2.17	1611.48	1523.52	1080.00	21.23
2009	500	2.99	1.97	1859.38	1738.65	1287.28	29.33
2010	500	2.93	1.84	2062.92	1945.55	1380.25	30.88
2011	550	2.95	1.90	2364.69	2255.76	1505.76	33.10
2012	550	2.91	1.86	2698.07	2586.96	1636.59	33.08
2013	532	2.99	1.95	3007.87	2805.18	1862.18	41.42
2014	528	2.98	1.83	3614.48	3068.87	2231.55	46.74
2015	536	3.03	1.83	3565.11	3330.09	2479.42	45.34
2016	560	3.04	1.84	3974.11	3607.84	2652.13	44.77
2017	562	3.03	1.87	4791.65	3912.36	2887.06	45.48

注:1. 从 2002 年起,由于报表制度的变动,人均可支配收入应剔除出售财物收入、从 1996 年开始工资中扣除的各项社会保障支出,以及从 1997 年起的自有房房租折算收入。因此,本年鉴按新制度重新整理的(1980—2002 年)各年的可支配收入额与原来相应年度出版的年鉴数据不一致,均以本年鉴数据为准。

2. 2012 年以前数据为城市居民统计范围,从 2013 年起,因统计方法制度改革,统计范围调整为城镇居民统计范围,与往年数据不具有可比性。同时原人均住房使用面积指标调整为人均现住房建筑面积。

7－2 历年城市居民调查户消费性支出情况

单位:元

年　份	全年人平消费性支出	食品支出	衣着支出	用品支出	燃料支出	非商品支出
1980	472.92	251.76	66.84	105.00	7.44	41.88
1981	507.90	286.69	66.61	106.92	7.68	40.00
1982	500.11	297.21	63.35	91.25	8.85	39.45
1983	535.13	316.86	73.00	96.07	8.77	40.43
1984	571.59	333.77	75.30	106.06	9.25	47.21
1985	781.95	424.80	112.76	173.87	11.29	59.23
1986	895.08	489.45	124.47	197.63	11.96	71.57
1987	992.32	561.30	129.40	204.93	11.41	85.28
1988	1376.64	672.13	173.07	402.32	12.25	116.87
1989	1436.52	788.83	184.73	307.20	17.79	137.97
1990	1495.68	823.29	202.33	287.72	22.06	160.28
1991	1679.40	879.93	227.33	357.18	24.01	190.95

年　份	全年人平消费性支出	食品支出	衣着支出	家庭设备用品及服务支出	医疗保健支出	交通与通讯支出	教育、文化娱乐、服务支出	居住支出	杂项商品与服务支出
1992	1953.48	1003.40	279.11	192.23	41.82	54.19	209.56	96.17	77.00
1993	2594.76	1231.77	385.36	350.65	63.85	92.51	216.72	1540.00	99.90
1994	3502.20	1631.27	480.54	349.40	79.85	244.79	414.00	191.03	111.32
1995	4131.00	2031.19	513.42	372.25	123.91	257.41	439.72	262.95	130.15
1996	4696.80	2232.78	544.73	421.61	177.78	259.58	554.83	326.48	179.01
1997	5469.01	2408.21	645.88	394.89	186.45	432.40	856.45	356.62	188.11
1998	5584.51	2373.27	623.44	328.60	203.83	381.40	878.38	569.29	226.30
1999	6364.34	2454.35	765.00	575.22	228.58	482.08	943.56	661.06	254.49
2000	7050.55	2454.14	682.88	777.38	265.72	581.84	1057.01	964.47	267.11
2001	7410.13	2511.51	714.80	623.10	393.60	727.55	1289.36	852.51	297.70
2002	7854.24	2535.96	777.00	565.80	489.96	795.24	1402.80	1035.84	251.64
2003	8330.40	2629.44	778.08	558.24	607.92	1115.40	1574.88	792.00	274.44
2004	9031.60	3017.27	850.22	484.81	662.11	1195.27	1606.43	924.38	291.11
2005	9659.85	3229.71	969.53	613.96	788.21	1209.39	1685.70	851.56	311.78
2006	10679.74	3481.27	1055.52	669.78	867.24	1398.33	1794.97	1089.36	323.27
2007	12287.83	4286.48	1249.64	732.62	973.67	1925.14	1739.61	1074.84	305.83
2008	12960.00	4779.86	1297.81	932.80	1166.20	1614.84	1450.07	1388.04	330.38
2009	15447.36	4987.99	1487.31	1388.59	1096.78	2604.82	1870.60	1673.08	338.19
2010	16562.95	5654.76	1500.48	1261.87	981.47	2780.31	2101.30	1813.19	469.57
2011	18069.10	6498.30	1953.41	1162.05	943.05	2915.54	2410.48	1700.71	485.55
2012	19639.08	7128.28	2253.87	1297.49	882.00	2950.06	2669.97	1815.96	641.46
2013	22346.17	6589.32	1804.08	1388.03	1255.07	2990.38	2498.87	5415.40	405.02
2014	26778.55	7082.14	1915.39	1471.12	1610.42	4595.56	3807.73	5749.04	547.16
2015	29753.00	7739.98	2250.71	1853.36	1535.47	4218.87	5178.85	6462.21	513.55
2016	31825.56	7940.60	2164.87	2541.50	1983.73	4498.99	5739.09	6379.29	577.50
2017	34644.74	8549.50	2173.20	2809.96	2265.91	4813.34	6378.19	6946.71	707.93

注:1. 从2002年起由于报表制度的变动,人均消费性支出不包括在外就学子女费用和1997年开始的自有房房租折算支出,以及各类社会保障支出。旅游消费也从杂项商品与服务支出中按相关指标相应地调整到娱乐文教、食品、交通与通讯支出项目中。因此,本年鉴按新制度重新整理的(1988－2002年)各年的消费支出与分类支出额与原来相应年度出版的年鉴数据不一致,均以本年鉴数据为准。

2. 2012年以前数据为城市居民统计范围,从2013年起,由于统计方法制度改革,统计范围调整为城镇居民统计范围,与往年数据不具有可比性。

7－3 历年城市居民家庭全年人平主要食品、衣着及日用品消费量

指　标	单位	1980 年	1981 年	1982 年	1983 年	1984 年	1985 年	1986 年	1987 年	1988 年	1989 年	1990 年	1991 年	1992 年
粮食	公斤	146.8	143.1	144	144.3	142.4	139.5	138.8	135.1	137.1	137.2	134.1	119.2	114.1
油脂类	公斤	5.4	4.7	5.2	5.7	5.9	5.4	5.4	7.3	8.1	5.3	7.8	7.5	9
鲜菜	公斤	168	151.9	160	161.8	162	182.4	153.6	156.5	149.6	137.3	134.9	138.7	127.2
猪肉	公斤	22.6	27.2	26.3	28	26.7	29	28.6	29.8	28.4	24	24.2	23.6	20.1
家禽	公斤	1	1	1.2	1.6	1.6	2.3	2.8	1.7	2.3	2.6	2.2	3.3	3.5
鲜蛋	公斤	4.3	4.6	4.9	4.3	5.8	6.1	6	4.9	5.3	6	5.6	6.5	7.2
鱼	公斤	9	7.5	6.7	8.3	8.2	9.3	11.6	10.4	9.5	9.4	9.1	8.4	8
酒	公斤	3.2	3	3.1	4	4.1	5.4	6.4	5.8	5.3	4.1	3.9	3.7	3.2
糕点	公斤	4.3	4.5	4.6	4.6	4.4	4.4	4.3	4	3.8	3.5	3.6	3.6	3.2
鲜瓜果	公斤										32.3	31.8	36.9	35.2
碳酸饮料	公斤													0.8
茶叶	公斤										0.1	0.3	0.3	0.3
鲜乳品	公斤										0.8	0.6	1.5	1.9
奶粉	公斤													0.5
鞋类	双/人										2.5	2.8	3.1	3
男式服装	件/人													2.4
女式服装	件/人													2.9
煤炭	公斤/人	194	193.5	211.5	210	212.5	235	194.1	182.7	173.6	172.7	159.2	261.9	110.6
液化石油气	公斤/人	4.2	4.9	5.9	6.7	8.4	10.9	12.3	15.3	17.1	19.3	22.2	22.2	24.7
管道煤气	立方米/人													
管道天然气	立方米/人													
水	吨/人													28.6
电	度/人													115.1

7－3 续表1

指　标	单位	1993年	1994年	1995年	1996年	1997年	1998年	1999年	2000年	2001年	2002年	2003年	2004年	2005年
粮 食	公斤	108.4	107.7	106.8	105.5	101.8	101.4	93.7	95.9	96.6	93	93.7	92.5	95.6
# 大米	公斤													
# 面粉	公斤													
油脂类	公斤	7.6	7.8	7.7	8.1	10.3	10	9.1	9.8	9.9	10.8	11	15.1	13.6
食用植物油	公斤													
鲜菜	公斤	126.3	116.3	115.5	130.2	112.5	113.4	110.1	115.4	120.7	129.1	132.5	126	121.7
猪肉	公斤	19.7	18.1	19.2	19.2	18.5	18.8	17	17.9	17.1	21.2	21	23.4	24.8
家禽	公斤	4.1	5.8	6	7.3	9	9.5	10.2	10.6	11.3	9.9	7.7	6.7	7.6
鲜蛋	公斤	7.5	7.4	7.8	7.2	7.6	7.2	6.7	7.3	7	6.4	7.1	6.6	7.2
鱼	公斤	8.1	7.6	8.1	8.1	8.1	7.9	8.7	9.1	9	8.6	9.4	9	9.9
酒	公斤	3.7	4.8	5.3	4.3	3.8	4.4	4.3	4.8	4.4	4.1	3.9	4.4	5.6
糕点	公斤	3.4	4.1	3.7	3.9	4.1	3.8	3.9	3.9	3.5	3.5	3.6	3	3.9
鲜瓜果	公斤	29.6	32.7	36	34.8	42.7	50.3	51.6	55.5	59.3	57.6	59.9	56.9	51
碳酸饮料	公斤	0.8	0.7	0.7	0.7	0.7	0.7	1	1.4	1.1	1.8	1.4	1.2	0.9
茶叶	公斤	0.3	0.3	0.2	0.2	0.2	0.2	0.2	0.2	0.3	0.3	0.3	0.2	0.4
鲜乳品	公斤	0.9	0.3	0.1	0.3	1	1.7	2	3.4	4.5	7.8	12.4	13.5	10.5
奶粉	公斤	0.5	0.5	0.5	0.5	0.7	0.8	1	1	1.2	1.2	1	0.9	1.4
鞋类	双/人	3	2.9	3	3	3	2.9	3.1	2.9	2.9	3.1	3	2.6	3.1
服装	件/人	5.4	5.5	5.5	6	7.2	6.5	7.9	7.1	7.6	7.8	6.8	6.9	6.5
煤炭	公斤/人	67.1	69.6	37.4	31.3	31	25.6	20.6	20.3	32.9	34	42.1	33.5	38.4
液化石油汽	公斤/人	25.4	26.1	29.7	36.5	34.9	33.6	34.4	35.4	39.5	40.3	38.8	36.4	40
管道煤气	立方米/人		0.3	1.3	4	6.5	13.5	14.2	15.3	23.6	22.8	17.5	24.1	35.5
管道天然气	立方米/人													
水	吨/人	24.2	29.1	26.8	36.5	41.6	42.5	41.3	43.5	54.1	49.8	49.1	58.2	54.7
电	度/人	124.9	149.7	169.2	173	172.8	239.3	266.4	307.3	372.2	419	571.7	495.3	626.9

7－3 续表 2

指　标	单位	2006 年	2007 年	2008 年	2009 年	2010 年	2011 年	2012 年	2013 年	2014 年	2015 年	2016 年	2017 年
粮 食	公斤	91.5	80.6	85.9	82.8	71.8	70.6	71.7	77.8	64.3	55.7	59.8	62.1
# 大米	公斤	47.3	50.1	58	58	49.7	46.8	45.6	59	45.4	40	38.3	39.0
# 面粉	公斤	2.1	2.6	2.9	2.2	2.6	2.8	3.1	2.3	1.9	1.3	1.5	1.4
油脂类	公斤	12.7	15.9	15.5	13.8	13.9	12.8	14	18.5	16.8	15.5	17.1	16.2
# 食用植物油	公斤	11.5	14	13.6	12.6	12.6	11.4	12.3	14.4	13.4	12.1	13.3	12.2
鲜菜	公斤	124.2	129	134.6	146.7	143	141.5	128.3	118.4	99.9	93.1	97.1	102.3
猪肉	公斤	26.1	24.5	23.9	24.6	24.8	25.3	23.5	27.6	25	23.6	25.6	27.3
家禽	公斤	7.8	8	8.5	9.3	11.7	10.2	9.8	9.7	9.6	9.3	10.7	9.5
鲜蛋	公斤	7.3	7.7	8.1	8.9	8.3	7.9	8.1	9.3	8.7	7.5	8.2	7.7
鱼	公斤	9.3	10.9	10.8	11.5	12	12	11.6	15.6	14.4	12.3	13.9	12.9
酒	公斤	6.3	6.1	5.6	5.1	5.2	4.1	3.6	6.6	6.2	4.6	5.3	6.1
糕点	公斤	3.6	3.8	2.7	3	3.1	3	3.6	4.5	4.1	4.1	4.3	3.9
鲜瓜果	公斤	60.3	62.3	54	83.6	57.1	53	55.5	59.2	52.6	54.3	52.3	53.3
碳酸饮料	公斤	1	0.8	1.1	1.1	1.1	0.8	0.7					
茶叶	公斤	0.4	0.5	0.6	0.6	0.5	0.5	0.5	0.7	0.7	0.5	0.5	0.6
鲜乳品	公斤	9.7	8.3	5.8	6.2	8.7	6.3	5.4	8.8	12.3	8	6.1	6.0
奶粉	公斤	1.3	0.8	1.5	1.6	0.9	0.7	1	0.6	0.5	0.7	0.9	0.9
鞋类	双/人	3.2	3.1	2.7	3.8	3	3.2	3.2	3.2	4.1	3.6	3.5	3.5
服装	件/人	6.4	6.9	6.5	7.1	6.5	7.2	7.9					
煤炭	公斤/人	18.1	11	23.5	15.4	4.3	2.9	2	17.2	16.5	13.7	9.7	5.4
罐装液化石油汽	公斤/人	28.5	26.5	23	25	19.7	14.4	16.5	19.4	16.4	16.8	18	24.1
管道煤气	立方米/人	32.4	33.3			3.6	6.9	5.1	1.3	1.2	1.1	0.4	0.4
管道天然气	立方米/人				39.1	65.2	68.4	73.7	114.2	57.6	57.2	86.6	72.3
水	吨/人	59.7	54.9	59.4	70.5	76.3	86.9	83.1	88.6	82.4	85	90.7	95.8
电	度/人	717.9	711.4	828.4	849.2	988.8	1004.9	987.4	1038.4	964.4	1041.4	1234.2	1238.6

注:2012 年以前数据为城市居民统计范围,从 2013 年起,因统计方法制度改革,统计范围调整为城镇居民统计范围,与往年数据不具有可比性。

7－4 历年年末城市居民家庭平均每百户耐用消费品拥有量

指 标	单位	1980 年	1981 年	1982 年	1983 年	1984 年	1985 年	1986 年	1987 年	1988 年	1989 年	1990 年	1991 年	1992 年
摩托车	辆				2	2	2	2	1	1	1	1		
助力车	辆													
家用汽车	辆													
洗衣机	台		1	7	18	32	56	65	73	83	86	90	89	
电冰箱	台				1	1	5	9	17	45	61	68	80	
彩色电视机	台				2	5	13	21	29	61	64	68	78	
家用电脑	台													
组合音响	套										2	2	5	
摄像机	架													
照相机	架	3	2	3	1	2	11	15	17	23	25	27	31	
钢琴	架													
中高档乐器	件						5	6	13	8	9	9	7	
微波炉	台													
空调器	台										1		1	
淋浴热水器	台													
消毒碗柜	台													
健身器材	套													
固定电话	部													
移动电话	部													

注：以上固定电话数据中，1992 年至 1998 年包含公费电话，其中括号中的数为剔除公费电话后的纯私费电话数。

7－4 续表 1

指　标	单位	1993 年	1994 年	1995 年	1996 年	1997 年	1998 年	1999 年	2000 年	2001 年	2002 年	2003 年	2004 年	2005 年
摩托车	辆	1	2	3	7	10	14	16	12	16	14	18	18	19
助力车	辆										2	3	9	8
家用汽车	辆									0.5	0.8	0.8	1	4
洗衣机	台	97	97	103	105	98	101	102	102	102	101	102	102	101
电冰箱	台	86	87	87	88	91	97	100	93	96	96	97	94	94
彩色电视机	台	91	90	93	95	103	113	123	130	132	132	134	142	135
家用电脑	台					6	9	14	22	27	32	38	36	49
组合音响	套	9	11	13	15	17	28	36	37	40	41	41	45	41
摄像机	架					1	1	1			2	2	1	6
照相机	架	30	39	42	35	38	44	51	46	49	55	55	59	59
钢琴	架	0.5	0.5	0.5	1	2	2	2		2	4	4	5	3
中高档乐器	件	13	11	10	11	11	13	17	14	13	12	9	8	12
微波炉	台					3	8	23	40	46	58	60	71	64
空调器	台	10	13	18	26	38	45	63	71	79	95	106	114	124
淋浴热水器	台	22	36	44	45	52	63	72	74	81	82	82	88	90
消毒碗柜	台										18	21	24	26
健身器材	套					4	6	11	11	9	4	4	5	9
固定电话	部	7(1)	22(13)	29(18)	45(33)	64(58)	72(71)	83(82)	85	93	99	98	98	93
移动电话	部					2	3	10	26	49	84	109	141	149

7－4 续表2

指　标	单位	2006年	2007年	2008年	2009年	2010年	2011年	2012年	2013年	2014年	2015年	2016年	2017年
摩托车	辆	19	13.5	9	7.2	3.2	2.9	2.2	33.5	36	32.6	31.7	32.4
助力车	辆	8	7.8	13.3	16.8	24.5	23.6	23.4	16	17.6	19.5	21.9	27.2
家用汽车	辆	6	8.8	10.3	14.6	23.6	29.7	36.5	37.7	45.4	49	51.8	55.1
洗衣机	台	101	101	100	97.8	100.8	102.7	101.4	97.1	98.9	98.7	99.3	100.4
电冰箱	台	97	99.5	97.8	97.3	100.4	102.6	103	97.2	98.5	101.3	102	103.0
彩色电视机	台	136	132.8	122	121.7	125.5	127.8	125.1	116.6	117.1	120.7	119.5	124.8
计算机	台	57	62.3	60.5	65.7	79	88.1	96.4	78.4	83.8	91.5	92.4	91.4
组合音响	套	40	40.5	30.8	32.6	38.5	39.3	39.9	17.8	18.7	17.2	15	
摄像机	架	8	10.8	6.3	8.4	12.9	14.3	13.5	10.5	10.8	8.4	9.6	
照相机	架	59	54.3	42.5	45.4	50.8	59.1	61.8	43.7	46.8	43.3	38.2	35.6
钢琴	架	2	1.8	3.8	4.2	5.6	5	3.7					
中高档乐器	件	12	9.8	3.3	4.2	4.8	3.2	4.8	4.2	4.6	5.8	7	9.3
微波炉	台	65	70.3	65.5	67.2	70.1	73.2	75	57.6	60.5	63.2	64.2	66.2
空调器	台	132	136.3	133	140.5	161.8	188.4	192.9	174.3	180.2	209.4	223.8	226.1
淋浴热水器	台	91	89.8	95.5	96.1	101.6	100.2	100.8	90.1	94.1	95.2	102.3	104.6
消毒碗柜	台	27	27	26.8	29.9	34.2	34.9	35.3	21.8	21.4	29.5	26.1	
健身器材	套	9	5.8	7.3	5.2	6.1	6.3	6.3	4.4	4	3.5	7.9	9.2
固定电话	部	93	93.5	87.8	87.9	89.7	82.7	77.2	50.3	59.8	48.5	43.5	40.2
移动电话	部	159	167	166.5	177.5	202.5	215.5	224.4	221.4	229.9	234.3	245	251.4

注：1. 以上固定电话数据中，1992年至1998年包含公费电话，其中括号中的数为剔除公费电话后的纯私费电话数。

2. 2012年以前数据为城市居民统计范围，从2013年起，因统计方法制度改革，统计范围调整为城镇居民统计范围，与往年数据不具有可比性。自2013年起，不再调查钢琴拥有量。

7－5 城镇居民调查户基本情况(2017年)

指　　标	合　计	按人平可支配收入比例分组				
		低 收入户	中　低 收入户	中　等 收入户	中　高 收入户	高 收入户
一、调查户数	562	111	113	112	113	113
二、家庭人口数	1705	407	372	337	305	284
平均每户(人/户)	3.03	3.66	3.29	3.01	2.71	2.51
三、常住劳动力人数	1244	282	262	246	245	210
(一)就业人口数	910	200	186	199	171	155
平均每户(人/户)	1.62	1.80	1.65	1.77	1.52	1.37
1.雇主人数	14	2	2		3	7
2.公职人员人数	57	3	11	11	11	21
3.事业单位人员人数	127	14	39	25	20	29
4.国有企业雇员人数	44	4	6	16	11	7
5.其他雇员人数	477	123	97	119	89	49
6.农业自营人数	44	10	4	8	12	10
7.非农自营人数	148	44	27	20	25	32
(二)未就业者人数	335	82	76	48	74	55
四、行政事业单位离退休人数	68	12	7	9	25	15
其他单位离退休人数	181	27	56	23	47	28
五、平均每一就业者负担人数	1.87	2.04	2.00	1.70	1.79	1.83
六、人平可支配收入(元)	46948.35	21454.73	35279.43	44223.12	55343.43	90581.30

7－6 年末城镇居民调查户主要消费品拥有量(2017年)

指　　标	单位	合计	按人平可支配收入比例分组				
			低 收入户	中　低 收入户	中　等 收入户	中　高 收入户	高 收入户
家用汽车	辆	309	51	59	58	62	80
摩托车	辆	182	61	36	40	30	15
助力车	辆	153	36	29	38	25	25
洗衣机	台	564	112	112	109	117	114
电冰箱(柜)	台	579	113	115	115	119	117
微波炉	台	372	60	72	74	78	88
彩色电视机	台	701	144	138	130	141	149
空调	台	1270	207	245	239	276	303
热水器	台	588	107	122	116	123	120
计算机	台	513	75	92	107	118	122
照相机	台	200	26	31	40	48	55
中高档乐器	架	53	6	13	8	14	12
健身器材	台	52	7	8	15	9	13
洗碗机	台	19	2	3	3	6	5
排油烟机	台	494	97	104	101	94	98
吸尘器	台	8		1	1	1	5
固定电话	部	226	29	49	40	46	62
移动电话	部	1412	312	286	278	270	266

注:因报表采集指标变动,不再统计组合音响、摄像机、消毒碗柜耐用消费品拥有量,增加洗碗机、排油烟机、吸尘器耐用消费品拥有量统计指标。

7-7 城镇居民家庭人平收支情况(2017年)

单位:元

指标	合计	按人平可支配收入比例分组				
		低收入户	中低收入户	中等收入户	中高收入户	高收入户
一、家庭人均总收入	57499.81	27453.99	37973.31	47223.61	70311.66	121423.72
二、非收入所得	2996.29	2930.12	1362.10	1823.01	4455.28	4928.51
1.出售资产所得	1164.61	1420.82	1.44	339.97	2135.00	2180.26
2.非经常性转移所得	1816.19	1482.28	1355.34	1444.55	2320.28	2748.25
3.其他非收入所得	15.48	27.01	5.32	38.49		
三、借贷性所得	1972.64	1361.70	349.22	1320.42	3806.71	3601.54
1.提取储蓄存款	1613.44	690.03	287.76	1163.85	3733.89	2760.75
2.借入款	149.78	105.35		51.36		672.89
3.收回借出款	143.13	365.72	61.47	16.55	69.59	167.90
4.收回储蓄性保险本金						
5.住房贷款						
6.汽车贷款	18.74	0.83		88.66		
7.教育贷款						
8.其他贷款	46.95	199.77				
9.其他借贷所得	0.59				3.24	
四、总支出	51835.60	35417.19	35345.52	44055.87	57305.50	98028.88
# 借贷性支出	839.43	297.89	529.53	530.67	1799.74	1310.89
1.存入储蓄款	115.35	3.95	131.71	53.57	160.09	278.05
2.借出款	2.89		2.20		13.41	
3.归还借款	162.17	4.56	8.52	116.24	114.02	672.89
4.购买有价证券	0.62		3.03			
5.其他投资支出	0.01	0.04				
6.归还住房贷款	514.37	193.08	382.48	360.86	1397.34	359.13
7.归还汽车贷款	41.45	96.26	1.60		101.56	
8.归还教育贷款						
9.归还其他贷款						
10.其他借贷支出	2.57				13.32	0.82

7－8 城镇居民家庭人平收入情况(2017年)

单位:元

指标	合计	按人平可支配收入比例分组				
		低收入户	中低收入户	中等收入户	中高收入户	高收入户
家庭总收入	**57499.81**	**27453.99**	**37973.31**	**47223.61**	**70311.66**	**121423.72**
# 可支配收入	46948.35	21454.73	35279.43	44223.12	55343.43	90581.30
一、工资性收入	25240.60	12526.07	20688.14	29890.46	26054.58	41696.88
1.工资	23748.26	11902.17	19947.25	28535.79	24856.38	37615.95
2.实物福利	65.25	28.55	22.37	72.53	50.88	173.96
3.其他	1427.09	595.35	718.51	1282.14	1147.32	3906.98
二、经营净收入	6781.83	2535.41	3018.73	3656.73	8949.20	18698.25
三、财产净收入	6582.88	3196.79	4740.65	4921.80	10039.24	11817.67
1.利息净收入	183.05	134.85	129.65	266.44	100.47	299.64
2.红利收入	897.46	68.49	326.89	845.50	1799.57	1825.45
3.储蓄性保险净收益	20.90		55.93	12.71		40.31
4.转让承包土地经营权租金净收入	13.87	25.54	14.39	23.58		
5.出租房屋财产性收入	2728.54	1411.17	1772.58	1303.04	5028.80	4987.06
6.出租机械、专利、版权等资产的收入	72.76		100.06	6.64	86.06	207.94
7.其他财产净收入	－45.33	－423.63	－0.38	3.00	64.84	246.62
8.房屋虚拟租金	2711.62	1980.36	2341.53	2460.89	2959.51	4210.65
四、转移净收入	8343.04	3196.47	6831.91	5754.13	10300.42	18368.49
(一)转移性收入	9898.88	4395.75	7666.48	7330.14	12117.82	20977.60
1.养老金或离退休金	8511.80	3553.74	6976.41	6366.64	10313.99	17925.22
2.社会救济和补助	37.33	70.28	59.72	4.22	24.24	19.68
3.政策性生活补贴	93.09	88.47	12.59	9.89	17.26	379.93
4.报销医疗费	222.59	65.10	78.29	97.57	192.03	800.45
5.家庭外出从业人员寄回带回收入	283.33	98.55	66.18	327.04		1049.68
6.赡养收入	629.92	411.32	384.81	435.88	1408.82	629.96
7.其他经常转移收入	83.80	65.61	75.99	23.08	139.99	132.87
8.从政府和组织得到的实物产品和服务折价	10.27	13.37	5.40	6.95	9.42	16.84
9.现金政策性惠农补贴	26.75	29.31	7.10	58.86	12.07	22.98
(二)转移性支出	1555.84	1199.28	834.57	1576.01	1817.41	2609.11

7-9 城镇居民家庭人平支出情况(2017年)

单位:元

指 标	合 计	按人平可支配收入比例分组				
		低收入户	中低收入户	中等收入户	中高收入户	高收入户
家庭人均总支出	**51835.60**	**35417.19**	**35345.52**	**44055.87**	**57305.50**	**98028.88**
一、消费支出	34644.74	23474.19	29165.58	36066.57	35040.60	54473.10
二、生产经营费用支出	8270.10	3831.24	1296.06	1182.65	12162.44	27335.85
(一)第一产业经营费用支出	135.51	181.12	150.25	109.90	42.81	185.70
(二)第二产业经营费用支出	678.93	291.12	505.83	222.79	676.19	1988.25
(三)第三产业经营费用支出	7455.66	3359.00	639.98	849.97	11443.44	25161.90
三、财产性支出	155.12	515.03	18.32	29.62	123.04	10.13
(一)生活贷款利息支出	38.47	25.77	17.35	29.62	115.07	10.13
1.住房贷款利息支出	30.52	24.57	17.35	12.58	92.56	10.13
2.其他生活贷款利息支出	7.95	1.20		17.04	22.52	
(二)其他财产性支出	116.65	489.26	0.97		7.97	
1.非储蓄性财产保险支出	0.41	0.60			1.47	
2.其他财产性支出	116.24	488.67	0.97		6.50	
四、转移性支出	1555.84	1199.28	834.57	1576.01	1817.41	2609.11
(一)个人所得税	68.14	15.07	12.02	79.84	55.40	208.19
(二)社会保障支出	1076.24	469.96	750.42	1299.43	1196.56	1902.14
1.个人缴纳的养老保险	721.26	278.23	438.26	842.40	857.70	1378.28
2.个人缴纳的医疗保险	280.25	159.98	257.43	357.25	281.95	377.37
3.个人缴纳的失业保险	55.49	11.96	54.68	76.89	54.85	91.01
4.其他社会保障支出	19.25	19.80	0.06	22.89	2.06	55.48
(三)外来从业人员寄给家人的支出	0.37		0.28			1.86
(四)赡养支出	353.72	699.63	37.73	107.29	500.86	399.76
(五)其他转移性支出	57.37	14.63	34.13	89.44	64.58	97.15
五、部分商业保险支出	102.95	14.57	78.78	119.88	63.41	275.80
六、购置资产及非经常性转移支出	6267.41	6084.99	3422.68	4550.47	6298.87	12014.00
七、借贷性支出	839.43	297.89	529.53	530.67	1799.74	1310.89

7－10 城镇居民家庭人平消费支出情况(2017年)

单位:元

指　　标	合　计	按人平可支配收入比例分组				
		低 收入户	中　低 收入户	中　等 收入户	中　高 收入户	高 收入户
全年人平消费支出	**34644.74**	**23474.19**	**29165.58**	**36066.57**	**35040.60**	**54473.10**
一、食品烟酒	8549.50	5955.25	7641.93	9094.64	8729.97	12363.48
二、衣着	2173.20	1256.47	1950.86	2666.88	2292.20	2972.81
三、居住	6946.71	5236.76	5493.78	6126.29	7317.91	11668.81
四、生活用品及服务	2809.96	3122.52	2209.82	2595.57	2914.42	3247.95
五、交通通信	4813.34	2872.10	4428.83	5893.42	3403.96	8136.79
# 通信	1178.45	853.32	1051.22	1231.35	1316.98	1563.60
六、教育文化娱乐	6378.19	3771.95	5456.95	6514.83	7064.17	10165.78
# 教育	2368.08	1715.79	2393.83	2645.68	2284.92	2981.58
# 文化娱乐	4010.11	2056.16	3063.12	3869.15	4779.25	7184.20
七、医疗保健	2265.91	1072.26	1520.29	2493.39	2548.29	4228.94
八、其他用品和服务	707.93	186.89	463.11	681.56	769.66	1688.54

7－11 城镇居民家庭人平主要食品及水电燃料购买消费量(2017 年)

指　标	单位	合　计	按人平可支配收入比例分组				
			低收入户	中　低收入户	中　等收入户	中　高收入户	高收入户
大米	公斤	39.02	38.67	36.79	38.54	40.50	41.19
面粉	公斤	1.42	0.92	1.36	1.23	1.65	2.17
食用植物油	公斤	12.22	11.60	12.26	11.67	11.62	14.37
猪肉	公斤	27.35	24.37	25.09	28.61	28.31	31.59
牛肉	公斤	3.64	2.81	3.47	3.76	3.53	4.96
羊肉	公斤	1.17	0.83	1.15	1.45	1.12	1.36
鸡	公斤	5.71	4.70	4.79	6.15	6.20	7.16
鸭	公斤	2.48	1.78	2.70	2.94	2.69	2.39
鲜蛋	公斤	7.69	6.80	7.91	8.76	6.73	8.37
鱼	公斤	12.92	12.78	12.21	12.36	11.95	15.69
鲜菜	公斤	102.34	86.90	100.95	101.19	111.28	117.20
白酒	公斤	1.93	1.64	1.08	1.05	2.47	3.85
果酒	公斤	0.14	0.11	0.18	0.11	0.19	0.14
啤酒	公斤	4.01	4.47	4.52	4.48	2.87	3.43
茶叶	公斤	0.61	0.53	0.68	0.75	0.44	0.67
鲜瓜果	公斤	53.33	40.80	48.56	56.65	55.48	70.00
糕点	公斤	3.89	3.78	3.22	4.47	4.37	3.62
鲜乳品	公斤	5.96	4.54	6.11	5.18	5.23	9.50
奶粉	公斤	0.90	0.55	0.98	0.82	0.84	1.47
酸奶	公斤	3.68	1.90	2.94	5.02	4.69	4.29
水	吨	95.80	80.13	83.39	105.93	96.67	118.93
电	度	1238.61	1095.14	1114.45	1163.56	1309.45	1602.60
煤炭	公斤	5.38	11.69	0.98	4.50	4.66	3.78
罐装液化石油汽	公斤	24.08	28.14	21.06	22.65	32.21	15.13
管道天然气	立方米	72.33	42.55	69.43	66.72	78.13	117.75

7－12 城镇居民家庭人平主要食品支出额(2017年)

单位:元

指　　标	合　计	按人平可支配收入比例分组				
		低 收入户	中　低 收入户	中　等 收入户	中　高 收入户	高 收入户
谷物	429.96	367.8	403.0	441.1	470.8	490.7
油脂类	280.96	283.6	268.3	287.9	247.3	320.0
猪肉	723.97	635.1	663.2	764.0	727.9	866.4
牛肉	232.14	172.5	225.0	238.8	221.8	326.0
羊肉	67.68	46.7	75.7	78.9	65.6	75.5
家禽	282.71	205.0	250.8	331.4	317.2	331.5
蛋类	117.83	95.9	105.1	144.2	114.2	134.8
鱼	261.84	232.8	239.5	254.6	256.6	343.3
鲜菜	789.04	666.6	740.0	789.2	825.0	978.6
白酒	416.28	86.5	128.2	118.3	285.9	1725.3
果酒	11.75	9.3	10.4	11.2	17.5	11.2
啤酒	34.09	35.0	36.9	40.0	24.2	32.8
瓶装饮用水	15.66	15.1	7.8	21.2	15.3	19.5
茶叶	62.83	42.0	62.6	67.4	61.7	87.6
干鲜瓜果类	759.86	512.5	654.4	875.7	824.2	1016.9
糕点类	119.08	95.9	107.4	143.8	136.5	116.0
鲜乳品	102.91	66.3	106.4	89.6	99.7	169.2
奶粉	144.54	101.4	159.0	147.7	107.6	222.7
酸奶	61.87	33.5	49.0	88.2	70.1	75.4
在外饮食	1643.92	729.4	1589.6	2030.2	1699.0	2439.8

7-13 城镇居民家庭人平主要设备用品及水电燃料消费额(2017年)

单位:元

指标	合计	按人平可支配收入比例分组				
		低收入户	中低收入户	中等收入户	中高收入户	高收入户
摩托车	13.67	3.82	7.73	25.29	32.40	
电动自行车	58.85	21.97	8.52	39.81	123.40	124.47
洗衣机	63.86	33.36	88.81	76.07	93.33	29.45
电冰箱	48.22	39.75	40.36	60.13	89.93	9.96
彩色电视机	87.50	46.65	49.61	126.29	153.17	71.23
计算机	122.10	74.05	109.95	117.47	79.90	254.16
组合音响	13.65	0.89	9.66	15.84	26.77	19.30
摄像机	0.01		0.03			
照相机	21.69	0.47	25.04		26.46	68.63
微波炉	2.91	9.88	0.08	1.50		1.50
空调器	146.86	51.38	90.40	121.16	275.65	240.24
热水器	44.64	16.24	32.63	64.72	66.01	50.69
固定电话机	0.54		0.58		1.13	1.27
移动电话	301.73	193.74	235.84	297.28	405.24	424.68
水	227.85	183.46	209.95	246.85	231.18	283.78
电	836.05	747.97	746.04	775.06	878.94	1095.08
煤炭	7.56	16.41	1.71	7.86	5.36	4.33
液化石油气	118.35	146.77	102.68	102.56	140.62	93.38
管道煤气	1.06	0.64	2.97	0.71	0.84	
管道天然气	165.40	94.54	156.19	152.69	183.24	271.04

7－14 年末城镇居民家庭居住情况(2017年)

指　　标	单　位	合　计	比重(%)
一、按人均可支配收入分组现住房建筑面积			
城镇低收入户	平方米	47.26	19.82
城镇中低收入户	平方米	47.56	20.12
城镇中等收入户	平方米	43.48	19.94
城镇中高收入户	平方米	48.80	20.04
城镇高收入户	平方米	55.92	20.09
二、现住房房屋来源			
1. 租赁公房	户	7	1.25
2. 租赁私房	户	44	7.83
3. 自建住房	户	181	32.21
4. 购买商品房	户	181	32.21
5. 购买房改住房	户	82	14.59
6. 购买保障性住房	户	30	5.34
7. 拆迁安置房	户	29	5.16
8. 继承或获赠住房	户	3	0.53
9. 免费借用房	户	2	0.36
10. 雇主提供免费住房	户	3	0.53
11. 其他来源	户		
三、居住空间样式			
1. 单栋楼房	户	166	29.54
2. 单栋平房	户	11	1.96
3. 四居室及以上单元房	户	49	8.72
4. 三居室单元房	户	188	33.45
5. 二居室单元房	户	131	23.31
6. 一居室单元房	户	10	1.78
7. 筒子楼或连片平房	户	6	1.07
8. 其他	户	2	0.36
四、住户主要饮用水来源情况			
1. 经过净化处理的自来水	户	481	85.59
2. 受保护的井水和泉水	户	59	10.50
3. 不受保护的井水和泉水	户	7	1.25
4. 江河湖泊水	户	3	0.53
5. 收集雨水	户		
6. 桶装水	户	10	1.78
7. 其他水源	户	1	0.18

7－14 续表

指　　标	单　位	合　计	比重(%)
五、住宅有管道供水情况			
1. 管道供水入户	户	552	98.22
2. 管道供水至公共取水点	户	1	0.18
3. 没有管道设施	户	9	1.60
六、住户厕所类型			
1. 水冲式卫生厕所	户	551	98.04
2. 水冲式非卫生厕所	户	7	1.25
3. 卫生旱厕	户	2	0.36
4. 普通旱厕	户	1	0.18
5. 无厕所	户	1	0.18
七、住户洗澡设施情况			
1. 统一供热水	户	43	7.65
2. 家庭自装热水器	户	494	87.90
3. 其他	户	10	1.78
4. 无洗澡设施	户	15	2.67
八、住户主要取暖设备状况			
1. 由市政或小区集中供暖	户	31	5.52
2. 自行供暖	户	495	88.08
3. 无取暖设备	户	36	6.41
九、主要炊用能源状况			
1. 柴草	户	5	0.89
2. 煤炭	户	2	0.36
3. 罐装液化石油气	户	217	38.61
4. 管道液化石油气	户	14	2.49
5. 管道煤气	户	18	3.20
6. 管道天然气	户	258	45.91
7. 电	户	48	8.54
8. 燃料用油	户		
9. 沼气	户		
10. 其他	户		
11. 无炊用行为	户		
十、信息化调查(每百户)			
1. 接入互联网的移动电话	部	180.45	
2. 接入有线电视网络的电视机	台	111.99	
3. 接入互联网的计算机	台	84.90	

7－15 城乡(镇)居民分区、县(市)家庭人平收入情况(2017 年)

指标	合计	芙蓉区	天心区	岳麓区
家庭人均总收入	50495.18	52325.64	56059.08	53606.34
# 可支配收入	41131.29	50185.36	50333.02	49861.83
一、工资性收入	22706.94	26473.35	24296.27	30208.23
1. 工资	21087.25	26074.94	22483.35	28916.34
2. 实物福利	62.37	11.80	111.77	12.93
3. 其他	1557.32	386.61	1701.14	1278.96
二、经营净收入	7126.88	6485.64	8194.08	7151.81
三、财产净收入	4733.75	11370.78	6371.76	4503.60
1. 利息净收入	155.38	113.88	527.82	26.59
2. 红利收入	670.56	416.46	280.13	597.41
3. 储蓄性保险净收益	14.69		98.86	
4. 转让承包土地经营权租金净收入	18.16			
5. 出租房屋财产性收入	1945.15	8134.46	1557.99	1194.36
6. 出租机械、专利、版权等资产的收入	52.06		144.05	19.24
7. 其他财产净收入	－28.62	123.82		50.47
8. 房屋虚拟租金	1906.37	2582.16	3762.91	2615.52
四、转移净收入	6563.72	5855.59	11470.91	7998.20
(一)转移性收入	7769.59	7873.96	13443.30	9939.77
1. 养老金或离退休金	6234.53	6524.65	11772.83	9007.48
2. 社会救济和补助	50.05		151.70	80.76
3. 政策性生活补贴	71.25	10.88	4.53	5.60
4. 报销医疗费	199.50	353.65	716.41	142.02
5. 家庭外出从业人员寄回带回收入	536.34	7.65	341.43	655.81
6. 赡养收入	542.90	749.41	362.44	38.86
7. 其他经常转移收入	77.03	216.98	88.49	5.44
8. 从政府和组织得到的实物产品和服务折价	8.93	10.74	5.46	3.80
9. 现金政策性惠农补贴	49.05			
(二)转移性支出	1205.87	2018.38	1972.39	1941.57

注:7－15 表至 7－17 表芙蓉区、天心区、岳麓区、开福区和雨花区无农村调查点,均为城镇数据。

单位:元

开福区	雨花区	望城区	长沙县	浏阳市	宁乡市
57425.83	85223.52	39558.72	40298.93	47134.72	37486.72
49608.78	50327.37	37048.81	36977.31	36437.42	32008.47
19793.71	25615.81	21972.31	25260.83	19772.41	19027.69
18859.98	23632.92	20697.67	24335.25	18638.96	15458.45
9.72	15.04	213.95	64.42	40.48	96.69
924.01	1967.84	1060.69	861.16	1092.97	3472.56
1185.16	8376.87	10349.52	4870.45	10553.46	5610.18
7279.18	4213.61	2421.43	5054.42	3308.36	2950.89
-55.25	165.04	275.18	-93.55	24.01	340.11
1602.13		141.07	2205.09	668.13	112.27
		26.15	20.89		
6.70		47.95	44.23	10.55	39.18
2594.98	1452.85	833.90	1989.17	1281.46	1005.80
	173.39	0.41	6.20	80.76	
400.66		28.82	105.93	-0.52	-509.98
2729.96	2422.33	1067.94	776.45	1243.97	1963.51
21350.73	12121.09	2305.55	1791.61	2803.20	4419.70
22550.70	13094.74	3225.07	2709.43	3609.75	5682.27
21818.72	10976.85	2164.95	1632.25	1300.05	4029.96
28.31	3.64	156.31	41.85	13.68	55.26
	420.89	24.47	49.86	28.37	24.04
20.99	39.37	272.21	68.17	142.41	192.28
36.01		174.64	330.00	1942.96	370.26
431.73	1600.77	116.58	503.29	77.46	797.71
174.24	49.36	114.89	14.48	42.62	99.06
14.92	0.25	6.75	10.08	12.82	13.70
25.79	3.62	194.28	59.45	49.39	100.00
1199.97	973.66	919.52	917.82	806.55	1262.56

7－16 城乡(镇)居民分区、县(市)家庭人平支出情况(2017 年)

指　　标	合　计	芙蓉区	天心区	岳麓区
家庭人均总支出	46386.96	45641.41	51740.63	46034.59
一、消费支出	30054.93	37912.88	41508.88	37029.93
二、生产经营费用支出	7473.71		3370.61	1487.83
(一)第一产业经营费用支出	787.84			0.35
(二)第二产业经营费用支出	677.54		2155.40	614.64
(三)第三产业经营费用支出	6008.33		1215.21	872.83
三、财产性支出	147.10	23.84	0.72	2.50
(一)生活贷款利息支出	45.99		0.72	
(二)其他财产性支出	101.11	23.84		2.50
四、转移性支出	1205.87	2018.38	1972.39	1941.57
(一)个人所得税	48.98	0.80	211.50	285.43
(二)社会保障支出	840.61	1200.54	1657.32	1518.27
(三)外来从业人员寄给家人的支出	1.93			5.14
(四)赡养支出	258.95	808.76	53.90	
(五)其他转移性支出	55.41	8.27	49.67	132.72
五、部分商业保险支出	109.39	321.74	48.58	59.65
(一)意外伤害保险	7.47	35.30	0.76	1.06
(二)商业医疗保险(含大病保险)	58.62	198.56	25.47	58.59
(三)其他非储蓄性商业保险	7.56		12.89	
(四)其他储蓄性商业保险	35.73	87.88	9.46	
六、购置资产及非经常性转移支出	6382.48	5253.58	4007.19	4822.07
(一)购置资产支出	1889.45	3103.03		2150.68
(二)非经常性转移支出	4493.04	2150.55	4007.19	2671.39
七、借贷性支出	1013.48	110.99	832.27	691.04

单位:元

开福区	雨花区	望城区	长沙县	浏阳市	宁乡市
45998.08	82238.01	42174.71	34435.07	41240.39	34060.43
31228.62	42472.57	24631.12	25256.60	21869.10	23576.31
5169.84	33736.71	1345.07	1636.33	8860.92	3198.87
456.15		772.76	1034.63	1805.06	1463.62
1025.37		254.26	29.49	1485.01	1.12
3688.33	33736.71	318.04	572.21	5570.84	1734.12
55.43		2.81	109.13	54.21	688.80
55.25			108.95	53.65	88.86
0.18		2.81	0.19	0.56	599.95
1199.97	973.66	919.52	917.82	806.55	1262.56
25.76	15.03	10.57	18.99	32.11	3.61
1090.08	767.80	792.10	657.63	599.19	473.49
					10.58
8.21	121.84	46.67	207.23	122.44	762.05
75.92	68.99	70.18	33.97	52.80	12.82
25.73	210.51	103.26	88.42	65.63	45.93
1.59	3.78	6.24	9.65	5.31	0.69
11.60	152.61	18.09	46.19	14.90	12.13
12.54	25.35	7.20	2.63	1.54	0.17
	28.77	71.73	29.95	43.89	32.95
6645.47	4386.64	13638.55	5287.75	8032.03	4389.82
3056.15	351.15	6114.55	592.71	1514.69	1568.90
3589.32	4035.49	7524.01	4695.04	6517.34	2820.92
1673.03	457.92	1534.38	1139.02	1551.96	898.14

7-17 城乡(镇)居民分区、县(市)家庭人平消费支出情况(2017年)

单位:元

指标	合计	芙蓉区	天心区	岳麓区	开福区	雨花区
全年人均消费支出	30054.93	37912.88	41508.88	37029.93	31228.62	42472.57
一、食品烟酒	7383.01	10185.33	9342.91	9599.46	10070.06	9649.70
二、衣着	1855.60	2568.07	2165.21	2063.12	2027.65	2494.21
三、居住	5994.01	9707.41	6681.85	6766.00	5404.75	8145.45
四、生活用品及服务	2328.05	2730.48	2705.12	2539.16	2400.90	5953.26
五、交通通信	4520.45	3392.79	8831.66	5298.44	2099.28	4258.26
六、教育文化娱乐	5517.82	6849.98	7686.34	6902.12	5653.17	7915.86
七、医疗保健	1884.35	1411.42	3004.43	3527.17	3331.87	3191.91
八、其他用品和服务	571.63	1067.41	1091.36	334.46	240.95	863.92

7-17 续表

指标	望城区	长沙县	浏阳市	宁乡市
全年人均消费支出	24631.12	25256.60	21869.10	23576.31
一、食品烟酒	6609.05	5989.20	5080.49	5615.86
二、衣着	1581.43	1922.15	1359.11	1340.34
三、居住	4390.51	5126.19	4468.50	5402.27
四、生活用品及服务	1578.40	1823.34	908.87	1547.35
五、交通通信	4293.85	3975.65	4619.77	3750.72
六、教育文化娱乐	4487.25	4681.44	4007.91	4359.15
七、医疗保健	1201.50	1461.58	1016.61	1070.86
八、其他用品和服务	489.13	277.03	407.82	489.75

7－18 2000—2017年农村居民家庭调查户基本情况

项目	单位	2000年	2005年	2006年	2007年	2008年	2009年	2010年	2011年	2012年
一、调查户数	户	560	1000	1000	1000	1000	1000	1000	980	690
常住人口	人	2249	3901	3887	3896	3833	3832	3836	3796	2648
年末人均住房面积	平方米	44.13	49.42	53.42	57.07	58.63	59.93	59.53	62.04	62.57
二、全年人均总收入	元	4558.39	7395.06	8215.63	9234.55	11097.88	12923.08	14920.03	18057.28	20648.09
（一）工资性收入	元	1107.30	2082.14	2657.13	3207.31	3707.79	4481.72	5354.01	6784.44	8751.13
（二）家庭经营收入	元	2935.69	4456.38	4659.24	5005.67	6090.95	6896.30	7623.05	8840.48	9243.61
1.农业收入	元	1017.52	1239.05	1342.94	1439.64	1830.53	1994.15	2409.98	2800.08	3144.00
2.林业收入	元	36.58	61.08	76.85	84.14	104.98	105.01	134.21	291.04	265.95
3.牧业收入	元	1198.03	1958.27	1792.85	1888.64	2110.96	2262.87	2239.78	2809.87	2015.99
4.渔业收入	元	58.40	74.09	80.74	65.91	81.98	103.27	106.29	70.71	64.02
5.二、三产业收入	元	625.16	1123.89	1365.86	1527.34	1962.49	2430.99	2732.80	2868.79	3754.00
（三）转移性收入	元	471.08	576.88	616.14	701.38	891.75	1013.04	1346.19	1653.53	1762.10
（四）财产性收入	元	44.32	279.67	283.08	320.19	407.39	532.03	596.78	778.83	891.25
三、全年人均纯收入	元	3005.00	4908.00	5653.00	6613.36	8002.60	9431.90	11205.87	13400.42	15763.10
人均可支配收入	元	2941.00	4735.00	5438.00	6339.41	7631.67	8986.35	10639.78	12717.27	15056.55
四、全年人均总支出	元	4162.65	6773.50	7282.19	8276.29	9637.71	10635.68	11749.13	13628.59	15579.10
（一）家庭经营费用支出	元	1061.21	1934.15	1981.70	2038.91	2384.49	2692.48	2774.01	3160.06	3415.44
1.种植业生产支出	元	225.53	336.98	353.94	366.87	397.07	471.17	524.36	638.03	691.33
2.林业生产支出	元	1.97	8.26	10.96	18.72	15.48	27.22	32.46	62.55	193.75
3.牧业生产支出	元	693.31	1203.10	1127.24	1075.98	1207.58	1263.44	1189.78	1426.63	1269.95
4.渔业生产支出	元	15.02	21.98	22.69	29.72	30.26	30.95	28.34	19.49	20.44
5.二、三产业支出	元	140.40	363.48	466.88	547.62	734.10	899.70	999.08	1013.37	1240.00
（二）购置生产用固定资产支出	元	71.83	141.00	142.32	174.31	201.11	156.08	204.65	218.36	274.25
（三）税费支出	元	76.13	15.83	14.20	9.35	20.62	14.20	31.56	4.34	4.84
（四）生活消费支出	元	2584.16	4166.23	4573.97	5413.68	6211.73	6826.35	7532.56	8579.29	10154.71
（五）其他	元	369.48	514.08	570.00	640.04	819.76	946.57	1206.36	1666.54	1729.86

7－18 续表

指　　标	单　位	2013年	2014年	2015年	2016年	2017年
一、调查户数	户	308	305	304	310	310
常住人口	人	1091	1114	1138	1188	1191
年末人均住房建筑面积	平方米	61.97	51.79	56.47	60	59.12
二、总收入(未扣除生产费用)	元	23611.93	30122.45	31114.24	32363.62	33912.37
(一)工资性收入	元	10311.07	10103.47	13355.44	15617.47	16708.74
(二)经营性收入	元	10445.96	16225.54	14635.79	13765.49	13990.73
1.农业	元	1810.14	2086.12	1762.5	1821.81	1663.66
2.林业	元	846.74	944.18	615.51	225.56	218.92
3.牧业	元	4020.2	8354.31	6943.8	2169.74	2769.48
4.渔业	元	126.81	108.82	168.88	140.83	118.33
5.农林牧渔服务业	元	77.32	189.76	39.01	28.76	47.99
6.二、三产业经营收入	元	3564.74	4732.11	5145.09	9407.55	9220.34
(三)财产性收入	元	557.73	632.1	331.1	345.25	484.20
(四)转移性收入	元	2297.17	3161.34	2791.92	2635.41	2728.69
(五)非收入所得	元	1420.53	3271.03	3287.44	5827.71	3372.10
(六)借贷性所得	元	2782.6	2135.37	2003.91	1800.98	1506.76
三、可支配收入	元	19712.57	21723.25	23601.02	25448.25	27359.94
四、全年人均总支出	元	22658.36	28381.6	30699.74	33057	33487.82
(一)消费支出	元	11585.76	13147.44	15953.98	17574	19188.96
(二)生产经营费用支出	元	3422.63	7722.55	6724.49	6046.57	5588.34
1.农业	元	705.81	992.31	799.85	581.41	721.77
2.林业	元	50.38	85	143.38	17.82	52.62
3.牧业	元	2062.18	5476.13	4590.55	1260.37	1524.79
4.渔业	元	32.02	14.85	52.03	31.89	33.00
5.农林牧渔服务业	元	36.29	37.86	6.96	14.66	13.85
6.二、三产业经营支出	元	535.95	1154.26	1138.68	4140.42	3256.15
(三)财产性支出	元	18.78	45.7	20.47	82.4	128.10
(四)转移性支出	元	344.05	242.43	340.23	332.35	377.33
(五)部分商业保险支出	元	31.08	52.07	66.88	77.69	124.65
(六)购置资产及非经常性转移支出	元	3989.66	4555.96	6252.53	7472.88	6654.91
(七)借贷性支出	元	3266.4	2615.46	1341.15	1471.12	1425.52

注：自2013年起，因统计方法制度改革，2013年统计数据与以往年度数据不具有可比性。

7－19 农村居民家庭人均收入(2017 年)

单位:元

项目	全市	#望城区	长沙县	宁乡市	浏阳市
全年人均总收入(未扣除生产费用)	33912.37	32497.17	32644.38	29691.17	41747.38
一、工资性收入	16708.74	19453.74	21692.50	16035.12	12541.04
1.工资	14787.54	18024.07	21187.19	10815.91	12418.17
2.实物福利	55.56	280.85	42.38	14.47	34.45
3.其他	1865.64	1148.82	462.92	5204.74	88.41
二、经营性收入	13990.73	10550.12	8584.15	9864.37	25438.14
1.第一产业经营收入	4770.39	3350.13	4174.05	6388.83	6036.74
(1)农业收入	1663.66	1054.02	1828.07	2749.23	1374.64
(2)林业收入	218.92	73.14	142.63	258.11	363.80
(3)牧业收入	2769.48	2115.97	2141.41	3088.70	4285.21
(4)渔业收入	118.33	106.99	61.94	292.80	13.09
2.第二产业收入	2118.07	3252.55	539.66		4244.32
(1)采矿业	18.29				
(2)制造业	839.49	582.13			2188.22
(3)电力、热力、燃气及水生产和供应业					
(4)建筑业	1260.29	2670.42	539.66		2056.11
3.第三产业收入	7102.27	3947.44	3870.44	3475.54	15157.07
(1)批发和零售业	3468.74	2038.84	745.60	1278.44	7775.19
(2)交通运输、仓储和邮政业	1621.42	915.53	1233.74	1236.50	3225.28
(3)住宿和餐饮业	407.21	45.09	1195.01	332.98	206.14
(4)房地产业					
(5)租赁和商务服务业	103.02		130.64		266.78
(6)居民服务、修理和其他服务业	1402.57	947.85	565.45	271.50	3683.68
(7)其他	51.33	0.14		184.02	
(8)农林牧渔服务业	47.99			172.10	
三、财产性收入	484.20	558.70	400.82	439.15	111.75
四、转移性收入	2728.69	1934.61	1966.91	3352.52	3656.45
五、非收入所得	3372.10	10316.59	999.84	2747.00	3389.19
六、借贷性所得	1506.76	896.46	146.72	739.08	3688.63

注:7－19 表至 7－26 表芙蓉区、天心区、岳麓区、开福区和雨花区无农村调查点。

7－20 农村居民家庭人均支出(2017年)

单位:元

项　　目	全　市	#望城区	长沙县	宁乡市	浏阳市
全年人均总支出	33487.82	33221.06	25479.63	29825.58	38221.80
一、消费支出	19188.96	19139.40	17866.34	19877.39	17254.74
(一)食品烟酒	4621.44	5435.98	4212.82	4722.07	3918.69
(二)衣着	1103.72	995.39	1204.47	923.16	1031.40
(三)居住	3738.60	4116.19	4059.90	3812.51	2598.23
(四)生活用品及服务	1187.17	1225.10	1713.89	1119.26	780.10
(五)交通通信	3827.05	2834.59	2789.15	4411.08	4047.21
(六)教育文化娱乐	3480.98	3141.31	3067.21	3616.32	3596.44
(七)医疗保健	981.05	1095.97	643.66	1038.15	1081.57
(八)其他用品和服务	248.96	294.88	175.23	234.84	201.09
二、生产经营费用支出	5588.34	2010.74	2259.66	4176.55	11501.12
(一)第一产业经营费用支出	2332.19	1296.50	1831.33	2718.78	3620.61
1.农业	721.77	367.30	715.66	1275.20	575.61
2.林业	52.62	2.23	18.60	156.88	15.82
3.牧业	1524.79	922.66	1078.72	1201.38	3021.87
4.渔业	33.00	4.31	18.35	85.32	7.31
(二)第二产业经营费用支出	674.25	289.55	19.20	2.14	1340.09
1.采矿业	10.77				
2.制造业	227.36	35.91			788.04
3.电力、热力、燃气及水生产和供应业					
4.建筑业	436.12	253.64	19.20	2.14	552.05
(三)第三产业经营费用支出	2581.90	424.69	409.13	1455.63	6540.42
1.批发和零售业	1374.09	61.57		184.96	3989.93
2.交通运输、仓储和邮政业	671.46	44.46	267.97	1025.91	1143.74
3.住宿和餐饮业	63.30		128.60	9.86	118.41
4.房地产业	0.79				
5.租赁和商务服务业	22.53		1.09		78.72
6.居民服务、修理和其他服务业	408.11	308.02	11.41	90.02	1209.62
7.其他	27.77	10.10		95.46	
8.农林牧渔服务业	13.85	0.54	0.05	49.40	
三、财产性支出	128.10	5.97	27.88	278.10	67.10
四、转移性支出	377.33	610.61	406.41	226.13	366.78
五、部分商业保险支出	124.65	77.76	90.06	86.25	135.61
六、购置资产及非经常性转移支出	6654.91	9690.91	4402.51	3695.22	6684.48
七、借贷性支出	1425.52	1685.67	426.77	1485.94	2211.96

7－21 农村居民家庭人平可支配收入(2017年)

单位:元

项目	全市	#望城区	长沙县	宁乡市	浏阳市
可支配收入	27359.94	29737.22	29209.09	24851.54	29244.07
一、工资性收入	16708.74	19453.74	21692.50	16035.12	12541.04
(一)工资	14787.54	18024.07	21187.19	10815.91	12418.17
1. 按月发放的工资	9816.77	13313.25	17894.53	4801.70	6170.17
2. 补发工资	573.68		120.27	255.93	1683.64
3. 不按月发放的奖金、津贴、过节费等	4397.09	4710.82	3172.40	5758.29	4564.36
(二)实物福利	55.56	280.85	42.38	14.47	34.45
1. 从单位或雇主得到的实物产品折价	14.31	30.33	24.41	1.02	15.61
2. 从单位或雇主得到的服务折价	41.25	250.51	17.97	13.45	18.84
3. 单位或雇主实物福利报销所得					
(三)其他	1865.64	1148.82	462.92	5204.74	88.41
1. 住房公积金	29.33	163.41	33.20		5.79
2. 辞退金	4.51				
3. 自由职业劳动所得(如稿费、翻译费)	10.58	7.96	35.85	6.62	
4. 安家费					
5. 股票期权	0.48		2.27		
6. 其他劳动所得	1820.75	977.45	391.60	5198.13	82.61
二、经营净收入	7943.75	8406.75	5583.15	5528.98	13368.72
(一)第一产业经营净收入	2314.02	1999.73	2098.40	3602.60	2291.38
1. 农业	856.34	655.06	926.34	1411.27	736.54
2. 林业	166.26	70.91	123.86	101.23	347.98
3. 牧业	1211.74	1171.89	1006.39	1882.61	1201.97
4. 渔业	79.68	101.87	41.80	207.48	4.88
(二)第二产业经营净收入	1310.39	2927.95	396.29	-5.67	2634.19
1. 采矿业	7.01				
2. 制造业	567.28	535.51			1334.63
3. 电力、热力、燃气及水生产和供应业					
4. 建筑业	736.11	2392.43	396.29	-5.67	1299.55
(三)第三产业经营净收入	4319.33	3479.07	3088.47	1932.05	8443.16
1. 批发和零售业	2032.84	1956.19	738.15	1072.72	3754.61
2. 交通运输、仓储和邮政业	896.14	855.95	908.81	149.48	2000.01
3. 住宿和餐饮业	327.61	45.09	992.75	321.24	86.62
4. 房地产业	-0.79				
5. 租赁和商务服务业	73.42		107.35		179.59
6. 居民服务、修理和其他服务业	933.54	632.33	341.45	181.48	2422.34
7. 其他	22.42	-9.96		84.43	
8. 农林牧渔服务业	34.14	-0.54	-0.05	122.70	

7-21 续表

单位:元

项目	全市	#望城区	长沙县	宁乡市	浏阳市
三、财产净收入	356.10	552.73	372.94	161.05	44.65
(一)利息净收入	89.90	315.78	-23.93	132.00	-55.97
(二)红利收入	133.38	206.00	172.84	20.69	48.89
1.集体分配的红利	93.70	206.00	12.47		48.89
2.其他红利收入	39.68		160.37	20.69	
(三)储蓄性保险净收益					
(四)转让承包土地经营权租金净收入	28.33		99.96	3.76	22.24
(五)出租房屋财产性收入	90.53	4.96		11.53	29.48
(六)出租机械、专利、版权等资产的收入	3.04	0.87	14.01		
(七)其他财产净收入	10.91	25.13	110.07	-6.94	
(八)房屋虚拟租金					
四、转移净收入	2351.36	1324.00	1560.50	3126.39	3289.67
(一)转移性收入	2728.69	1934.61	1966.91	3352.52	3656.45
1.养老金或离退休金	843.32	450.32	393.81	1952.97	230.21
2.社会救济和补助	80.16	288.87	46.28	103.27	28.84
3.政策性生活补贴	19.55	51.99	11.89	28.28	11.57
4.报销医疗费	144.85	118.87	10.94	251.90	177.92
5.家庭外出从业人员寄回带回收入	1135.31	342.72	715.88	260.47	3038.77
6.赡养收入	336.88	58.11	683.72	619.42	35.59
7.其他经常转移收入	61.02	240.57	28.02	38.79	60.21
8.从政府和组织得到的实物产品和服务折价	5.76	4.81	5.86	3.64	10.49
9.现金政策性惠农补贴	101.84	378.36	70.50	93.79	62.86
(二)转移性支出	377.33	610.61	406.41	226.13	366.78

7－22 农村居民家庭人平消费支出(2017 年)

单位:元

项　　目	全　市	# 望城区	长沙县	宁乡市	浏阳市
消费支出	19188.96	19139.40	17866.34	19877.39	17254.74
一、食品烟酒	4621.44	5435.98	4212.82	4722.07	3918.69
二、衣着	1103.72	995.39	1204.47	923.16	1031.40
三、居住	3738.60	4116.19	4059.90	3812.51	2598.23
四、生活用品及服务	1187.17	1225.10	1713.89	1119.26	780.10
五、交通通信	3827.05	2834.59	2789.15	4411.08	4047.21
# 通信	790.83	896.90	896.04	715.00	649.73
六、教育文化娱乐	3480.98	3141.31	3067.21	3616.32	3596.44
# 教育	1848.32	1565.98	1711.39	1775.74	2088.06
# 文化娱乐	1632.66	1575.33	1355.82	1840.58	1508.38
七、医疗保健	981.05	1095.97	643.66	1038.15	1081.57
八、其他用品和服务	248.96	294.88	175.23	234.84	201.09

7－23 农村居民家庭人平粮食收支情况(2017年)

单位:公斤

项目	全市	#望城区	长沙县	浏阳市	宁乡市
一、主要农产品产量					
1. 谷物	406.49	293.82	684.07	240.55	578.96
# 小麦					
稻谷	402.75	293.69	680.96	239.23	569.28
玉米	3.74	0.13	3.11	1.32	9.68
其他					
2. 薯类	3.09	1.85	0.34	3.26	6.69
3. 豆类	0.72	0.88	0.45	0.84	1.03
二、购买粮食					
(一)购买生产资料用粮食					
1. 种子用粮食	2.53	3.63	1.74	0.48	4.35
2. 饲料用粮食	366.35	176.10	295.73	683.30	323.64
(二)购买生活用粮食					
1. 谷物	44.26	29.24	35.99	43.89	42.94
# 大米	23.30	12.54	21.70	17.02	19.05
稻谷	6.07	6.82	4.89	9.41	4.98
玉米	4.97	4.01	2.58		13.22
2. 薯类	1.20	0.92	1.31	0.53	2.06
3. 豆类	2.92	2.88	3.10	2.81	3.03
三、出售粮食					
1. 谷物	224.55	199.08	374.75	42.00	498.48
2. 薯类	0.65	0.19	0.06	0.04	2.16
3. 豆类	0.09	0.04	0.01		0.31

7－24 农村居民家庭人平主要实物消费量(2017 年)

单位:公斤

项目	全市	#望城区	长沙县	浏阳市	宁乡市
一、粮食消费量	144.49	171.00	84.83	169.36	162.70
1. 谷物消费量	139.66	166.20	81.08	162.91	157.94
2. 薯类消费量	1.46	1.00	0.34	2.80	1.57
3. 豆类消费量	3.36	3.80	3.41	3.64	3.18
二、油脂类消费量	15.55	17.08	18.86	14.45	12.52
1. 植物油	7.55	9.20	9.34	9.61	3.33
2. 动物油	8.00	7.88	9.53	4.85	9.19
三、烟叶消费量	50.11	54.36	60.66	41.24	55.67
四、蔬菜及菜制品消费量	115.99	140.19	79.44	159.92	119.33
五、干鲜瓜果类	33.69	34.15	27.35	36.59	34.78
1. 鲜瓜果	29.87	30.80	23.18	33.01	31.29
2. 瓜果制品	0.85	0.44	1.06	0.54	1.13
3. 坚果	2.97	2.92	3.11	3.04	2.35
六、消费茶叶	0.60	0.73	0.96	0.34	0.41
七、肉类	24.32	26.57	24.73	25.56	22.59
1. 猪肉	20.92	23.88	21.98	22.60	18.57
2. 牛肉	1.49	1.92	1.32	0.85	1.11
3. 羊肉	0.49	0.40	0.26	0.87	0.35
4. 其他肉类及制品	1.42	0.35	1.18	1.24	2.55
八、禽类	8.26	9.96	9.32	7.46	8.26
九、蛋类及蛋制品	8.27	11.26	9.27	7.13	7.59
十、奶和奶制品	5.75	5.63	9.56	3.32	4.25
十一、水产品	10.49	15.94	11.52	6.99	10.72
十二、糖果糕点	5.51	4.93	3.77	5.79	5.38
十三、酒	5.16	7.42	4.96	1.89	7.42

7－25 农村居民家庭每百户耐用消费品拥有量(2017年)

项目	单位	全市	#望城区	长沙县	浏阳市	宁乡市
1. 家用汽车	辆	57.10	49.85	68.42	73.81	33.43
2. 摩托车	辆	104.19	58.71	121.09	165.64	105.46
3. 助力车	台	40.32	92.33	42.06	1.45	8.70
4. 洗衣机	台	108.06	109.58	118.11	100.00	106.65
5. 电冰箱(柜)	台	108.71	105.79	118.66	101.64	103.63
6. 微波炉	台	22.58	36.00	23.25	2.15	16.60
7. 彩色电视机	台	132.90	135.60	123.73	128.79	139.94
# 接入有线电视	台	104.19	109.59	108.51	90.39	102.88
8. 空调	台	161.94	157.35	175.43	165.52	124.35
9. 热水器	台	84.52	97.47	99.54	72.63	70.33
# 太阳能热水器	台	12.58	5.03	23.11	19.00	3.88
10. 洗碗机	台	0.32				
11. 排油烟机	台	61.61	102.71	72.33	17.73	47.82
12. 固定电话	线	14.84	36.15	18.22	2.15	1.91
13. 移动电话	部	305.48	325.26	305.10	340.61	271.30
# 接入互联网	部	199.35	205.66	225.99	257.88	137.17
14. 计算机	台	40.97	39.26	53.47	21.95	32.47
# 接入互联网	台	32.58	27.04	48.08	14.48	22.89
15. 照相机	台	11.61	12.86	17.19	7.18	9.93
16. 中高档乐器	架	1.29		2.88	1.32	1.13
17. 健身器材	台	5.48	3.75	6.43		2.25
18. 吸尘器	台	0.32		2.08		

注:因调查方案的调整,耐用消费品拥有量统计指标有调整。

7－26 农村居民抽样调查人口与就业期末情况(2017年)

单位:人

项目	全市	#望城区	长沙县	浏阳市	宁乡市
一、家庭常住人口	1192	292	265	274	242
二、家庭常住人口年龄状况					
1.5岁及以下	88	21	19	26	14
2.6－15岁	140	32	27	47	19
3.16－19岁	55	9	12	11	14
4.20－24岁	34	9	5	5	9
5.25－29岁	98	41	19	8	22
6.30－34岁	100	21	19	28	17
7.35－40岁	92	28	23	22	12
8.41－50岁	206	36	46	55	43
9.51－60岁	216	62	52	42	42
10.61－65岁	61	12	21	10	16
11.66岁及以上	102	21	22	20	34
三、由本户供养的在校学生	201	44	37	60	35
四、农村住户劳动力素质状况					
(一)整半劳动力数	862	221	196	178	186
(二)就业劳动力文化程度					
1.未上过学	5		1		4
2.小学	123	38	23	31	25
3.初中	468	102	104	123	102
4.高中	191	51	55	24	37
5.大学专科	53	14	13		17
6.大学本科	20	15			1
7.研究生	2	1			
五、农村住户劳动力就业状况					
(一)劳动力就业行业情况	759	190	165	156	177
1.一产业就业劳动力	220	54	49	27	79
2.非农产业就业劳动力	539	136	116	129	98
(1)二产业就业劳动力	259	60	51	84	50
(2)三产业就业劳动力	280	76	65	45	48

8 城市建设、环境保护

长沙统计年鉴

8－1 2009－2017 年城市公共交通情况

指 标	单位	2009 年	2010 年	2011 年	2012 年	2013 年	2014 年	2015 年	2016 年	2017 年
一、全年客运总量	万人次	104478	101303	106159	105599	104103	115109	116944	112719	121732
二、公共汽车营运情况										
客运量	万人次	67305	72222	75433	75844	73943	75221	74324	68162	69118
年末营运车辆数	辆	3553	3557	3651	3775	4157	5142	6102	7187	8361
年末营运线网长度	公里	1018	1048	3195	3263	3484	3512	3559	4519	5570
年末营运线路条数	条	129	129	135	140	141	150	180	187	226
三、出租汽车营运情况										
客运量	万人次	37173	29081	30726	29755	30160	35308	34213	28524	29267
年末营运车辆数	辆	6280	6280	6420	6420	6915	7816	7816	7816	7820
四、轨道交通营运情况										
客运量	万人次						4580	8407	16033	23347
年末营运车数	辆						96	162	345	345
年末营运线路长度	公里						21.9	26.6	68.8	68.8

注：1. 从 2011 年开始，表中数据含望城区。

2. 从 2011 年开始，公交车年末营运线网长度统计口径变更，与以前年度数据不可比，按同口径计算，2010 年为 3173 公里；从 2014 年开始全年客运总量中含有轨道交通客运量。

8－2 2000－2017年城市房屋发展状况及住房水平

指　　标	单位	2000年	2001年	2002年	2003年	2004年	2005年	2006年	2007年	2008年
一、城市房屋建筑面积	万 m^2	5283.28	5635.30	6132.40	6624.90	7352.00	8223.00	9021.62	9939.52	10891.33
#住宅	万 m^2	2839.76	3097.40	3447.20	3771.81	4268.30	4776.00	5280.36	5883.72	6561.62
人均住房建筑面积	m^2/人	18.6	19.6	21.5	23.2	25.3	27.2	28.3	28.9	28.3
二、年末危险房屋	万 m^2	24.23	35.41	35.41	33.29	31.73	27.73	26.15	22.24	21.70

8－2 续表

指　　标	单位	2009年	2010年	2011年	2012年	2013年	2014年	2015年	2016年	2017年
一、城市房屋建筑面积	万 m^2	10578.92	14940.70	16619.67	18583.00	17249.29	19177.00	21407.00	22904.80	25630.41
#住宅	万 m^2	9219.11	10581.09	11813.00	13267.00	11858.72	13239.00	14836.00	15844.30	18617.19
人均住房建筑面积	m^2/人	29.5	30.9	32.2	31.8	41.4	48.3	45.3	44.8	45.5
二、年末危险房屋	万 m^2	2.96	2.54	3.19	4.66	8.64	120.00	120.04	81.91	42.00

注：1. 人均住房建筑面积统计指标2012年以前为城市统计口径，2013年开始调整为城镇统计口径。

2. 从2014年起年末危险住宅指标改为年末危险房屋，统计口径由危房改造面积调整为危房存量面积。

8-3 2000-2017年城市自来水、供气、用电供应情况

指　　标	单位	2000年	2001年	2002年	2003年	2004年	2005年	2006年	2007年	2008年
一、自来水										
年末水厂个数	个	6	6	6	6	6	6	6	6	6
年末供水管道长度	公里	1087	1120	1188	1292	1338	1450	1529	1659	1801
年末供水总量	万吨	37399	39872	36748	38845	39819	41969	43328	32840	44866
# 生活用水	万吨	21246	22262	24199	29369	30105	31540	32441	24630	24870
年末水厂生产能力	万吨/日	132	157	165	165	165	165	165	167	167
二、供气情况										
1. 液化气										
液化气供气总量	吨	65700	70200	72306	75668	91500	92600	85000	84000	82000
# 生活用	吨	63796	68806	70870	74911	90584	91600	80300	79500	78000
液化气用气人口	万人	106.5	137.8	140.3	142.2	149.1	151.1	138	119.9	146.5
液化气储气能力	吨	3700	3700	3800	3800	3800	3800	3800	4000	4000
2. 天然气										
天然气供气总量	万 m^3						3418	11947	19254	26607
# 生活用	万 m^3						2238	3390	4647	6192
天然气用气人口	万人						25	68	90.1	90.9
天然气储气能力	万 m^3						10	10	10	10
三、供电										
全市用电总量	万度	480160	529409	591319	696000	722087	923856	1039585	1153430	1265685
# 工业用电	万度	221763	281711	310605	354800	375058	384129	345094	368754	498417
城乡居民生活用电	万度	136507	143681	235649	360300	276637	282458	423066	456961	426619
其中:市区用电总量	万度	313975	343137	375933	439000	430300	501464	602611	637260	683642
# 工业用电	万度	131522	156001	175375	201500	194500	193501	200408	167545	198858
# 居民生活用电	万度	105952	119738	163622	154200	215800	205719	277750	247098	273759

8-3 续表

指　　标	单位	2009年	2010年	2011年	2012年	2013年	2014年	2015年	2016年	2017年
一、自来水										
年末水厂个数	个	6	6	7	7	7	8	8	8	9
年末供水管道长度	公里	1925	2012	2323	3050	3300	3490	3457	3647	3817
年末供水总量	万吨	45144	46431	51224	41997	52739	55589	57652	60558	50167
# 生活用水	万吨	26597	26611	29243	29950	31263	33880	34507	35201	37083
年末水厂生产能力	万吨/日	167	180	221	265	270	225	215	215	235
二、供气情况										
1. 液化气										
液化气供气总量	吨	85000	83000	93000	76663	86492	101838	60876	61620	52120
# 生活用	吨	80000	77000	84300	63385	72573	87210	49667	48766	38417
液化气用气人口	万人	125	115	101.5	267.3	275	210	64	64	60
液化气储气能力	吨	4000	4000	4000	4000	4000	6400	3770	3770	3770
2. 天然气										
天然气供气总量	万 m^3	32948	39300	50363	64298	70321	85657	72731	76757	80157
# 生活用	万 m^3	10618	12500	19450	24911	26019	30780	23057	27625	26703
天然气用气人口	万人	164.7	192	246.1	264.7	311.9	337.2	260	290	320
天然气储气能力	万 m^3	100	100	100	100	100	1200	1280	1280	1280
三、供电										
全市用电总量	万度	1414653	1603152	1838972	2040474	2245429	2274871	2464961	2848657	3129032
# 工业用电	万度	456798	573315	675729	757802	898159	923598	993670	1142014	1302867
城乡居民生活用电	万度	564587	513122	587635	666846	718282	691650	754227	915832	975575
其中:市区用电总量	万度	817921	943789	1156205	1268341	1373249	1382042	1501794	1759889	1862295
# 工业用电	万度	185517	223612	308003	332841	383172	387454	423836	527313	561852
# 居民生活用电	万度	343932	344333	417589	464827	489662	465045	506081	610681	641049

注:液化气用气人口统计受加气站增减和用气人口流动性等因素影响,变动较大。

8－4　2000－2017年城市环境卫生基本情况

指　　标	单位	2000年	2001年	2002年	2003年	2004年	2005年	2006年	2007年	2008年
一、道路清扫保洁面积	万 m^2	540	566	912	1200	1741	1912	2689	3033	2523
二、生活垃圾无害处理量	万吨		67.7	68.0	65.7	77.0	77.0	77.5	85.6	101.5
三、环卫专用车辆										
垃圾运输车	辆	156	148	160	173	219	182	199	180	187
真空吸粪车	辆	9	7	8	1	8	8	9	9	10
洒水车	辆	27	29	31	35	65	77	85	104	99
清扫车	辆									43
专用集装式垃圾中转车	辆									25
四、公共厕所	座	462	461	431	388	422	455	516	545	490
# 本年新建	座	10	2	7	13	35	33	61	29	24
五、垃圾站	个	504	504	494	458	487	576	637	545	570
# 本年新建	个	11	4	5	15	32	42	61	25	287

8－4 续表

指　　标	单位	2009年	2010年	2011年	2012年	2013年	2014年	2015年	2016年	2017年
一、道路清扫保洁面积	万 m^2	2638	2954	3543	3608	5238	5140	5810	6846	6920
二、生活垃圾无害处理量	万吨	107.3	117.3	143.2	169.4	160.0	206.6	201.0	215.0	228.0
三、环卫专用车辆										
垃圾运输车	辆	200	368	201	204	264	368	339	395	341
真空吸粪车	辆	6	10	4	4	2	5	6	8	9
洒水车	辆	99	104	133	170	296	307	492	493	595
清扫车	辆	45	52	82	73	124	148	181	195	232
专用集装式垃圾中转车	辆	27	40	40	48	60	63	80	72	82
四、公共厕所	座	542	551	543	567	566	519	536	549	557
# 本年新建	座	52	9							
五、垃圾站	个	615	635	661	673	676	620	641	672	671
# 本年新建	个	51	20							

8－5　2000－2017年市政设施基本情况

指　　标	单位	2000年	2001年	2002年	2003年	2004年	2005年	2006年	2007年	2008年
一、城市道路										
年末实有道路长度	公里	998	1098	1150	1188	1323	1415	1466	1552	1608
年末实有道路面积	万 m^2	928	1099	1575	1980	2385	2795	3002	3131	3320
二、年末实有永久性桥梁	座	71	71	73	73	76	77	77	87	92
三、年末实有下水道长度	公里	636	648	648	770	800	895	1046	1046	1186
四、路灯盏数	盏	16259	17309	26411	37215	43215	53468	64938	69731	77135

8－5 续表

指　　标	单位	2009年	2010年	2011年	2012年	2013年	2014年	2015年	2016年	2017年
一、城市道路										
年末实有道路长度	公里	1660	1781	2173	2342	2966	1698	1698	1798	
年末实有道路面积	万 m^2	3489	3618	4258	3958	4307	4382	4596	4706	
二、年末实有永久性桥梁	座	93	97	168	172	174	179	186	196	219
三、年末实有下水道长度	公里	1230	1842	2601	2169	2169	2698	2172	2270	2637
四、路灯盏数	盏	76200	79542	82423	87389	91393	102602	84848	86349	89943

注：路灯盏数2015年以前为城市拥有路灯统计口径，2015年统计口径开始调整为移交使用路灯盏数。

8－6　2000－2017年城市园林、绿化情况

指　　标	单位	2000年	2001年	2002年	2003年	2004年	2005年	2006年	2007年	2008年
城市园林绿化覆盖面积	公顷	5508	5846	6094	6720	6949	7368	7876	8541	8818
城市园林绿地面积	公顷	5152	5541	5712	5712	5907	6244	6706	5656	7693
公共绿地面积	公顷	889	1006	1085	1229	1240	1381	1590	1892	2142
公园处数	处	10	11	12	14	14	18	19	21	21
公园面积	公顷	575	576	717	904	904	1143	1210	1302	1302

8－6 续表

指　　标	单位	2009年	2010年	2011年	2012年	2013年	2014年	2015年	2016年	2017年
城市园林绿化覆盖面积	公顷	9304	9857	10235	10729	11206	11813	12278	12928	14877
城市园林绿地面积	公顷	8134	8598	9188	9293	9611	10163	10586	11177	12584
公共绿地面积	公顷	2348	2522	2794	2804	2913	3256	3538	3779	4031
公园处数	处	22	22	22	23	24	26	27	30	32
公园面积	公顷	1323	1323	1323	1573	1581	1779	1809	2002	2235

说明：绿地面积、绿化覆盖面积均不含湿地面积。

8-7　2000-2017年城市环境污染和治理情况

指　　标	单位	2000年	2001年	2002年	2003年	2004年	2005年	2006年	2007年	2008年
一、工业废水排放总量	万吨	5532.9	4992.2	4310.7	4006.7	4047	4065	4073	4377	4162
工业废水排放达标量	万吨	4212.6	3956.9	3556.8	3510	3552	3562	3482	3704	3665
二、工业废气排放总量	万标 m^3	2624324	3252834	2762532	2501271	2679022	3078324	2891585	2933547	5278500
三、工业粉尘排放量	万吨	7.81	4.81	7.11	7.22	9.39	10.06	10.35	10.29	13.48
工业粉尘去除量	万吨	11.19	9.32	13.37	13.34	11.03	11.83	10.58	19.15	20.08
四、工业固体废物产生量	万吨	137.53	133.95	111.83	112.72	107.7	109.7	111.69	107.3	183.6
# 综合利用	万吨	101.79	120.83	105.64	99.67	94	98.4	102.94	101.96	164.6
五、工业锅炉数	台	407	392	351	318	324	307	273	229	187
# 达标数	台	359	321	285	245	257	243	267	222	167
六、工业炉窑数	台	465	477	430	371	262	222	226	251	213
# 达标数	台	232	149	150	309	124	117	118	194	163

8-7 续表

指　　标	单位	2009	2010年	2011年	2012年	2013年	2014年	2015年	2016年	2017年
一、工业废水排放总量	万吨	3726	4336	4051	3777	4049	4397	5102	4287	4066
工业废水排放达标量	万吨	3354	3955							
二、工业废气排放总量	万标 m^3	5315831	6269499	10219789	5470000	6233559	6486474	4803775	4834697	6360805
三、工业粉尘排放量	万吨	13.35	10.52	1.59	1.2	1.9	1.73	1.16	0.69	0.76
工业粉尘去除量	万吨	19.19	12.62	198.59	131.69	114.1	138.9	102.2	40.8	150.8
四、工业固体废物产生量	万吨	154.6	148.8	177.6	103.5	100.5	107	107.6	141.3	113.1
# 综合利用	万吨	140.1	148.4	174.8	94.7	86.9	91.5	92.7	132.8	93.3
五、工业锅炉数	台	267	284	269	259	280	288	272	264	223
# 达标数	台	254	256							
六、工业炉窑数	台	232	219	108	116	108	117	124	94	118
# 达标数	台	178	151							

注:2011年起工业粉尘排放量(去除量)指标改为工业烟粉尘排放量(去除量)。

9 农 业

9－1 历年农、林、牧、渔业总产值

（按现行价格计算）

单位：万元

年份	合计	农业	林业	牧业	渔业	服务业
1978	97658					
1980	99524					
1983	133455					
1984	139627					
1985	165803					
1986	180977					
1987	212304					
1988	274536					
1989	307534					
1990	365244					
1991	368160					
1992	409372					
1993	480104	237282	16083	205582	21157	
1994	725156	351689	17108	328777	27582	
1995	868362	426578	28951	375241	37592	
1996	1011363	509820	40193	416774	44576	
1997	1114485	561705	41906	460042	50832	
1998	1137969	596651	43425	446164	51729	
1999	1146402	635440	41800	413206	55956	
2000	1167935	628013	43598	442543	53781	
2001	1239985	672704	47407	464641	55233	
2002	1302245	700436	57148	486981	57680	
2003	1371608	694002	70917	527412	61035	18242
2004	1720668	825189	73635	734973	68050	18821
2005	1871313	926445	76257	771539	75967	21105
2006	1903000	994600	80300	712700	74700	40600
2007	2171300	1146600	94000	780900	103500	46100
2008	2818996	1367085	112079	1165305	122893	51634
2009	2946120	1465841	123699	1171296	127520	57764
2010	3236412	1735890	144988	1156629	137340	61565
2011	3877163	2082639	179791	1405473	142489	66770
2012	4197846	2303064	195535	1484271	145535	69441
2013	4546157	2518547	217452	1572730	161432	75996
2014	4905925	2849093	238930	1552892	182015	82995
2015	5371294	3173856	273543	1637130	194604	92161
2016	5042983	3121606	291856	1202878	158241	268402
2017	5141997	3239403	318304	1110648	169161	304481

注：1. 2003年开始农林牧渔服务业从规模以下工业中划归农业统计，同时种植业中的农民家庭兼营商品性工业产值划入规模以下工业中。

2. 2006年、2007年、2008年数据根据第二次全国农业普查结果予以调整。

3. 2016、2017年数据根据第三次全国农业普查结果予以调整。

9－1 续表 1　　（按不变价格计算）　　单位：万元

年　份	合　计	农　业	林　业	牧　业	渔　业	服务业
	（按 1952 年不变价格计算）					
1949	17020	15081	390	1356	193	
1952	21728	18337	734	2084	573	
1957	27743	22819	504	4001	419	
	（按 1957 年不变价格计算）					
1957	27743	22819	504	4001	419	
1962	24328	21436	527	2084	281	
1965	29799	24251	663	4499	386	
1970	38426	31441	639	6115	231	
1971	43127	35736	1137	5982	272	
	（按 1970 年不变价格计算）					
1971	43127	35736	1137	5982	272	
1972	62622	50111	1576	10618	317	
1973	66813	54094	1730	10637	352	
1974	67157	54138	1777	10849	393	
1975	67676	54516	1675	11096	389	
1976	70920	57176	1536	11753	455	
1977	73598	59758	1771	11603	466	
1978	73800	58941	1911	12475	473	
1979	78000	61738	1726	13968	568	
1980	77400	59996	1789	14927	688	
	（按 1980 年不变价格计算）					
1980	98260	73690	3079	20109	1382	
1981	102770	76279	3380	21494	1617	
1982	115532	85345	3406	24870	1911	
1983	125664	93427	3253	26879	2105	
1984	129025	92077	3588	30767	2593	
1985	139379	93056	3819	39692	2812	
1986	147691	97645	3586	43193	3267	
1987	152161	100216	4491	43812	3642	
1988	159036	100182	4570	50212	4072	
1989	163414	102263	5623	51134	4394	
1990	167152	104672	4217	53793	4470	

9－1 续表 2　　（按不变价格计算）　　单位:万元

年 份	合 计	农 业	林 业	牧 业	渔 业	服务业
	（按 1990 年不变价格计算）					
1990	393694	222433	12668	143383	15210	
1991	407495	231266	13740	145338	17151	
1992	419479	222100	14341	163178	19860	
1993	442505	219393	15467	184955	22690	
1994	470439	227779	16548	201545	24567	
1995	500336	236182	23768	212214	28172	
1996	542354	267499	31460	213555	29840	
1997	584737	290795	35970	223452	34520	
1998	605182	293536	36341	238917	36388	
1999	623902	321588	34528	229693	38093	
2000	653582	336044	37905	238238	41395	
2001	692224	357291	37281	252324	45328	
2002	723725	375476	41428	259782	47039	
2003	746034	339273	57973	276659	53887	
2004	800454	361818	56654	305791	57070	
	（按可比价格计算）					
2005	1841526	882440	76519	791928	70443	20196
2006	1860893	950749	80731	713768	75825	39819
2007	1987611	1051292	87366	728379	77090	43483
2008	2318577	1179040	94567	887459	107671	49840
2009	3004722	1432889	110758	1276600	128220	56255
2010	3078386	1600565	130924	1152458	133944	60495
2011	3365918	1864808	159174	1136426	138659	66851
2012	4032356	2180591	192860	1443670	144529	70705
2013	4324845	2386699	204710	1503566	155792	74078
2014	4752645	2691186	231027	1574997	173981	81455
2015	5080925	3036773	257485	1504251	190846	91571
2016	…	…	…	…	…	…
2017	5209402	3257593	319582	1172806	165520	293901

注:1. 根据湖南省统计局制定的2004 年农林牧渔业综合统计报表制度规定,从 2004 年开始取消不变价计算农林牧渔业产值,改用可比价计算产值,用农产品价格指数缩减法计算农业发展速度。

2. 2006 年、2007 年、2008 年数据根据第二次农业普查结果予以调整。

3. 2016 年数据因第三次农业普查数据修正暂无核定数据。

9－2 历年粮食总产量

单位:吨

年份	合计	稻谷	小麦	折粮薯类	杂粮	大豆
1949	742990	694100	2835	30400	10980	4675
1950	836155	774735	3165	37490	11290	9475
1951	924745	858455	3965	47375	10720	4230
1952	941680	879335	4900	36270	14185	6990
1953	959055	892065	6345	39730	13800	7115
1954	855385	784730	7735	44225	13730	4965
1955	1026360	925905	12220	69045	14845	4345
1956	982635	919265	9565	42550	9210	2045
1957	1002970	911700	4480	69455	13155	4180
1958	1054150	947910	8155	82070	10645	5370
1959	962480	861870	8325	70490	14745	7050
1960	657725	622300	7280	21100	6420	625
1961	607360	543910	7650	45385	9605	810
1962	833095	729930	11180	74505	15465	2015
1963	920345	853725	5960	40875	18485	1300
1964	936420	872145	5265	39790	17200	2020
1965	1010075	929350	7675	55745	13895	3410
1966	1145640	1098985	6355	29465	7265	3570
1967	1198540	1127455	9465	48510	9910	3200
1968	1252535	1189595	6660	46560	7195	2525
1969	1166505	1100210	6735	51155	6510	1895
1970	1308655	1249270	9515	40930	6040	2900
1971	1536300	1468475	8905	47170	7480	4270
1972	1453085	1370820	8100	61575	8200	4390
1973	1562770	1487460	7040	60010	5400	2860
1974	1550020	1493725	6245	43145	4035	2870
1975	1546080	1478850	8410	50855	5220	2745
1976	1543550	1471275	14965	49300	4835	3175
1977	1537670	1465765	11240	53105	4710	2850
1978	1898070	1829940	15135	44545	3300	5150
1979	1960495	1892480	13060	44880	5000	5075
1980	2028640	1970115	7885	42590	3565	4485

9－2 续表

单位:吨

年 份	合 计	稻 谷	小 麦	折粮薯类	杂 粮	大 豆
1981	1931885	1878290	8575	35120	5525	4375
1982	2334880	2269795	8630	44360	4735	7360
1983	2558240	2487825	7335	51200	4860	7020
1984	2443660	2373670	6565	48105	7915	7405
1985	2449215	2386240	5210	45600	5215	6950
1986	2518856	2458199	5550	37918	9536	7653
1987	2554153	2469708	5487	45653	24970	8335
1988	2535020	2453928	6436	42982	23901	7773
1989	2588563	2499928	7733	47108	24606	9188
1990	2641261	2542642	6094	50715	31949	9861
1991	2693046	2586304	7760	53322	33903	11757
1992	2548991	2440907	8370	53100	33969	12645
1993	2450080	2349086	7318	50828	26659	16189
1994	2534843	2412841	5801	62742	37218	16241
1995	2448028	2325133	4928	77917	24793	15257
1996	2737179	2597117	6905	77701	40598	14858
1997	2928132	2757668	9551	85889	58636	16388
1998	2618000	2443065	10211	90492	57497	16735
1999	2750152	2503557	9372	100343	121111	15769
2000	2623327	2405899	5324	98682	98444	14978
2001	2503041	2299943	6859	97099	86043	13097
2002	2119788	1908942	5245	116868	72908	15825
2003	2163732	1939536	3091	121342	82360	17403
2004	2520412	2300549	3498	125934	74045	16386
2005	2622817	2386731	3598	131021	82366	19101
2006	2424098	2344684	607	37223	32502	9082
2007	2230293	2018315	1030	124066	73827	13055
2008	2174385	2107480	372	35998	24062	6473
2009	2155996	2052794	1698	53948	38192	9364
2010	2090484	1967873	2285	63203	46338	10785
2011	2160047	2012963	3108	69802	59573	14601
2012	2248647	2086972	2599	75314	69346	14416
2013	2303074	2158998	3239	57159	68805	14873
2014	2345703	2204677	1218	55116	68643	16049
2015	2368295	2235192	1070	49305	67944	14784
2016	2330692	2200024	448	45627	69006	15587
2017	2264435	2126581	568	47341	74460	15485

注:1. 2006 年数据根据第二次全国农业普查结果予以调整。
2. 2007－2017 年数据根据第三次全国农业普查结果予以调整。

9-3 历年耕地面积

单位:千公顷

年份	合计	水田	旱地	每一农业人口占有耕地(亩)
1949	274.27	253.77	20.50	
1950	278.19	255.97	22.22	1.60
1951	282.98	258.87	24.11	1.60
1952	287.05	264.09	22.96	1.62
1953	291.23	265.75	25.48	1.62
1954	292.94	265.89	27.05	1.62
1955	297.80	266.27	31.53	1.63
1956	298.36	265.45	32.91	1.62
1957	295.05	260.49	34.56	1.61
1958	276.36	247.11	29.25	1.54
1959	271.76	241.87	29.89	1.56
1960	266.09	234.82	31.27	1.58
1961	261.71	235.12	26.59	1.55
1962	263.38	234.45	28.93	1.53
1963	261.97	235.25	26.72	1.47
1964	264.50	235.60	28.90	1.45
1965	265.87	235.99	29.88	1.41
1966	264.43	234.05	30.38	1.36
1967	263.07	231.56	31.51	1.32
1968	257.48	231.51	25.97	1.26
1969	260.65	231.72	28.93	1.22
1970	261.79	231.55	30.24	1.19
1971	261.47	231.93	29.54	1.18
1972	260.93	231.17	29.76	1.16
1973	260.49	230.51	29.98	1.14
1974	260.03	229.66	30.37	1.14
1975	258.92	228.44	30.48	1.09
1976	257.33	227.44	29.89	1.08
1977	257.11	227.22	29.89	1.06
1978	255.91	226.27	29.64	1.05
1979	255.49	225.86	29.63	1.05
1980	254.80	225.85	28.95	1.04

9－3 续表

单位：千公顷

年 份	合 计	水 田	旱 地	每一农业人口占有耕地(亩)
1981	254.31	225.74	28.57	1.03
1982	253.96	225.77	28.19	1.02
1983	253.30	225.11	28.19	1.01
1984	251.97	224.80	27.17	1.02
1985	250.05	223.64	26.41	1.00
1986	249.58	223.65	25.93	0.97
1987	249.04	223.33	25.71	0.96
1988	248.44	222.91	25.53	0.94
1989	248.20	222.69	25.51	0.92
1990	247.93	222.47	25.46	0.91
1991	248.07	222.58	25.49	0.91
1992	247.89	220.03	27.86	0.90
1993	246.89	219.37	27.52	0.90
1994	246.00	218.36	27.64	0.90
1995	245.77	218.18	27.59	0.89
1996	244.68	217.20	27.48	0.89
1997	244.07	216.70	27.37	0.88
1998	242.99	215.73	27.26	0.88
1999	242.14	215.26	26.88	0.87
2000	242.32	215.26	27.06	0.87
2001	242.53	215.48	27.05	0.87
2002	239.99	214.73	25.26	0.87
2003	237.10	215.20	21.90	0.86
2004	246.79	224.31	22.48	0.89
2005	246.90	220.43	26.47	0.88
2006	243.66	202.19	38.02	…
2007	262.20	226.24	35.96	1.01
2008	274.03	…	…	…
2009	278.07	245.62	32.45	1.05
2010	276.79	244.41	32.38	1.05
2011	275.65	243.33	32.32	1.04
2012	274.89	241.62	33.27	1.04
2013	274.15	241.42	32.73	1.04
2014	273.36	241.00	32.36	…
2015	271.97	236.01	35.64	…
2016	270.16	234.17	35.65	…
2017	274.16	240.99	32.80	…

注：从2017年开始，农业用地有关数据均来自国土部门。

9－4 历年牲猪、水产品生产情况

年 份	全年出栏肉猪（万头）	年末牲猪存栏（万头）	每一农业人口出栏肉猪（头）	水产品产量（吨）	#鱼 类（吨）	#虾贝类（吨）
1950	31.14	36.44	0.12	4945	4945	
1951	34.83	39.44	0.13	4865	4865	
1952	39.97	46.42	0.15	5335	5335	
1953	43.40	48.64	0.16	5840	5840	
1954	48.56	39.24	0.18	7320	7320	
1955	45.69	41.77	0.17	6300	6300	
1956	46.70	81.19	0.17	7105	7105	
1957	72.89	123.12	0.26	7195	7175	20
1958	73.25	102.37	0.27	6635	6580	55
1959	49.19	88.98	0.19	7055	6730	325
1960	37.64	66.15	0.15	6270	5780	490
1961	15.44	37.05	0.06	4180	4125	55
1962	14.09	55.42	0.05	3875	3575	300
1963	31.27	82.81	0.12	3815	3490	325
1964	73.35	79.57	0.27	5050	4355	700
1965	68.20	76.22	0.24	7620	6170	1450
1966	55.80	101.08	0.19	8130	6805	1325
1967	80.36	104.46	0.27	3950	3925	25
1968	92.58	104.17	0.30	4220	4190	30
1969	92.69	96.31	0.29	5950	5585	365
1970	80.19	129.80	0.24	5370	5365	5
1971	97.24	150.42	0.29	5845	5835	10
1972	147.12	162.80	0.44	5350	5205	145
1973	151.93	166.88	0.44	5535	5445	90
1974	155.31	166.56	0.45	6380	6375	5
1975	132.83	165.53	0.37	6490	6480	10
1976	149.60	182.02	0.42	7415	7340	75
1977	146.23	171.03	0.40	7555	7425	130
1978	147.47	170.29	0.40	7755	7575	180
1979	154.09	199.79	0.42	9995	9510	485
1980	184.47	185.29	0.50	11865	11185	680
1981	162.53	185.15	0.44	13195	12045	1150
1982	171.95	209.23	0.46	15520	14175	1345
1983	186.52	238.51	0.49	17025	16100	925
1984	230.25	245.42	0.62	21310	21140	170
1985	273.91	265.86	0.74	23265	22785	480

9－4 续表

年 份	全年出栏肉猪(万头)	年末牲猪存栏(万头)	每一农业人口出栏肉猪(头)	水产品产量(吨)	#鱼 类(吨)	#虾贝类(吨)
1986	306.75	283.68	0.81	27050	26572	478
1987	331.33	294.08	0.87	29983	29464	519
1988	370.10	307.93	0.93	33426	32983	443
1989	378.68	313.48	0.94	36079	35585	494
1990	399.12	328.75	0.98	36669	36184	485
1991	415.00	336.04	1.02	41276	40726	550
1992	480.11	358.38	1.17	47762	47198	564
1993	537.38	396.32	1.31	53917	53234	683
1994	560.84	385.31	1.37	56256	55128	1128
1995	592.63	369.33	1.43	61664	60719	679
1996	601.34	346.91	1.50	67887	66601	710
1997	608.33	355.90	1.53	75529	73663	851
1998	622.75	345.52	1.54	77425	75451	954
1999	596.75	322.08	1.52	82195	80965	771
2000	621.28	350.78	1.58	85191	83744	1015
2001	655.78	364.91	1.67	89965	88334	1208
2002	658.26	367.07	1.69	92874	90875	1502
2003	683.13	391.77	1.77	94235	91553	2104
2004	756.66	415.30	1.96	100128	97790	1805
2005	801.54	432.77	2.08	104201	101355	2249
2006	786.94	417.29	…	105074	102726	1764
2007	832.20	424.90	2.13	95302	93000	1537
2008	835.90	446.26	2.13	96395	94296	1442
2009	846.00	450.70	2.14	101443	99056	1738
2010	824.65	438.00	2.08	106571	104328	1819
2011	804.68	427.60	2.02	107154	104889	1563
2012	833.20	436.20	2.01	84550	82537	1735
2013	547.44	371.74	1.38	88450	86299	1847
2014	552.03	368.81	1.42	90740	88587	1841
2015	517.10	343.28	1.33	94000	91715	1990
2016	490.31	324.91	1.32	93622	90496	2644
2017	436.94	309.36	…	93435	90772	2363

注:1. 2013－2017 年畜牧指标数据根据第三次农业普查结果予以调整。
2. 2012－2017 年水产指标数据根据第三次农业普查结果予以调整。

9－5 农村基层组织情况与农业生产条件(2017 年)

指 标	单 位	全 市	芙蓉区	天心区
一、农村基层组织情况				
1. 乡镇个数	个	74		
# 镇个数	个	68		
2. 村(居)民委员会个数	个	984	6	20
# 村委员会个数	个	755	5	13
二、乡村人口与从业人员				
1. 乡村户数	万户	124.53	1.15	1.35
2. 乡村人口数	万人	416.78	4.28	4.91
3. 乡村劳动力资源数	万人	275.16	2.11	3.06
4. 乡村从业人员数	万人	244.19	1.57	3.03
按性别分				
(1)男	万人	138.58	0.87	1.76
(2)女	万人	105.61	0.7	1.27
按国民经济行业分				
(1)农业从业人员	万人	92.76		0.61
(2)工业从业人员	万人	58.43	0.18	0.64
(3)建筑业从业人员	万人	30.17	0.15	0.63
(4)交运运输、仓储及邮政从业人员	万人	11.3	0.24	0.24
(5)信息传输、计算机服务和软件从业人员	万人	4.79	0.09	0.1
(6)批零零售业从业人员	万人	18.42	0.35	0.28
(7)住宿和餐饮业从业人员	万人	10.71	0.38	0.23
(8)其他从业人员	万人	17.61	0.18	0.3
三、农村基础设施				
1. 通自来水村个数	个	591	5	13
2. 通汽车村个数	个	755	5	13
3. 通公共交通村个数	个	476	5	13
4. 通电话村个数	个	755	5	13
5. 通宽带村个数	个	755	5	13
6. 通有线电视村个数	个	755	5	13
7. 垃圾集中处理村个数	个	687	5	13
8. 污水集中处理村个数	个	312	5	13

岳麓区	开福区	雨花区	望城区	长沙县	浏阳市	宁乡市
2		1	5	13	28	25
2		1	5	13	26	21
61	32	15	120	159	314	257
52	9	13	97	114	237	215
6.11	2.97	1.69	16.08	20.07	36.85	38.26
19.49	8.89	5.97	52.47	70.87	129.38	120.52
12.52	4.64	5.38	33.21	42.94	80.62	90.68
10.96	2.82	5.11	30.32	39.16	76.02	75.2
6.05	1.64	3.09	16.29	23.17	42.76	42.95
4.91	1.18	2.02	14.03	15.99	33.26	32.25
4.69	0.88	3.25	11.12	17.05	27.41	27.75
1.1	0.45	0.61	3.84	9.9	24.75	16.96
1.82	0.55	0.29	6.23	4.24	5.79	10.47
0.58	0.19	0.23	1.06	1.51	2.87	4.38
0.33	0.15	0.11	0.4	0.63	1.26	1.72
0.75	0.16	0.17	1.8	2.56	5.94	6.41
0.71	0.19	0.19	1.2	1.81	3.14	2.86
0.98	0.25	0.26	4.67	1.46	4.86	4.65
31	9	13	83	87	216	134
52	9	13	97	114	237	215
42	9	13	97	110	96	91
52	9	13	97	114	237	215
52	9	13	97	114	237	215
52	9	13	97	114	237	215
52	9	13	84	114	195	202
40	9	2	43	58	77	65

9－5 续表

指　　标	单 位	全 市	芙蓉区	天心区
四、农业主要能源及物资消耗				
（一）农村用电量情况				
农村用电量（不包括县办工业和城镇生活用电）	万千瓦小时	200471	6705	9756
（二）农用化肥施用量				
1. 按实物量计算	吨	581054	146	3487
（1）氮　肥	吨	206686	2	1428
（2）磷　肥	吨	124022		827
（3）钾　肥	吨	70400		483
（4）复合肥	吨	179946	144	750
2. 按折纯量计算	吨	185639	64	1058
（1）氮　肥	吨	53532	1	370
（2）磷　肥	吨	17363		116
（3）钾　肥	吨	34848		239
（4）复合肥	吨	79896	64	333
（三）农用塑料薄膜使用量	吨	7204	1	46
# 地膜使用量	吨	5406	1	9
地膜覆盖面积	公顷	65121	10	105
（四）农用柴油使用量	吨	57250		170
（五）农药使用量（实物量）	吨	7965		42
五、耕地面积	千公顷	274.16	0.14	1.92
1. 水 田	千公顷	240.99	0.03	1.67
2. 水浇地	千公顷	0.37	0.11	0.09
3. 旱 地	千公顷	32.80		0.16

岳麓区	开福区	雨花区	望城区	长沙县	浏阳市	宁乡市
10214	13407	8789	10468	65627	47469	28035
16993	5050	1560	70219	99500	171022	213076
7700	2419	620	39073	36800	39584	79060
4278	926	310	16363	20780	32279	48259
1628	614	210	7071	9000	20213	31181
3387	1091	420	7712	32920	78946	54576
4903	1544	494	19335	31512	59829	66899
1994	627	161	10120	9531	10252	20477
599	130	43	2291	2909	4519	6756
806	304	104	3500	4455	10005	15435
1504	484	186	3424	14616	35052	24232
415	61	68	1018	745	2127	2723
204	61	68	960	540	1514	2049
2521	841	728	10823	8020	16920	25153
650	405	22	2282	8800	32191	12730
271	70	15	1009	1586	2047	2926
10.43	2.79	3.83	31.33	51.11	76.90	95.72
9.52	2.71	3.62	28.98	46.89	68.01	79.58
0.03	0.01	0.06				0.07
0.88	0.07	0.15	2.34	4.23	8.89	16.07

9－6 主要农产品生产情况(2017年)

指　　标	单　位	全　市	芙蓉区	天心区
农作物总播种面积	**千公顷**	**594.26**	**0.16**	**2.93**
一、粮食作物播种面积	千公顷	344.29		1.31
单　产	公斤/亩	438		446
总产量	吨	2264435		8771
(一)谷物播种面积	千公顷	326.6		1.27
单　产	公斤/亩	448		453
总产量	吨	2194491		8648
1.稻谷播种面积	千公顷	316.84		1.27
单　产	公斤/亩	447		452
总产量	吨	2126581		8631
(1)早稻播种面积	千公顷	119.32		0.28
单　产	公斤/亩	385		316
总产量	吨	688759		1305
(2)中稻与一季晚稻播种面积	千公顷	76.44		1
单　产	公斤/亩	518		489
总产量	吨	593596		7326
(3)晚稻播种面积	千公顷	121.09		
单　产	公斤/亩	465		
总产量	吨	844226		

注:2017年数据根据第三次农业普查结果予以调整。

岳麓区	开福区	雨花区	望城区	长沙县	浏阳市	宁乡市
19	**3.62**	**0.76**	**92.9**	**125.35**	**169.4**	**180.15**
11.23	2.19	0.23	52.55	80.69	78.5	117.59
481	435	500	435	422	462	432
81035	14267	1741	342836	510495	544127	761163
10.98	2.16	0.23	48.98	73.88	74.25	114.84
486	433	500	448	436	474	435
80024	14016	1741	328910	483063	527947	750143
10.76	2.14	0.23	48.58	71.33	71.98	110.54
486	433	500	447	435	476	434
78420	13898	1741	326067	465137	513738	718949
3.56	0.04		19.98	30.63	19.72	45.11
406	334		400	403	397	359
21725	212		119988	185295	117415	242819
3.97	2.07	0.23	8.78	9.85	31.92	18.62
530	434	500	530	480	528	523
31542	13469	1741	69879	70952	252696	145993
3.23	0.03		19.82	30.85	20.34	46.82
519	465		458	451	471	470
25153	218		136200	208891	143627	330137

9－6 续表 1

指　　标	单　位	全　市	芙蓉区	天心区
2. 小麦播种面积	千公顷	0.17		
单　产	公斤/亩	220		
总产量	吨	568		
3. 玉米播种面积	千公顷	8.76		
单　产	公斤/亩	483		
总产量	吨	63456		17
4. 高粱播种面积	千公顷	0.24		
单　产	公斤/亩	290		
总产量	吨	1048		
5. 其他谷物播种面积	千公顷	0.58		
单　产	公斤/亩	325		
总产量	吨	2838		
(1)其它春夏收杂粮播种面积	千公顷	0.02		
单　产	公斤/亩	342		
总产量	吨	91		
①大麦播种面积	千公顷	0.02		
单　产	公斤/亩	342		
总产量	吨	91		
②其他春夏收杂粮播种面积	千公顷			
单　产	公斤/亩			
总产量	吨			
(2)其它秋收杂粮播种面积	千公顷	0.56		
单　产	公斤/亩	324		
总产量	吨	2747		
①荞麦播种面积	千公顷	0.05		
单　产	公斤/亩	163		
总产量	吨	115		
②其他秋收杂粮播种面积	千公顷	0.52		
单　产	公斤/亩	339		
总产量	吨	2632		
(二)豆类播种面积	千公顷	7.57		0.02
单　产	公斤/亩	199		186
总产量	吨	22603		42
1. 大豆播种面积	千公顷	4.18		0.02
单　产	公斤/亩	247		186
总产量	吨	15485		42
2. 绿豆播种面积	千公顷	0.38		
单　产	公斤/亩	174		
总产量	吨	999		
3. 红小豆播种面积	千公顷	0.12		
单　产	公斤	120		
总产量	吨	212		
4. 其他杂豆播种面积	千公顷	2.89		
单　产	公斤	136		
总产量	吨	5907		

岳麓区	开福区	雨花区	望城区	长沙县	浏阳市	宁乡市
					0.03	0.15
					230	218
					94	474
0.1			0.4	2.44	1.72	4.1
568			471	474	464	495
888			2843	17326	11961	30422
				0.08	0.12	0.04
				313	219	464
				389	398	262
0.12	0.02			0.03	0.4	0.02
414	480			426	291	157
715	118			210	1757	37
					0.02	
					342	
					91	
					0.02	
					342	
					91	
0.12	0.02			0.03	0.38	0.02
414	480			426	289	157
715	118			210	1666	37
					0.03	0.02
					166	157
					78	37
0.12	0.02			0.03	0.35	
414	480			426	300	
715	118			210	1588	
0.07	0.02		1.13	3.01	2.03	1.29
193	117		151	202	202	230
199	27		2574	9138	6152	4470
0.02	0.01		0.44	1.35	1.41	0.93
204	115		188	262	240	266
69	13		1249	5332	5086	3694
0.01			0.03	0.07	0.09	0.18
204			226	221	163	152
23			89	238	230	420
				0.03	0.06	0.02
				102	126	131
				49	121	42
0.04	0.01		0.66	1.55	0.46	0.16
184	120		124	151	103	128
108	14		1236	3520	715	314

9－6 续表2

指标	单位	全市	芙蓉区	天心区
(三)薯类播种面积	千公顷	10.12		0.02
单　产	公斤/亩	312		244
总产量	吨	47341		82
1.甘薯播种面积	千公顷	6		0.01
单　产	公斤/亩	321		239
总产量	吨	28852		53
2.马铃薯播种面积	千公顷	4.13		0.01
单　产	公斤/亩	299		254
总产量	吨	18489		29
二、油料播种面积	千公顷	55.78		0.01
单　产	公斤/亩	115		147
总产量	吨	96222		22
1.花生果播种面积	千公顷	3.53		
单　产	公斤/亩	211		
总产量	吨	11199		
2.油菜籽播种面积	千公顷	51.01		0.01
单　产	公斤/亩	107		147
总产量	吨	82052		22
3.芝麻播种面积	千公顷	0.52		
单　产	公斤/亩	103		
总产量	吨	805		
三、棉花播种面积	千公顷	0.17		
单　产	公斤/亩	89		
总产量	吨	227		
四、生麻播种面积	千公顷	0.01		
单　产	公斤/亩	133		
总产量	吨	10		
# 生苎麻播种面积	千公顷	0.01		
单　产	公斤/亩	133		
总产量	吨	10		
五、甘蔗播种面积	千公顷	0.11		
单　产	公斤/亩	1605		
总产量	吨	2576		

岳麓区	开福区	雨花区	望城区	长沙县	浏阳市	宁乡市
0.18	0.02		2.43	3.8	2.22	1.46
301	991		311	321	302	299
812	223		11352	18294	10028	6550
0.07	0.01		1.71	2.04	1.45	0.7
327	937		320	333	309	306
364	104		8225	10183	6695	3228
0.11	0.01		0.72	1.76	0.77	0.76
282	1044		290	307	288	293
448	119		3126	8111	3333	3322
1.01		0.03	5.27	9.17	32.08	8.21
173		71	144	114	109	114
2620		32	11355	15752	52351	14090
0.06			0.6	0.47	1.05	1.36
205			237	182	205	215
178			2127	1270	3242	4382
0.94		0.03	4.45	8.46	30.59	6.53
171		71	128	110	105	91
2401		32	8540	13961	48180	8916
0.01			0.12	0.14	0.15	0.1
113			165	116	70	60
17			297	243	158	90
					0.08	0.09
					95	83
					111	116
					0.01	
					133	
					10	
					0.01	
					133	
					10	
					0.07	0.04
					1500	1780
					1508	1068

9－6 续表 3

指　　　标	单　位	全　市	芙蓉区	天心区
六、烟叶播种面积	千公顷	7.35		
单　产	公斤/亩	133		
总产量	吨	14676		
1. 烤烟播种面积	千公顷	6.73		
单　产	公斤/亩	128		
总产量	吨	12930		
2. 晒(土)烟播种面积	千公顷	0.62		
单　产	公斤/亩	188		
总产量	吨	1746		
七、药材播种面积	千公顷	2.64		
单　产	公斤/亩	554		
总产量	吨	21958		
八、蔬菜播种面积(含菜用瓜)	千公顷	142.52	0.14	1.41
单　产	公斤/亩	2318	1960	1995
总产量	吨	4954877	4117	42217
九、瓜果类播种面积	千公顷	7.59	0.02	0.08
单　产	公斤/亩	1996	1378	2716
总产量	吨	227136	361	3260
1. 西瓜播种面积	千公顷	5.58		0.06
单　产	公斤/亩	2125		3037
总产量	吨	177886		2733
2. 甜瓜播种面积	千公顷	1.68		0.01
单　产	公斤/亩	1751		1213
总产量	吨	44006		182
3. 草莓播种面积	千公顷	0.32	0.02	0.01
单　产	公斤/亩	1089	1378	2120
总产量	吨	5204	361	318
十、其它农作物播种面积	千公顷	33.81		0.12
# 青饲料播种面积	千公顷	7.89		0.09

岳麓区	开福区	雨花区	望城区	长沙县	浏阳市	宁乡市
				0.04	3.18	4.13
				208	119	143
				125	5685	8866
				0.03	3.18	3.52
				260	119	135
				117	5685	7128
				0.01		0.61
				53		190
				8		1738
			0.08	0.1	1.81	0.65
			92	485	605	480
			110	728	16440	4680
5.56	1.39	0.49	27.56	26.12	38.59	41.25
2424	1993	1636	2321	2517	2148	2365
202210	41556	12116	959437	986201	1243457	1463565
0.13	0.01		1.00	1.00	4.25	1.09
2900	3917	3120	2064	2257	1914	1840
5800	588	100	31059	33861	122018	30091
0.06	0.01		0.86	0.77	2.79	1.03
3984	3917	3120	2149	2355	2076	1885
3586	588	100	27672	27204	86881	29123
0.04			0.12	0.20	1.28	0.03
3014			1695	2017	1680	1740
1808			2927	6050	32256	783
0.02			0.03	0.03	0.18	0.03
1230			1053	1349	1062	411
406			460	607	2867	185
1.06	0.03		6.43	8.23	10.83	7.09
0.11	0.03		2.42	1.6	2.73	0.91

9－7 茶叶、水果生产情况(2017 年)

指标	单位	全市	芙蓉区	天心区
一、茶叶产量	吨	33357		
绿茶	吨	20823		
青茶	吨	86		
红茶	吨	8418		
其它茶	吨	4030		
二、水果产量	吨	399149	361	3337
1. 园林水果	吨	172013		78
柑	吨	28690		
桔	吨	67996		41
橙	吨	2950		
柚	吨	9241		16
桃	吨	11390		
猕猴桃	吨	674		
李子	吨	9974		
梨	吨	8630		
葡萄	吨	17452		20
红枣(干枣折成鲜枣)	吨	419		
鲜柿子(柿饼折成鲜柿)	吨	5404		
枇杷	吨	757		
其他园林水果	吨	8436		
2. 瓜果类水果(西瓜、甜瓜、草莓)	吨	227136	361	3260
三、食用坚果	吨	7559		
# 板栗	吨	7559		
三、年末茶园面积	千公顷	13.23		
# 当年采摘	千公顷	12.09		
四、年末果园面积	千公顷	14.75		
# 柑桔园面积	千公顷	4.52		
桃园面积	千公顷	1.99		
猕猴桃园面积	千公顷	0.16		
梨园面积	千公顷	2.51		
葡萄园面积	千公顷	1.51		

注:2017 年数据根据第三次农业普查结果予以调整。

岳麓区	开福区	雨花区	望城区	长沙县	浏阳市	宁乡市
36			561	26692	1618	4450
34			561	15652	1175	3401
					58	28
				7835	3	580
2				3205	382	441
20313	592	100	40769	74851	199657	59170
14513	4		9710	40990	77639	29079
2413			677	1200	20175	4225
4240	4		5835	11000	29845	17030
59			403	1000	1181	307
220			99	4500	4186	220
243			563	3200	5983	1402
			68	320	87	199
100			508	3800	3095	2471
84			391	1500	4015	2640
3144			915	10500	2312	561
3			37	220	148	11
3			1	450	4950	
2			1	300	450	4
4002			214	3000	1212	9
5800	588	100	31059	33861	122018	30091
14			59	4800	2658	28
14			59	4800	2658	28
0.05			0.68	5.85	3.31	3.35
0.04			0.65	5.77	2.64	2.99
0.39			0.90	5.16	4.34	3.96
0.14			0.61	0.58	0.79	2.40
0.02			0.09	0.50	1.15	0.23
			0.01	0.05	0.06	0.04
0.03			0.04	0.55	1.54	0.35
0.09			0.15	0.60	0.44	0.23

9－8 畜牧业生产情况(2017 年)

指　　标	单　位	全　市	芙蓉区	天心区
一、当年出栏猪头数	万头	436.94		0.51
1. 出栏肉猪	万头	436.94		0.51
2. 出口中仔猪	万头			
二、当年出售和自宰的肉用牛	万头	5.91		0.01
三、当年出售和自宰的肉用羊	万只	75.15		0.19
四、当年出售和自宰的肉用驴	匹	47		
五、当年出售和自宰的家禽(鸡鸭鹅)	万羽	3935.14		5.62
# 活鸡	万羽	3247.27		3.23
六、当年出售和自宰的肉用兔	万只	8.24		
七、当年出售和自宰的鹌鹑	羽	89613		
八、当年出售和自宰的肉鸽	羽	102626		
九、当年出售和自宰的狗	只	149078		
十、当年肉类总产量	吨	398098		439
1. 猪肉产量	吨	320905		303
①肉猪肉产量	吨	320905		303
②出口中仔猪肉产量	吨			
2. 牛肉产量	吨	7380		10
3. 羊肉产量	吨	11926		30
4. 驴肉产量	吨	5		
5. 禽肉产量	吨	56162		96
# 鸡肉产量	吨	44173		17
6. 兔肉产量	吨	98		
7. 其他肉产量	吨	1622		
十一、当年牛奶产量	吨	2504		
十二、当年蜂蜜产量	吨	889		

注:2017 年数据根据第三次农业普查结果予以调整。

岳麓区	开福区	雨花区	望城区	长沙县	浏阳市	宁乡市
3.79	5.2	0.52	54.65	98.95	133.27	140.05
3.79	5.2	0.52	54.65	98.95	133.27	140.05
0.03			0.35	0.62	1.85	3.05
0.76	0.11	0.02	0.18	1.88	65.44	6.57
				18	29	
35.07	12.89	4.39	171.36	197.77	743.52	2764.52
28.68	9.03	3.84	103.14	158.83	480.1	2460.42
0.03			0.17	0.14	6.13	1.77
			6408	24280	57332	1593
			7108	25846	54655	15017
2076			15996	29310	73721	27975
3443	3566	541	44133	77678	120663	147635
2709	3366	462	40913	73308	96363	103481
2709	3366	462	40913	73308	96363	103481
40			439	769	2309	3813
135	17	4	31	296	10380	1033
				2	3	
542	183	75	2582	2793	10809	39082
439	110	75	1678	2318	7098	32438
			2	2	67	27
17			166	508	732	199
			1845	659		
		5	3	56	784	41

9－8 续表

指　　标	单　位	全　市	芙蓉区	天心区
十三、当年蜂蜡产量	公斤	25643		
十四、当年禽蛋产量	吨	42843		307
1. 鸡鸭鹅禽蛋产量	吨	42436		246
# 鸡蛋产量	吨	34168		219
2. 其他禽蛋产量	吨	407		61
十五、大牲畜存栏总头数	头	102763		61
1. 牛存栏	头	102676		61
(1)肉牛	头	79362		61
# 能繁母牛	头	22349		
当年生仔牛	头	11957		
(2)役用牛	头	22082		
# 能繁母牛	头	7649		
当年生仔牛	头	3369		
(3)奶牛	头	1232		
# 能繁母牛	头	806		
当年生仔牛	头	382		
2. 马存栏	匹	39		
# 能繁母马	匹	10		
当年生仔马	匹	4		
3. 驴存栏	头	48		
# 能繁母驴	头	9		
当年生仔驴	头	6		
4. 骡存栏	头			
# 当年生仔骡	头			
十六、生猪存栏	万头	309.36		0.32
# 能繁母猪	万头	30.16		0.02
十七、山羊存栏	万只	48.11		0.18
#能繁母羊	万只	21.22		0.12
十八、养蜂箱数	箱	44960		
十九、兔存栏	万只	6.07		
二十、家禽存笼	万羽	2239.11		7.97
# 活鸡	万羽	1882.42		5.25
# 肉鸡	万羽	822.62		0.87
蛋鸡	万羽	920.5		1.61

岳麓区	开福区	雨花区	望城区	长沙县	浏阳市	宁乡市
			415	1500	22388	1340
1382	98	217	12699	7289	9654	11197
1382	98	217	12418	7367	9511	11197
967	63	217	8376	5741	8513	10072
			292	19	35	
443	258		6145	8427	38129	49300
443	258		6145	8427	38042	49300
275	88		4195	5436	23309	45998
134			2126	1442	7368	11279
			1722	857	2825	6553
168	170		1626	2083	14733	3302
58			933	627	4786	1245
29			398	287	2103	552
			324	908		
			230	576		
			94	288		
					39	
					10	
					4	
					48	
					9	
					6	
2.1	3.17	0.31	36.63	70.5	91.53	104.8
0.16	0.34	0.03	3.56	6.48	9.09	10.48
0.66	0.02	0.01	0.93	1.6	39.38	5.33
			0.59	0.3	18.16	2.05
		1000	1986	2928	34903	4143
			0.09		3.7	2.28
48.39	12.6	6.81	237.38	238.35	665.86	1021.75
33.7	9.1	6.4	166.78	183.12	523.65	954.42
12.2	6.4	1.77	51.38	96.89	237.56	415.55
21.5	2.7	4.63	115.4	66.18	270.21	438.27

9－9 渔业生产情况(2017 年)

指标	单位	全市	芙蓉区	天心区
一、水产品总产量	吨	93435	60	1440
(一)淡水产品捕捞产量	吨	2516		14
1. 鱼类(含鳝鱼、泥鳅)	吨	2157		14
2. 虾蟹类	吨	293		
3. 贝类	吨	58		
4. 其他类	吨	8		
(1)龟	公斤	1144		
(2)鳖	公斤	1200		
(3)其他	吨	5		
(二)淡水产品养殖产量	吨	90919	60	1426
1. 鱼类(含鳝鱼、泥鳅)	吨	88615	60	1426
2. 虾蟹类	吨	1824		
3. 贝类	吨	188		
4. 其他类	吨	293		
(1)珍珠	公斤	1692		
(2)龟	公斤	11809		
(3)鳖	公斤	63604		
(4)牛蛙	吨	96		
二、淡水养殖面积合计	公顷	18601	15	165
(一)池塘养殖	公顷	12130	15	165
# 精养池塘	公顷	6334	15	50
(二)湖泊养殖	公顷	1365		
# 粗养	公顷	85		
(三)河沟养殖	公顷	336		
(四)水库养殖	公顷	4600		
# 粗养	公顷	2267		
(五)其他养殖	公顷	170		
附:1. 稻田养殖面积	公顷	1072		
其中:养鱼面积	公顷	795		
成鱼产量	吨	988		
3. 养殖水面中鱼种池面积	公顷	222		

注:2017 年数据根据第三次农业普查结果予以调整。

岳麓区	开福区	雨花区	望城区	长沙县	浏阳市	宁乡市
5680	885	850	22180	14460	20770	27110
230			744	58	610	860
227			393	58	609	856
2			290			
			58			
			2		1	4
			1064			80
			1080			120
					1	4
5450	885	850	21436	14402	20160	26250
5445	885	850	19894	14074	19769	26211
5			1505	314	1	
			18		170	
			20	14	220	39
			1553			139
			5367			6442
227			11856	7600	30000	13921
			1	6	70	19
720	95	180	5945	2975	3850	4656
609	95	140	4189	2091	1600	3226
123	60		3196	546	700	1645
			1145			220
			45			40
			316	20		
53		40	193	864	2250	1200
51			65	720	1070	360
58			102			10
52			21	79	360	560
52			14		299	430
30			246		311	401
			54		100	68

9－10 农林牧渔业总产值(2017年)

指　　标	全　市	芙蓉区	天心区	岳麓区
	按现行价格计算			
农林牧渔业总产值	**5141997**	**1268**	**26035**	**160971**
一、农业产值	3239403	1135	20882	125563
1. 谷物及其他作物	906459		2801	27778
# 粮食	782345		2782	25742
(1)谷物	747295		2741	25408
# 小麦	99			
稻谷	691271		2737	24191
玉米	19074		4	280
(2)折粮薯类	16371		14	194
(3)油料	78360		19	2036
# 花生	12171			142
油菜籽	62097		19	1873
(4)豆类	18679		27	140
# 大豆	10367		27	49
(5)棉花	316			
(6)生麻	3			
(7)糖料	902			
(8)烟草	43232			
(9)其他农作物	1301			
# 饲料作物	446			
2. 蔬菜园艺作物	1972861	910	17051	89507
(1)蔬菜	1432053	757	12078	63696
(2)食用菌(干鲜混合)	49591	153	165	
(3)花卉	25134		2177	5531
(4) 盆景园艺	466083		2631	20280
3. 水果、坚果、饮料和香料作物	314308	225	1030	8278
# 水果(含果用瓜)	125972	225	1030	8056
# 梨	3077			34
柑桔	25892		8	1264
# 茶及其他饮料	180009			211
4. 中药材	45775			

注:2017年数据根据第三次农业普查结果予以调整。

单位:万元

开福区	雨花区	望城区	长沙县	浏阳市	宁乡市
按现行价格计算					
25726	**86281**	**686196**	**1027130**	**1515856**	**1612534**
15451	79259	449853	702866	876622	967772
3979	545	137657	183044	243417	307238
3979	523	127501	168898	183893	269027
3923	523	120342	155534	175153	263671
				19	80
3880	523	112679	143176	162716	241369
		1350	4158	4353	8929
35		4886	5184	4164	1894
	22	9825	13378	42743	10337
		2265	1316	3233	5215
	22	6759	11067	38077	4280
21		2273	8180	4576	3462
9		874	3813	3194	2401
				167	149
				3	
				522	380
			284	16089	26859
		331	484		486
		147	170		129
11303	78685	290089	356473	516827	612016
11303	3091	274399	270495	352592	443642
	24		36556	5507	7186
	170	1290	6585	4309	5072
	75400	14400	42837	154419	156116
169	29	21789	160583	84287	37918
169	29	13298	24730	65979	12456
		293	780	1326	644
1		1503	2649	17331	3136
		8415	130793	15286	25304
		318	2766	32091	10600

9－10 续表

指　　标	全　市	芙蓉区	天心区	岳麓区
	按现行价格计算			
二、林业产值	318304			6422
（一）林木的培育和种植	73644			1437
1. 育种育苗	18424			
2. 造林	10717			
3. 抚育和管理	10217			320
4. 零星植树	34286			1117
（二）竹木采运	43690			1635
（三）林产品	200970			3350
三、牧业产值	1110648		1672	11609
（一）牲畜饲养	91302		185	869
1. 牛的饲养	25134		35	180
2. 羊的饲养	64615		150	689
3. 牛奶	1553			
（二）猪的饲养	771280		744	7133
# 肉猪	771280		744	7133
（三）家禽饲养	239682		743	3514
1. 肉禽	160456		230	1301
2. 禽蛋	79226		513	2213
（四）其他畜牧业	8384			93
# 兔	288			
四、渔业产值	169161	73	1901	8997
1. 鱼类	159123	73	1901	8974
2. 虾蟹类	4650			12
3. 贝类	157			
4. 其他	5231			11
五、农林牧渔服务业	304481	60	1580	8380

单位:万元

开福区	雨花区	望城区	长沙县	浏阳市	宁乡市
按现行价格计算					
		12536	37869	200095	61382
		7460	31144	29986	3617
		1918	15743	55	708
		1906	6556	2181	74
		1063	3084	5750	
		2573	5761	22000	2835
		1538	770	11313	28434
		3538	5955	158796	29331
8304	1495	129984	206702	308324	442558
62	21	2449	4392	63747	19577
		1142	2520	8122	13135
62	21	157	1469	55625	6442
		1150	403		
7547	912	96246	180582	197244	280872
7547	912	96246	180582	197244	280872
695	548	30521	19900	43823	139938
524	174	7028	7757	25674	117768
171	374	23493	12143	18149	22170
	14	768	1828	3510	2171
		5	7	200	76
1151	1377	44823	24453	38415	47971
1151	1377	39960	23841	34346	47500
		4148	489	1	
		45		112	
		670	123	3956	471
820	4150	49000	55240	92400	92851

10 工　业

10－1 历年工业总产值

单位:万元

年份	合计	#大中型企业	#国有工业	#集体工业		轻工业	重工业
					#乡办工业		
1949	5791	…	433		…	4896	895
1950	9002	…	1630	39	…	7921	1081
1951	14892	…	4057	129	…	12945	1947
1952	20409	…	10400	201	…	17076	3333
1953	28847	…	14602	378	…	24199	4648
1954	30875	…	17846	714	…	24523	6352
1955	35450	…	19311	2234	…	28742	6708
1956	45732	…	36351	7660	…	35686	10046
1957	49355	…	39277	9360	…	39189	10166
按1957年不变价格计算							
1957	46096	…	36541	8845		36868	9228
1958	80433	…	58213	22109	4659	59711	20722
1959	105816	…	75554	30262	4455	68870	36946
1960	120489	…	86411	34078	3508	68554	51935
1961	63898	…	46444	17333	1051	46572	17326
1962	53339	…	38507	14580	467	40256	13083
1963	54016	…	40829	12992	178	38672	15344
1964	64857	…	49533	15219	290	45358	19499
1965	79691	…	58891	20797	1277	51868	27823
1966	96285	…	68584	27701	3073	62743	33542
1967	87318	…	59683	27635	3151	57524	29794
1968	78585	…	51981	26604	3382	54247	24338
1969	97375	…	68078	29297	2194	60575	36800
1970	140654	…	104311	36343	2948	78545	62109
1971	150535	…	111997	38538	3577	81623	68912
按1970年不变价格计算							
1971	132575	…	96260	36315	3577	72794	59781
1972	154173	48387	113309	40864	3627	86545	67628
1973	163927	50018	118714	45213	4691	93632	70295
1974	128974	34209	89526	39448	5633	82062	46912
1975	163374	51074	113325	50049	7181	94128	69246
1976	147984	37453	97010	50974	9479	88653	59331
1977	190006	50228	125967	64039	11791	106133	83873
1978	238489	55004	153188	85301	14509	132376	106113
1979	274260	63033	178564	95696	17671	155407	118853
1980	302624	69477	192773	108551	19593	180677	121947
1981	312240	67577	193803	117076	20046	199146	113094

10－1 续表

单位:万元

年份	合计	# 大中型企业	# 国有工业	#集体工业	# 乡办工业	轻工业	重工业
	按 1980 年不变价格计算						
1981	305989	65529	190040	114625	20357	197536	108453
1982	318933	68386	192110	124599	22348	204500	114433
1983	339270	80644	203733	135294	24694	213291	125979
1984	387985	108532	228587	158835	30208	239867	148118
1985	463521	139538	255540	207209	42044	279040	184481
1986	524318	179662	294463	218422	46225	301104	223214
1987	635046	227241	348228	271609	65890	364015	271031
1988	763387	275958	406300	329184	90309	418990	344397
1989	837404	307890	418981	369449	68336	465656	371748
1990	864295	332217	428900	388730	79207	481316	382979
	按 1990 年不变价格计算						
1990	1201241	519530	685839	461738	124188	680329	520912
1991	1389702	572449	751752	561615	167332	780430	609272
1992	1655135	646830	877163	716342	219372	856131	799004
1993	1923267	828288	907141	900189	345084	988828	934439
1994	2261762	917685	950930	664639	352342	1215599	1046163
1995(原规定)	2625906	888684	1072289	635231	388926	1458138	1167768
1995(新规定)	2465662	884923	1047582	887074	410523	1347777	1117885
1996	2874962	916152	1112524	1103270	492329	1465786	1409176
1997	3366581	1029812	1169371	1147896	518527	1655539	1711042
1998	3871568	1157742	1244845	1082559	490985	1812982	2058586
1999	4316798	1322056	1338019	990848		1990907	2325891
2000	4836651	1486342	1530512	914127		2235016	2601635
2001	5349642	1975827	1208526	1011082		2404381	2945261
2002	6079083	2522050	1318284			2412608	3666475
2003	7147780	2435058	1703105			2516350	4631430
	按当年价格计算						
2003	8034980	4075032	2273348			3438771	4596209
2004	10060596	4848325	2679230			4488562	5572034
2005	13006235	6193647	3151357			5802766	7203469
2006	16509547	7667315	3998824			5978281	10531266
2007	21546411	9933579	5289693			7461083	14085328
2008	35074824	17520328	10109994			14391159	20683665
2009	41618121	20436243	11793145			16262144	25355977
2010	54877395	28190353	15158744			21443162	33434233
2011	71273582	38750233	19293574			27958192	43315390
2012	82630847	42333662	21852534			32276868	50353979
2013	89380523	49570685	22108786			31876211	57504312
2014	104445106	59472793	22111685			32681853	62765763
2015	111746223	67380196	22134390			37262597	74483626
2016	122077301	74148116	21927534			41378142	80699159
2017	124115779	76349482	26580545				

10-2 历年工业总产值指数

（以1949年为100）

年份	工业总产值	#国有工业	轻工业	重工业
1949	100	100	100	100
1950	155.4	376.4	161.8	120.8
1951	257.2	937.0	264.4	217.5
1952	352.4	2401.8	348.8	372.4
1953	498.1	3372.3	496.3	519.3
1954	533.2	4121.5	500.9	709.7
1955	612.2	4459.8	587.1	749.5
1956	789.1	8395.2	728.9	1122.5
1957	852.3	9070.9	800.4	1135.9
1958	1487.1	14451.0	1296.4	2550.5
1959	1956.4	18755.9	1495.3	4547.5
1960	2227.7	21451.0	1488.4	6392.4
1961	1181.4	11529.6	1011.2	2132.5
1962	986.2	9559.1	874.0	1610.3
1963	998.7	10135.6	839.6	1888.6
1964	1199.1	12296.3	984.8	2400.0
1965	1473.4	14619.4	1126.1	3424.6
1966	1780.2	17025.6	1362.3	4128.5
1967	1614.4	14815.9	1248.9	3667.2
1968	1453.0	12903.9	1177.8	2995.6
1969	1800.4	16900.0	1315.2	4529.5
1970	2600.6	25894.7	1705.3	7544.6
1971	2783.3	27802.8	1772.2	8481.9
1972	3236.5	32726.1	2106.9	9595.6
1973	3441.3	34287.3	2279.4	9974.1
1974	2707.5	25857.0	1997.8	6656.3
1975	3429.7	32730.7	2291.5	9825.1
1976	3106.6	28018.7	2158.2	8418.3
1977	3988.8	36382.0	2583.7	11900.6
1978	5006.7	44180.5	3280.2	15302.0
1979	5757.7	51499.1	3860.0	17181.1
1980	6353.2	55597.1	4477.1	17585.4
1981	6555.0	55894.1	4934.7	16308.7
1982	6832.3	56502.9	5108.7	17208.0
1983	7268.0	59921.5	5328.3	18944.2
1984	8311.6	67231.5	5992.2	22273.4
1985	9929.8	75158.8	6970.8	27741.5

10－2 续表 1

（以 1949 年为 100）

年　份	工业总产值	# 国有工业	轻工业	重工业
1986	11232.2	86606.8	7522.0	33566.0
1987	13604.2	102420.0	9093.6	40756.5
1988	16353.6	119500.0	10466.6	51789.0
1989	17939.4	123387.3	11764.7	56626.4
1990	18514.8	126305.5	12159.6	58332.8
1991	21419.6	138444.2	13948.7	68227.5
1992	25510.7	161540.1	15301.7	89446.2
1993	29643.5	167061.0	17673.5	104562.7
1994	34860.7	175125.0	21720.7	117057.9
1995	40473.3	181107.4	26043.1	130636.7
1996	47191.9	192334.7	28334.9	164732.8
1997	55261.7	202162.5	31990.1	199985.6
1998	63550.9	215210.6	35029.2	240582.7
1999	70859.3	237359.0	38462.1	271858.5
2000	79362.4	271506.4	43191.8	303937.8
2001	87774.8	214490.1	46474.4	344057.6
2002	99712.2	234008.7	46613.8	428351.1
2003	120950.9	302339.2	48618.2	541007.4
2004	151430.5	367946.9	63461.3	655863.3
2005	192771.0	484954.0	80215.1	847375.4
2006	251951.7	614921.7	101632.5	1129551.4
2007	328819.1	813425.8	126840.5	1510749.0
2008	433712.4	1002954.0	160326.4	2870788.7
2009	514643.1	1169945.8	181168.8	3519299.9
2010	618774.0	1515874.4	214431.6	4343423.3
2011	803787.4	1929708.1	279618.8	5629076.6
2012	931589.6	2186359.3	322680.1	6540987.0
2013	1007686.2	2202992.9	318674.6	7469816.0
2014	1177526.0	2203281.8	326728.8	8153279.0
2015	1259839.6	2201714.9	372523.7	9675430.6
2016	1376313.3	2181138.9	413667.9	10482829.0
2017	1399295.3	2643975.4		

10－2 续表 2

（以上年为 100）

年 份	工业总产值	# 国有工业	轻工业	重工业
1950	155.4	376.4	161.8	120.8
1951	165.4	248.9	163.4	180.1
1952	137.0	256.3	131.9	171.2
1953	141.3	140.4	141.7	139.5
1954	107.0	122.2	101.3	136.7
1955	114.8	108.2	117.2	105.6
1956	129.0	188.2	124.2	149.8
1957	107.9	108.0	109.8	101.2
1958	174.5	159.3	162.0	224.5
1959	131.6	129.8	115.3	178.3
1960	113.9	114.4	99.5	140.6
1961	53.0	53.7	67.9	33.4
1962	83.5	82.9	86.4	75.5
1963	101.3	106.0	96.1	117.3
1964	120.1	121.3	117.3	127.1
1965	122.9	118.9	114.4	142.7
1966	120.8	116.5	121.0	120.6
1967	90.7	87.0	91.7	88.8
1968	90.0	87.1	94.3	81.7
1969	123.9	131.0	111.7	151.2
1970	144.4	153.2	129.7	168.8
1971	107.0	107.4	103.9	110.0
1972	116.3	117.7	118.9	113.1
1973	106.3	104.8	108.2	103.9
1974	78.7	75.4	87.6	66.7
1975	126.7	126.6	114.7	147.6
1976	90.6	85.6	94.2	85.7
1977	128.4	129.8	119.7	141.4
1978	125.5	121.6	124.7	126.5
1979	115.0	116.6	117.4	112.0
1980	110.3	108.0	110.2	102.6
1981	103.2	100.5	110.2	92.1
1982	104.2	101.1	103.5	105.5
1983	106.4	106.1	104.3	110.1
1984	114.4	112.2	112.5	117.6
1985	119.5	111.8	116.3	124.6
1986	113.1	115.2	107.9	121.0
1987	121.1	118.3	120.9	121.4
1988	120.2	116.7	115.1	127.1
1989	109.7	103.1	111.1	107.9
1990	103.2	102.4	103.4	103.0

10－2 续表3　　（以上年为100）

年　份	工业总产值	# 国有工业	轻工业	重工业
1991	115.7	109.6	114.7	117.0
1992	119.1	116.7	109.7	131.1
1993	116.2	103.4	115.5	116.9
1994	117.6	104.8	122.9	112.0
1995	116.1	112.8	119.9	111.6
1996	116.6	106.2	108.8	126.1
1997	117.1	105.1	112.9	121.4
1998	115.0	111.0	109.5	120.3
1999	111.5	110.3	109.8	113.0
2000	112.0	112.8	112.3	111.8
2001	110.6	79.0	107.6	113.2
2002	113.6	109.1	100.3	124.5
2003	121.3	129.2	104.3	126.3
2004	125.2	121.7	130.5	121.2
2005	127.3	131.8	126.4	129.2
2006	130.7	126.8	126.7	133.3
2007	130.5	132.3	124.8	133.7
2008	131.9	123.3	126.4	137.4
2009	118.7	116.7	113.0	122.6
2010	131.9	128.5	131.9	131.9
2011	129.9	127.3	130.4	129.6
2012	115.9	113.3	115.4	116.2
2013	108.2	100.8	98.8	114.2
2014	116.9	100.0	102.5	109.1
2015	107.0	99.9	114.0	118.7
2016	109.2	99.1	111.0	108.3
2017	101.7	121.2		

10－3 规模以上工业主要产品产量

产　　品	单 位	2017 年	2016 年	2017 年为 2016 年的%
饲料	万吨	323.15	316.98	101.9
精制食用植物油	万吨	14.38	12.94	111.1
酱油	万吨	22.77	20.74	109.8
大米	万吨	71.08	75.57	94.1
乳制品	万吨	9.66	9.59	100.7
软饮料	万吨	183.62	121.08	151.7
精制茶	万吨	4.88	4.74	102.8
卷烟	亿支	1678.04	1694.62	99.0
服装	万件	4674.00	4343.45	107.6
涂料	万吨	64.56	57.37	112.5
化学药品原药	万吨	0.93	4.12	22.6
化学试剂	万吨	6.41	6.76	94.8
焰火制品	亿元	455.00	439.62	103.5
家具	万件	236.47	247.87	95.4
水泥	万吨	1121.42	1281.76	87.5
商品混凝土	万立方米	1389.55	1397.94	99.4
铝材	万吨	175.50	142.14	123.5
起重机	万吨	51.78	36.62	141.4
挖掘、铲土运输机械	万台	4.15	2.33	178.5
压实机械	台	3212.00	2036.00	157.8
混凝土机械	万台	3.87	3.77	102.7
环境污染防治专用设备	万台	2.13	3.35	63.5
汽车	万辆	33.11	33.09	100.1
印制电路板	万平方米	96.26	218.33	44.1
电力电缆	亿米	19.12	18.66	102.4
自来水生产量	亿立方米	8.33	7.71	108.0
发电量	万千瓦小时	677343.41	653251.81	103.7

10－4　1998－2017年规模以上工业企业主要经济指标

指　　标	1998年	1999年	2000年	2001年	2002年	2003年	2004年	2005年	2006年
企业单位数(个)	602	672	657	744	895	1096	1464	1691	1920
# 亏损企业	273	241	223	230	258	226	263	217	165
工业总产值(当年价格)	2656096	3098178	3301641	3700281	4441769	5643301	7699353	9733713	12717585
工业销售产值(当年价格)	2560872	3007318	3229826	3636080	4391451	5578889	7594852	9551244	12673496
工业增加值(当年价格)	990023	1071758	1178774	1325474	1603271	2031020	2718925	3523338	4411148
流动资产合计	1889708	2097902	2456692	2742156	3077790	3772809	4574168	5102554	6357110
存货	713805	726300	849283	917658	1073247	1291700	1607995	1838326	2267629
# 产成品	238900	259808	313282	314616	387805	443290	478979	507981	718122
固定资产合计	1905649	2113116	2364939	2416425	2673026	2775924	3283857	3955661	4259095
固定资产原价合计	2337912	2590306	2909204	3153749	3496219	3817462	4300092	5051470	5542976
固定资产净值平均余额	1582335	1756358	1888985	2076331	2298696	2411178	2748064	3167717	3820512
资产总计	4277157	4722014	5406433	5891896	6629858	7582870	9251983	10675036	12728342
流动负债合计	1954242	2101611	2306733	2551023	2729096	3220482	3871544	4505124	4881277
负债合计	2666746	2859586	3148273	3328496	3637202	4148846	5014353	5802134	6722111
主营业务收入	2531715	2916883	3212467	3538980	4296915	5679012	7490187	9351579	12350206
主营业务成本	1714194	1963016	2171292	2399290	2944484	3842496	5428851	6753573	8770195
主营业务税金及附加	322040	348163	370445	356460	356106	402640	580931	648061	714015
营业利润	363206	455412	506053	579018	759425	1115558	558645	688131	1172544
利润总额	99866	176898	211786	240180	332138	470195	569891	640280	950519
亏损企业亏损额	94747	79032	55843	60056	66425	60483	80676	62222	48274
应交增值税	173616	192623	207553	237311	248126	285078	347826	482333	572429

注:1. 从1998年起工业企业主要经济指标为规模以上工业企业(即年主营业务收入500万元以上独立核算工业企业)主要经济指标。
2. 2008年数据按第二次经济普查数据修正。
3. 从2011年起,规模以上工业企业统计标准由年主营业务收入500万元以上变更为2000万元及以上。

单位:万元

2007 年	2008 年	2009 年	2010 年	2011 年	2012 年	2013 年	2014 年	2015 年	2016 年	2017 年
2047	2575	2527	2617	2219	2282	2407	2593	2708	2793	2886
133	139	172	83	107	133	133	162	215	162	221
17326728	28153645	33728555	45716906	59756609	70583246	82891332	95447615	105459223	115582830	117562858
17105805	27807656	33256951	45390816	59014457	69289554	81506860	91924403	101995173	116536722	111368232
5845815	11296207	12360165	15722264	21092400	23098396	26532834	30420534	32282141	32530272	35332603
7761100	12471386	14094846	21065939	24386980	31078962	34637238	41059381	44827621	48302600	53668587
2564681	4130906	4820399	5985926	6907187	8391415	9349379	11166999	12561060	13521522	14516957
1010958	1154176	1377478	1833303	1894490	2589496	2360520	3473773	3851748	4090793	4372825
5181152	9879593	12853030	13662049	14022082	16886035		23249698	24152862	25806732	25404048
6435469	12819906	14421067	15780005	18563250	21314194		31458658	34316223	38403910	42442237
4112795	7985703	10379476	11360425	13364154						
15679718	27347526	30867064	40568029	47623577	58250722	62596081	74286273	80761003	89110901	99104880
5891835	8910948	9765456	13402078	17902397	21572983		25564713	28907233	31729208	36023466
8464062	14926586	16705263	21315603	25903355	32693115	33628362	40306440	42917138	48558797	50384464
17518483	27181162	32754428	45087877	58597585	68645424	77588408	90240638	99478355	108795018	111472203
12115525	19484114	23391354	33142414	42733271	51359043	59274178	69004779	76844816	85833548	87343048
899198	2452071	2617761	3388886	4043661	4748995	5385138	5950556	6377474	6304222	6422320
1756969	3356097	4234120	5160913	5882254	5977448	5615275	6321657	6432841	5896892	7193825
1704861	2924227	3341951	4962418	5632994	6084527	5896607	6549215	6754329	6355174	7515701
161573	124990	101164	28593	157392	197853	190173	258971	476813	527415	147362
792824	1657657	1504850	2296193	2558087	2697660	3029488	3719432	3944615	3685395	3693179

10－5 规模以上工业企业主要经济指标(2017年)

指 标	企业单位数(个)	#亏损企业(个)	工业总产值(当年价格)	#新产品产 值	工业销售产值(当年价)	#出口交货值
总 计	**2886**	**221**	**117562858**	**32687768**	**111368232**	**5850830**
按轻重行业分组						
轻工业	1328	68	41122866	6895956	39633571	1610426
重工业	1558	153	76439992	25791812	71734661	4240404
按登记注册类型分组						
内资企业	2745	200	99258319	25392002	93440038	3147013
国有企业	11	3	10616215	482667	10829931	74548
集体企业	19		362111	35575	304214	4772
股份合作企业	2		44124		44124	
联营企业	1		9011		8997	
集体联营企业	1		9011		8997	
有限责任公司	442	54	22275301	5698802	21520668	702453
国有独资公司	26	5	2812722	771894	2641806	85899
其他有限责任公司	416	49	19462579	4926908	18878863	616554
股份有限公司	101	11	11487761	5195129	11124497	433678
私营企业	2125	132	53800940	13978819	48949193	1816133
私营独资企业	139	4	1647354	60734	1605931	239013
私营合伙企业	83	1	1105807	24032	1069307	102515
私营有限责任公司	1793	122	47482355	12330956	42882097	1419815
私营股份有限公司	110	5	3565423	1563097	3391858	54790
其他企业	44		662856	1011	658414	115430
港、澳、台商投资企业	69	11	11014807	3353374	10867861	2369827
合资经营企业(港或澳、台资)	32	4	3170898	2370239	3109040	1125418
合作经营企业(港或澳、台资)	2	1	6860		6860	
港、澳、台商独资经营企业	27	6	1211663	400035	1132388	88055
港、澳、台商投资股份有限公司	7		6607892	583100	6602078	1156354
其他港、澳、台商投资企业	1		17495		17495	
外商投资企业	72	10	7289732	3942392	7060334	333990
中外合资经营企业	38	4	4159232	3098298	3981840	27883
中外合作经营企业	1		14813		14300	14300
外资企业	29	5	2039713	712222	1995050	269662
外商投资股份有限公司	4	1	1075974	131872	1069144	22146

单位:万元

流动资产合计	#应收账款	存货	#产成品	固定资产合计	固定资产原价	累计折旧	资产总计	流动负债合计	应付账款
53668587	**15786139**	**14516957**	**4372825**	**25404048**	**42442237**	**13812603**	**99104880**	**36023466**	**11739996**
15167632	2554105	6576167	1235504	6012000	9122927	3453895	25673646	7828042	2387234
38500954	13232034	7940790	3137320	19392048	33319311	10358709	73431234	28195425	9352762
46447254	12971535	13327723	3801395	21680679	36747626	11993350	85988395	30356492	9162069
6775022	297360	4553538	137272	6213972	11025691	5028962	14675825	3268717	1043677
56093	16834	13314	7595	34047	61109	26519	118311	51424	11273
2500	1839	89	7	993	1103	110	4078	450	50
479	411	65	54	1276	1827	551	1754	490	302
479	411	65	54	1276	1827	551	1754	490	302
9970889	2773964	2317979	708900	4309542	10457532	2197771	20411264	8604065	2836563
2418207	484397	426376	176224	1787712	2628823	893332	5227770	2975932	807580
7552683	2289567	1891603	532677	2521830	7828709	1304439	15183495	5628133	2028983
11401926	3628145	2128869	1092991	2355681	3144400	1064070	17830018	5434670	1375627
18205401	6237882	4305861	1849061	8726167	12003315	3660903	32837907	12983203	3887708
185970	82481	49377	34084	174627	218187	49657	398736	133219	56103
117597	49089	40974	23346	98606	126875	39509	286051	82840	31350
15591429	5468752	3509310	1508241	7661357	10636760	3322705	28190208	11412370	3404627
2310405	637560	706200	283390	791577	1021493	249032	3962912	1354774	395628
34945	15102	8007	5515	39002	52649	14464	109237	13473	6869
3643997	1684332	466874	212417	2228812	3343308	940640	7216699	2785045	1330451
1041608	413094	190156	76848	1131134	1644208	509596	2379812	1339952	753975
7929	501	796	582	19931	21499	1651	33451	3192	1295
835715	346858	133537	62596	378078	521174	173079	1392257	619543	120657
1757143	923212	142315	72390	699415	1156173	256170	3390281	817645	453407
1602	667	69		254	254	144	20899	4713	1117
3577337	1130272	722360	359013	1494557	2351303	878613	5899786	2881930	1247477
2125422	593892	449563	232175	962381	1509708	524135	3691471	2063420	796962
1484	865	476	375	702	856	154	2185	867	
1070434	424001	203503	88049	482580	782117	342074	1686845	570819	330161
379997	111514	68819	38415	48895	58622	12251	519284	246824	120354

10－5 续表 1

指　　标	企业单位数（个）	#亏损企业（个）	工业总产值（当年价格）	#新产品产　值	工业销售产值（当年价）	#出口交货值
按经济组织类型分组						
独资企业	225	18	15877057	1691232	15867514	676050
国有企业	11	3	10616215	482667	10829931	74548
集体企业	19		362111	35575	304214	4772
私营独资企业	139	4	1647354	60734	1605931	239013
港澳台商独资经营企业	27	6	1211663	400035	1132388	88055
外资企业	29	5	2039713	712222	1995050	269662
合作合伙企业	134	2	1860966	25043	1819495	232244
股份合作企业	2		44124		44124	
集体联营企业	1		9011		8997	
私营合伙企业	83	1	1105807	24032	1069307	102515
合作经营企业（港或澳、台资）	3	1	24354		24354	
中外合作经营企业	1		14813		14300	14300
其他企业（内资）	44		662856	1011	658414	115430
股份有限公司	222	17	22737050	7473198	22187578	1666968
股份有限公司（内资）	101	11	11487761	5195129	11124497	433678
私营股份有限公司	110	5	3565423	1563097	3391858	54790
港澳台商投资股份有限公司	7		6607892	583100	6602078	1156354
外商投资股份有限公司	4	1	1075974	131872	1069144	22146
有限责任公司	2305	184	77087786	23498295	71493645	3275568
国有独资公司	26	5	2812722	771894	2641806	85899
私营有限责任公司	1793	122	47482355	12330956	42882097	1419815
合资经营企业（港或澳、台资）	32	4	3170898	2370239	3109040	1125418
中外合资经营企业	38	4	4159232	3098298	3981840	27883
其他有限责任公司	416	49	19462579	4926908	18878863	616554
在总计中：国有控股企业	128	30	26580545	8137160	26083885	403820
在总计中：大型企业	62	2	52251064	17735482	49035234	3669426
中型企业	321	15	24098418	8230562	23193016	812981
小型企业	2371	177	38816795	6701276	36780257	1366762
微型企业	132	27	2396582	20448	2359725	1661
在总计中：园区工业	1362	141	85012949	29747671	79680412	4463415
在总计中：亏损企业	34	221	1878565	618131	1657453	106441

单位:万元

流动资产合计	#应收账款	存货	#产成品	固定资产合计	固定资产原价	累计折旧	资产总计	流动负债合计	应付账款
8923234	1167534	4953269	329596	7283304	12608280	5620291	18271974	4643723	1561870
6775022	297360	4553538	137272	6213972	11025691	5028962	14675825	3268717	1043677
56093	16834	13314	7595	34047	61109	26519	118311	51424	11273
185970	82481	49377	34084	174627	218187	49657	398736	133219	56103
835715	346858	133537	62596	378078	521174	173079	1392257	619543	120657
1070434	424001	203503	88049	482580	782117	342074	1686845	570819	330161
166534	68474	50477	29879	160763	205062	56583	457656	106025	40982
2500	1839	89	7	993	1103	110	4078	450	50
479	411	65	54	1276	1827	551	1754	490	302
117597	49089	40974	23346	98606	126875	39509	286051	82840	31350
9531	1168	865	582	20185	21753	1795	54350	7905	2412
1484	865	476	375	702	856	154	2185	867	
34945	15102	8007	5515	39002	52649	14464	109237	13473	6869
15849471	5300430	3046203	1487186	3895568	5380688	1581523	25702495	7853912	2345016
11401926	3628145	2128869	1092991	2355681	3144400	1064070	17830018	5434670	1375627
2310405	637560	706200	283390	791577	1021493	249032	3962912	1354774	395628
1757143	923212	142315	72390	699415	1156173	256170	3390281	817645	453407
379997	111514	68819	38415	48895	58622	12251	519284	246824	120354
28729348	9249702	6467008	2526163	14064413	24248208	6554206	54672756	23419807	7792128
2418207	484397	426376	176224	1787712	2628823	893332	5227770	2975932	807580
15591429	5468752	3509310	1508241	7661357	10636760	3322705	28190208	11412370	3404627
1041608	413094	190156	76848	1131134	1644208	509596	2379812	1339952	753975
2125422	593892	449563	232175	962381	1509708	524135	3691471	2063420	796962
7552683	2289567	1891603	532677	2521830	7828709	1304439	15183495	5628133	2028983
20246178	4299418	7216337	1271541	10368351	17442441	7374476	36306378	12937654	4197063
35515774	10089291	10522362	2634803	13512575	24970875	7768087	62809016	21987606	7185107
7840678	2237867	1626998	645367	3367094	4958327	1564787	13811890	5362579	1671195
9994028	3374163	2313507	1064972	6283144	8612255	2640063	19613267	7515835	2549002
318107	84818	54089	27682	2241235	3900781	1839666	2870708	1157447	334693
41963934	13760727	8868073	3677707	15041643	26348945	7420129	73252009	28338878	9431626
1959171	586330	547032	177758	1577126	2004514	594190	4171732	2315824	481158

10－5 续表2

指　　标	企业单位数（个）	#亏损企业（个）	工业总产值（当年价格）	#新产品产　值	工业销售产值（当年价）	#出口交货值
按行业大类分组						
采矿业	21	4	427367		411630	6283
黑色金属矿采选业	2		12742		12664	
有色金属矿采选业	3		57782		57173	6283
非金属矿采选业	16	4	356843		341793	
制造业	2817	209	107697987	32792011	101340522	5778354
农副食品加工业	200	13	4645018	743802	4395884	26669
食品制造业	95	11	2465846	132851	2294405	3211
酒、饮料和精制茶制造业	53	3	1382117	151115	1307039	35677
烟草制品业	2		2347188	624903	2262997	1527
纺织业	20	1	986716	546214	897293	5402
纺织服装、服饰业	21	1	501747	139410	417673	11482
皮革、毛皮、羽毛及其制品和制鞋业	6		305857	200001	300845	
木材加工和木、竹、藤、棕、草制品业	31	1	356709	23200	350516	
家具制造业	36	1	915313	305790	885555	
造纸和纸制品业	76	4	1486101	153872	1422999	8486
印刷和记录媒介复制业	85	4	1893313	573762	1809976	5667
文教、工美、体育和娱乐用品制造业	25	5	380332	73893	370335	6678
石油加工、炼焦和核燃料加工业	11		199257	3873	193725	
化学原料和化学制品制造业	517	6	9536359	1315346	9244093	1220309
医药制造业	89	7	5125021	1117111	4900929	57186
化学纤维制造业	1		8921		5324	
橡胶和塑料制品业	102	8	1538020	282386	1445810	11928
非金属矿物制品业	249	20	5455686	1192035	5012121	137821
黑色金属冶炼和压延加工业	34	2	594624	82935	581733	44989
有色金属冶炼和压延加工业	61	9	9276286	3446431	9285341	117005
金属制品业	147	10	3122878	871920	2973045	51163
通用设备制造业	231	24	6291399	1572962	6155024	114467
专用设备制造业	224	25	17942133	7794037	17067495	808343
汽车制造业	143	14	11684233	4676640	9511331	285478
铁路、船舶、航空航天和其他运输设备制造业	19	4	1504397	766088	1154033	27634
电气机械和器材制造业	144	17	5719387	2330498	5313727	136084
计算机、通信和其他电子设备制造业	106	11	10253126	2959050	10077202	2596665
仪器仪表制造业	62	7	1424155	677848	1346143	61679
其他制造业	18		231655	30324	244775	2808
废弃资源综合利用业	9	1	124195	3714	113154	
电力、热力、燃气及水生产和供应业	47	8	2837419	51710	2718438	
电力、热力生产和供应业	14	3	1937267		1936116	
燃气生产和供应业	12	1	467566	4384	457726	
水的生产和供应业	21	4	432587	47325	324596	

单位:万元

流动资产合计	#应收账款	存货	#产成品	固定资产合计	固定资产原价	累计折旧	资产总计	流动负债合计	应付账款
50458	16538	18799	9165	53658	80396	27519	115359	34554	8866
5446	276	1448	482	4827	11748	6921	10273	3175	224
15254	4292	7455	1348	12150	25290	13140	29242	9622	4258
29759	11969	9896	7335	36681	43358	7458	75843	21757	4384
47851385	15278882	11189330	4262967	17634284	29311080	8339578	83305669	31144590	10463607
1516974	265761	493092	289739	711187	1045487	282789	3341515	1013788	218305
745790	117423	143594	57014	522076	689598	184119	1495010	517152	132519
374673	87168	74803	45580	251978	430141	181395	748975	248360	115079
1754463	74246	1275733	37554	201886	568722	366836	2654951	386921	182549
517849	130908	118321	82284	147313	203018	79725	889630	409444	139345
137627	26425	35009	19893	64976	83589	41137	226001	63618	18277
18429	5933	4180	2280	33256	47673	12560	52353	2135	672
46803	13565	10454	7381	26697	34312	4514	92653	28057	7448
89274	25374	18503	12363	39866	66188	21631	187292	46800	11746
219306	79519	48720	22373	172925	204421	38059	489859	143043	52039
354359	100887	95824	27147	281831	525778	258936	730204	263478	83182
57053	11309	31808	20897	42501	51966	12664	120042	41639	8747
47633	19491	7185	5637	19517	33573	15921	72688	36009	6894
1805584	603796	423000	228206	1233841	1591867	447364	3727622	1159816	407902
1346260	383672	239559	113108	664902	889048	232179	2449806	781752	223215
770	504	75	11	49	58	9	3857	449	232
489021	145403	127469	59058	424273	588262	195417	1042099	413674	122237
2026127	854253	506051	272246	978717	1292268	362459	3508676	1484564	532340
160586	41278	34822	16471	93007	189239	98722	278666	83893	29805
1839701	335852	612996	156005	872027	5166865	323081	6106461	1092575	158211
845047	247311	215566	106038	446382	505503	137087	1583776	519326	150014
1780286	490562	622811	218028	887824	1322116	483357	3131667	1163172	380809
16475131	6049049	3213813	1325746	3833448	5763315	2191838	25083634	9000405	2172868
5469605	1526860	1177390	537241	2382418	3234854	1064544	8930754	5751958	2648547
1353766	498639	270954	33759	163837	288181	79755	1841812	882592	339088
2734394	787564	680342	280812	677881	968819	332890	4167444	1823190	687220
4165822	1759419	457532	199745	2048769	3010617	747864	8021123	2901734	1484153
1287470	527607	191854	71636	287711	358749	97100	1957983	698987	123730
127381	39974	44737	13533	19154	17977	6032	183780	110290	11993
64203	29132	13135	1181	104038	138875	39595	185339	75768	14441
858010	282085	41104	5221	3933294	6425102	2602660	6092142	3047565	700934
300688	74773	17590	854	2529641	4760606	2154130	3383049	1475746	335339
118826	66930	18296	4144	254450	325055	68296	445461	223191	50949
438496	140382	5219	223	1149204	1339441	380233	2263632	1348628	314647

10－5 续表3

指　　标	负债合计	所有者权益合计				
			#实收资本			
				国家资本	集体资本	法人资本
总　　计	**50384464**	**48573749**	**14191184**	**3025762**	**427936**	**5542081**
按轻重行业分组						
轻工业	9512025	16087963	3789231	621051	87015	1202626
重工业	40872439	32485786	10401952	2404711	340920	4339456
按登记注册类型分组						
内资企业	43391015	42469189	11041726	2950195	411766	4093781
国有企业	6344276	8331549	1671786	1669535		1251
集体企业	66745	47073	18649		6534	6870
股份合作企业	2423	1655	679			
联营企业	490	1265	300			
集体联营企业	490	1265	300			
有限责任公司	10472634	9931977	3145279	937409	20440	1841112
国有独资公司	3850397	1377372	700145	649099		50651
其他有限责任公司	6622236	8554605	2445134	288310	20440	1790460
股份有限公司	8970348	8845967	2258164	318042	262741	472919
私营企业	17506892	15227673	3916484	25208	122051	1756820
私营独资企业	158022	236801	68693	1114	640	13979
私营合伙企业	136724	136248	57612			18284
私营有限责任公司	15601791	12502068	3006584	19585	66927	1434194
私营股份有限公司	1610356	2352556	783594	4510	54484	290363
其他企业	27208	82030	30384			14810
港、澳、台商投资企业	3668032	3548666	1274255	55623	4585	749467
合资经营企业（港或澳、台资）	1560385	819428	719345	21908	4585	600525
合作经营企业（港或澳、台资）	17973	15478	15000	13500		1500
港、澳、台商独资经营企业	669030	723225	189338	9386		6509
港、澳、台商投资股份有限公司	1410094	1980187	342573	10829		132934
其他港、澳、台商投资企业	10550	10348	8000			8000
外商投资企业	3325417	2555894	1875203	19944	11585	698833
中外合资经营企业	2385037	1299251	1204635	19944	4721	695994
中外合作经营企业	1725	461	300			200
外资企业	642767	1044078	632473			2640
外商投资股份有限公司	295888	212105	37795		6863	

单位:万元

个人资本	港澳台资本	外商资本	主营业务收入	主营业务成本	主营业务税金及附加	其他业务利润	销售费用	管理费用	财务费用
3572975	**352036**	**1269337**	**111472203**	**87343048**	**6422320**	**429070**	**4459965**	**5436758**	**1154066**
1425615	92911	359413	38922001	26395298	5690357	66270	1859609	1804304	178848
2147360	259124	909924	72550202	60947750	731963	362800	2600356	3632454	975217
3515348	8023	61557	93611704	72140532	6143872	414146	3851379	4676439	1088704
1000			10853459	3871710	5238481	-3835	129154	386148	213223
5245			342859	298471	3755		9322	10211	1194
679			40869	32615	609		1427	1611	5
300			8996	7476	326		59	56	55
300			8996	7476	326		59	56	55
346319			21232617	18246995	200795	38410	656199	963105	190883
395			2693041	2289197	67657	5680	124811	122013	80151
345924			18539577	15957798	133138	32730	531388	841091	110732
1157154		47309	11205187	9226766	64202	52877	771452	604439	216726
1989077	8023	14248	49282883	39923457	591205	326694	2270574	2696091	464195
52960			1544003	1297582	49050		39645	44037	7702
39328			1045291	879322	33885		30083	30658	5445
1462552	8023	14248	43391887	35307087	476640	325887	1987457	2353769	420115
434237			3301702	2439465	31630	807	213388	267628	30932
15574			644834	533043	44500		13194	14778	2422
37336	342759	84485	10816225	9642095	33097	4622	213175	382340	45075
30439	58206	3682	3110342	2725956	12950	4616	67180	201756	-1284
			6860	5462	136		485	1208	509
	91337	82105	1127292	903558	8809	7	83335	67407	8193
6897	193216	-1303	6564198	6001723	11095		62175	110041	37424
			7534	5397	106			1928	234
20292	1254	1123295	7044274	5560421	245352	10302	395410	377979	20287
20192	1254	462530	4332951	3405065	231273	3505	245387	225842	13230
100			14300	13111	202		119	129	13
		629834	2218381	1793028	11410	2028	112026	111602	4952
		30932	478643	349217	2467	4769	37879	40405	2092

10－5 续表4

指　　标	负债合计	所有者权益合计	#实收资本	国家资本	集体资本	法人资本
按经济组织类型分组						
独资企业	7880840	10382727	2580939	1680035	7174	31248
国有企业	6344276	8331549	1671786	1669535		1251
集体企业	66745	47073	18649		6534	6870
私营独资企业	158022	236801	68693	1114	640	13979
港澳台商独资经营企业	669030	723225	189338	9386		6509
外资企业	642767	1044078	632473			2640
合作合伙企业	197092	247485	112275	13500		42794
股份合作企业	2423	1655	679			
集体联营企业	490	1265	300			
私营合伙企业	136724	136248	57612			18284
合作经营企业(港或澳、台资)	28524	25826	23000	13500		9500
中外合作经营企业	1725	461	300			200
其他企业(内资)	27208	82030	30384			14810
股份有限公司	12286685	13390815	3422126	333381	324088	896215
股份有限公司(内资)	8970348	8845967	2258164	318042	262741	472919
私营股份有限公司	1610356	2352556	783594	4510	54484	290363
港澳台商投资股份有限公司	1410094	1980187	342573	10829		132934
外商投资股份有限公司	295888	212105	37795		6863	
有限责任公司	30019846	24552723	8075843	998846	96673	4571823
国有独资公司	3850397	1377372	700145	649099		50651
私营有限责任公司	15601791	12502068	3006584	19585	66927	1434194
合资经营企业(港或澳、台资)	1560385	819428	719345	21908	4585	600525
中外合资经营企业	2385037	1299251	1204635	19944	4721	695994
其他有限责任公司	6622236	8554605	2445134	288310	20440	1790460
在总计中:国有控股企业	19681129	16625247	5236313	2840615	13498	1393036
在总计中:大型企业	32205597	30603419	6492887	1774422	159517	2569881
中型企业	6675698	7128548	2789007	452127	116946	1054049
小型企业	9538459	10062097	4391617	344401	149672	1888622
微型企业	1964710	779685	517674	454812	1800	29529
在总计中:园区工业	38137616	35037291	10478323	1204300	376397	4701629
在总计中:亏损企业	2944429	1209380	952786	143027	49471	397722

单位:万元

个人资本	港澳台资本	外商资本	主营业务收入	主营业务成本	主营业务税金及附加	其他业务利润	销售费用	管理费用	财务费用
59205	91337	711939	16085994	8164350	5311504	-1800	373482	619405	235264
1000			10853459	3871710	5238481	-3835	129154	386148	213223
5245			342859	298471	3755		9322	10211	1194
52960			1544003	1297582	49050		39645	44037	7702
	91337	82105	1127292	903558	8809	7	83335	67407	8193
		629834	2218381	1793028	11410	2028	112026	111602	4952
55981			1768684	1476425	79763		45366	50368	8682
679			40869	32615	609		1427	1611	5
300			8996	7476	326		59	56	55
39328			1045291	879322	33885		30083	30658	5445
			14394	10858	243		485	3136	743
100			14300	13111	202		119	129	13
15574			644834	533043	44500		13194	14778	2422
1598287	193216	76937	21549729	18017171	109395	58452	1084894	1022514	287174
1157154		47309	11205187	9226766	64202	52877	771452	604439	216726
434237			3301702	2439465	31630	807	213388	267628	30932
6897	193216	-1303	6564198	6001723	11095		62175	110041	37424
		30932	478643	349217	2467	4769	37879	40405	2092
1859502	67482	480460	72067797	59685103	921658	372418	2956223	3744471	622945
395			2693041	2289197	67657	5680	124811	122013	80151
1462552	8023	14248	43391887	35307087	476640	325887	1987457	2353769	420115
30439	58206	3682	3110342	2725956	12950	4616	67180	201756	-1284
20192	1254	462530	4332951	3405065	231273	3505	245387	225842	13230
345924			18539577	15957798	133138	32730	531388	841091	110732
531694	4392	453079	25992738	16668754	5569303	18245	850893	1153020	506292
1155625	264179	569262	50040950	36392608	5668316	367345	2066378	2405828	710994
613547	27699	524638	22419051	18018037	248050	39494	1004820	1271048	132095
1772272	60158	175436	36623908	30717770	491201	18865	1353504	1704757	269292
31531			2388294	2214634	14753	3365	35263	55125	41684
2633477	323988	1238076	80116629	66305228	748697	424067	3657125	4240319	732363
254351	55017	53197	1685592	1442743	20056	4427	109161	185680	60394

10－5 续表5

指　　标	负债合计	所有者权益合计	#实收资本			
				国家资本	集体资本	法人资本
按行业大类分组						
采矿业	56672	57618	26206	10238		8370
黑色金属矿采选业	3361	6912	1020			520
有色金属矿采选业	11705	17537	5908			5500
非金属矿采选业	41606	33169	19278	10238		2350
制造业	41662754	41123475	12239723	1323129	406136	5365266
农副食品加工业	1441313	1880822	565004	29762	3367	255750
食品制造业	580937	913559	398870	7724	7773	139659
酒、饮料和精制茶制造业	313063	424620	142707	25682	1291	28589
烟草制品业	333766	1947343	137391	137391		
纺织业	468438	420519	130702	558	2100	5266
纺织服装、服饰业	73016	152984	45092	3170	500	2123
皮革、毛皮、羽毛及其制品和制鞋业	9258	43095	10414			4950
木材加工和木、竹、藤、棕、草制品业	37168	55485	12797			2330
家具制造业	77432	109860	27622			10025
造纸和纸制品业	208957	271731	109807	2538		57689
印刷和记录媒介复制业	322473	401337	173089	26560	239	85032
文教、工美、体育和娱乐用品制造业	51989	66915	40193	500	200	4650
石油加工、炼焦和核燃料加工业	43790	28898	14840	800		7650
化学原料和化学制品制造业	1564488	2150321	664385	34904	19542	309781
医药制造业	950261	1489046	435667	1692	14607	226740
化学纤维制造业	2897	960	200			
橡胶和塑料制品业	511983	530023	364086	1016	797	69772
非金属矿物制品业	1870686	1632594	700304	143377	30750	349807
黑色金属冶炼和压延加工业	114080	160976	70158	8934		44145
有色金属冶炼和压延加工业	1557903	4548559	580767	51084	12274	431394
金属制品业	659396	923835	351178	23118	37032	125044
通用设备制造业	1538609	1591261	421648	40980	6033	175676
专用设备制造业	14360774	10679980	1814601	191285	13291	681511
汽车制造业	6547960	2378509	1623861	217115	2763	712695
铁路、船舶、航空航天和其他运输设备制造业	938498	903314	463440	28500	909	408659
电气机械和器材制造业	2125789	2041654	904886	59930	61656	218213
计算机、通信和其他电子设备制造业	3946676	4074446	1689047	262902	160446	893027
仪器仪表制造业	780120	1164161	269319	23487	20517	78214
其他制造业	122859	59630	38370			20568
废弃资源综合利用业	108178	77038	39280	120	10048	16308
电力、热力、燃气及水生产和供应业	4428230	1663912	837646	604786	21800	168445
电力、热力生产和供应业	2380471	1002579	603398	534818	21800	34305
燃气生产和供应业	293760	151700	38673	11760		21773
水的生产和供应业	1753999	509633	195575	58208		112367

单位:万元

个人资本	港澳台资本	外商资本	主营业务收入	主营业务成本	主营业务税金及附加	其他业务利润	销售费用	管理费用	财务费用
7598			421615	359571	9334		28294	10049	2494
500			12664	9850	226		95	1611	214
408			57197	44136	1088		2419	4310	90
6690			351754	305585	8020		25780	4128	2189
3525162	352036	1266937	101457177	82725005	2629630	423243	4313930	5085116	855332
257333	2188	16605	4469054	3734475	27395	29136	191464	208972	31287
172341	20530	50843	1755287	1376785	16090	97	131287	92373	11021
25242	12575	49328	1260682	1024555	11407	467	103939	46642	5303
			2401704	524214	1467270	-1966	37298	103350	-3599
122778			848220	633252	9656	176	95754	53611	4801
36481		2818	493594	392348	3229		32829	31304	4230
5464			296851	247298	3705		16816	18597	863
10467			331088	266570	3004		29474	14113	1503
17597			870645	707495	8017	40	31897	42768	3142
46938	2642		1430543	1196323	24557	135	66531	50930	9788
55614	520	4524	1799472	1479002	19170	4390	57497	98035	7724
30279	4500	64	365932	308207	5325		15591	17573	2258
6390			201990	166467	6659	13	10081	7886	747
295912	2370	1875	9128215	7439624	310038	29022	298993	371231	50450
184142	5572	2913	4882372	3713207	32394	39	548031	238764	12194
200			3726	3133	46		212	214	13
88879	4100	199522	1437866	1193133	14094	2340	60497	67362	10591
175218	1150		5029540	4105333	50549	381	210734	257033	41239
10628		6451	560411	463998	3301	39	20285	32719	8037
65288	150	20577	9311741	8555913	35460	4633	113062	262920	43779
159119	1174	5692	3060755	2455945	26304	887	134283	174390	11003
197031		1928	5726114	4767756	51850	5348	244070	317259	45095
846082	21673	60759	16824653	13682407	115183	39832	974744	920958	418487
85643	20266	585379	11150044	9233544	300856	296288	453358	630612	53944
25372			967111	670283	8935	3429	29479	102540	5045
306176	37914	220998	5274821	4380620	35026	2984	186346	305978	23682
168679	181125	22412	9981862	8796309	26993	5166	129779	472119	38193
107164	25738	14200	1234357	926508	8814	167	77070	113626	10362
17802			242153	197682	2399		8039	19474	2146
4907	7849	48	116378	82624	1906	200	4494	11762	2007
40215		2400	2851561	2564983	22152	10826	26661	71240	116376
12475			1981747	1890074	13565	3649	68	17024	62809
2740		2400	470192	369810	3435	1482	13689	23566	3343
25000			399623	305100	5152	5695	12904	30650	50224

10－5 续表6

指　　标	#利息支出	营业利润	投资收益	营业外收入	营业外支出	利润总额
总　　计	**1053776**	**7193825**	**451519**	**645403**	**323740**	**7515701**
按轻重行业分组						
轻工业	177075	3128443	68178	92728	39806	3181584
重工业	876701	4065382	383340	552675	283934	4334117
按登记注册类型分组						
内资企业	973424	6235686	453143	552660	300883	6487676
国有企业	225824	1020474	11671	41120	22426	1039167
集体企业	904	20055	9	154	38	20172
股份合作企业	5	4603				4603
联营企业		1025				1025
集体联营企业		1025				1025
有限责任公司	186706	1080445	10463	227737	56325	1251856
国有独资公司	83283	109670	11527	41527	17406	133792
其他有限责任公司	103424	970775	－1064	186209	38919	1118064
股份有限公司	225176	571158	266334	101567	21467	651257
私营企业	332736	3500769	164653	182025	200437	3482572
私营独资企业	5301	102496	－1860	191	1282	101406
私营合伙企业	4559	63576		95	716	62955
私营有限责任公司	295236	2971236	134646	161603	195100	2937955
私营股份有限公司	27641	363461	31867	20135	3339	380256
其他企业	2072	37157	12	58	190	37025
港、澳、台商投资企业	48771	478106	2625	71921	12725	537302
合资经营企业(港或澳、台资)	19889	81024	－397	31883	7655	105253
合作经营企业(港或澳、台资)	563	－933		306		－627
港、澳、台商独资经营企业	7852	64864	6493	12415	610	76669
港、澳、台商投资股份有限公司	20468	333280	－3470	26536	4460	355357
其他港、澳、台商投资企业		－130		780		650
外商投资企业	31581	480033	－4250	20822	10132	490723
中外合资经营企业	25953	230708	2212	9742	6317	234133
中外合作经营企业	13	726				726
外资企业	3656	202910	621	9300	3041	209170
外商投资股份有限公司	1960	45689	－7082	1780	774	46694

单位:万元

所得税费　用	亏损企业亏损额	本年应付职工薪酬	本年应交增值税	平均用工人数（人）	总资产贡献率（%）	资　产负债率（%）	流动资产周转率（次/年）	成本费用利润率（%）	产销率（%）
1226253	**147362**	**5602624**	**3693179**	**710865**	**18.85**	**50.84**	**2.08**	**7.64**	**94.73**
521511	32941	1765048	2083478	260098	43.36	37.05	2.57	10.52	96.38
704741	114421	3837576	1609701	450767	10.29	55.66	1.88	6.36	93.84
1058753	120342	4242620	3214838	566250	19.56	50.46	2.02	7.94	94.14
286434	2957	584760	1261487	29569	52.91	43.23	1.6	22.59	102.01
1853		16977	8899	4445	28.51	56.41	6.11	6.32	84.01
		1230	1700	331	169.61	59.41	16.35	12.91	100
		165	89	38	82.09	27.91	18.8	13.41	99.84
		165	89	38	82.09	27.91	18.8	13.41	99.84
167447	47208	786174	426360	114825	10.12	51.31	2.13	6.24	96.61
11063	7714	146953	83558	16949	7.04	73.65	1.11	5.11	93.92
156384	39494	639221	342802	97876	11.18	43.61	2.45	6.41	97
96837	23128	631202	311327	63245	7.02	50.31	0.98	6.02	96.84
506033	47049	2191841	1177683	346474	17.01	53.31	2.71	7.68	90.98
5972	265	92864	42566	21314	49.74	39.63	8.3	7.3	97.49
4035	322	58672	23795	13302	43.77	47.8	8.89	6.66	96.7
440753	42871	1800729	970675	280721	16.6	55.34	2.78	7.33	90.31
55272	3592	239577	140647	31137	14.64	40.64	1.43	12.88	95.13
150		30271	27293	7323	101.51	24.91	18.45	6.57	99.33
73134	12197	1010525	239648	109763	11.9	50.83	2.97	5.23	98.67
16772	6817	614830	37185	48726	7.37	65.57	2.99	3.52	98.05
356	1914	771	-1051	105	-2.93	53.73	0.87	-8.18	100
10686	3467	63239	31090	11011	8.94	48.05	1.35	7.22	93.46
45031		329561	171143	49821	16.46	41.59	3.74	5.72	99.91
289		2124	1281	100	9.75	50.48	4.7	8.6	100
94365	14823	349480	238693	34852	17.06	56.37	1.97	7.72	96.85
49865	5804	149419	156927	15761	17.56	64.61	2.04	6.02	95.73
		684	612	176	71.04	78.92	9.64	5.43	96.53
31890	4820	163626	63509	15870	17.06	38.1	2.07	10.35	97.81
12611	4199	35750	17645	3045	13.24	56.98	1.26	10.87	99.37

10－5 续表7

指 标	#利息支出	营业利润	投资收益	营业外收入	营业外支出	利润总额
按经济组织类型分组						
独资企业	243537	1410800	16934	63181	27397	1446584
国有企业	225824	1020474	11671	41120	22426	1039167
集体企业	904	20055	9	154	38	20172
私营独资企业	5301	102496	－1860	191	1282	101406
港澳台商独资经营企业	7852	64864	6493	12415	610	76669
外资企业	3656	202910	621	9300	3041	209170
合作合伙企业	7211	106024	12	1239	907	106357
股份合作企业	5	4603				4603
集体联营企业		1025				1025
私营合伙企业	4559	63576		95	716	62955
合作经营企业(港或澳、台资)	563	－1063		1086		23
中外合作经营企业	13	726				726
其他企业(内资)	2072	37157	12	58	190	37025
股份有限公司	275245	1313588	287648	150018	30040	1433564
股份有限公司(内资)	225176	571158	266334	101567	21467	651257
私营股份有限公司	27641	363461	31867	20135	3339	380256
港澳台商投资股份有限公司	20468	333280	－3470	26536	4460	355357
外商投资股份有限公司	1960	45689	－7082	1780	774	46694
有限责任公司	527783	4363413	146924	430965	265397	4529196
国有独资公司	83283	109670	11527	41527	17406	133792
私营有限责任公司	295236	2971236	134646	161603	195100	2937955
合资经营企业(港或澳、台资)	19889	81024	－397	31883	7655	105253
中外合资经营企业	25953	230708	2212	9742	6317	234133
其他有限责任公司	103424	970775	－1064	186209	38919	1118064
在总计中:国有控股企业	519343	1602054	252787	270033	85433	1786653
在总计中:大型企业	690680	3299512	416529	324456	248092	3375876
中型企业	130289	1781034	36712	173486	37901	1916619
小型企业	194861	2082006	－2076	128912	33569	2177563
微型企业	37946	31273	353	18549	4179	45643
在总计中:园区工业	667657	4938671	435652	450379	263841	5125205
在总计中:亏损企业	54736	－158093	－9873	20057	9324	－147362

单位:万元

所得税费　用	亏损企业亏损额	本年应付职工薪酬	本年应交增值税	平均用工人数（人）	总资产贡献率（%）	资　产负债率（%）	流动资产周转率（次/年）	成本费用利润率（%）	产销率（%）
336836	11509	921466	1407552	82209	46.02	43.13	1.8	15.4	99.94
286434	2957	584760	1261487	29569	52.91	43.23	1.6	22.59	102.01
1853		16977	8899	4445	28.51	56.41	6.11	6.32	84.01
5972	265	92864	42566	21314	49.74	39.63	8.3	7.3	97.49
10686	3467	63239	31090	11011	8.94	48.05	1.35	7.22	93.46
31890	4820	163626	63509	15870	17.06	38.1	2.07	10.35	97.81
4830	2235	93917	53719	21375	53.98	43.07	10.62	6.73	97.77
		1230	1700	331	169.61	59.41	16.35	12.91	100
		165	89	38	82.09	27.91	18.8	13.41	99.84
4035	322	58672	23795	13302	43.77	47.8	8.89	6.66	96.7
645	1914	2895	230	205	1.95	52.48	1.51	0.15	100
		684	612	176	71.04	78.92	9.64	5.43	96.53
150		30271	27293	7323	101.51	24.91	18.45	6.57	99.33
209751	30919	1236090	640761	147248	9.57	47.8	1.36	7.02	97.58
96837	23128	631202	311327	63245	7.02	50.31	0.98	6.02	96.84
55272	3592	239577	140647	31137	14.64	40.64	1.43	12.88	95.13
45031		329561	171143	49821	16.46	41.59	3.74	5.72	99.91
12611	4199	35750	17645	3045	13.24	56.98	1.26	10.87	99.37
674837	102699	3351152	1591147	460033	13.85	54.91	2.51	6.76	92.74
11063	7714	146953	83558	16949	7.04	73.65	1.11	5.11	93.92
440753	42871	1800729	970675	280721	16.6	55.34	2.78	7.33	90.31
16772	6817	614830	37185	48726	7.37	65.57	2.99	3.52	98.05
49865	5804	149419	156927	15761	17.56	64.61	2.04	6.02	95.73
156384	39494	639221	342802	97876	11.18	43.61	2.45	6.41	97
404408	35222	1390076	1673315	102837	26.3	54.21	1.28	9.32	98.13
656653	3825	2848622	2066564	272283	18.79	51.28	1.41	8.12	93.85
280645	30460	1026349	746145	156611	22.02	48.33	2.86	9.38	96.24
282331	106387	1524388	801714	259122	18.69	48.63	3.66	6.4	94.75
6624	6690	203265	78757	22849	6.17	68.44	7.51	1.94	98.46
830112	113504	3921614	1899897	475981	11.52	52.06	1.91	6.84	93.73
-3397	147362	197371	57311	29516	-0.37	70.58	0.86	-8.2	88.23

10－5 续表 8

指　　标	#利息支出	营业利润	投资收益	营业外收　入	营业外支　出	利润总额
按行业大类分组						
采矿业	2006	12114		4	41	12078
黑色金属矿采选业	213	668		2	12	658
有色金属矿采选业	89	5153		3	29	5127
非金属矿采选业	1703	6292				6292
制造业	750236	6342722	436671	578554	304711	6616779
农副食品加工业	26183	315414	16704	18823	4213	330023
食品制造业	10231	124194	－3453	4914	1471	127637
酒、饮料和精制茶制造业	4730	70853	2279	8799	3991	75660
烟草制品业	3	272716	2952	752	3570	269899
纺织业	4661	52717	1660	898	251	53364
纺织服装、服饰业	2745	29831	92	1056	765	30122
皮革、毛皮、羽毛及其制品和制鞋业	890	9572		34	31	9575
木材加工和木、竹、藤、棕、草制品业	1092	14690		75	26	14740
家具制造业	2962	84106	818	106	415	83797
造纸和纸制品业	8477	80933	－163	1524	790	81667
印刷和记录媒介复制业	6859	143401	192	1761	1342	144040
文教、工美、体育和娱乐用品制造业	2078	16980	2	365	32	17313
石油加工、炼焦和核燃料加工业	413	8180		169	282	8068
化学原料和化学制品制造业	44018	654641	－1110	18963	9703	663900
医药制造业	11242	343814	4245	11616	4670	350759
化学纤维制造业	12	109		20		129
橡胶和塑料制品业	5933	93769	505	6135	745	99157
非金属矿物制品业	32837	359150	－5205	13748	5433	367463
黑色金属冶炼和压延加工业	2114	32503	12	338	214	32627
有色金属冶炼和压延加工业	49099	306600	38	25247	5028	326817
金属制品业	9726	230877	－9765	2699	1121	232456
通用设备制造业	29610	342756	2013	26437	2321	366873
专用设备制造业	349488	952736	356925	142677	176664	918747
汽车制造业	53733	598201	－5604	68251	41185	625267
铁路、船舶、航空航天和其他运输设备制造业	4257	151453	－8721	3662	117	154998
电气机械和器材制造业	30934	369665	30044	20006	2929	386742
计算机、通信和其他电子设备制造业	43217	522581	40569	181059	36199	667440
仪器仪表制造业	9167	105942	5632	12552	436	118058
其他制造业	1829	18331	6011	950	146	19135
废弃资源综合利用业	1696	36010		4919	621	40308
电力、热力、燃气及水生产和供应业	112687	92035	6488	48045	6062	134018
电力、热力生产和供应业	62600	1253	3078	23483	3992	20744
燃气生产和供应业	5676	59214	2882	2112	1363	59963
水的生产和供应业	44410	31568	528	22451	707	53312

单位:万元

所得税费用	亏损企业亏损额	本年应付职工薪酬	本年应交增值税	平均用工人数（人）	总资产贡献率（%）	资产负债率（%）	流动资产周转率（次/年）	成本费用利润率（%）	产销率（%）
1247	91	15863	8521	3433	27.69	49.13	8.36	3.02	96.32
50		2136	191	447	12.54	32.72	2.33	5.59	99.39
830		7548	2478	1367	30.03	40.03	3.75	10.06	98.95
367	91	6179	5852	1619	28.83	54.86	11.82	1.86	95.78
988359	134426	5031091	2692658	674015	15.23	50.01	2.12	7.12	94.1
36087	4322	174722	61119	28395	13.31	43.13	2.95	7.92	94.64
17705	8819	125830	52926	16775	13.84	38.86	2.35	7.92	93.05
12955	6147	61872	30436	13959	16.32	41.8	3.36	6.41	94.57
74966		108800	327961	3877	77.78	12.57	1.37	40.82	96.41
11454	1605	37024	21473	6751	10.02	52.66	1.64	6.78	90.94
5720	40	38470	8681	7163	19.81	32.31	3.59	6.54	83.24
1487		11583	10283	2834	46.71	17.68	16.11	3.38	98.36
1260	35	15128	8639	3270	29.65	40.11	7.07	4.73	98.26
13860	23	36500	21023	6330	61.83	41.34	9.75	10.67	96.75
3656	681	51959	28395	9294	29.21	42.66	6.52	6.17	95.75
23687	510	77101	35668	12400	28.18	44.16	5.08	8.77	95.6
2032	1237	20233	4934	4052	24.7	43.31	6.41	5.04	97.37
1851		3603	1952	880	23.51	60.24	4.24	4.36	97.22
68028	542	476686	265544	99881	34.43	41.97	5.06	8.14	96.94
26565	1309	130942	269167	21603	27.09	38.79	3.63	7.77	95.63
		130	29	42	5.61	75.1	4.84	3.6	59.67
17255	4046	68011	32121	11214	14.52	49.13	2.94	7.45	94
67125	8028	222492	140590	29550	16.86	53.32	2.48	7.96	91.87
5672	1731	24679	9816	4479	17.17	40.94	3.49	6.21	97.83
55541	7499	87751	99165	19328	8.36	25.51	5.06	3.64	100.1
49132	10367	129952	63196	19612	20.94	41.63	3.62	8.37	95.2
60185	8684	221817	159802	35611	19.42	49.13	3.22	6.83	97.83
190656	22409	850636	350586	79881	6.91	57.25	1.02	5.74	95.13
82072	16972	518374	279584	65269	14.1	73.32	2.04	6.03	81.4
19877	4434	98353	28908	7765	10.7	50.96	0.71	19.2	76.71
53520	10298	217261	126576	32783	13.9	51.01	1.93	7.9	92.91
67922	13157	1075964	201893	113237	11.71	49.2	2.4	7.07	98.28
11379	1153	116164	40884	13557	9.04	39.84	0.96	10.47	94.52
1620		16988	5070	2897	15.47	66.85	1.9	8.42	105.66
5091	377	12068	6235	1326	27.06	58.37	1.81	39.95	91.11
29311	12845	273839	124762	24090	6.46	72.69	3.32	4.82	95.81
5421	8863	206105	80845	17553	5.25	70.36	6.59	1.05	99.94
12466	703	24453	10872	2516	17.95	65.95	3.96	14.61	97.9
11424	3279	43281	33044	4021	6	77.49	0.91	13.37	75.04

10－6 规模以上国有及国有控股工业企业主要经济指标(2017年)

指　　标	企业单位数(个)	#亏损企业(个)	工业总产值(当年价格)	#新产品产　值	工业销售产值(当年价)	#出口交货值
总　　计	**128**	**30**	**26580545**	**8137160**	**26083885**	**403820**
按轻重行业分组						
轻工业	31	7	9212212	505600	9310595	75739
重工业	97	23	17368333	7631560	16773290	328081
按登记注册类型分组						
内资企业	121	29	23562315	5547445	23129241	403820
国有企业	11	3	10616215	482667	10829931	74548
有限责任公司	98	24	6772389	2028348	6215707	130796
国有独资公司	26	5	2812722	771894	2641806	85899
其他有限责任公司	72	19	3959667	1256454	3573901	44897
股份有限公司	12	2	6173711	3036431	6083603	198477
港、澳、台商投资企业	4	1	71395	22173	71344	
合资经营企业(港或澳、台资)	2		64535	22173	64484	
合作经营企业(港或澳、台资)	2	1	6860		6860	
外商投资企业	3		2946835	2567542	2883301	
中外合资经营企业	3		2946835	2567542	2883301	
按经济组织类型分组						
独资企业	11	3	10616215	482667	10829931	74548
国有企业	11	3	10616215	482667	10829931	74548
合作合伙企业	2	1	6860		6860	
合作经营企业(港或澳、台资)	2	1	6860		6860	
股份有限公司	12	2	6173711	3036431	6083603	198477
股份有限公司(内资)	12	2	6173711	3036431	6083603	198477
有限责任公司	103	24	9783759	4618063	9163491	130796
国有独资公司	26	5	2812722	771894	2641806	85899
合资经营企业(港或澳、台资)	2		64535	22173	64484	
中外合资经营企业	3		2946835	2567542	2883301	
其他有限责任公司	72	19	3959667	1256454	3573901	44897
在总计中:国有控股企业	128	30	26580545	8137160	26083885	403820
在总计中:大型企业	15	1	21424867	7347997	21008674	364059
中型企业	24	3	2035309	474533	1974523	19065
小型企业	84	25	1513358	314630	1492583	20696
微型企业	5	1	1607011		1608105	
在总计中:园区工业	87	20	15442896	7624600	14821035	330699
在总计中:亏损企业	7	30	340997	63438	326513	20384

单位:万元

流动资产合计	#应收账款	存货	#产成品	固定资产合计	固定资产原价	累计折旧	资产总计	流动负债合计	应付账款
20246178	**4299418**	**7216337**	**1271541**	**10368351**	**17442441**	**7374476**	**36306378**	**12937654**	**4197063**
7136360	481384	4597130	157089	1733371	3147832	1609719	10099579	2503060	839655
13109819	3818033	2619206	1114452	8634980	14294609	5764757	26206798	10434594	3357408
19098006	4211508	6877228	1101983	9769879	16469608	7018902	34197812	11760048	3686520
6775022	297360	4553538	137272	6213972	11025691	5028962	14675825	3268717	1043677
5482906	1572581	1094476	289723	2727227	4140044	1402849	9969294	5585648	1873258
2418207	484397	426376	176224	1787712	2628823	893332	5227770	2975932	807580
3064699	1088184	668100	113500	939515	1511221	509517	4741524	2609716	1065678
6840078	2341568	1229214	674988	828680	1303873	587092	9552693	2905683	769585
84686	43519	13423	982	25155	31856	5211	116305	39963	20918
76758	43018	12627	399	5224	10358	3561	82853	36771	19623
7929	501	796	582	19931	21499	1651	33451	3192	1295
1063486	44390	325685	168576	573318	940977	350362	1992261	1137643	489625
1063486	44390	325685	168576	573318	940977	350362	1992261	1137643	489625
6775022	297360	4553538	137272	6213972	11025691	5028962	14675825	3268717	1043677
6775022	297360	4553538	137272	6213972	11025691	5028962	14675825	3268717	1043677
7929	501	796	582	19931	21499	1651	33451	3192	1295
7929	501	796	582	19931	21499	1651	33451	3192	1295
6840078	2341568	1229214	674988	828680	1303873	587092	9552693	2905683	769585
6840078	2341568	1229214	674988	828680	1303873	587092	9552693	2905683	769585
6623150	1659989	1432789	458699	3305769	5091379	1756772	12044408	6760062	2382506
2418207	484397	426376	176224	1787712	2628823	893332	5227770	2975932	807580
76758	43018	12627	399	5224	10358	3561	82853	36771	19623
1063486	44390	325685	168576	573318	940977	350362	1992261	1137643	489625
3064699	1088184	668100	113500	939515	1511221	509517	4741524	2609716	1065678
20246178	4299418	7216337	1271541	10368351	17442441	7374476	36306378	12937654	4197063
17847497	3456812	6735947	1153705	6770264	11193331	4749468	29379874	9454288	2949106
1416913	518725	286981	62252	297539	913294	376185	2267959	1100021	457390
883400	310959	190439	55338	1125306	1524616	430930	2294049	1356160	494852
98368	12922	2970	246	2175243	3811200	1817893	2364495	1027186	295715
12915639	3780024	2621477	1114493	2727767	4757970	1912524	19289964	8151233	2810135
445906	137864	165519	32076	628979	885180	266300	1207247	757186	169416

10－6 续表 1

指　　标	企业单位数（个）	#亏损企业（个）	工业总产值（当年价格）	#新产品产　值	工业销售产值（当年价）	#出口交货值
按行业大类分组						
采矿业	1		214267		214267	
非金属矿采选业	1		214267		214267	
制造业	111	24	23614533	8112638	23214561	403820
农副食品加工业	6	1	67491		70664	
食品制造业	2	2	4847		4739	
酒、饮料和精制茶制造业	3		82866	26419	57181	2618
烟草制品业	2		8276367	468950	8489734	67720
纺织业	2	1	8424		9151	5402
纺织服装、服饰业	2		7624		7624	
造纸和纸制品业	1		13638		12405	
印刷和记录媒介复制业	2	1	110436		110436	
化学原料和化学制品制造业	4		289951	173621	280131	37998
医药制造业	3		342232	10232	340608	
非金属矿物制品业	22	6	629992	6596	628485	
黑色金属冶炼和压延加工业	2	1	28176	16952	29213	
有色金属冶炼和压延加工业	6	4	221613	61731	193923	8596
金属制品业	2		358456	106307	351251	125
通用设备制造业	2	1	89050	30754	86756	10904
专用设备制造业	14	2	5876639	2889555	5804696	206562
汽车制造业	10	1	4537774	3054292	4469971	
铁路、船舶、航空航天和其他运输设备制造业	5	2	1344136	737757	993551	19168
电气机械和器材制造业	5		515536	7049	523367	4490
计算机、通信和其他电子设备制造业	11	1	767864	503261	713085	40237
仪器仪表制造业	4		39191	19164	35561	
废弃资源综合利用业	1	1	2229		2030	
电力、热力、燃气及水生产和供应业	16	6	2751745	24522	2655057	
电力、热力生产和供应业	5	1	2487630		2487630	
燃气生产和供应业	2	1	10092		10092	
水的生产和供应业	9	4	254023	24522	157335	

单位:万元

流动资产合计	#应收账款	存货	#产成品	固定资产合计	固定资产原价	累计折旧	资产总计	流动负债合计	应付账款
9396	3379	5357	5357	23643	23643	1145	33386	6375	
9396	3379	5357	5357	23643	23643	1145	33386	6375	
19632819	4134625	7175008	1265310	3474074	6236165	2951033	27412712	9582227	3509351
40316	5342	13928	3817	47570	55308	10290	98995	56078	16696
5021	673	1163	69	5763	7244	369	22065	10772	1623
19212	4484	3068	1714	10608	11888	2526	35357	10789	3267
6518291	280656	4523337	133025	688784	1947143	1258359	8142640	1342208	646537
15131	5267	2697	855	11229	13384	1280	30611	14432	3256
14030	733	1777	856	1848	4068	2502	16167	5802	1944
12650	2317	4688		1427	2763	1337	14377	7652	3435
69855	28074	22237	3295	33716	97241	63525	109778	59599	12110
176336	35879	44581	25666	37575	164363	98530	362341	160302	24028
99548	38958	14678	10986	62822	69735	6914	171342	70523	46016
492422	268214	83518	19508	196640	309666	120306	765199	470929	217738
14986	4406	6961	4444	15382	25493	10169	31623	8530	3096
135830	41997	48952	12952	148185	177493	29308	361280	174002	41366
68285	10324	11076	2283	9333	15299	5666	77851	10041	8287
178996	82254	63792	9130	35041	59972	24782	219643	187730	61133
6813554	2382036	1259779	651509	648639	1112407	559201	9204525	2960667	771630
2474673	186887	622800	294554	1130678	1545757	576819	4150656	2459710	1019159
1303653	479031	259830	30270	143258	258361	72509	1753535	842612	329630
253118	59553	57997	6346	49351	84722	30307	334513	197959	102894
862048	205948	107920	52459	192974	268818	74454	1433049	497412	187232
63803	11433	20047	1389	2263	3901	1729	74273	32931	8183
1063	162	185	185	989	1138	149	2893	1550	91
603964	161413	35972	873	6870635	11182633	4422298	8860280	3349052	687712
299244	47387	31910	743	5760582	9916667	4073174	7111507	2176124	410806
6842	716	231	65	7831	12721	5601	14858	4075	1478
297877	113310	3831	66	1102222	1253244	343524	1733915	1168853	275428

10－6 续表 2

指　　标	负债合计	所有者权益合计	#实收资本			
				国家资本	集体资本	法人资本
总　　计	**19681129**	**16625247**	**5236313**	**2840615**	**13498**	**1393036**
按轻重行业分组						
轻工业	2811156	7288423	645797	559310		77752
重工业	16869973	9336824	4590516	2281305	13498	1315284
按登记注册类型分组						
内资企业	18238636	15959174	4394044	2813159	13498	990936
国有企业	6344276	8331549	1671786	1669535		1251
有限责任公司	6813364	3155928	1730111	896004	9823	801250
国有独资公司	3850397	1377372	700145	649099		50651
其他有限责任公司	2962967	1778556	1029966	246905	9823	750599
股份有限公司	5080996	4471698	992147	247620	3675	188435
港、澳、台商投资企业	54745	61560	25180	16038		4750
合资经营企业(港或澳、台资)	36771	46082	10180	2538		3250
合作经营企业(港或澳、台资)	17973	15478	15000	13500		1500
外商投资企业	1387749	604513	817089	11419		397350
中外合资经营企业	1387749	604513	817089	11419		397350
按经济组织类型分组						
独资企业	6344276	8331549	1671786	1669535		1251
国有企业	6344276	8331549	1671786	1669535		1251
合作合伙企业	17973	15478	15000	13500		1500
合作经营企业(港或澳、台资)	17973	15478	15000	13500		1500
股份有限公司	5080996	4471698	992147	247620	3675	188435
股份有限公司(内资)	5080996	4471698	992147	247620	3675	188435
有限责任公司	8237884	3806523	2557381	909960	9823	1201850
国有独资公司	3850397	1377372	700145	649099		50651
合资经营企业(港或澳、台资)	36771	46082	10180	2538		3250
中外合资经营企业	1387749	604513	817089	11419		397350
其他有限责任公司	2962967	1778556	1029966	246905	9823	750599
在总计中:国有控股企业	19681129	16625247	5236313	2840615	13498	1393036
在总计中:大型企业	15026234	14353640	3658825	1723242		1012566
中型企业	1282455	985504	677730	397269		235740
小型企业	1676164	617884	444334	265418	13498	144007
微型企业	1696275	668220	455425	454687		723
在总计中:园区工业	11412024	7877939	3320426	1067182	9993	1261303
在总计中:亏损企业	990439	216807	199927	116332	5785	69060

单位:万元

个人资本	港澳台资本	外商资本	主营业务收入	主营业务成本	主营业务税金及附加	其他业务利润	销售费用	管理费用	财务费用
531694	**4392**	**453079**	**25992738**	**16668754**	**5569303**	**18245**	**850893**	**1153020**	**506292**
6094	2642		9378959	2617977	5201073	1516	173441	417581	28797
525600	1750	453079	16613779	14050777	368230	16729	677452	735440	477495
531694		44759	22787341	14131546	5346627	17386	656582	986881	496364
1000			10853459	3871710	5238481	-3835	129154	386148	213223
23035			5828993	4811913	87749	21214	231412	361086	122317
395			2693041	2289197	67657	5680	124811	122013	80151
22640			3135952	2522716	20093	15535	106601	239073	42166
507659		44759	6104889	5447923	20397	7	296016	239648	160824
	4392		70930	47443	731	94	10226	4637	302
	4392		64070	41981	595	94	9742	3429	-207
			6860	5462	136		485	1208	509
		408321	3134467	2489765	221944	764	184085	161502	9626
		408321	3134467	2489765	221944	764	184085	161502	9626
1000			10853459	3871710	5238481	-3835	129154	386148	213223
1000			10853459	3871710	5238481	-3835	129154	386148	213223
			6860	5462	136		485	1208	509
			6860	5462	136		485	1208	509
507659		44759	6104889	5447923	20397	7	296016	239648	160824
507659		44759	6104889	5447923	20397	7	296016	239648	160824
23035	4392	408321	9027530	7343660	310289	22073	425238	526018	131736
395			2693041	2289197	67657	5680	124811	122013	80151
	4392		64070	41981	595	94	9742	3429	-207
		408321	3134467	2489765	221944	764	184085	161502	9626
22640			3135952	2522716	20093	15535	106601	239073	42166
531694	4392	453079	25992738	16668754	5569303	18245	850893	1153020	506292
480908		442109	20951775	12185954	5535269	8323	718878	952402	402124
32000	1750	10971	1927335	1667153	10596	6490	54785	100139	26161
18771	2642		1455881	1206790	13509	832	76814	94569	43111
15			1657747	1608857	9930	2600	416	5911	34896
524479	4392	453079	14615898	12372691	325166	15933	696050	730978	229026
8751			308619	260025	4449	1303	19242	37846	25486

10－6 续表3

指　　标	负债合计	所有者权益合计	#实收资本	国家资本	集体资本	法人资本
按行业大类分组						
采矿业	23146	10240	10238	10238		
非金属矿采选业	23146	10240	10238	10238		
制造业	12777888	14634822	3810474	1454352	13498	1353460
农副食品加工业	70695	28300	32588	25062		2283
食品制造业	10772	11294	14500	5000		9500
酒、饮料和精制茶制造业	12785	22571	2300			1685
烟草制品业	1342208	6800432	446000	446000		
纺织业	25732	4879	609	558		51
纺织服装、服饰业	6778	9388	3170	3170		
造纸和纸制品业	7652	6725	5180	2538		
印刷和记录媒介复制业	59649	50129	17074	17074		
化学原料和化学制品制造业	185703	176637	71867	32079		39788
医药制造业	106111	65231	21692			21457
非金属矿物制品业	528373	236826	155536	104384	5001	42126
黑色金属冶炼和压延加工业	12195	19428	28934	8934		20000
有色金属冶炼和压延加工业	235225	126055	143311	51084	1674	88447
金属制品业	10041	67810	27728	3832		21600
通用设备制造业	191410	28233	11068	1295	505	8568
专用设备制造业	5212729	3991795	875213	188579		191957
汽车制造业	3021559	1129096	1029498	203132	195	416100
铁路、船舶、航空航天和其他运输设备制造业	893742	859793	433754	28500		405254
电气机械和器材制造业	216349	118163	55079	47740	2339	5000
计算机、通信和其他电子设备制造业	590119	842929	409335	262204	3784	78645
仪器仪表制造业	36510	37763	24319	23187		1000
废弃资源综合利用业	1550	1343	1720			
电力、热力、燃气及水生产和供应业	6880095	1980185	1415602	1376026		39576
电力、热力生产和供应业	5445833	1665674	1313818	1313818		
燃气生产和供应业	4075	10782	5500	4000		1500
水的生产和供应业	1430187	303728	96284	58208		38076

单位:万元

个人资本	港澳台资本	外商资本	主营业务收入	主营业务成本	主营业务税金及附加	其他业务利润	销售费用	管理费用	财务费用
			214267	184553	3609		22996	945	974
			214267	184553	3609		22996	945	974
531694	4392	453079	22999459	14114309	5517781	10155	814682	1112395	210802
5244			95641	91713	37	-133	3352	2435	782
			3860	4557	39	7	1635	714	48
615			70275	59499	243		2560	2821	520
			8470050	1834584	5196443	-6965	128198	358572	-11474
			9186	9641	12		216	989	108
			14328	10215	104		701	3573	-59
	2642		11991	10279	25		462	1137	-44
			105070	93171	817	3117	2469	10823	679
			349830	299831	1381		7257	22151	3970
235			330610	276213	902		20189	17740	2031
4025			594681	500915	3752	17	25453	31515	11834
			30673	27088	277		803	3281	354
2106			187055	153479	1327	430	3261	14677	9374
2296			351247	323871	583		1919	3999	-35
700			81983	63930	943	808	6573	9132	3469
449918		44759	5778123	5198651	16887	6660	279938	220742	165906
	1750	408321	4670778	3755366	280094	859	277918	224074	16905
			810140	541153	6656	3429	22512	91598	2433
			347328	308473	1835		4615	16601	565
64703			649481	528403	5228	1926	23473	69212	3390
132			35099	21582	196		1060	6144	-79
1720			2030	1695	1		121	465	124
			2779012	2369893	47913	8090	13214	39681	294516
			2537663	2172647	45097	2600	181	20883	247224
			10054	6697	49		1961	770	26
			231295	190548	2768	5490	11073	18028	47267

10－6 续表4

指　　标	#利息支出	营业利润	投资收益	营业外收　入	营业外支　出	利润总额
总　　计	**519343**	**1602054**	**252787**	**270033**	**85433**	**1786653**
按轻重行业分组						
轻工业	41598	975376	10756	18634	13664	980346
重工业	477745	626678	242031	251399	71770	806307
按登记注册类型分组						
内资企业	501795	1514125	256677	266942	82014	1699054
国有企业	225824	1020474	11671	41120	22426	1039167
有限责任公司	115363	330497	3852	178961	44323	465135
国有独资公司	83283	109670	11527	41527	17406	133792
其他有限责任公司	32080	220827	－7675	137433	26917	331343
股份有限公司	160608	163155	241154	46862	15265	194752
港、澳、台商投资企业	563	7553		855		8407
合资经营企业(港或澳、台资)		8485		549		9034
合作经营企业(港或澳、台资)	563	－933		306		－627
外商投资企业	16985	80376	－3891	2236	3420	79193
中外合资经营企业	16985	80376	－3891	2236	3420	79193
按经济组织类型分组						
独资企业	225824	1020474	11671	41120	22426	1039167
国有企业	225824	1020474	11671	41120	22426	1039167
合作合伙企业	563	－933		306		－627
合作经营企业(港或澳、台资)	563	－933		306		－627
股份有限公司	160608	163155	241154	46862	15265	194752
股份有限公司(内资)	160608	163155	241154	46862	15265	194752
有限责任公司	132348	419359	－39	181746	47742	553362
国有独资公司	83283	109670	11527	41527	17406	133792
合资经营企业(港或澳、台资)		8485		549		9034
中外合资经营企业	16985	80376	－3891	2236	3420	79193
其他有限责任公司	32080	220827	－7675	137433	26917	331343
在总计中:国有控股企业	519343	1602054	252787	270033	85433	1786653
在总计中:大型企业	423476	1499077	254115	116281	52578	1562780
中型企业	26486	76298	15	104914	23979	157232
小型企业	33987	23446	－1644	31260	5388	49319
微型企业	35394	3233	302	17578	3489	17322
在总计中:园区工业	236811	580249	240723	113150	40610	652789
在总计中:亏损企业	22412	－42520	－2398	8982	1684	－35222

单位:万元

所得税费用	亏损企业亏损额	本年应付职工薪酬	本年应交增值税	平均用工人数（人）	总资产贡献率（%）	资产负债率（%）	流动资产周转率（次/年）	成本费用利润率（%）	产销率（%）
404408	**35222**	**1390076**	**1673315**	**102837**	**26.3**	**54.21**	**1.28**	**9.32**	**98.13**
269784	5566	435041	1210260	17436	73.6	27.83	1.31	30.28	101.07
134624	29656	955035	463055	85401	8.07	64.37	1.27	5.06	96.57
380569	33309	1294780	1542975	94668	26.58	53.33	1.19	10.44	98.16
286434	2957	584760	1261487	29569	52.91	43.23	1.6	22.59	102.01
49498	27270	376370	180731	43681	8.52	68.34	1.06	8.42	91.78
11063	7714	146953	83558	16949	7.04	73.65	1.11	5.11	93.92
38434	19556	229417	97174	26732	10.14	62.49	1.02	11.38	90.26
44637	3082	333650	100758	21418	4.99	53.19	0.89	3.17	98.54
1716	1914	5580	2917	544	10.85	47.07	0.84	13.43	99.93
1360		4809	3967	439	16.41	44.38	0.83	16.44	99.92
356	1914	771	-1051	105	-2.93	53.73	0.87	-8.18	100
22123		89716	127423	7625	22.36	69.66	2.95	2.78	97.84
22123		89716	127423	7625	22.36	69.66	2.95	2.78	97.84
286434	2957	584760	1261487	29569	52.91	43.23	1.6	22.59	102.01
286434	2957	584760	1261487	29569	52.91	43.23	1.6	22.59	102.01
356	1914	771	-1051	105	-2.93	53.73	0.87	-8.18	100
356	1914	771	-1051	105	-2.93	53.73	0.87	-8.18	100
44637	3082	333650	100758	21418	4.99	53.19	0.89	3.17	98.54
44637	3082	333650	100758	21418	4.99	53.19	0.89	3.17	98.54
72981	27270	470895	312122	51745	10.86	68.4	1.36	6.57	93.66
11063	7714	146953	83558	16949	7.04	73.65	1.11	5.11	93.92
1360		4809	3967	439	16.41	44.38	0.83	16.44	99.92
22123		89716	127423	7625	22.36	69.66	2.95	2.78	97.84
38434	19556	229417	97174	26732	10.14	62.49	1.02	11.38	90.26
404408	35222	1390076	1673315	102837	26.3	54.21	1.28	9.32	98.13
376074	1793	1002479	1499294	63161	30.7	51.14	1.17	10.96	98.06
11884	2463	108298	65728	13827	11.47	56.55	1.36	8.51	97.01
12261	30930	93722	40933	10229	6	73.07	1.65	3.47	98.63
4189	36	185577	67360	15620	5.5	71.74	16.85	1.05	100.07
112370	24241	758483	366781	68161	8.2	59.16	1.13	4.65	95.97
-1714	35222	51527	19484	5610	0.92	82.04	0.69	-10.28	95.75

10－6 续表5

指　　标	#利息支出	营业利润	投资收益	营业外收　入	营业外支　出	利润总额
按行业大类分组						
采矿业	526	1191				1191
非金属矿采选业	526	1191				1191
制造业	228913	1550941	251272	215613	77594	1688960
农副食品加工业	459	－2844	－1	4266	199	1222
食品制造业		－3124	5	840	14	－2298
酒、饮料和精制茶制造业	521	4488		350	70	4768
烟草制品业	3	961663	10458	2835	12893	951605
纺织业	4	－1573	150	98	25	－1500
纺织服装、服饰业		－32	92	291	26	233
造纸和纸制品业		233		6		240
印刷和记录媒介复制业	743	450		162	31	581
化学原料和化学制品制造业	3641	17436	561	2093	715	18813
医药制造业	941	13509	43	346	49	13806
非金属矿物制品业	10682	21879	33	3308	1922	23265
黑色金属冶炼和压延加工业	354	－1364		155	72	－1281
有色金属冶炼和压延加工业	9499	5590		3434	368	8656
金属制品业	24	20734		56		20789
通用设备制造业		－2244	127	942	87	－1389
专用设备制造业	164755	106863	214239	47764	17716	136912
汽车制造业	26579	179054	－6045	32376	19646	191784
铁路、船舶、航空航天和其他运输设备制造业	3125	146540	－8905	2893	37	149397
电气机械和器材制造业	846	17770		174	109	17834
计算机、通信和其他电子设备制造业	6623	59250	40240	113052	23613	148689
仪器仪表制造业	114	7042	276	173	3	7212
废弃资源综合利用业		－377				－377
电力、热力、燃气及水生产和供应业	289904	49922	1514	54420	7840	96503
电力、热力生产和供应业	248979	53863	1500	36236	7311	82788
燃气生产和供应业		559		31	7	583
水的生产和供应业	40925	－4500	15	18153	522	13132

单位:万元

所得税费用	亏损企业亏损额	本年应付职工薪酬	本年应交增值税	平均用工人数（人）	总资产贡献率（%）	资产负债率（%）	流动资产周转率（次/年）	成本费用利润率（%）	产销率（%）
		1080	2636	220	23.84	69.33	22.8	0.57	100
		1080	2636	220	23.84	69.33	22.8	0.57	100
377330	25175	1140300	1528273	80822	32.7	46.61	1.17	10.39	98.31
194	401	2817	2192	555	3.95	71.41	2.37	1.24	104.7
	2298	503		317	-10.24	48.82	0.77	-33.05	97.78
1071		2767	1012	471	18.51	36.16	3.66	7.29	69
264522		368354	1157298	10396	89.72	16.48	1.3	41.2	102.58
	1605	1825	83	448	-4.58	84.06	0.61	-13.7	108.62
19		1731	600	156	5.79	41.93	1.02	1.61	100
53		948	254	110	3.61	53.22	0.95	2.02	90.96
	146	10345	3248	1041	4.91	54.34	1.5	0.54	100
2019		27388	6580	2896	8.39	51.25	1.98	5.65	96.61
1336		13632	23167	1317	22.65	61.93	3.32	4.37	99.53
3614	5771	32670	27985	3265	8.58	69.05	1.21	4.08	99.76
37	1665	3054	591	325	-0.19	38.56	2.05	-4.06	103.68
1348	3750	9483	-8060	1124	3.16	65.11	1.38	4.79	87.51
3209		3782	4475	554	33.23	12.9	5.14	6.3	97.99
-107	1793	9405	2894	1571	1.11	87.15	0.46	-1.67	97.42
43119	2782	313724	105270	21262	4.6	56.63	0.85	2.33	98.78
29874	192	165927	156164	16747	15.77	72.8	1.89	4.49	98.51
19042	4051	89851	25974	6515	10.56	50.97	0.62	22.72	73.92
1873		12809	3695	4500	7.24	64.68	1.37	5.4	101.52
5154	345	64110	14254	6710	12.2	41.18	0.75	23.81	92.87
951		4944	598	487	10.93	49.16	0.55	25.12	90.74
	377	233		55	-12.97	53.57	1.91	-15.66	91.09
27078	10047	248696	142406	21795	6.51	77.65	4.6	3.55	96.49
23017	6065	217599	117924	19059	6.96	76.58	8.48	3.39	100
363	703	933	330	177	6.47	27.43	1.47	6.17	100
3699	3279	30163	24153	2559	4.67	82.48	0.78	4.92	61.94

10－7 规模以上大中型工业企业主要经济指标(2017年)

指标	企业单位数(个)	#亏损企业(个)	工业总产值(当年价格)	#新产品产值	工业销售产值(当年价)	#出口交货值
总计	**385**	**17**	**76349482**	**25966044**	**72228250**	**4482407**
按轻重行业分组						
轻工业	180	4	23124268	4871211	22540099	633624
重工业	203	13	53225214	21094833	49688152	3848783
按登记注册类型分组						
内资企业	337	14	60845816	20079117	56896776	1880117
国有企业	3		8971561	468950	9185142	67720
集体企业	3		99225		51251	4422
有限责任公司	78	6	15326345	4688998	14800670	418233
国有独资公司	11	2	2439882	745296	2294323	77879
其他有限责任公司	67	4	12886462	3943701	12506347	340354
股份有限公司	37	3	10342095	4793980	9998429	398536
私营企业	211	5	26008786	10127190	22764231	974330
私营独资企业	6		119773	9312	116778	33780
私营合伙企业	5		141054	974	131939	
私营有限责任公司	178	5	23462909	8953466	20346198	914686
私营股份有限公司	22		2285049	1163438	2169317	25865
其他企业	5		97804		97053	16875
港、澳、台商投资企业	22	2	8926145	2145174	8846125	2320493
合资经营企业(港或澳、台资)	9	1	1519966	1168586	1506082	1099543
港、澳、台商独资经营企业	7	1	899306	393488	838985	64596
港、澳、台商投资股份有限公司	6		6506872	583100	6501058	1156354
外商投资企业	24	1	6577521	3741753	6485349	281798
中外合资经营企业	7	1	3712613	2986716	3607122	893
外资企业	15		1798238	623254	1819556	259406
外商投资股份有限公司	2		1066670	131783	1058671	21499
按经济组织类型分组						
独资企业	34	1	11888104	1495003	12011711	429924
国有企业	3		8971561	468950	9185142	67720
集体企业	3		99225		51251	4422
私营独资企业	6		119773	9312	116778	33780
港澳台商独资经营企业	7	1	899306	393488	838985	64596
外资企业	15		1798238	623254	1819556	259406
合作合伙企业	10		238859	974	228992	16875
私营合伙企业	5		141054	974	131939	
其他企业(内资)	5		97804		97053	16875
股份有限公司	67	3	20200686	6672302	19727475	1602254
股份有限公司(内资)	37	3	10342095	4793980	9998429	398536
私营股份有限公司	22		2285049	1163438	2169317	25865
港澳台商投资股份有限公司	6		6506872	583100	6501058	1156354
外商投资股份有限公司	2		1066670	131783	1058671	21499
有限责任公司	272	13	44021833	17797765	40260072	2433354
国有独资公司	11	2	2439882	745296	2294323	77879
私营有限责任公司	178	5	23462909	8953466	20346198	914686
合资经营企业(港或澳、台资)	9	1	1519966	1168586	1506082	1099543
中外合资经营企业	7	1	3712613	2986716	3607122	893
其他有限责任公司	67	4	12886462	3943701	12506347	340354

单位:万元

流动资产合计	#应收账款	存货	#产成品	固定资产合计	固定资产原价	累计折旧	资产总计	流动负债合计	应付账款
43356452	**12327158**	**12149361**	**3280170**	**16879669**	**29929202**	**9332874**	**76620906**	**27350184**	**8856302**
11898301	1528536	5792253	837598	3600219	5834838	2439582	18685361	5629090	1684892
31458150	10798622	6357107	2442572	13279450	24094363	6893293	57935545	21721094	7171410
36848509	9739929	11138981	2789705	13562784	24950751	7819836	64889822	22253645	6452348
6667630	282826	4548004	135028	4003467	7171878	3196291	12268697	2231766	750027
12085	7471	3992	2654	15907	18663	5911	29481	7198	5579
7434140	1947276	1729081	490950	2683487	8118541	1471280	15368661	6153525	1939170
2312809	440775	407505	169432	1414983	2145804	774461	4688609	2750083	780949
5121332	1506501	1321576	321517	1268504	5972737	696820	10680052	3403442	1158222
10661695	3370561	2004826	1052594	1961501	2664357	936475	16357734	4866293	1231057
12069753	4130427	2852630	1108294	4896777	6975183	2209395	20859002	8993340	2525451
17058	6373	5895	3218	15129	22136	6976	35208	8714	4376
27729	8532	12331	4206	27997	40335	13558	67590	21091	9251
10377336	3698338	2275041	871471	4342581	6236481	2019986	17939646	7954531	2232948
1647629	417185	559364	229400	511070	676232	168875	2816558	1009004	278876
3206	1368	448	184	1646	2130	484	6247	1523	1065
3263798	1584171	347518	154433	2013855	2990101	798774	6490095	2479471	1257362
831989	356700	123623	44751	1012183	1440482	424192	1983422	1167095	724516
693917	304705	92390	37303	302257	393446	118412	1153807	494731	79439
1737892	922766	131505	72379	699415	1156173	256170	3352865	817645	453407
3244144	1003058	662861	336032	1303030	1988350	714264	5240989	2617069	1146592
1944324	533296	420969	221304	839624	1283045	426113	3306976	1913596	739986
930050	361644	178967	77584	420741	655793	278780	1466441	462987	291405
369770	108119	62925	37145	42666	49512	9371	467572	240485	115202
8320741	963018	4829248	255787	4757500	8261915	3606371	14953634	3205397	1130825
6667630	282826	4548004	135028	4003467	7171878	3196291	12268697	2231766	750027
12085	7471	3992	2654	15907	18663	5911	29481	7198	5579
17058	6373	5895	3218	15129	22136	6976	35208	8714	4376
693917	304705	92390	37303	302257	393446	118412	1153807	494731	79439
930050	361644	178967	77584	420741	655793	278780	1466441	462987	291405
30935	9900	12779	4390	29643	42465	14042	73836	22614	10315
27729	8532	12331	4206	27997	40335	13558	67590	21091	9251
3206	1368	448	184	1646	2130	484	6247	1523	1065
14416986	4818630	2758620	1391518	3214651	4546274	1370891	22994730	6933427	2078541
10661695	3370561	2004826	1052594	1961501	2664357	936475	16357734	4866293	1231057
1647629	417185	559364	229400	511070	676232	168875	2816558	1009004	278876
1737892	922766	131505	72379	699415	1156173	256170	3352865	817645	453407
369770	108119	62925	37145	42666	49512	9371	467572	240485	115202
20587790	6535611	4548714	1628475	8877875	17078548	4341571	38598706	17188747	5636620
2312809	440775	407505	169432	1414983	2145804	774461	4688609	2750083	780949
10377336	3698338	2275041	871471	4342581	6236481	2019986	17939646	7954531	2232948
831989	356700	123623	44751	1012183	1440482	424192	1983422	1167095	724516
1944324	533296	420969	221304	839624	1283045	426113	3306976	1913596	739986
5121332	1506501	1321576	321517	1268504	5972737	696820	10680052	3403442	1158222

10－7 续表1

指　　标	企业单位数（个）	#亏损企业（个）	工业总产值（当年价格）	#新产品产　值	工业销售产值（当年价）	#出口交货值
在总计中：国有控股企业	39	4	23460176	7822530	22983198	383124
在总计中：大型企业	62	2	52251064	17735482	49035234	3669426
中型企业	321	15	24098418	8230562	23193016	812981
在总计中：园区工业	262	14	62767619	24455952	58723726	4067174
在总计中：亏损企业	15	17	641076	337696	587220	37523
按行业大类分组						
采矿业	3		57582		56973	
黑色金属矿采选业	1		10271		10271	
有色金属矿采选业	2		47311		46703	
制造业	374	17	74956273	25966044	70939120	4482407
农副食品加工业	20		1762359	379594	1655695	23388
食品制造业	14	1	1429959	38066	1383923	116
酒、饮料和精制茶制造业	8		589521	82454	562764	33059
烟草制品业	2		8276367	468950	8489734	67720
纺织业	5		790342	538372	703035	
纺织服装、服饰业	6		265462	139410	192359	11482
皮革、毛皮、羽毛及其制品和制鞋业	3		218836	200001	213824	
木材加工和木、竹、藤、棕、草制品业	1		10102		9977	
家具制造业	6		486081	301434	474707	
造纸和纸制品业	3	1	228012	97775	222678	
印刷和记录媒介复制业	10		738933	505031	717717	
文教、工美、体育和娱乐用品制造业	2		65313		64342	
化学原料和化学制品制造业	67		2963588	671888	2906903	365673
医药制造业	18		3342373	459616	3190519	2004
橡胶和塑料制品业	5		255825	124929	247141	969
非金属矿物制品业	17	2	1672323	874116	1569553	129282
黑色金属冶炼和压延加工业	2		94956	42034	91280	44839
有色金属冶炼和压延加工业	13	1	7151143	1932636	7260037	94266
金属制品业	15	1	1342001	701113	1261389	5365
通用设备制造业	26	3	2855450	982684	2813032	88836
专用设备制造业	32	3	15643836	7333000	14915690	785147
汽车制造业	36	2	9766492	4407909	7666152	177671
铁路、船舶、航空航天和其他运输设备制造业	3		1312124	717366	961539	16359
电气机械和器材制造业	25	2	3436718	1659486	3240782	46855
计算机、通信和其他电子设备制造业	25	1	9298060	2796397	9211365	2546052
仪器仪表制造业	6		870551	495780	808515	43327
其他制造业	3		59062	16007	73986	
废弃资源综合利用业	1		30485		30485	
电力、热力、燃气及水生产和供应业	6		1335628		1232158	
电力、热力生产和供应业	3		845207		845207	
燃气生产和供应业	1		274423		264920	
水的生产和供应业	2		215997		122030	

单位:万元

流动资产合计	#应收账款	存货	#产成品	固定资产合计	固定资产原价	累计折旧	资产总计	流动负债合计	应付账款
19264410	3975537	7022927	1215957	7067802	12106626	5125653	31647833	10554309	3406496
35515774	10089291	10522362	2634803	13512575	24970875	7768087	62809016	21987606	7185107
7840678	2237867	1626998	645367	3367094	4958327	1564787	13811890	5362579	1671195
35226461	11653411	7291347	3012521	11421986	21014089	5625378	60862090	23569229	7841818
828180	247786	217855	39565	546667	573456	171852	1436986	922868	210694
18128	3111	8278	1752	15762	35209	19447	34904	11162	3115
4706	161	844	404	4059	10647	6588	8765	2845	161
13422	2950	7434	1348	11703	24562	12859	26138	8317	2954
42752469	12155001	12099057	3278391	12566501	23077523	6874348	70354190	25310276	8644537
939252	149411	320171	203470	285707	468324	116123	2109629	622176	107329
498765	42441	93267	39400	359433	446858	115068	972858	361519	78026
193137	48361	37924	27654	119657	197026	76990	332048	149931	78304
6518291	280656	4523337	133025	688784	1947143	1258359	8142640	1342208	646537
455975	111938	105540	75118	98885	144711	70590	769446	362296	125341
89790	18588	26882	16662	45408	56691	28049	151172	39571	11360
8160	1773	2109	1468	26360	37871	9654	34602	815	226
1036	979	57	50		2100	941	5842	2147	374
39261	8347	8000	5487	7774	21440	13556	78951	19441	3366
44205	14042	13169	7401	57308	63884	8286	117508	33599	17990
151971	37848	45786	9820	94668	247720	154152	271486	126530	34997
5754	1101	1808	1145	3800	4724	838	11399	1108	671
733043	184314	188581	87698	380791	608065	210873	1387123	483714	163258
996033	264424	166075	76552	430518	589375	159575	1749821	556535	153617
118945	27138	39816	17227	180511	247943	75046	373168	104459	39500
993202	347424	324352	193391	383880	488614	116907	1546278	696450	281150
35909	14006	12488	5217	19552	34491	15554	57632	21312	8555
1583389	262047	541158	119709	607564	4797551	234831	5498626	817142	128380
290490	76590	76210	39460	92688	98310	33449	417919	176927	50810
947930	233859	393416	135780	309668	491271	185467	1545481	636706	165948
15435198	5741848	2951906	1212721	3463137	5214341	2001636	23395974	8321820	1966444
4826288	1277859	977698	429553	2167770	2879438	962106	7919296	5145064	2296544
1261006	472526	244191	23211	132487	243049	67968	1677650	795797	320183
2006219	568050	512459	208688	434319	611285	177017	2999647	1372624	505906
3630888	1554408	371129	173321	1909595	2812073	690312	7255639	2583473	1392785
857121	387947	84402	25047	204221	240660	63305	1346602	450119	56296
84200	26714	36825	10117	11362	6964	2748	119758	75403	8222
7010	364	303		50657	75603	24948	65993	11392	2419
585854	169046	42026	27	4297406	6816469	2439079	6231812	2028746	208650
262039	37331	27008		3306017	5732474	2167470	4583585	1021081	114873
65096	47470	11334		204800	257463	52663	322581	177651	35536
258720	84245	3684	27	786589	826531	218946	1325646	830014	58241

10－7 续表 2

指　　标	负债合计	所有者权益合计	#实收资本			
				国家资本	集体资本	法人资本
总　　计	**38881295**	**37731967**	**9281893**	**2226549**	**276463**	**3623930**
按轻重行业分组						
轻工业	6579212	12098506	2095007	515606	63068	489952
重工业	32302083	25633461	7186886	1710943	213396	3133979
按登记注册类型分组						
内资企业	32581632	32300546	6523784	2175596	269600	2272298
国有企业	4618661	7650036	1219000	1219000		
集体企业	14081	15400	7395		550	3590
有限责任公司	7504999	7863662	2040132	708271		1190972
国有独资公司	3460539	1228071	622796	583520		39276
其他有限责任公司	4044461	6635591	1417336	124751		1151696
股份有限公司	8268677	8089057	1892182	235508	205471	346545
私营企业	12173244	8678115	1362981	12817	63579	730580
私营独资企业	8930	26278	8746			650
私营合伙企业	30750	29198	15468			10220
私营有限责任公司	10940460	6999186	876909	12817	11168	550896
私营股份有限公司	1193104	1623454	461858		52411	168814
其他企业	1970	4276	2094			611
港、澳、台商投资企业	3291909	3198186	1090926	32785		704558
合资经营企业（港或澳、台资）	1355859	627563	629749	12570		570355
港、澳、台商独资经营企业	531506	622302	119104	9386		1770
港、澳、台商投资股份有限公司	1404544	1948321	342073	10829		132434
外商投资企业	3007754	2233235	1667184	18169	6863	647074
中外合资经营企业	2218874	1088102	1077313	18169		645418
外资企业	527329	939112	553967			1655
外商投资股份有限公司	261551	206021	35903		6863	
按经济组织类型分组						
独资企业	5700507	9253127	1908212	1228386	550	7665
国有企业	4618661	7650036	1219000	1219000		
集体企业	14081	15400	7395		550	3590
私营独资企业	8930	26278	8746			650
港澳台商独资经营企业	531506	622302	119104	9386		1770
外资企业	527329	939112	553967			1655
合作合伙企业	32721	33474	17562			10831
私营合伙企业	30750	29198	15468			10220
其他企业（内资）	1970	4276	2094			611
股份有限公司	11127876	11866853	2732017	246337	264745	647793
股份有限公司（内资）	8268677	8089057	1892182	235508	205471	346545
私营股份有限公司	1193104	1623454	461858		52411	168814
港澳台商投资股份有限公司	1404544	1948321	342073	10829		132434
外商投资股份有限公司	261551	206021	35903		6863	
有限责任公司	22020192	16578513	4624103	751826	11168	2957641
国有独资公司	3460539	1228071	622796	583520		39276
私营有限责任公司	10940460	6999186	876909	12817	11168	550896
合资经营企业（港或澳、台资）	1355859	627563	629749	12570		570355
中外合资经营企业	2218874	1088102	1077313	18169		645418
其他有限责任公司	4044461	6635591	1417336	124751		1151696

单位:万元

			主营业务收入	主营业务成本	主营业务税金及附加	其他业务利润	销售费用	管理费用	财务费用
个人资本	港澳台资本	外商资本							
1769172	**291878**	**1093900**	**72460001**	**54410645**	**5916366**	**406840**	**3071198**	**3676876**	**843089**
663970	57845	304567	21844742	12126909	5365586	62132	1194038	1100251	79990
1105202	234033	789333	50615259	42283735	550781	344708	1877160	2576626	763100
1753706	6954	45630	57285982	41662812	5655169	394326	2512612	3011574	793119
			9161219	2235199	5228316	-6965	127981	374192	178184
3255			90111	81270	235		2244	1958	487
140889			14435054	12488277	126934	30511	370450	636248	128879
			2331758	1978908	62542	5806	95406	115012	65596
140889			12103296	10509369	64392	24705	275045	521235	63283
1059028		45630	10080188	8318975	57714	52597	711177	535686	200402
549051	6954		23426373	18466075	230458	318183	1299382	1461538	284981
8096			114959	92089	5352		4630	5365	680
5248			135101	112942	1126		6214	5879	1063
295074	6954		21092962	16763136	206271	317638	1146117	1267710	262745
240634			2083351	1497908	17709	545	142422	182584	20493
1483			93037	73016	11512		1378	1953	186
14916	284924	53742	8798117	7747812	22350	3682	182994	337803	35287
8019	38806		1504309	1194089	5221	3682	48180	176166	-5353
	52903	55045	819820	633990	6195		73234	55241	6875
6897	193216	-1303	6473988	5919734	10934		61580	106397	33765
550		994528	6375902	5000020	238847	8832	375592	327500	14684
550		413177	3921071	3069146	227046	2380	233374	193522	10215
		552312	1986667	1591173	9807	1731	104611	98428	3043
		29040	468164	339701	1994	4720	37608	35550	1426
11351	52903	607357	12172777	4633722	5249905	-5234	312700	535184	189269
			9161219	2235199	5228316	-6965	127981	374192	178184
3255			90111	81270	235		2244	1958	487
8096			114959	92089	5352		4630	5365	680
	52903	55045	819820	633990	6195		73234	55241	6875
		552312	1986667	1591173	9807	1731	104611	98428	3043
6731			228138	185958	12638		7592	7832	1249
5248			135101	112942	1126		6214	5879	1063
1483			93037	73016	11512		1378	1953	186
1306558	193216	73367	19105690	16076317	88351	57862	952786	860216	256085
1059028		45630	10080188	8318975	57714	52597	711177	535686	200402
240634			2083351	1497908	17709	545	142422	182584	20493
6897	193216	-1303	6473988	5919734	10934		61580	106397	33765
		29040	468164	339701	1994	4720	37608	35550	1426
444533	45759	413177	40953396	33514648	565473	354212	1798121	2273645	396486
			2331758	1978908	62542	5806	95406	115012	65596
295074	6954		21092962	16763136	206271	317638	1146117	1267710	262745
8019	38806		1504309	1194089	5221	3682	48180	176166	-5353
550		413177	3921071	3069146	227046	2380	233374	193522	10215
140889			12103296	10509369	64392	24705	275045	521235	63283

10－7 续表 3

指　　标	负债合计	所有者权益合计	#实收资本			
				国家资本	集体资本	法人资本
在总计中:国有控股企业	16308690	15339143	4336554	2120511		1248306
在总计中:大型企业	32205597	30603419	6492887	1774422	159517	2569881
中型企业	6675698	7128548	2789007	452127	116946	1054049
在总计中:园区工业	32244038	28618051	7486746	935075	263065	3346716
在总计中:亏损企业	1171053	265933	211944	19046		100344
按行业大类分组						
采矿业	13246	21658	6208			5500
黑色金属矿采选业	2845	5921	500			
有色金属矿采选业	10401	15737	5708			5500
制造业	34094699	36251847	8286052	1320942	256463	3554404
农副食品加工业	936234	1173396	245714		2867	119802
食品制造业	386724	586135	227572		6863	27328
酒、饮料和精制茶制造业	158433	173615	55340	18882		4211
烟草制品业	1342208	6800432	446000	446000		
纺织业	407792	361654	109102			1770
纺织服装、服饰业	42383	108788	34449			
皮革、毛皮、羽毛及其制品和制鞋业	5424	29178	8885			4950
木材加工和木、竹、藤、棕、草制品业	2147	3695	500			
家具制造业	35710	43242	5210			1000
造纸和纸制品业	59441	58067	20058			16749
印刷和记录媒介复制业	137638	133849	36119	16574	100	9555
文教、工美、体育和娱乐用品制造业	5918	5481	3084			
化学原料和化学制品制造业	629505	749976	255022	28936	3171	161570
医药制造业	650077	1099744	231087	1443		100592
橡胶和塑料制品业	121120	252047	211150			28522
非金属矿物制品业	896865	649413	167009	74103	12998	46958
黑色金属冶炼和压延加工业	25542	32090	11851			5400
有色金属冶炼和压延加工业	1206999	4291627	453188		2000	410562
金属制品业	201698	216221	61230			45296
通用设备制造业	857092	688389	124239	39440		43964
专用设备制造业	13486309	9909665	1480344	175981		579161
汽车制造业	5893068	2026227	1416029	202676	2068	618654
铁路、船舶、航空航天和其他运输设备制造业	844149	833501	408454	22900		385554
电气机械和器材制造业	1590600	1409046	587827	37811	49617	64895
计算机、通信和其他电子设备制造业	3599416	3656223	1507419	256196	156563	809309
仪器仪表制造业	465867	880736	138979		20217	41003
其他制造业	81501	38257	24193			18000
废弃资源综合利用业	24840	41153	16000			9600
电力、热力、燃气及水生产和供应业	4773350	1458462	989633	905607	20000	64026
电力、热力生产和供应业	3489534	1094051	891857	871857	20000	
燃气生产和供应业	223717	98864	15000	6750		8250
水的生产和供应业	1060099	265547	82776	27000		55776

单位:万元

个人资本	港澳台资本	外商资本	主营业务收入	主营业务成本	主营业务税金及附加	其他业务利润	销售费用	管理费用	财务费用
512908	1750	453079	22879110	13853107	5545864	14813	773663	1052540	428285
1155625	264179	569262	50040950	36392608	5668316	367345	2066378	2405828	710994
613547	27699	524638	22419051	18018037	248050	39494	1004820	1271048	132095
1586132	273549	1082210	58877414	48460803	590821	406905	2780074	3104025	601393
49734	37964	4856	571673	464861	8659	764	37130	52979	24226
708			56997	45104	771		2199	4618	269
500			10271	7926	203			1506	181
208			46726	37177	567		2199	3112	89
1768464	291878	1093900	71075011	53456071	5876770	401065	3052187	3621437	604774
109215		13831	1650749	1298167	6842	28193	93950	108848	13662
123729	19661	49991	780200	581609	6183	60	70044	39904	4753
10702		21546	510011	382191	1819	71	80547	17741	527
			8470050	1834584	5196443	-6965	128198	358572	-11474
107332			663003	476262	6019	176	86432	45446	2698
31631		2818	256465	181673	1622		25189	19966	2609
3936			213824	179287	2619		11974	12042	477
500			9977	7936	313		86	72	76
4210			462933	346665	5285	40	20864	32163	1471
3309			221991	171295	953		23422	10458	1795
9890			708068	556824	7291	3302	24107	45675	2321
3084			64342	57957	1015		1337	1690	460
61075	270		2967451	2362035	96005	28967	132804	165759	16622
127609		1443	3220170	2392160	19150		424003	134782	3741
4500		178128	252497	207698	2098	236	12496	11168	174
32950			1670211	1288885	24696	-1	63178	103884	18298
		6451	91715	73296	156		4981	6626	834
40626			7249937	6627269	23860	4502	96455	213656	26061
14760	1174		1271850	989674	10570		63987	80380	1655
40834			2531092	2135312	22086	928	128650	132924	20092
673490	6954	44759	14729918	11977933	96962	35351	883948	778023	399377
37124	14833	540673	9299563	7592481	293382	294817	402006	550116	43922
			785205	521371	6138	3429	20244	87697	2143
181780	37914	215810	3070368	2481156	19152	2909	118569	202528	12077
85774	181125	18452	9089870	8127101	20253	4872	79909	383328	33620
52042	25717		731990	540779	4326	7	51215	67057	5986
6193			71077	52806	414		3593	6851	215
2169	4231		30485	11669	1118	172		4080	583
			1327994	909470	38826	5775	16813	50822	238046
			848452	538095	34272		181	18126	200384
			278897	211203	2374	419	6344	17171	2695
			200645	160171	2179	5355	10288	15525	34967

10－7 续表4

指　　标	#利息支出	营业利润	投资收益	营业外收入	营业外支出	利润总额
总　　计	**820969**	**5080546**	**453242**	**497942**	**285993**	**5292495**
按轻重行业分组						
轻工业	105030	2115107	65850	58892	22310	2151690
重工业	715939	2965438	387392	439049	263683	3140805
按登记注册类型分组						
内资企业	753150	4184277	458478	434109	264149	4354238
国有企业	190266	1019509	11312	19514	16490	1022533
集体企业	261	3918		4	3	3919
有限责任公司	136694	787385	12086	185231	49112	923503
国有独资公司	69918	110912	11527	36160	17043	130029
其他有限责任公司	66775	676472	559	149071	32069	793474
股份有限公司	208578	508202	267279	88957	18777	578382
私营企业	217158	1860273	167801	140403	179767	1820910
私营独资企业	672	6842			10	6832
私营合伙企业	1073	7810		10		7820
私营有限责任公司	195618	1582012	137454	127476	177337	1532151
私营股份有限公司	19795	263610	30348	12917	2420	274107
其他企业	195	4991				4991
港、澳、台商投资企业	40881	445004	2109	50150	12238	482916
合资经营企业(港或澳、台资)	15891	61683	－764	16130	7272	70541
港、澳、台商独资经营企业	6293	50201	6343	7484	507	57178
港、澳、台商投资股份有限公司	18697	333121	－3470	26536	4460	355197
外商投资企业	26938	451265	－7346	13683	9606	455341
中外合资经营企业	23446	203081	－685	4976	5987	202070
外资企业	2116	198660	422	6963	2953	202669
外商投资股份有限公司	1376	49524	－7082	1744	666	50603
按经济组织类型分组						
独资企业	199608	1279129	18077	33964	19962	1293131
国有企业	190266	1019509	11312	19514	16490	1022533
集体企业	261	3918		4	3	3919
私营独资企业	672	6842			10	6832
港澳台商独资经营企业	6293	50201	6343	7484	507	57178
外资企业	2116	198660	422	6963	2953	202669
合作合伙企业	1268	12801		10		12811
私营合伙企业	1073	7810		10		7820
其他企业(内资)	195	4991				4991
股份有限公司	248445	1154457	287074	130154	26322	1258289
股份有限公司(内资)	208578	508202	267279	88957	18777	578382
私营股份有限公司	19795	263610	30348	12917	2420	274107
港澳台商投资股份有限公司	18697	333121	－3470	26536	4460	355197
外商投资股份有限公司	1376	49524	－7082	1744	666	50603
有限责任公司	371649	2634159	148091	333814	239708	2728265
国有独资公司	69918	110912	11527	36160	17043	130029
私营有限责任公司	195618	1582012	137454	127476	177337	1532151
合资经营企业(港或澳、台资)	15891	61683	－764	16130	7272	70541
中外合资经营企业	23446	203081	－685	4976	5987	202070
其他有限责任公司	66775	676472	559	149071	32069	793474

单位:万元

所得税费用	亏损企业亏损额	本年应付职工薪酬	本年应交增值税	平均用工人数（人）	总资产贡献率（%）	资产负债率（%）	流动资产周转率（次/年）	成本费用利润率（%）	产销率（%）
937298	34285	3874971	2812709	428894	19.37	50.75	1.67	8.54	94.6
420021	4516	1038075	1693543	123220	49.86	35.21	1.84	14.84	97.47
517276	29769	2836896	1119166	305674	9.54	55.76	1.61	6.61	93.35
787762	27032	2595770	2404056	297309	20.29	50.21	1.55	9.08	93.51
281897		391576	1193457	12862	62.23	37.65	1.37	35.07	102.38
370		6750	2564	2021	23.67	47.76	7.46	4.56	51.65
117177	6261	513000	278773	70719	9.54	48.83	1.94	6.78	96.57
9214	1458	136225	68130	15440	7.05	73.81	1.01	5.77	94.03
107962	4803	376775	210643	55279	10.63	37.87	2.36	6.98	97.05
86650	11739	570076	285655	55424	6.91	50.55	0.95	5.92	96.68
301669	9033	1108226	637651	154533	13.93	58.36	1.94	8.46	87.53
1098		16517	3339	3759	46	25.36	6.74	6.65	97.5
880		14166	3707	2982	20.31	45.5	4.87	6.2	93.54
259835	9033	920608	520807	127382	13.68	60.98	2.03	7.88	86.72
39856		156935	109798	20410	14.96	42.36	1.26	14.87	94.94
		6141	5957	1750	362.67	31.54	29.02	6.52	99.23
62230	4322	965453	187009	102748	11.3	50.72	2.7	5.82	99.1
10506	2291	593572	-4161	45231	4.41	68.36	1.81	4.99	99.09
6693	2032	44186	20227	7891	7.79	46.07	1.18	7.43	93.29
45031		327696	170942	49626	16.58	41.89	3.73	5.8	99.91
87305	2930	313749	221644	28837	17.99	57.39	1.97	7.96	98.6
44664	2930	127035	145227	11913	18.08	67.1	2.02	5.76	97.16
30103		151776	59679	14162	18.7	35.96	2.14	11.28	101.19
12538		34938	16737	2762	15.12	55.94	1.27	12.21	99.25
320162	2032	610804	1279265	40695	53.65	38.12	1.46	22.8	101.04
281897		391576	1193457	12862	62.23	37.65	1.37	35.07	102.38
370		6750	2564	2021	23.67	47.76	7.46	4.56	51.65
1098		16517	3339	3759	46	25.36	6.74	6.65	97.5
6693	2032	44186	20227	7891	7.79	46.07	1.18	7.43	93.29
30103		151776	59679	14162	18.7	35.96	2.14	11.28	101.19
880		20308	9664	4732	49.27	44.32	7.37	6.32	95.87
880		14166	3707	2982	20.31	45.5	4.87	6.2	93.54
		6141	5957	1750	362.67	31.54	29.02	6.52	99.23
184075	11739	1089645	583133	128222	9.47	48.39	1.33	6.93	97.66
86650	11739	570076	285655	55424	6.91	50.55	0.95	5.92	96.68
39856		156935	109798	20410	14.96	42.36	1.26	14.87	94.94
45031		327696	170942	49626	16.58	41.89	3.73	5.8	99.91
12538		34938	16737	2762	15.12	55.94	1.27	12.21	99.25
432181	20515	2154215	940647	255245	11.93	57.05	1.99	7.18	91.45
9214	1458	136225	68130	15440	7.05	73.81	1.01	5.77	94.03
259835	9033	920608	520807	127382	13.68	60.98	2.03	7.88	86.72
10506	2291	593572	-4161	45231	4.41	68.36	1.81	4.99	99.09
44664	2930	127035	145227	11913	18.08	67.1	2.02	5.76	97.16
107962	4803	376775	210643	55279	10.63	37.87	2.36	6.98	97.05

10－7 续表 5

指　　标	#利息支出	营业利润	投资收益	营业外收入	营业外支出	利润总额
在总计中:国有控股企业	449962	1575375	254129	221195	76557	1720012
在总计中:大型企业	690680	3299512	416529	324456	248092	3375876
中型企业	130289	1781034	36712	173486	37901	1916619
在总计中:园区工业	567662	3816900	433819	362883	244490	3935293
在总计中:亏损企业	21912	－36497	－5763	5637	3425	－34285
按行业大类分组						
采矿业	270	4037		4	41	4001
黑色金属矿采选业	181	455		2	12	444
有色金属矿采选业	89	3582		3	29	3556
制造业	575417	4967288	447004	467580	281493	5153375
农副食品加工业	16467	172024	16122	9994	1926	180093
食品制造业	6409	74414	－3523	2054	854	75614
酒、饮料和精制茶制造业	1079	26039	－300	3595	1382	28252
烟草制品业	3	961663	10458	2835	12893	951605
纺织业	3043	47551	1510	516	88	47980
纺织服装、服饰业	1099	25411		739	705	25445
皮革、毛皮、羽毛及其制品和制鞋业	504	7426		34	31	7429
木材加工和木、竹、藤、棕、草制品业	76	1494				1494
家具制造业	1460	63286	818	16	163	63138
造纸和纸制品业	1813	13763	－165	283	2	14045
印刷和记录媒介复制业	2477	75155		686	68	75773
文教、工美、体育和娱乐用品制造业	460	1883				1883
化学原料和化学制品制造业	16743	199720	1033	10471	4536	205654
医药制造业	5003	252995	3871	8130	952	260173
橡胶和塑料制品业	154	18948	35	3444	141	22251
非金属矿物制品业	16912	164864	－5468	3564	511	167917
黑色金属冶炼和压延加工业	538	6325		82	53	6354
有色金属冶炼和压延加工业	33066	268662	174	6681	4441	270902
金属制品业	1810	118386	－5221	593	238	118741
通用设备制造业	15234	136529	1983	17002	1300	152231
专用设备制造业	337870	832898	356345	130234	173277	789855
汽车制造业	44955	537300	－5718	65312	39590	563023
铁路、船舶、航空航天和其他运输设备制造业	2868	150718	－6005	2763	34	153447
电气机械和器材制造业	20433	265211	29963	16532	2368	279375
计算机、通信和其他电子设备制造业	39136	449588	39865	169558	35483	583663
仪器仪表制造业	5007	68713	5218	9066	211	77568
其他制造业	215	13114	6011	470	78	13506
废弃资源综合利用业	586	13209		2927	171	15965
电力、热力、燃气及水生产和供应业	245282	109221	6238	30357	4459	135119
电力、热力生产和供应业	202061	59368	3347	17834	3633	73569
燃气生产和供应业	5537	42388	2882	2045	512	43921
水的生产和供应业	37685	7464	9	10479	313	17630

单位:万元

所得税费　用	亏损企业亏损额	本年应付职工薪酬	本年应交增值税	平均用工人数（人）	总资产贡献率（%）	资　产负债率（%）	流动资产周转率（次/年）	成本费用利润率（%）	产销率（%）
387958	4256	1110778	1565022	76988	29.33	51.53	1.19	10.68	97.97
656653	3825	2848622	2066564	272283	18.79	51.28	1.41	8.12	93.85
280645	30460	1026349	746145	156611	22.02	48.33	2.86	9.38	96.24
630927	29466	3141852	1465199	353349	10.78	52.98	1.67	7.16	93.56
-811	34285	63295	27304	9631	1.64	81.49	0.69	-5.92	91.6
740		8755	2283	1709	20.98	37.95	3.14	7.67	98.94
		1813	120	392	10.82	32.45	2.18	4.62	100
740		6941	2163	1317	24.39	39.79	3.48	8.35	98.71
905042	34285	3790073	2739050	419691	20.39	48.46	1.66	8.49	94.64
22118		85088	11613	11333	10.19	44.38	1.76	11.89	93.95
12111	2291	38243	34207	7690	12.58	39.75	1.56	10.86	96.78
5347		32588	11489	8182	12.84	47.71	2.64	5.87	95.46
264522		368354	1157298	10396	89.72	16.48	1.3	41.2	102.58
10511		27009	18557	4884	9.83	53	1.45	7.85	88.95
5073		24851	5791	5184	22.46	28.04	2.86	11.09	72.46
1487		7569	5577	2238	46.61	15.68	26.2	3.65	97.71
		1443	124	387	34.36	36.75	9.63	18.29	98.77
13369		19592	14779	2865	107.23	45.23	11.79	15.74	97.66
105	93	15199	6953	2157	20.22	50.58	5.02	6.79	97.66
15164		36253	16000	5025	37.4	50.7	4.66	12.05	97.13
		5347	394	1160	32.91	51.92	11.18	3.06	98.51
28225		180885	95612	35935	29.85	45.38	4.05	7.68	98.09
18098		91058	226527	14442	29.19	37.15	3.23	8.81	95.46
4942		22580	9082	2652	9	32.46	2.12	9.61	96.61
37549	1458	83313	74813	10654	18.39	58	1.68	11.39	93.85
600		6477	1714	1211	15.2	44.32	2.55	7.41	96.13
47083	1005	64328	62523	15056	7.1	21.95	4.58	3.89	101.52
25561	1747	55635	27627	6859	37.99	48.26	4.38	10.46	93.99
24898	1916	116660	85168	16166	17.78	55.46	2.67	6.3	98.51
171612	8986	743375	303658	62110	6.53	57.64	0.95	5.63	95.35
72450	7235	444108	250943	51698	14.55	74.41	1.93	6.56	78.49
19528		84863	25503	6169	11.2	50.32	0.62	24.3	73.28
35795	2982	148260	89978	21230	13.63	53.03	1.53	9.93	94.3
55791	6571	1014334	170078	105195	11.21	49.61	2.5	6.77	99.07
7658		55393	27605	6666	8.5	34.6	0.85	11.66	92.87
1415		12118	995	1804	12.63	68.05	0.84	21.28	125.27
4032		5152	4444	343	33.51	37.64	4.35	97.76	100
31516		76143	71376	7494	7.87	76.6	2.27	11.12	92.25
18165		31103	40795	3946	7.65	76.13	3.24	9.72	100
8772		17562	7592	1399	18.42	69.35	4.28	18.5	96.54
4579		27479	22988	2149	6.07	79.97	0.78	7.98	56.5

10－8　规模以上工业企业主要能源按行业分组消费量(2017年)

行业名称	能源消费量	原煤	1. 无烟煤	2. 炼焦烟煤	3. 一般烟煤	4. 褐煤
总　　计	**5974507**	**3542116**	**257582**	**38708**	**3245735**	**91**
采矿业	17117	9696			9696	
黑色金属矿采选业	7280	3099			3099	
有色金属矿采选业	4114	974			974	
非金属矿采选业	5723	5623			5623	
制造业	3622347	1361761	65262	38708	1257700	91
农副食品加工业	94160	9784	4462		5230	91
食品制造业	85168	32728	1391		31337	
酒、饮料和精制茶制造业	62669	16176			16176	
烟草制品业	22926					
纺织业	13967	233	97		136	
纺织服装、服饰业	10726	3319			3319	
皮革、毛皮、羽毛及其制品和制鞋业	4045					
木材加工和木、竹、藤、棕、草制品业	5251	633			633	
家具制造业	13444	3569			3569	
造纸和纸制品业	92305	37453			37453	
印刷和记录媒介复制业	47988	5333			5333	
文教、工美、体育和娱乐用品制造业	5019	837	475		362	
石油加工、炼焦和核燃料加工业	6628	4258	1348		2910	
化学原料和化学制品制造业	255008	75589	3112		72477	
医药制造业	235756	206851	33239		173612	
化学纤维制造业	15					
橡胶和塑料制品业	78841	10948	9		10939	
非金属矿物制品业	815933	669816	17655	36128	616033	
黑色金属冶炼和压延加工业	78787	10477	3420		7057	
有色金属冶炼和压延加工业	459065	7518			7518	
金属制品业	91977	3428			3428	
通用设备制造业	149128	43113			43113	
专用设备制造业	252589	70819	54		70765	
汽车制造业	179277	29701			29701	
铁路、船舶、航空航天和其他运输设备制造业	20031					
电气机械和器材制造业	114592	11421			11421	
计算机、通信和其他电子设备制造业	395456	102564			102564	
仪器仪表制造业	10917	2580		2580		
其他制造业	9351	2615			2615	
废弃资源综合利用业	11188					
金属制品、机械和设备修理业	142					
电力、热力、燃气及水生产和供应业	2335043	2170659	192321		1978338	
电力、热力生产和供应业	2267512	2170536	192321		1978215	
燃气生产和供应业	5356	64			64	
水的生产和供应业	62175	60			60	

其他洗煤	煤制品	焦炭	发生炉煤气	天然气（气态）	液化天然气（液态）	汽油	煤油	柴油
109	**233**	**17779**	**48**	**55801**	**9877**	**79643**	**275**	**88429**
						565		1454
						321		827
						176		509
						68		118
109	233	17779	48	55801	9877	78650	275	85573
109	100	38		1764	350	3002		1151
			47	1759	70	906		1712
				1531		1047		643
				1097				219
				284		1280		1108
				188		608		266
						683		738
						224		417
				231		780		741
				314		601		840
				1037	3	2472		2020
				46	269	415		171
				25		180		222
	8	2019		2247		8019	146	4245
		437		2229	14	4352		4168
	7			1619	308	3213		3153
	61	1302		6778	6380	6176		14350
	2	1427		418		1981		1439
		38	1	21057		5129		9293
		5156		1918		6636		3035
		3688		1626	302	9449		7614
		3014		2590	897	9987	79	16360
	56	46		4941	240	3812	12	3429
				131	1039	296		57
				1326	3	4567		2271
				324	1	1886	38	1056
		615		28		740		497
				285		103		77
				7		75		4253
						33		31
						428		1401
						35		131
						196		562
						197		708

10－8 续表

行业名称	燃料油	液化石油气	润滑油	石蜡	溶剂油	石油焦
总　　计	**877**	**684**	**3950**	**15**	**9743**	**1013**
采矿业						
黑色金属矿采选业						
有色金属矿采选业						
非金属矿采选业						
制造业	877	684	3949	15	9743	1013
农副食品加工业						
食品制造业						
酒、饮料和精制茶制造业		258				
烟草制品业						
纺织业						
纺织服装、服饰业						
皮革、毛皮、羽毛及其制品和制鞋业						
木材加工和木、竹、藤、棕、草制品业						
家具制造业						
造纸和纸制品业						
印刷和记录媒介复制业						
文教、工美、体育和娱乐用品制造业						
石油加工、炼焦和核燃料加工业						
化学原料和化学制品制造业					9726	
医药制造业						
化学纤维制造业						
橡胶和塑料制品业			1			
非金属矿物制品业	364	153	114	15		1013
黑色金属冶炼和压延加工业						
有色金属冶炼和压延加工业						
金属制品业			3			
通用设备制造业		55	360		17	
专用设备制造业	4	178	3436			
汽车制造业		35	36			
铁路、船舶、航空航天和其他运输设备制造业						
电气机械和器材制造业	25	5				
计算机、通信和其他电子设备制造业	1	1				
仪器仪表制造业						
其他制造业						
废弃资源综合利用业	484					
金属制品、机械和设备修理业						
电力、热力、燃气及水生产和供应业			1			
电力、热力生产和供应业						
燃气生产和供应业						
水的生产和供应业			1			

石油沥青	其他石油制品	热力	电力	煤矸石用于燃料	城市生活垃圾用于燃料	生物质废料用于燃料	余热余压	其他燃料
2901	8976	4088169	1597356	46645	7	169238	812739	443
			5893					
			2757					
			1969					
			1167					
2896	8976	3388189	1100473	46645	7	60617	812739	443
	6	308603	27686			11931		192
	2655	223357	17697		7	959		4
		137343	18768			91		
			7339					
			5293					
			3721					
			1599					
			3142					
	5		4547					
		1376469	10003			27		
		68007	17344			178		
			1918					
		1348	1881					
		477838	69846			33433	14251	
		80336	28644					
			13					
		125468	28760			29		
2896		53853	105912	46645		11787	798487	60
	4		47650					
		335971	114947			26		
		10285	36409					
	115	157866	49874					165
	6172	1546	89940					21
	19		67085					
	2		11214			2156		
		12111	63692					
		17787	254643					
			4727					
			2790				1	
			3351					
			39					
5		699980	490990			108621		
		699980	438097			108621		
			3420					
5			49473					

10－9 规模以上工业企业能源购进、消费及库存(2017年)

能源名称	计量单位	年初库存量	购进实物量	消费量合计	#工业生产消费量		年末库存量
						#用于原材料	
原煤	吨	268732	3525581	3542116	3518653		250845
无烟煤	吨	866	257520	257582	257471		658
炼焦烟煤	吨	6033	37401	38708	38472		4726
一般烟煤	吨	261832	3230447	3245735	3222619		245460
褐煤	吨		213	91	91		
其他洗煤	吨		109	109	109		
煤制品	吨	54	223	233	233		20
焦炭	吨	175	17759	17779	17779	13	130
发生炉煤气	万立方米		48	48	47		
天然气	万立方米	10	57094	55801	54725	10	6
液化天然气	吨		10098	9877	9856		
汽油	吨	145	79804	79643	62445	511	146
煤油	吨	10	285	275	256	101	19
柴油	吨	1451	88735	88429	80248	620	1684
燃料油	吨	94	847	877	877	355	63
液化石油气	吨	1	686	684	654		
润滑油	吨	48	4930	3950	3950	21	30
石蜡	吨		16	15	15		
溶剂油	吨	771	9206	9743	9743	9726	234
石油焦	吨	59	1012	1013	1013	1013	58
石油沥青	吨	1150	1921	2901	2901	2836	170
其他石油制品	吨	3	9632	8976	8976	2497	656
热力	百万千焦		3384123	4088169	4082378		
电力	万千瓦时		1558026	1597356	1569102		
煤矸石(用于燃料)	吨	1432	46574	46645	46645		1361
城市生活垃圾(用于燃料)	吨		796	7	7		
生物燃料	吨标准煤	611	99032	169238	169238		368
余热余压	百万千焦		14252	812739	812739		
其他燃料	吨标准煤	7	752	443	432		4

10－10 规模以上工业企业能源加工转换与回收利用表(2017年)

能源名称	计量单位	工业生产消费量	加工转换投入合计	火力发电	供热	能源加工转换产出	回收利用
原煤	吨	2492338	2019693	1929219	90474		
无烟煤	吨	159534	41478	41478			
炼焦烟煤	吨						
一般烟煤	吨	2332804	1978215	1887741	90474		
褐煤	吨						
其他洗煤	吨						
煤制品	吨						
焦炭	吨						
发生炉煤气	万立方米						
天然气	万立方米						
液化天然气	吨						
汽油	吨						
煤油	吨						
柴油	吨	262					
燃料油	吨						
液化石油气	吨						
润滑油	吨						
石蜡	吨						
溶剂油	吨						
石油焦	吨						
石油沥青	吨						
其他石油制品	吨						
热力	百万千焦	699980				1632775	
电力	万千瓦时	60310				497978	
煤矸石(用于燃料)	吨						
城市生活垃圾(用于燃料)	吨						
生物燃料	吨标准煤	108621	108621	101007	7614		
余热余压	百万千焦	798487	798487	798487			798487
其他燃料	吨标准煤						

10－11 主要耗能规模以上工业企业单位产品能源消耗情况

指　　标	计量单位	2016年	2017年
吨水泥熟料综合能耗	千克标准煤/吨	116.51	114.66
吨水泥熟料综合电耗	千瓦时/吨	64.70	60.31
吨水泥熟料烧成标准煤耗	千克标准煤/吨	109.94	107.57
吨水泥综合能耗	千克标准煤/吨	76.69	75.09
吨水泥综合电耗	千瓦时/吨	77.82	77.32
吨水泥标准煤耗	千克标准煤/吨	73.86	75.84
吨铝加工材消耗能源量	千克标准煤/吨	456.18	457.01
吨铝加工材消耗电量	千瓦时/吨	891.74	888.91
电厂火力发电标准煤耗	克标准煤/千瓦时	289.69	288.85
电厂火力供电标准煤耗	克标准煤/千瓦时	310.04	304.20
发电厂用电率	%	6.58	5.05

10－12 规模以上工业企业用水情况(2017年)

单位:万立方米

指标名称	全市	芙蓉区	天心区	岳麓区	开福区
取水量合计	111628	651	78735	1035	291
1. 地表淡水	100798		78467	44	81
2. 地下淡水	1734	5	48	47	14
3. 自来水	9033	645	219	944	196
4. 海水					
5. 陆地苦咸水					
6. 矿井水	1				
7. 雨水	2		1		
8. 再生水(中水)	50				
9. 海水淡化水					
10. 其他水	10				
11. 外排水量	46994	5448	10207	826	14353
12. 重复用水量	2812	29	17	479	226
13. 直流冷却水量(河湖水)	44164				
14. 直流冷却水量(海水)					
15. 污水处理企业污水处理量	32609	4953	3712	105	14230
用新水量	26651	651	13092	1035	291

10－12 续表

指标名称	雨花区	望城区	长沙县	宁乡市	浏阳市
取水量合计	419	6050	10640	5289	8519
1. 地表淡水	73	4044	7887	4075	6126
2. 地下淡水	9	1186	42	90	293
3. 自来水	337	819	2704	1117	2053
4. 海水					
5. 陆地苦咸水					
6. 矿井水					
7. 雨水					
8. 再生水(中水)			3	4	43
9. 海水淡化水					
10. 其他水			4	3	3
11. 外排水量	234	933	11676	1325	1992
12. 重复用水量	136	1107	336	109	373
13. 直流冷却水量(河湖水)	2	44162			
14. 直流冷却水量(海水)					
15. 污水处理企业污水处理量		148	9460		1
用新水量	419	2681	3371	1689	3422

11 运输和邮电

长沙统计年鉴

11－1 1995－2017年全社会客、货运输量

指　　标	单位	1995年	2000年	2001年	2002年	2003年	2004年	2005年	2006年	2007年	2008年
一、货物运输量	万吨	6419	5910	7550	8766	10632	11066	10991	12478	16184	17158
# 铁路	万吨	284	206	188	162	189	196	218	233	244	164
公路	万吨	5376	4972	6668	7929	9572	9831	9834	10905	13994	14651
水运	万吨	758	729	691	671	867	1035	934	1334	1939	2336
民航(吞吐量)	万吨	1	1.9	2	2.5	3.5	4.3	5.2	6.3	6.9	7.1
民航(发送量)	万吨	0.4	0.9	1	1.4	2.1	2.6	3.1	3.5	3.6	3.7
二、货物周转量	万吨公里	601306	1404785	1396492	799550	910771	1011770	1003793	1094995	1296332	1323224
# 公路	万吨公里	306737	308200	322125	434100	445990	446428	447386	480520	517363	535795
水运	万吨公里	288791	1094511	1072216	58837	69841	124605	99596	142569	277565	287962
三、旅客运输量	万人	8935	9052	8578	10032	10609	11580	10895	11863	11919	13488
# 铁路	万人	785	981	1070	984	942	1187	1218	1243	1305	1442
公路	万人	8021	7825	7242	8743	9351	10003	9228	10022	9934	11334
水运	万人	44	43	44	45	17	9	7	3		
民航(吞吐量)	万人	160	203	222	260	299	380	442	595	680	713
民航(发送量)	万人	79	101	111	130	149	191	221	281	341	355
四、旅客周转量	万人公里	348951	348315	398125	739488	835591	978328	995729	1073632	1190289	1249445
# 公路	万人公里	267579	275029	322154	393873	457038	496035	469947	506305	540261	596745
水运	万人公里	6325	3580	3094	4103	2362	1459	1211	467		

11－1续表

指　　标	单位	2009年	2010年	2011年	2012年	2013年	2014年	2015年	2016年	2017年
一、货物运输量	万吨	21074	22947	25651	26145	28048	30449	33932	36767	41739
# 铁路	万吨	158	167	172	157	149	133	138	113	114
公路	万吨	18084	19270	21788	23139	24627	27098	30412	34047	38808
水运	万吨	2669	3369	3529	2668	3080	3014	3159	2388	2603
民航(吞吐量)	万吨	8.7	10.8	11.5	11.1	11.8	12.5	12.2	13	13.9
民航(发送量)	万吨	4.5	6	6	5.6	5.9	6.2	6	6.3	6.8
二、货物周转量	万吨公里	1769962	2192493	2571162	3016629	3340723	3597375	3861850	3876534	4487906
# 公路	万吨公里	1036295	1285375	1609109	2061286	2352483	2642698	2898610	3274392	3833118
水运	万吨公里	210498	369090	408774	425713	485042	498947	546979	186206	203338
三、旅客运输量	万人	31304	33983	35525	36440	37922	12745	11839	11164	10592
# 铁路	万人	1479	1642	1816	1954	2088	2188	2394	2613	2926
公路	万人	28868	31257	33102	33847	35143	9765	8606	7578	6558
水运	万人	16	18	15	1					
民航(吞吐量)	万人	942	1066	1183	1278	1390	1588	1684	1949	2218
民航(发送量)	万人	471	535	592	638	691	792	839	974	1108
四、旅客周转量	万人公里	1747800	1945489	2454122	2544691	2767006	2210039	2436877	2736009	2792997
# 公路	万人公里	1060178	1130385	1206736	1236101	1304296	611156	517820	495170	429333
水运	万人公里	116	141	125	9					

注:1. 公路运输量、周转量从2009年起将出城的公交车和的士纳入了统计调查范围,与以往年份口径不同。2014年起公路客运统计范围不再包括出城的公交车和的士,公路客运、货运采用新的测算方法和基数。

2. 2011年以前,民航货物运输量和旅客运输量按货邮吞吐量和旅客吞吐量统计;从2011年开始,按货邮发送量和旅客发送量统计。

3. 2014年起,货物运输量、周转量采用新的测算方法和基数,与以往年度数据不可比。

4. 2016年起,公路和水运的货物运输量、货物周转量、旅客运输量、旅客周转量采用新的测算方法和基数,与以往年度数据不可比。

11－2 陆运工具情况

单位:辆

指标	2005年	#私人	2006年	#私人	2007年	#私人	2008年	#私人	2009年	#私人
一、汽车	190684	126289	233388	163162	298280	221801	375305	290783	520622	403195
1.载客汽车	149154	104718	188563	138760	239870	184369	308420	245501	441276	347324
2.载货汽车	38759	20309	41492	23002	45384	26878	50298	31898	62932	43213
3.其它汽车	2771	1262	3333	1400	13026	10554	16587	13384	16414	12658
二、摩托车	221983	215481	221008	215401	218738	213957	219100	215313	253653	249451
1.普通	216528	210112	216475	210932	214406	209680	215010	211275	251639	247474
2.轻便	5455	5369	4533	4469	4332	4277	4090	4038	2014	1977
三、拖拉机	8759	8759	10351	10351	12112	12112	12763	12757	15098	15098
1.大型	20	20	439	439	725	725	4700	4699	5641	5641
2.小型	8739	8739	9912	9912	11387	11387	8063	8058	9210	9210
四、挂车	607	155	648	140	751	154	842	181	2324	313

11－2 续表1

指标	2010年	#私人	2011年	#私人	2012年	#私人	2013年	#私人	2014年	#私人
一、汽车	672275	546834	826223	689957	1001039	856813	1189387	1055542	1444002	1285080
1.载客汽车	572881	473654	712671	604727	876321	761391	1058547	953004	1296480	1172006
2.载货汽车	82361	59529	96161	71360	107715	82028	114695	89766	129278	99836
3.其它汽车	17033	13651	17391	13870	17003	13394	16145	12772	18244	13238
二、摩托车	312693	308761	340740	337480	375796	372928	365006	363903	377168	374169
1.普通	310253	306358	339181	335933	373989	371126	363081	361983	375074	372080
2.轻便	2440	2403	1559	1547	1807	1802	1925	1920	2094	2089
三、拖拉机	18172	18172	20002	20002	22949	22949	25954	25954	28188	28188
1.大型	6464	6464	6814	6814	7819	7819	8980	8980	9693	9693
2.小型	11422	11422	12832	12832	14493	14493	15900	15900	17239	17239
四、挂车	2873	560	3521	750	4049	942	4391	1160	5043	1328

11－2 续表2

指标	2015年	#私人	2016年	#私人	2017年	#私人
一、汽车	1688299	1522538	1942362	1762027	2177513	1978243
1.载客汽车	1540228	1408674	1795437	1651429	2039624	1880184
2.载货汽车	129994	101230	131152	100344	122812	88705
3.其它汽车	18077	12634	15773	10254	15077	9354
二、摩托车	376321	373522	275607	272751	339770	336076
1.普通	374307	371509	273899	271043	337936	334242
2.轻便	2014	2013	1708	1708	1834	1834
三、拖拉机	29585	29585	30694	30694	29824	29824
1.大型	10748	10748	11375	11375	10987	10987
2.小型	17511	17511	17983	17983	17730	17730
四、挂车	5768	1558	6981	8853	8968	2209

11－3 公路里程与桥梁情况(2017年)

指标	单位	合计	国运公路	省运公路	市县公路	乡公路	村道
一、通车里程	公里	16240	1040	1759	2172	2660	8609
# 绿化里程	公里	13478	888	1488	1950	2259	6894
其中:高级、次高级路面	公里	15615	1040	1709	2166	2617	8083
中级路面	公里	625		50	6	43	526
二、常年养护里程	公里	16240	1040	1759	2172	2660	8609
三、桥梁	米	170329	101679	31903	11621	8437	16689
	座	2842	529	539	387	469	918

11－4 电信业务基本情况(2017年)

指标	单位	2011年	2012年	2013年	2014年	2015年	2016年	2017年
一、电信业务总量及收入								
电信业务总量	万元	990885	1073997	1141689	1643333	2088712	3201210	2468859
电信业务收入	万元	864138	942093	1027921	994611	995652	1084510	1141809
二、电信设备和服务能力								
光缆线路长度	公里	137803	161811	173035	190015	222696	261353	281728
# 长途光缆线路长度	公里	2285	2366	3031	3320	4244	4140	4575
移动电话基站	个	11835	15785	19408	30154	33374	42667	45400
互联网宽带接入端口	万个	176.88	239.23	202.57	254.34	268.40	582.93	635.44
三、电信主要业务								
固定电话通话时长	亿分钟	48.55	38.12	35.09	32.79	27.90	24.04	22.91
移动电话通话时长	亿分钟	428.85	457.67	486.07	471.95	484.50	470.90	454.10
移动短信业务量	亿条	96.20	97.89	86.79	70.05	67.60	59.06	27.78
移动电话年末用户	万户	898.48	984.45	1086.50	1118.20	1122.77	1047.70	1202.96
# 3G移动电话用户	万户	98.52	216.70	380.96	494.59	416.90	93.90	92.59
4G移动电话用户					103.75	353.80	784.40	943.97
固定本地电话年末用户	万户	214.43	211.65	206.57	194.74	181.94	170.69	152.97
# 普通电话用户	万户	169.98	170.83	163.54	176.58	171.64	160.24	144.96
公用电话用户	万户	30.33	30.23	21.76	18.16	10.30	10.45	8.01
互联网宽带用户	万户	115.60	134.25	142.98	152.83	180.27	226.92	279.25

注:1. 2016年中国移动大批量清理僵尸用户,造成2016年移动电话年末用户与往年数据不可比;
2. 2011－2016年电信业务总量使用2010年不变价,2017年开始使用2015年不变价,与以前年度不可比;2016年电信业务总量(2015年不变价)为1461105万元;
3. 修订2016年互联网宽带接入端口为582.93万个。

11－5 邮政业务基本情况(2017年)

指　　标	单　位	2013年	2014年	2015年	2016年	2017年
一、邮政行业业务总量及收入						
邮政行业业务总量	万元	211548	305265	422810	579942	828553
邮政行业业务收入	万元	184008	221701	269113	368747	481560
二、邮政行业通信网络						
营业网点	处	863	1556	1540	1899	2068
# 快递营业网点	处	634	1370	1310	1669	1837
信筒信箱	个	309	309	306	306	301
邮路总长度	公里	1907	1931	2047	2339	2554
农村投递路线长度	公里	14705.50	14556.50	14705.50	14872.32	19772.82
城市投递路线长度	公里	11869.95	11863.87	11869.95	14512.70	16633.24
三、邮政普遍服务						
函件	万件	2120.24	1793.39	1569.26	1220.68	1208.92
订销报纸累计数	万份	15223.58	12206.54	12028.03	11701.06	12667.17
订销杂志累计数	万份	1808.84	847.07	820.72	746.13	656.61
四、快递服务						
快递业务量	万件	8681.83	13469.58	18675.84	26028.21	33133.73
# 国内同城快递	万件	1741.53	2162.76	4126.98	5769.55	8371.62
国内异地快递	万件	6774.96	10913.21	14061.64	19648.29	23639.65
国际及港澳台快递	万件	165.34	393.61	487.22	610.36	1122.46
快递业务收入	万元	129107	165977	198518	282125	364503
# 同城	万元	12231	14446	34700	37429	62772
异地	万元	95004	111194	110111	158756	189115
国际及港澳台	万元	11660	16405	19995	25533	37184

注:2010开始邮政行业业务总量按2010年不变价格计算。

11－6 民用车辆拥有量(2017年)

单位:辆

指标	总计	营运	非营运	总计中:#进口	#个人	#新注册
合计	**2565195**	**169663**	**2393938**	**156759**	**2355472**	**332242**
一、汽车	2177513	121787	2054132	156128	1978243	315751
1. 载客汽车	2039624	36505	2001525	155705	1880184	297812
# 大型	16270	13688	2363	101	30	4220
中型	5906	685	3846	190	883	182
小型	2003722	22130	1981592	153860	1867984	292070
微型	13726	2	13724	1554	11287	1340
# 轿车	1344659	21748	1322911	55838	1251144	173811
2. 载货汽车	122812	81768	41044	341	88705	16757
# 重型	34817	33505	1312	112	18235	6944
中型	5791	5024	767	1	4324	313
轻型	82074	43214	38860	228	66029	9500
微型	130	25	105		117	
# 普通载货	47796	16712	31084	207	40281	4794
3. 其他汽车	15077	3514	11563	82	9354	1182
# 三轮汽车	207	73	134		207	
低速货车	2264	1346	918	1	2189	
三、摩托车	339770	231	339539	629	336076	12106
1. 普通	337936	231	337705	629	334242	12079
2. 轻便	1834		1834		1834	27
四、拖拉机	29824	29821	3		29824	1098
五、挂车	8968	8704	264	2	2209	2721
六、其他类型车	9120	9120			9120	566

注:2017年全市机动车驾驶员2816494人,其中:汽车驾驶员2726905人。

12 国内外贸易、对外经济和旅游

长沙统计年鉴

12－1 历年社会消费品零售总额

单位:万元

年 份	全 市	市 区	县 区
1978	77191	45539	31652
1979	95027	56574	38453
1980	112891	66721	46170
1981	123518	73330	50188
1982	133437	77260	56177
1983	150016	88953	61063
1984	184280	113789	70491
1985	243928	159701	84227
1986	284219	187672	96547
1987	335287	222449	112838
1988	441905	299143	142762
1989	482953	331689	151264
1990	513871	363110	150761
1991	564467	404684	159783
1992	649946	469391	180555
1993	819319	592123	227196
1994	1147852	858308	289544
1995	1658020	1256370	401650
1996	1951814	1478084	473730
1997	2273476	1730180	543296
1998	2599228	1969477	629751
1999	2998120	2267977	730143
2000	3492966	2669100	823866
2001	4064366	3105442	958924
2002	4717720	3602472	1115247
2003	5413075	4090296	1322779
2004	6403344	4868325	1535019
2005	7485700	5722359	1763341
2006	8774300	6742687	2031613
2007	10583200	8194711	2388489
2008	13087545	10147164	2940381
2009	15156791	11742042	3414749
2010	18257931	14039885	4218046
2011	22153407	16904474	5248933
2012	25460108	19965035	5495073
2013	29179024	22711428	6467596
2014	32935461	25598203	7337258
2015	36905930	28377521	8528409
2016	41174019	31317706	9856313
2017	45476752	34299332	11177420

注:根据第一次全国经济普查结果对 1994－2004 年社会消费品零售总额进行了调整;根据第二次全国经济普查结果对 2005－2008 年社会消费品零售总额进行了调整;根据第三次全国经济普查结果对 2009－2014 年社会消费品零售总额进行了调整。

12－2 分行业社会消费品零售总额

单位:万元

年份	全市	批发零售业	住宿餐饮业	其他
1993	819319	610886	45708	162725
1994	1147852	859649	78355	209848
1995	1658020	1280314	100764	276942
1996	1951814	1485447	123176	343192
1997	2273476	1754880	162508	356088
1998	2599228	1956167	246606	396456
1999	2998120	2210101	339621	448399
2000	3492966	2570810	402656	519500
2001	4064366	3516625	508612	39129
2002	4717720	4063137	612654	41929
2003	5413075	4628513	736867	47696
2004	6403344	5457088	890904	55352
2005	7485700	6310593	1105383	69724
2006	8774300	7399489	1296058	78753
2007	10583200	8919020	1575314	88866
2008	13087545	11030860	1953855	102830
2009	15156791	12846233	2194549	116009
2010	18257931	16220790	2037141	
2011	22153407	19715699	2437708	
2012	25460108	22691064	2769044	
2013	29179024	26269595	2909429	
2014	32935461	29808759	3126702	
2015	36905930	33462791	3443139	
2016	41174019	37373196	3800823	
2017	45476752	41306895	4169857	

注:根据第一次全国经济普查结果对1994－2004年社会消费品零售总额进行了调整;根据第二次全国经济普查结果对2005－2008年社会消费品零售总额进行了调整;根据第三次全国经济普查结果对2009－2014年社会消费品零售总额进行了调整。因方法制度改革,从2010年开始取消行业分组中的“其他”。

12－3　限额以上批发、零售、住宿和餐饮业基本情况(2017年)

指　　标	法人企业数(个)	产业活动单位数(个)	从业人员年末人数(人)
总　　计	**2191**	**4366**	**173259**
批发业	800	904	45468
内资企业	793	897	43533
国有企业	5	9	1148
集体企业	1	1	14
有限责任公司	155	212	13839
股份有限公司	17	35	3541
私营企业	615	640	24991
港、澳、台商投资企业	2	2	1187
外商投资企业	5	5	748
零售业	1020	2842	81256
内资企业	997	2241	70013
国有企业	7	72	1404
集体企业	3	13	126
有限责任公司	175	742	24088
股份有限公司	6	106	8241
私营企业	805	1307	36146
其他企业	1	1	8
港、澳、台商投资企业	12	580	6689
外商投资企业	11	21	4554
住宿业	143	144	20964
内资企业	140	141	20139
国有企业	15	16	2483
集体企业	1	1	291
有限责任公司	42	42	8974
股份有限公司	2	2	855
私营企业	80	80	7536
港、澳、台商投资企业	1	1	207
外商投资企业	2	2	618
餐饮业	228	476	25571
内资企业	224	346	20374
国有企业	3	3	325
集体企业	1	1	15
有限责任公司	44	66	5101
私营企业	176	276	14933
港、澳、台商投资企业	1	1	28
外商投资企业	3	129	5169

12－4 限额以上批发和零售业法人企业商品购进、销售和库存(2017 年)

单位:万元

指 标	购进总额	#进口	销售总额	#通过公共网络实现的销售额	批发	#出口	零售	#通过公共网络实现的销售额	年末库存总额
总 计	**47223902**	**1051691**	**47368111**	**2916441**	**29701038**	**416607**	**17667073**	**773827**	**3563698**
一、批发业	30122488	329017	28905057	2313813	27227402	395754	1677655	249274	2172898
1. 按登记注册类型分组									
内资企业	28526719	178778	26819826	2313813	25159660	385603	1660166	249274	2141668
国有企业	721885	5776	1243118	872798	1236673		6445		75501
集体企业	4331		4305		2244		2061		221
有限责任公司	16107660	45322	12672199	432614	12219284	185677	452915	7160	1182339
股份有限公司	1129370		1603145		1375243	14777	227902		198907
私营企业	10563473	127680	11297059	1008401	10326216	185149	970843	242114	684701
港、澳、台商投资企业	104701	96134	141314		136011		5303		13338
外商投资企业	1491068	54105	1943917		1931730	10151	12187		17892
2. 按国民经济行业分组(行业代码 2011)									
农、林、牧产品批发	356771	12005	402109	11880	363485	5583	38624	3674	31465
食品、饮料及烟草制品批发	2731607	110228	4135455	897750	3825068	49263	310387	7755	541213
纺织、服装及家庭用品批发	1348046	57036	1547270	175380	1163351	52018	383918	155985	240512
文化、体育用品及器材批发	1245093	85	1408679	3658	1330432	73787	78247	555	158374
医药及医疗器材批发	3649528	10428	4057133	70690	3873806		183327	44090	360826
矿产品、建材及化工产品批发	13519984	76245	9044850	996185	8717619	148925	327231	28	596487
机械设备、五金产品及电子产品批发	7035403	51464	8054564	129940	7722341	46505	332223	14702	229140
贸易经纪与代理	9504	2689	9840		9180	8996	660		10
其他批发业	226552	8837	245159	28330	222121	10677	23038	22485	14871

12－4 续表

指标	购进总额	#进口	销售总额	#通过公共网络实现的销售额	批发	#出口	零售	#通过公共网络实现的销售额	年末库存总额
二、零售业	17101414	722674	18463055	602628	2473636	20854	15989418	524553	1390800
1. 按登记注册类型分组									
内资企业	16062159	543479	17273750	598590	2472926	20854	14800824	522142	1298136
国有企业	481319	45621	479451	1054	56332		423119	1054	15355
集体企业	13262		15383		1882		13501		422
有限责任公司	6976382	212450	7405867	287269	1817955		5587912	264910	450999
股份有限公司	1366165		1526306	40524	96106		1430200	19730	33657
私营企业	7223633	285408	7844778	269744	500650	20854	7344128	236448	797651
其他企业	1398		1965				1965		53
港、澳、台商投资企业	530490	141089	691508	1627	711		690797		46437
外商投资企业	508765	38106	497797	2411			497797	2411	46227
2. 按国民经济行业分组(行业代码 2011)									
综合零售	3237383	44230	3580504	44710	604693		2975812	23364	163397
食品、饮料及烟草制品专门零售	433096	7633	503080	19716	35631	4	467450	19210	48854
纺织、服装及日用品专门零售	362827	1705	441726	34416	28989		412737	33333	227108
文化、体育用品及器材专门零售	311610	1000	339108	9911	83042	17335	256066	9837	52024
医药及医疗器材专门零售	1350597		1481606	5149	549266		932341	1754	146845
汽车、摩托车、燃料及零配件专门零售	10171830	658218	10747470	197848	1035287		9712183	160486	662996
家用电器及电子产品专门零售	759668	7794	824222	108414	49035	3515	775187	108414	45537
五金、家具及室内装饰材料专门零售	205547	2095	237156	37	16558		220598	37	17977
货摊、无店铺及其他零售业	268856		308183	182428	71136		237046	168118	26062

12－5　限额以上住宿和餐饮业法人企业经营情况(2017年)

单位:万元

指　　标	营业额	客房收入	餐费收入	商品销售收入	其他收入
总　　计	**1057815**	**230920**	**744921**	**28009**	**53965**
一、住宿业	458086	213844	179742	15116	49384
1.按登记注册类型分组					
内资企业	440888	203280	174811	15025	47772
国有企业	46031	18166	21663	1217	4984
集体企业	12655	3999	4425	3626	605
有限责任公司	198688	86380	83606	2485	26217
股份有限公司	18245	7867	6846		3532
私营企业	165270	86868	58271	7697	12434
港、澳、台商投资企业	3462	2743	712		6
外商投资企业	13736	7820	4219	91	1606
2.按国民经济行业分组(行业代码2011)					
旅游饭店	369230	160785	151278	14713	42455
一般旅馆	63822	40009	20701	404	2708
其他住宿业	25034	13050	7763		4221
二、餐饮业	599730	17076	565180	12893	4581
1.按登记注册类型分组					
内资企业	446079	17076	411799	12893	4311
国有企业	3538	1504	2033		
集体企业	1430	751	679		
有限责任公司	101064	5697	91327	2470	1570
私营企业	340047	9123	317760	10423	2741
港、澳、台商投资企业	1095		1095		
外商投资企业	152556		152286		270
3.按国民经济行业分组(行业代码2011)					
正餐服务	368222	17076	334485	12298	4364
快餐服务	226158		225727	213	218
饮料及冷饮服务	552		552		
其他餐饮业	4798		4416	382	

12－6 限额以上零售业、住宿业和餐饮业连锁经营情况(2017年)

指标	单位	合计		直营店		加盟店	
		2017年	2016年	2017年	2016年	2017年	2016年
门店总数	个	5534	5337	3426	3301	2108	2036
年末零售营业面积	m^2	2999923	2832531	2881315	2715099	118608	117432
年末餐饮营业面积	m^2	559356	533305	178989	170798	380367	362507
餐位数	个	207847	196710	64494	60151	143353	136559
年末从业人员数	人	78475	73385	57644	53153	20831	20232
商品购进额	万元	4682605	4367023	4523114	4218988	159490	148035
# 统一配送商品购进额	万元	3547165	3224174	3432548	3118955	114619	105219
商品销售额	万元	5446631	5092407	5321315	4973159	125316	119248
# 零售额	万元	4846456	4013283	4744377	3909043	102079	104240
营业额	万元	568727	548010	305262	294082	263466	253928
# 餐费收入和商品销售额	万元	568710	545510	305245	293083	263466	252428

12 - 7 限额以上批发企业主要财务状况(2017 年)

指　　标	法人企业数(个)	#执行《2006 年企业会计准则》企业数(个)	流动资产合计	#存货	固定资产合计
总　　计	**800**	**565**	**9626471**	**1845700**	**911577**
1. 按登记注册类型分组					
内资企业	793	559	9141057	1831828	901781
国有企业	5	4	213654	65905	57951
集体企业	1	1	552	82	14
有限责任公司	155	121	4923099	958672	515869
股份有限公司	17	16	684660	171629	68777
私营企业	615	417	3319092	635539	259170
港、澳、台商投资企业	2	2	88228	13040	1522
外商投资企业	5	4	397186	833	8274
2. 按国民经济行业分组(行业代码 2011)					
农、林、牧产品批发	28	19	234564	32488	33866
食品、饮料及烟草制品批发	105	75	1671404	536502	469235
纺织、服装及家庭用品批发	69	43	732383	207555	44492
文化、体育用品及器材批发	78	55	942829	124640	44798
医药及医疗器材批发	105	71	1816659	365133	99363
矿产品、建材及化工产品批发	252	192	2628502	353622	175101
机械设备、五金产品及电子产品批发	152	104	1447274	215281	41711
贸易经纪与代理	2	2	4041	10	266
其他批发业	9	4	148815	10469	2746

单位:万元

固定资产原价	累计折旧	#本年折旧	资产总计	流动负债合计	负债合计	所有者权益合计	#实收资本	营业收入	#主营业务收入
1146383	**363961**	**64529**	**13187334**	**8942820**	**9714560**	**3472774**	**2734394**	**25116631**	**25024918**
1133212	360558	63680	12657696	8482416	9254156	3403540	2713667	23328398	23236697
150474	92523	6594	429489	42230	42330	387159	14393	1070308	1064771
52	38	9	1125	1073	1073	52	52	3679	3679
570100	146921	27055	6723470	4799881	5348268	1375202	628000	10984735	10949183
112512	46523	6177	1397316	744319	809767	587549	328517	1463329	1447414
300073	74553	23846	4106296	2894913	3052719	1053577	1742704	9806348	9771650
1760	238	93	90043	59680	59680	30363	1022	122112	122112
11411	3164	756	439596	400725	400725	38871	19706	1666121	1666110
56360	24071	1565	364661	134698	146512	218149	1102767	373789	338328
579857	200598	24811	2974817	1363787	1891427	1083390	213786	3755837	3746050
50130	6587	2190	827173	709138	713019	114155	52005	1339603	1334715
65385	24440	5105	1569272	1108204	1112679	456592	228062	1286806	1275402
124801	29750	8277	2051375	1546114	1588261	463114	310097	3461172	3451906
208335	59934	16400	3636977	2591836	2747952	889026	679296	7832048	7826443
57839	17914	5883	1605458	1354454	1379652	225806	131747	6845405	6830457
351	86	18	4307	3540	3540	768	857	9813	9813
3327	581	280	153294	131049	131518	21776	15777	212159	211805

12－7 续表

指　　标	营业成本	#主营业务成本	主营业务税金及附加	销售费用	管理费用
总　　计	**22723451**	**22659377**	**189493**	**1110406**	**443086**
1. 按登记注册类型分组					
内资企业	21188095	21124027	183611	925450	421992
国有企业	750428	745791	133071	24781	39017
集体企业	3417	3417	32	113	99
有限责任公司	10094568	10079388	18051	494086	176315
股份有限公司	1278823	1260933	2649	55391	39207
私营企业	9060859	9034498	29808	351079	167354
港、澳、台商投资企业	57896	57896	1298	37990	4859
外商投资企业	1477461	1477454	4584	146966	16235
2. 按国民经济行业分组（行业代码 2011）					
农、林、牧产品批发	350886	315200	875	10630	12483
食品、饮料及烟草制品批发	3052166	3041862	141940	194658	120333
纺织、服装及家庭用品批发	1187257	1184827	4047	90981	31006
文化、体育用品及器材批发	1127893	1125003	6189	46772	32205
医药及医疗器材批发	3143553	3141607	7923	133756	77198
矿产品、建材及化工产品批发	7425548	7423765	14945	169047	81713
机械设备、五金产品及电子产品批发	6225418	6216402	13364	459568	85272
贸易经纪与代理	9526	9526	2	141	261
其他批发业	201203	201186	209	4854	2614

单位:万元

财务费用	#利息支出	营业利润	利润总额	应交所得税	应付职工薪酬(本年贷方累计发生额)	应交增值税
101094	**115484**	**575589**	**588890**	**106859**	**361930**	**386890**
102396	115353	532742	546133	96421	347718	340833
-2287	107	127018	125419	32383	34474	51685
4		15	15		68	47
50119	66622	161755	172716	25787	143447	144193
10797	11236	89896	92443	11630	29110	4892
43762	37388	154059	155541	26620	140619	140015
-961	3	21029	20936	5215	5371	10905
-342	128	21818	21820	5224	8841	35152
2876	2318	3846	4902	1572	10012	1593
49401	51125	214217	216713	47086	103667	100773
3324	2548	23529	24794	4242	35651	25148
-13468	2103	86258	85679	3947	36148	15811
17992	15256	77568	79696	20079	59017	62814
43283	37772	101471	103060	14295	55141	81531
-4013	2642	67484	70856	14967	59485	98143
19	29	-136	-59		110	47
1681	1690	1353	3248	670	2698	1029

12－8 限额以上零售企业主要财务状况(2017年)

指标	法人企业数(个)	#执行《2006年企业会计准则》企业数(个)	流动资产合计	#存货	固定资产合计
总计	**1020**	**757**	**6122584**	**1470207**	**1545916**
1. 按登记注册类型分组					
内资企业	997	736	5569914	1389459	1411232
国有企业	7	7	46047	31206	37333
集体企业	3	2	2478	298	11440
有限责任公司	175	145	2702110	422051	369586
股份有限公司	6	5	751414	338943	459317
私营企业	805	576	2067801	596943	533053
其他企业	1	1	65	19	505
港、澳、台商投资企业	12	10	345509	42640	85031
外商投资企业	11	11	207161	38108	49652
2. 按国民经济行业分组(行业代码2011)					
综合零售	98	77	2211665	444579	927848
食品、饮料及烟草制品专门零售	76	46	135679	40027	46066
纺织、服装及日用品专门零售	41	33	153417	62908	11874
文化、体育用品及器材专门零售	50	40	110997	43337	16452
医药及医疗器材专门零售	29	21	847777	134223	35258
汽车、摩托车、燃料及零配件专门零售	504	383	2163378	675207	470496
家用电器及电子产品专门零售	89	67	225233	31727	16953
五金、家具及室内装饰材料专门零售	62	47	92856	11871	6551
货摊、无店铺及其他零售业	71	43	181582	26330	14418

单位:万元

固定资产原价	累计折旧	#本年折旧	资产总计	流动负债合计	负债合计	所有者权益合计	#实收资本	营业收入	#主营业务收入
2090630	**627404**	**109111**	**9350522**	**5451785**	**6606513**	**2744009**	**3375284**	**16093197**	**15850696**
1874371	540031	95494	8386791	5112569	6148716	2238076	3211819	15023175	14822442
60335	23292	2774	146534	52709	57810	88724	8775	379343	368028
11059	973	20	13917	6327	6423	7494	1246	13987	13259
498222	161935	23384	3488609	2265631	2831799	656810	485572	6384826	6286344
647371	206157	30383	1774389	670847	933681	840707	201604	1492647	1451908
656814	147609	38914	2962756	2117022	2318959	643797	2514080	6750760	6701293
570	66	20	587	32	44	543	543	1611	1611
106308	25868	7012	677461	195831	305292	372169	78335	620889	592961
109951	61504	6605	286270	143386	152505	133764	85130	449134	435292
1217896	325929	51102	3873629	1915259	2795486	1078143	397703	3313559	3222537
58597	13732	2739	242303	207444	221400	20903	43231	456439	450523
19442	8190	2067	179381	139097	140549	38832	33791	380124	377853
29253	14671	2779	140599	79398	85419	55180	51258	305445	302890
51855	19388	3285	1174335	595810	683965	490370	133071	1290911	1272575
657446	225005	43615	3126243	2194296	2267010	859233	2586349	9176153	9058648
27559	11452	1484	271682	176496	182259	89423	52737	696849	692826
8171	2324	512	106953	62737	68655	38298	20694	206742	205892
20412	6712	1530	235397	81248	161771	73626	56452	266976	266953

12－8 续表

指　　标	营业成本	#主营业务成本	主营业务税金及附加	销售费用	管理费用
总　　计	**14296310**	**14160741**	**67784**	**870415**	**457504**
1. 按登记注册类型分组					
内资企业	13467773	13336553	60724	744541	399598
国有企业	348316	339481	461	15236	6596
集体企业	11986	11986	98	783	782
有限责任公司	5803481	5721818	16460	330475	129282
股份有限公司	1248349	1237327	15840	83919	90486
私营企业	6054243	6024544	27816	314122	172449
其他企业	1398	1398	49	7	4
港、澳、台商投资企业	470482	468325	4107	80506	27829
外商投资企业	358054	355862	2953	45368	30077
2. 按国民经济行业分组(行业代码 2011)					
综合零售	2753425	2702062	29098	269101	170278
食品、饮料及烟草制品专门零售	374699	374560	1835	54657	26667
纺织、服装及日用品专门零售	277375	277375	1953	65290	18947
文化、体育用品及器材专门零售	255256	254433	1721	16853	18483
医药及医疗器材专门零售	1068940	1066740	4400	132825	37539
汽车、摩托车、燃料及零配件专门零售	8561612	8482239	22094	256603	144982
家用电器及电子产品专门零售	611233	609964	2399	42781	19411
五金、家具及室内装饰材料专门零售	171280	171280	2851	11454	9416
货摊、无店铺及其他零售业	222490	222089	1434	20852	11781

单位:万元

财务费用	#利息支出	营业利润	利润总额	应交所得税	应付职工薪酬(本年贷方累计发生额)	应交增值税
101897	**85284**	**346642**	**346160**	**72528**	**491056**	**298559**
95625	78312	260765	259224	60171	417665	267697
381	113	8593	9061	2004	9700	4651
3	2	335	277	41	819	225
33643	27447	74296	76695	22332	149852	107016
5720	9240	53587	53421	17399	61580	29938
55876	41510	123803	119619	18393	195653	125790
3	1	151	151	3	61	76
6458	6497	73047	73493	9988	46894	21575
-186	475	12830	13444	2370	26497	9287
28114	29182	68328	72180	24608	142826	89923
2341	1753	-4019	-3589	748	39954	10337
653	416	15887	14532	2397	27916	13238
1638	921	11273	5168	953	17971	4115
15459	14951	72739	73729	7441	59270	30488
49975	36254	143633	145621	32657	162050	123100
2456	712	18024	17175	1374	20292	12046
659	517	10964	11066	994	8259	5988
603	580	9812	10278	1357	12519	9324

12－9 限额以上住宿企业主要财务状况(2017年)

指　　标	法人企业数(个)	#执行《2006年企业会计准则》企业数(个)	流动资产合计	#存货	固定资产合计
总　　计	**143**	**113**	**896215**	**15463**	**534888**
1.按登记注册类型分组					
内资企业	140	110	868500	15080	467790
国有企业	15	13	49487	1361	47371
集体企业	1	1	8352	255	730
有限责任公司	42	38	177462	7622	260774
股份有限公司	2	2	481646	469	19606
私营企业	80	56	151552	5373	139311
港、澳、台商投资企业	1	1	663	52	8048
外商投资企业	2	2	27052	331	59051
2.按行业分组(行业代码2011)					
旅游饭店	90	69	394124	13444	456294
一般旅馆	46	37	15499	1458	48233
其他住宿业	7	7	486592	561	30361

单位:万元

固定资产原价	累计折旧	#本年折旧	资产总计	流动负债合计	负债合计	所有者权益合计	#实收资本	营业收入	#主营业务收入
1027322	**503349**	**51955**	**1819811**	**881367**	**1284860**	**534951**	**437023**	**435515**	**429689**
932083	474021	47456	1700058	805880	1151456	548603	409336	419342	413533
91923	45272	8845	115973	37346	48272	67701	49551	43272	43272
9368	8638	624	10327	2471	2471	7856	3500	11944	11944
537126	278253	24425	565931	231881	390145	175787	197476	187033	183424
60943	41337	1332	676455	327732	399837	276618	102193	17160	17160
232724	100520	12230	331372	206450	310731	20641	56617	159932	157733
14170	6122	694	29855	28248	28248	1607	1607	3216	3198
81069	23206	3805	89897	47240	105156	－15259	26080	12958	12958
878003	429357	45991	1049339	462911	791855	257484	306105	349780	344504
77528	31922	4324	74994	86218	88371	－13377	26363	62170	61620
71791	42070	1639	695478	332239	404633	290844	104555	23566	23566

12－9 续表

指　　标	营业成本	#主营业务成本	主营业务税金及附加	销售费用	管理费用
总　　计	**146278**	**145961**	**8802**	**115560**	**164707**
1. 按登记注册类型分组					
内资企业	139942	139762	8257	112502	157828
国有企业	15562	15562	629	11583	17078
集体企业	2645	2645	24	3632	4468
有限责任公司	52649	52542	4462	50772	80545
股份有限公司	7999	7999	486	1989	9166
私营企业	61088	61014	2657	44526	46573
港、澳、台商投资企业	299	299	20	1022	1365
外商投资企业	6037	5901	526	2036	5515
2. 按行业分组(行业代码 2011)					
旅游饭店	110382	110137	7228	92612	134124
一般旅馆	26367	26296	991	18645	18101
其他住宿业	9528	9528	583	4303	12483

单位:万元

财务费用	#利息支出	营业利润	利润总额	应交所得税	应付职工薪酬(本年贷方累计发生额)	应交增值税
25267	**23782**	**24556**	**-10625**	**6255**	**123650**	**10309**
21866	20393	28602	-6502	6251	118834	9931
17	374	-1686	-277	754	14298	1327
24		1234	1243	311	1349	195
12789	12283	-9593	-8647	2337	55791	4059
980	1021	41628	5285	2510	7287	276
8056	6715	-2980	-4105	340	40109	4074
848	834	-337	-346		836	130
2554	2555	-3709	-3778	4	3980	248
23717	22331	-13682	-12940	3465	100652	8268
603	457	-2570	-2270	279	15072	1469
947	994	40808	4585	2511	7925	572

12－10 限额以上餐饮企业主要财务状况(2016年)

指　　标	法人企业数(个)	#执行《2006年企业会计准则》企业数(个)	流动资产合计	#存货	固定资产合计
总　　计	**228**	**175**	**138984**	**16877**	**170694**
1.按登记注册类型分组					
内资企业	224	173	133050	15588	141796
国有企业	3	3	1217	247	1570
集体企业	1	1	48	2	501
有限责任公司	44	39	25817	2409	30405
私营企业	176	130	105968	12930	109319
港、澳、台商投资企业	1		109	18	242
外商投资企业	3	2	5825	1272	28656
2.按国民经济行业分组(行业代码2011)					
正餐服务	212	165	121226	14565	131377
快餐服务	10	7	16048	2212	39118
饮料及冷饮服务	2	1	131	49	79
其他餐饮业	4	2	1579	51	120

单位:万元

固定资产原价	累计折旧	#本年折旧	资产总计	流动负债合计	负债合计	所有者权益合计	#实收资本	营业收入	#主营业务收入
251901	**89700**	**16664**	**426088**	**217837**	**271825**	**154263**	**128502**	**573384**	**572168**
220454	87140	15740	369636	183742	236176	133460	124227	424305	423089
2184	615	234	2928	2596	3131	–203	903	3419	3419
956	454	64	666		450	216	216	1388	1388
55161	29201	3605	78190	53771	67852	10338	30476	96057	95854
162154	56870	11837	287852	127376	164743	123110	92632	323441	322428
259	19	16	430	29	33	397	361	1042	1042
31188	2541	908	56022	34066	35616	20406	3915	148037	148037
200620	74987	14299	333536	176204	216693	116843	104837	350344	349128
50882	14511	2328	90038	40629	53974	36064	22373	217784	217784
123	45	14	210	42	195	16	16	537	537
275	157	23	2304	963	963	1341	1276	4720	4720

12－10 续表

指　　标	营业成本	#主营业务成本	主营业务税金及附加	销售费用	管理费用
总　　计	**288353**	**287106**	**9612**	**170411**	**56635**
1. 按登记注册类型分组					
内资企业	217852	216605	9244	126801	42349
国有企业	2234	2234	123	742	1487
集体企业	1174	1174	11	30	19
有限责任公司	52412	52318	1177	25969	11142
私营企业	162033	160880	7933	100060	29701
港、澳、台商投资企业	858	858	32	82	30
外商投资企业	69643	69643	337	43528	14256
2. 按国民经济行业分组(行业代码2011)					
正餐服务	189447	188200	6106	92644	38781
快餐服务	96749	96749	3466	75605	17309
饮料及冷饮服务	308	308	18	24	90
其他餐饮业	1848	1848	23	2137	455

单位:万元

财务费用	#利息支出	营业利润	利润总额	应 交 所得税	应付职工薪酬(本年贷方累计发生额)	应 交 增值税
7331	**5382**	**40234**	**36421**	**4962**	**116758**	**10004**
7181	5272	20679	16769	4945	93242	8424
5	2	-1171	-375	86	1249	99
19	9	135	135	34	82	20
1096	912	4204	3949	1185	24769	1969
6061	4350	17512	13060	3640	67143	6336
3	2	39	39		105	21
147	107	19516	19613	17	23411	1559
5523	3904	17584	13331	4419	78112	7827
1789	1476	22316	22753	508	37231	2104
2	2	94	65	13	253	11
17		240	273	22	1161	61

12－11 亿元以上商品交易市场基本情况(按市场类别分组)

指　标	市场数量（个）	总摊位数（个）	年末出租摊位数(个)	营业面积（m^2）	成交额（万元）
总　计	**61**	**47465**	**44544**	**5733772**	**24020197**
1.综合市场	11	18874	18601	1913432	10627337
工业消费品综合市场	4	11190	11037	861323	7247534
农产品综合市场	2	5141	5141	874000	3182999
其他综合市场	5	2543	2423	178109	196804
2.专业市场	50	28591	25943	3820340	13392860
生产资料市场	13	8281	6600	1635940	5732601
建材市场	8	3752	2511	912950	509257
化工材料及制品市场	2	1169	729	60600	188704
金属材料市场	1	2050	2050	634273	5000000
机械设备市场	1	650	650	4000	11740
其他生产资料市场	1	660	660	24117	22900
农产品市场	4	3504	3499	382576	3677075
水产品市场	1	313	308	13340	534419
蔬菜市场	2	2991	2991	299236	3115006
干鲜果品市场	1	200	200	70000	27650
食品、饮料及烟酒市场	1	380	312	7600	21969
烟酒市场	1	380	312	7600	21969
纺织、服装、鞋帽市场	8	6697	6527	178000	305866
服装市场	8	6697	6527	178000	305866
日用品及文化用品市场	2	485	482	26185	182381
文具市场	1	65	62	13000	20350
图书、报刊杂志市场	1	420	420	13185	162031
黄金、珠宝、玉器等首饰市场	1	50	46	20000	360815
电器、通讯器材、电子设备市场	5	1943	1621	51036	316863
通讯器材市场	2	282	242	3036	44866
计算机及辅助设备市场	3	1661	1379	48000	271997
家具、五金及装饰材料市场	11	5269	4890	632701	1043046
家具市场	2	263	244	48000	32359
装饰材料市场	5	2556	2556	227577	653728
五金材料市场	3	2393	2033	337124	346740
其他装修市场	1	57	57	20000	10219
汽车、摩托车及零配件市场	4	1629	1613	776302	1728744
汽车市场	1	202	201	679032	1677420
摩托车市场	1	127	112	2800	24956
机动车零配件市场	2	1300	1300	94470	26368
花、鸟、鱼、虫市场	1	353	353	110000	23500
花卉市场	1	353	353	110000	23500

亿元以上商品交易市场基本情况(按摊位类别分组)

续表

指　　标	年末出租摊位个数(个)	成交额(万元)
总　　计	**44544**	**24020197**
1. 粮油、食品类	10173	7805470
2. 饮料类	597	152284
3. 烟酒类	1720	1054887
4. 服装、鞋帽、针纺织品类	7262	749620
5. 化妆品类	253	60032
6. 金银珠宝类	272	385948
7. 日用品类	1354	847503
8. 五金、电料类	3060	1202362
9. 体育、娱乐用品类	139	79403
10. 书报杂志类	334	115292
11. 电子出版物及音像制品类	116	49644
12. 家用电器和音像器材类	1142	421714
13. 中西药品类	226	226688
14. 文化办公用品类	1725	690587
15. 家具类	1244	398528
16. 通讯器材类	514	78205
18. 木材及制品类	333	19343
19. 石油及制品类	1	168
20. 化工材料及制品类	941	199930
21. 金属材料类	2098	5002543
22. 建筑及装潢材料类	6108	1739711
23. 机电产品及设备类	1182	336878
24. 汽车类	1892	2109429
25. 种子饲料类	3	257
27. 其他类	1855	293771

12－12　商业综合体总体情况(2017年)

项　目	商户数(个)				商户从业人员期末人数(人)	商户销售额(商户营业额)(万元)		营业面积(m^2)
一、自营、联营部分的经营情况								
		法人	分支机构	个体户		本年	上年	
合　计	**63**	**35**	**28**		**1491**	**89072**	**49369**	**131861**
一、零售业	55	28	27		1427	87652	49369	118219
1. 百货店	2	1	1		591	30760	23379	44756
2. 超市	3	1	2		346	28487	20495	35235
3. 专业、专卖店	50	26	24		490	28405	5495	38228
二、餐饮业	2	2			10	231		564
三、服务业	6	5	1		54	1189		13078
1. 电影院	1		1		34	688		6723
6. 生活服务	1	1			8	82		270
7. 其他	4	4			12	419		6085

项　目	商户数(个)				商户从业人员期末人数(人)	租金总额(万元)		商户销售额(商户营业额)(万元)		营业面积(m^2)
二、租赁部分的经营情况										
		法人	分支机构	个体户		本年	上年	本年	上年	
合　计	**2724**	**484**	**276**	**1964**	**21316**	**93746**	**84431**	**757661**	**560528**	**842570**
一、零售业	1739	284	182	1273	10536	63584	57462	543328	386499	539649
1. 百货店	4	1	2	1	177	2684	2912	24064	23908	49012
2. 超市	8	5	2	1	1239	3478	2976	106272	79878	99947
3. 专业、专卖店	1642	244	178	1220	8143	53799	49016	400083	267572	382413
4. 其他	85	34		51	977	3623	2558	12909	15141	8277
二、餐饮业	737	128	76	533	8335	19247	16998	153641	120559	143545
三、服务业	248	72	18	158	2445	10915	9971	60692	53470	159376
1. 电影院	13	5	6	2	301	3632	3440	24335	19867	66307
2. 游乐游艺	60	11	3	46	597	2998	2888	9742	8244	29208
3. KTV	5	2	1	2	148	726	633	2812	2830	12895
4. 教育培训	43	32	3	8	584	1062	1078	9644	6050	16412
5. 健身养生	60	6	2	52	311	1162	925	6316	10086	13914
6. 其他	52	10	2	40	239	924	632	4288	3870	12482

12－13　三资企业利用外资情况

单位：万美元

项　目	项目个数		合同外资		实际利用外资	
	2017年	2016年	2017年	2016年	2017年	2016年
实际利用外资合计	**197**	**177**	**789179**	**633220**	**525042**	**481384**
中外合资企业	59	57	186043	154001	162827	124762
中外合作企业	3	3	2915	4855	4660	1489
外资企业	134	114	600056	449082	357316	349420
外商投资股份制	1	3	165	25282	239	5712

12－14 利用外资按行业和主要国别(地区)分

单位:万美元

项目	项目个数		合同外资		实际利用外资	
	2017年	2016年	2017年	2016年	2017年	2016年
合计	**197**	**177**	**789179**	**633220**	**525042**	**481384**
一、按行业分						
1. 农、林、牧、渔业	2	3	1024	3502		180
2. 制造业	40	30	203425	161708	188536	168574
3. 电力、燃气及水的生产和供应业		2		12994	1309	14641
4. 建筑业	3	2	20989	3148	11054	1676
5. 交通运输、仓储和邮政业	7	6	25483	14130	17569	9739
6. 信息传输、计算机服务和软件业	12	10	46365	9763	8261	10108
7. 批发和零售业	58	66	129021	157794	123604	120753
8. 住宿和餐饮业	7	12	4792	17683	4731	8061
9. 金融业	10	8	177357	46078	51387	63483
10. 房地产业	10	4	80022	20128	33677	30823
11. 租赁和商务服务业	33	22	79391	177742	72458	46075
12. 科学研究、技术服务和地质勘查业	9	2	12754	1209	5690	1156
13. 水利、环境和公共设施管理业		2		2946		2944
14. 居民服务和其他服务业	2	2	1999	1209	2160	515
15. 教育				22		
16. 卫生、社会保障和社会福利业		1		153		362
17. 文化、体育和娱乐业	4	5	6557	3011	4607	2293
二、按主要国别(地区)分						
# 香港	106	78	565171	341972	347124	266351
台湾省	14	17	13813	4841	11457	58
美国	8	10	19568	20572	21032	14298
新加坡	6	10	11031	21004	10718	10365
英属维尔京群岛	3	3	5515	26624	13076	19898
日本	12	8	25649	27201	27936	19742
韩国	7	10	10420	8783	4713	8151
澳大利亚	6	2	51797	501	7434	464
意大利	1	5	3	－27387	333	15348
加拿大	6	1	4385	－33	3927	3424
英国	3	4	6605	11840	6609	11404
德国	4	6	19434	17600	16394	25468

说明:由于存在转内资、减资、企业注销等情况,合同外资表示为负数。

12－15 对外贸易进出口总值

单位:万美元、万元人民币

项　　目	2011 年	2012 年	2013 年	2014 年	2015 年	2016 年	2017 年
进出口总额	**748934**	**869252**	**989253**	**7579373**	**8055535**	**7267050**	**9380209**
1. 出口	408396	517382	616591	5336520	5374214	4857448	5878919
2. 进口	340538	351870	372662	2242853	2681321	2409602	3501290

注:2014 年以前数据计量单位为万美元,2014 年开始计量单位为万元人民币。

12－16 主要进出口商品总值

单位:万美元、万元人民币

指　　标	2013 年		2014 年		2015 年		2016 年		2017 年	
	出口	进口	出口	进口	出口	进口	出口	进口	出口	进口
一、机电产品	324236	184437	2641536	1226510	3311894	1785246	2626610	1568634	3222001	2233091
# 金属制品	33266	4242	299366	25150	268925	33475	266871	43184	286761	52784
机械设备	78851	56804	681956	476514	638252	352680	645313	542247	762070	706368
电器及电子产品	117915	43779	965298	405481	1751773	1132930	1224930	436598	1640566	775508
运输工具	70147	61057	422198	184251	422731	133790	321133	378129	330026	441948
仪器仪表	5801	18489	56342	125300	55768	120911	59271	150508	87402	220203
二、高新技术产品	117481	63738	937319	458970	1585061	1051492	1100149	586303	1459262	936143
# 生物技术	53		1330		4697		5547		920	
生命科学技术	12744	4797	80478	21272	67370	24335	74174	25880	83382	29552
光电技术	766	6928	11994	79181	6743	29561	8903	44853	7435	63324
计算机与通信技术	95237	14949	657867	41342	722024	67776	872080	117584	1131000	95764
电子技术	5688	9569	158182	166219	768627	810555	109218	259909	191805	478720
计算机集成制造技术	2511	17085	23757	128760	12520	94974	26672	121488	35308	243778
航空航天技术	240	10189	2302	21432	1414	22766	2091	14093	1586	15705
三、农产品	34618	16486	228175	76131	249946	104661	278852	203570	309765	309151

注:2014 年以前数据计量单位为万美元,2014 年开始计量单位为万元人民币。

12－17 进出口商品主要产销国别(地区)总值

单位:万元人民币

国家(地区)	2017年		2017年比2016年±%	
	出口	进口	出口	进口
合　　计	**5878919**	**3501290**	**20.2**	**44.8**
#德　国	140097	309153	-8.3	52.6
法　国	47501	26918	33.4	15.1
英　国	124419	25182	-6.4	-22.4
意大利	85904	75555	29.6	93.3
西班牙	60874	35273	1.6	74.2
比利时	24737	27420	-47.8	99.6
荷　兰	113565	118710	0.2	64.4
印度尼西亚	158315	42519	58.2	343.5
马来西亚	147112	49066	39.8	135.3
菲律宾	124609	47481	114.0	3537.4
新加坡	54272	33327	-29.8	29.3
泰　国	194143	60219	74.6	-1.4
越　南	384838	51203	141.9	112.9
美　国	593251	419068	-9.3	-10.4
香　港	1143592	4480	8.3	-81.3
韩　国	327279	387598	86.3	17.9
日　本	125869	665460	6.2	85.6
中华人民共和国		189568		40.0
澳大利亚	84589	208310	43.0	196.3
印　度	172672	13914	35.9	191.1
墨西哥	60836	32583	17.7	-52.2
加拿大	78729	20893	-20.9	42.7
台湾省	52038	264709	55.5	237.5
沙特阿拉伯	64825	1134	-23.3	-95.9
巴　西	74667	6507	54.3	-84.0
俄罗斯联邦	97231	79300	30.1	414.1
阿联酋	105115	24	27.6	-67.7
巴基斯坦	70268	1158	14.4	98.6

12－18　外派劳务按区、县(市)分组

单位:人

项　　目	2011 年	2012 年	2013 年	2014 年	2015 年	2016 年	2017 年
合　　计	**12504**	**10764**	**14354**	**13631**	**16843**	**18274**	**19396**
芙蓉区	758	716	1441	1121	4183	4335	4415
天心区	752	665	600	509	1323	1078	1679
岳麓区	720	553	518	432	398	513	989
开福区	719	743	977	1761	2349	4051	1108
雨花区	790	712	1134	1930	826	670	642
望城区	1210	993	1560	1657	982	1075	2889
长沙县	754	663	1030	1329	1007	1039	760
浏阳市	1206	1260	1849	1105	1282	1977	1085
宁乡市	1227	1200	1662	1579	1431	1681	2404
长沙高新区	451	434	461	270	655	550	1690
长沙经开区	450	425	438	1172	906	442	558
宁乡经开区			254	249	307	171	237
浏阳经开区			205	517	590	442	629
望城经开区					604	250	311
其他	3467	2400	2225				

说明:2013 年,我市新增了两家外派劳务考核单位,即宁乡经开区,浏阳经开区。2015 年新增望城经开区。“其他”栏目统计的是省属企业外派劳各人数,2014 年以后数据不含“其他”。

12－19 旅游业基本情况

项　　目	单　位	2011 年	2012 年	2013 年	2014 年	2015 年	2016 年	2017 年
一、接待旅游者总人数	万人次	6013.6	8088.1	9602.3	10607.3	11721.3	12450.0	14218.8
接待国内游客	万人次	5930.1	7982.9	9485.4	10487.1	11601.0	12328.5	14089.6
接待海外游客	人次	835241	1051912	1169711	1202016	1203141	1215203	1292000
外国人	人次	527389	650966	716129	732960	690102	692827	713834
港澳台胞	人次	307852	399946	453582	469056	513039	522376	578166
二、旅游业总收入(人民币)	亿元	582.9	783.1	1006.3	1192.1	1351.5	1534.8	1659.9
国内旅游收入(人民币)	亿元	543.5	741.1	958.0	1143.6	1302.6	1482.0	1625.0
旅游创汇(美元)	万美元	62493	66453	77902	78195	79312	79628	51661
三、接待海外旅游者人天数	万人天	351.6	378.3	417.6	432.7	412.6	416.7	248.8
# 外国人	万人天	222.0	234.3	257.7	263.8	248.4	251.1	142.5
四、旅行社总数	个	214	245	245	270	270	290	329
出境组团社	个	16	21	22	26	26	52	59
非出境组团社	个	198	224	223	244	244	238	270
五、星级饭店总数	个	82	83	82	79	74	62	56
五星级	个	12	12	12	12	12	9	9
四星级	个	21	22	23	25	23	21	21
三星级	个	41	41	40	35	32	26	21
二星级	个	8	8	7	7	7	6	5
星级饭店客房总数	间	15650	16453	16441	16126	15098	12639	11755

说明:1. 2017 年开始旅游数据统计口径发生变化。

2. 按照原口径:接待旅游者总人数 13802.3 万人次,接待国内游客 13673.1 万人次;旅游业总收入(人民币)1770.1 亿元,国内旅游收入(人民币)1713.6 亿元,旅游创汇(美元)84519.2 美元;接待海外旅游者 421.7 万人天,其中外国人 255.5 万人天。

12－20　接待国际游客按国别(地区)分

单位:人次

国别(地区)	2011 年	2012 年	2013 年	2014 年	2015 年	2016 年	2017 年
接待国际游客总数	835241	1050912	1169711	1202016	1203141	1215203	1292000
港澳台胞	307852	399946	453582	469056	513039	522376	578166
港澳同胞	122087	165220	211821	221003	383023	391360	328494
台　胞	185765	234726	241761	248053	130016	131016	249672
外国人	527389	650966	716129	732960	690102	692827	713834
# 美　国	45926	50678	56711	56812	42706	43006	28939
日　本	48293	56748	53690	50280	30716	31776	45499
韩　国	250273	307595	346822	357620	391501	368651	71455
加拿大	10266	14011	15550	16038	11709	11800	16458
西班牙	3580	4880	5026	5098	2602	2709	2941
马来西亚	12167	19045	20568	21390	22045	2235	39488
新加坡	18896	23136	25124	27949	20949	19749	21393
德　国	17341	20841	22716	23648	43648	44682	12529
法　国	10387	13453	14663	14855	10842	11263	12475
瑞　典	1571	1988	2186	2309	2862	3051	2783
英　国	15035	20079	22287	22866	17347	18960	14570
澳大利亚	11211	15278	16805	17009	13878	14012	12523
俄罗斯	14522	22052	23154	24637	16071	18268	14039

13 服务业

13－1　规模以上服务业企业财务状况(2017年)

指　　标	单位数	资产总计	负债合计	所有者权益合计	流动资产合计
总　　计	**1617**	**80600039**	**43008724**	**37591315**	**48191463**
交通运输、仓储和邮政业	202	13407554	8694066	4713489	5000109
铁路运输业	2	2346056	1246690	1099366	118771
道路运输业	123	8304114	5916597	2387517	3763933
水上运输业	8	108954	67475	41479	13869
航空运输业	4	1352896	465310	887586	183979
管道运输业	1	35366	15893	19473	14455
装卸搬运和运输代理业	31	198012	114243	83769	113642
仓储业	20	320538	190927	129611	150795
邮政业	13	741619	676931	64688	640665
信息传输、软件和信息技术服务业	235	7215158	3850643	3364514	4189369
电信、广播电视和卫星传输服务	26	4021062	1595145	2425917	1904113
互联网和相关服务	35	624095	205930	418166	244635
软件和信息技术服务业	174	2570000	2049569	520432	2040621
房地产业	185	1076285	880022	196263	635064
物业管理	153	656239	533894	122345	453725
房地产中介服务	20	47471	21858	25613	42266
自有房地产经营活动	12	372575	324271	48304	139073
租赁和商务服务业	359	47211290	24525974	22685316	31382119
租赁业	8	76324	64392	11931	27351
商务服务业	351	47134966	24461582	22673384	31354769
科学研究和技术服务业	247	4473616	2422160	2051455	2749838
研究和试验发展	21	783982	426107	357875	355888
专业技术服务业	203	3487441	1917012	1570429	2289895
科技推广和应用服务业	23	202193	79041	123152	104055
水利、环境和公共设施管理业	53	612862	321752	291109	439309
生态保护和环境治理业	13	366992	154997	211995	237187
公共设施管理业	40	245870	166756	79114	202122
居民服务、修理和其他服务业	78	141353	102323	39030	104503
居民服务业	35	112478	90954	21524	85564
机动车、电子产品和日用产品修理业	18	15129	7347	7783	9380
其他服务业	25	13745	4022	9723	9559
教育	23	105319	54713	50606	56348
教育	23	105319	54713	50606	56348
卫生和社会工作	82	581784	411255	170529	309277
卫生	79	569537	397108	172430	304145
社会工作	3	12247	14148	－1901	5132
文化、体育和娱乐业	153	5774819	1745816	4029003	3325527
新闻和出版业	32	2319035	420655	1898380	1050914
广播、电视、电影和录音制作业	56	3147746	1182496	1965250	2172578
文化艺术业	13	47950	17046	30904	24163
体育	24	65461	41916	23545	10956
娱乐业	28	194627	83703	110925	66917

单位:万元

固定资产原价	累计折旧	#本年折旧	营业收入	#主营业务收入	营业成本	#主营业务成本	税金及附加
16419254	**5125352**	**800910**	**16020570**	**15774595**	**12095069**	**11967564**	**126533**
6277006	1390267	250959	2403251	2353023	2134594	2114002	17183
1815681	191867	39138	176782	172530	153504	151074	344
2899521	778600	137485	1176106	1138456	1051075	1036697	8988
107552	40050	4740	27687	26824	24014	23898	174
1118373	258036	51958	178252	177918	144360	144217	4633
23750	4892	1419	21158	21040	14335	14273	34
35423	11668	1801	211269	209421	192726	191606	660
147625	34464	5551	189011	188437	162984	162984	1128
129082	70690	8867	422987	418396	391596	389253	1222
3866758	2240585	212534	2516778	2491967	1533940	1519001	10400
3592853	2124554	195534	1376481	1367103	836462	827606	3861
158526	66457	5545	361256	360723	203724	203556	2183
115380	49574	11455	779042	764142	493753	487839	4356
324916	65541	13237	456501	415654	315420	305651	5806
95184	37870	4913	367660	331304	272879	263917	3544
4610	2553	449	58922	58459	26724	26543	564
225122	25118	7875	29920	25892	15817	15190	1698
3852010	601776	145759	4378196	4321969	3592001	3552838	44207
65482	16537	10068	39849	30558	30234	24484	360
3786527	585239	135691	4338347	4291411	3561767	3528354	43847
906645	245304	49048	2973304	2949517	2316551	2302151	21061
130593	41933	6484	126503	119489	90968	89106	2363
707345	196255	40614	2803423	2786684	2196488	2184047	17346
68707	7116	1949	43378	43344	29095	28999	1353
67958	16411	5497	310728	305297	247736	245120	3802
34363	6969	2681	201036	199366	165847	164554	1842
33595	9442	2816	109692	105932	81889	80567	1960
35235	13082	2838	119850	116625	75835	72926	1433
25280	8914	2072	72244	71341	40429	39786	733
6245	2470	441	19137	16819	13015	11439	218
3710	1698	324	28469	28464	22391	21701	482
48955	15992	3028	73513	73420	42061	42046	501
48955	15992	3028	73513	73420	42061	42046	501
218493	161180	66992	544611	544183	321192	321754	322
217312	160853	66933	539505	539076	316435	316997	282
1181	327	59	5107	5107	4757	4757	40
821278	375216	51018	2243838	2202941	1515740	1492075	21818
204436	100011	12396	440145	434340	312464	297238	4457
436599	199676	28763	1659644	1629276	1134265	1130144	15306
24607	8482	1275	31544	30747	23140	22329	271
49168	18737	2416	40737	38827	23199	21318	1105
106468	48310	6170	71769	69751	22672	21046	679

13－1 续表

指　　标	#主营业务税金及附加	销售费用	管理费用	财务费用	投资收益
总　　计	**117853**	**825488**	**1761425**	**311429**	**343236**
交通运输、仓储和邮政业	12140	40647	203835	141454	－4294
铁路运输业	280	549	3923	43072	
道路运输业	8104	23694	105053	87687	－5067
水上运输业	174		4653	1050	293
航空运输业	1023	281	17359	2494	－65
管道运输业	34	2102	984	－99	
装卸搬运和运输代理业	628	3412	16694	1884	321
仓储业	1038	6163	9489	3099	0
邮政业	860	4446	45681	2266	224
信息传输、软件和信息技术服务业	10135	315734	351537	－73129	18956
电信、广播电视和卫星传输服务	3767	169280	148258	－43852	16741
互联网和相关服务	2183	46702	64974	－958	740
软件和信息技术服务业	4185	99752	138305	－28319	1475
房地产业	5251	31761	71609	7821	939
物业管理	3504	14074	58154	4389	920
房地产中介服务	563	14575	7438	12	14
自有房地产经营活动	1184	3112	6017	3420	6
租赁和商务服务业	42298	102665	280089	215275	254049
租赁业	360	1755	2840	1310	
商务服务业	41938	100909	277250	213966	254049
科学研究和技术服务业	20612	77213	363163	25163	12055
研究和试验发展	2363	6504	35993	4282	－41
专业技术服务业	16969	67683	320478	14453	12096
科技推广和应用服务业	1281	3025	6692	6428	
水利、环境和公共设施管理业	3671	7237	26106	493	1801
生态保护和环境治理业	1828	4060	15617	－1016	1568
公共设施管理业	1843	3177	10489	1509	232
居民服务、修理和其他服务业	1371	17259	18761	2206	903
居民服务业	697	14193	13463	1960	885
机动车、电子产品和日用产品修理业	196	1828	2702	168	13
其他服务业	479	1238	2596	78	5
教育	501	5149	15816	482	341
教育	501	5149	15816	482	341
卫生和社会工作	220	67938	84501	7942	1113
卫生	180	67572	82811	7832	1108
社会工作	40	367	1690	111	5
文化、体育和娱乐业	21654	159886	346008	－16278	57375
新闻和出版业	4450	46243	64511	－10225	53659
广播、电视、电影和录音制作业	15236	94004	247327	－8309	5447
文化艺术业	233	552	7167	451	103
体育	1085	4056	11047	695	2
娱乐业	650	15031	15956	1109	－1835

单位:万元

营业利润	营业外收入	营业外支出	利润总额	所得税费用	应付职工薪酬	应交增值税	平均用工人数
1237132	**414252**	**145701**	**1505444**	**285770**	**2477161**	**381491**	**273900**
-120014	141394	8587	12793	34413	493103	35917	61879
-24610	13984	89	-10715		28099		2089
-99727	115997	4090	12180	23242	203569	22734	29137
-303	332	12	18	355	7313	648	948
16483	1173	830	16825	5820	68116	3755	5761
3818	14	13	3819	1067	1511	205	128
-3161	7535	2658	1717	758	31195	1709	5135
9500	770	89	10181	1998	11389	2149	1624
-22014	1589	807	-21232	1174	141912	4717	17057
371921	26857	9214	389322	89538	401467	100385	34242
267439	6812	7112	267139	65615	172859	64080	10201
30006	6163	1380	34789	9137	59291	10746	7264
74476	13883	723	87395	14785	169317	25558	16777
24577	2132	962	25747	6880	179348	18608	33060
15262	1291	795	15758	4044	144987	14544	29166
9403	261	142	9522	2273	29997	2841	3448
-88	579	25	467	562	4364	1224	446
408348	102682	13868	497163	67446	364796	71915	52587
3223	90	96	3217	762	1783	607	332
405125	102592	13772	493946	66684	363013	71308	52255
167080	40634	11960	195754	33036	506602	90809	42945
-13431	13580	706	-557	707	35971	2712	3304
183832	16070	7901	192002	31805	465356	87373	38786
-3321	10984	3354	4309	524	5275	724	855
26927	5902	146	32685	3184	26881	6957	5116
16013	3002	76	18939	2311	13074	5338	1922
10914	2900	71	13746	873	13807	1619	3194
5129	890	109	5910	1186	34818	4332	6951
2221	339	102	2457	255	22833	1785	4037
1219	336	4	1550	436	2779	820	660
1689	216	2	1902	494	9206	1728	2254
9878	381	420	9838	2000	21044	1956	3202
9878	381	420	9838	2000	21044	1956	3202
63970	3231	2359	64843	16090	131564	340	13238
65836	2801	2191	66447	16090	128804	324	12894
-1866	430	168	-1604		2760	16	344
279316	90148	98076	271389	31999	317540	50272	20680
79644	9236	4148	84732	1413	67660	15299	5443
184266	73212	93639	163839	25727	224012	32236	10249
123	5472	43	5552	63	5848	146	801
670	140	-1	810	8	5604	735	1517
14614	2090	247	16457	4789	14416	1856	2670

14 教育和科技

14-1 历年高等学校情况

单位:人

年 份	学校数(所)	招生数	毕业生数	在校学生数	校本部教职工数
1949	2	…	…	2685	1359
1950	2	…	428	2450	1558
1952	4	3240	973	6109	1604
1953	5	2836	1399	6490	2256
1955	6	2636	2054	8374	2834
1957	6	3448	1551	13557	3923
1958	10	8083	2494	18839	4407
1960	21	10354	2955	29104	6462
1962	12	3006	4528	25477	7756
1965	9	4973	5435	19412	8038
1966	8	196	1198	18972	8330
1970	7	2288	7688	5837	8486
1975	8	6357	5757	18390	13474
1976	8	5425	6590	16620	13953
1977	8	7168	5902	16544	14830
1978	8	6937	4619	18895	15778
1979	11	7369	4235	21549	16382
1980	11	6702	817	28491	16719
1981	10	7994	761	30720	12815
1982	11	6592	11459	25641	14168
1983	12	8498	7186	26600	15110
1984	14	9783	6346	30035	16193
1985	23	13831	6661	37182	18734
1986	21	11178	7632	40458	19886
1987	21	13121	11333	43114	20510
1988	22	14472	11103	46022	21902
1989	22	12550	12896	46444	21956
1990	21	12787	12726	46041	22297

14－1 续表

单位:人

年份	学校数(所)	招生数	毕业生数	在校学生数	校本部教职工数
1991	21	13327	12953	45810	22655
1992	21	15470	12404	48050	18244
1993	21	18769	11737	55810	18270
1994	21	18455	12857	61641	18531
1995	21	19532	15911	64866	18222
1996	21	20013	16365	67420	18205
1997	20	21444	17119	72020	18473
1998	20	23570	17484	78050	18408
1999	23	35823	19152	94493	19913
2000	23	49391	19777	125582	21165
2001	29	54329	21289	158158	24568
2002	30	73379	29094	201881	26331
2003	37	94527	48597	268613	29145
2004	39	107979	60985	329424	33950
2005	45	130337	79277	394399	37698
2006	45	132662	97149	418132	39378
2007	48	147825	108698	454288	47887
2008	49	155192	129419	483917	49401
2009	48	158215	130626	504111	50509
2010	48	149977	140840	508254	50267
2011	50	148780	143310	516765	50930
2012	50	157679	151428	523174	50902
2013	50	169685	153703	530635	51339
2014	50	168438	142835	547514	52972
2015	51	171791	143705	569400	51232
2016	51	179273	151137	590020	51733
2017	51	184950	159359	610379	52666

14－2　历年中等职业学校情况

单位:人

年　份	学校数(所)	招生数	毕业生数	在校学生数	校本部教职工数
1949	16	…	…	2296	513
1950	19	638	311	4955	283
1952	12	2227	708	6069	887
1953	11	1532	1246	6305	966
1955	10	2307	1135	5445	872
1957	16	1573	2057	10006	1900
1958	28	10438	2131	17457	2046
1960	32	11685	1699	28055	2229
1962	15	112	1751	8302	1827
1965	21	3420	2734	7771	2188
1966	12	132	899	5756	1894
1970	8	540	187	676	922
1975	21	3647	2582	9871	2722
1976	21	2964	4040	8171	2878
1977	21	5162	5529	7519	4149
1978	23	5509	2342	9782	3853
1979	30	4497	302	14492	4149
1980	31	4737	5699	12641	4408
1981	31	5054	6512	11425	4928
1982	32	5687	4110	13436	5508
1983	33	6398	4696	14762	5658
1984	32	6521	5746	15621	5622
1985	32	8469	5869	18218	4851
1986	34	6841	6160	18366	4898
1987	39	8457	8701	18681	6111
1988	40	10427	6002	23037	6074
1989	39	9256	5994	26152	6915
1990	40	8140	8581	25626	7926

14－2 续表

单位:人

年份	学校数(所)	招生数	毕业生数	在校学生数	校本部教职工数
1991	42	9540	8613	26480	7118
1992	43	13091	8536	30554	6157
1993	43	19526	8352	39202	6399
1994	42	16944	7153	47272	6689
1995	42	18477	9508	55438	6352
1996	47	23704	14060	66195	7065
1997	46	27215	16186	76808	6856
1998	47	29772	20282	85987	6899
1999	40	21406	15752	70406	4395
2000	40	19334	24192	84113	5238
2001	40	19478	25748	77270	5378
2002	24	22100	25465	64948	2588
2003	105	45505	30059	107475	6041
2004	112	48194	30227	116187	5697
2005	104	43902	36938	112698	4858
2006	84	42673	41176	123870	5935
2007	81	43490	51593	113018	5855
2008	78	39042	38980	99693	6141
2009	79	65028	39894	137568	6417
2010	67	41159	53368	113709	5708
2011	59	46540	35083	115596	4794
2012	50	43426	47767	120945	4890
2013	50	40367	30648	108232	4379
2014	52	33483	24603	86670	4019
2015	50	33929	21947	91472	4087
2016	51	35891	26565	93027	4325
2017	56	40032	27162	104685	4784

注:1. 2003 年开始,中等职业教育报表制度改革,现行报表制度包括前普通中专、职业高中。2002 年及以前年份的数据是中等专业学校情况。

2. 2014 年部分数据调整。

14－3 历年普通中学情况

单位:人

年　　份	学校数(所)	招生数	毕业生数	在校学生数	教职工数
1949	45	…	…	11347	1237
1950	38	4540	2352	10335	819
1952	40	7938	3387	23222	1289
1953	37	9950	5667	26384	1674
1955	37	11441	10172	31460	2199
1957	112	13864	10640	49484	3256
1958	164	25254	10224	49804	3105
1960	101	31992	12295	68205	3648
1962	129	22928	12152	51605	3933
1965	159	30945	17115	75367	5424
1966	293	21095	21298	71433	4598
1970	289	65230	29904	107921	6091
1975	567	136529	74396	237176	13796
1976	1473	198464	94903	331353	19991
1977	1148	192835	125324	372679	23992
1978	662	147133	159281	331109	22128
1979	676	116981	150239	268246	19564
1980	457	80492	52928	234707	19137
1981	466	82847	71738	215852	19292
1982	453	77146	58458	212388	18274
1983	438	65438	53829	199172	17887
1984	412	80035	56619	214658	18001
1985	422	80871	60933	221971	17916
1986	427	77229	53806	236055	18508
1987	433	87389	66953	245438	19421
1988	429	77029	67441	235257	19597
1989	429	82389	65762	238878	19915
1990	438	87892	72833	242065	20133

14－3 续表

单位：人

年份	学校数(所)	招生数	毕业生数	在校学生数	教职工数
1991	422	86487	69188	243473	20309
1992	418	86754	68457	246662	20769
1993	421	88993	71579	248075	21347
1994	409	98763	70133	262655	21768
1995	391	106990	72276	284050	22231
1996	379	106047	78143	298924	23364
1997	379	108558	88071	309415	23737
1998	383	119832	95489	319792	24418
1999	379	131057	95136	345200	25946
2000	377	141865	97009	384192	26636
2001	368	149566	109141	413043	27330
2002	355	153589	124346	436307	27567
2003	358	132957	134525	432826	28429
2004	347	111583	144961	395687	27783
2005	339	102616	150972	345167	26814
2006	322	95515	130686	307095	25580
2007	310	99466	110263	292979	24888
2008	298	98650	97313	289960	24582
2009	291	102405	94639	295269	24924
2010	284	111383	96302	307427	24716
2011	280	114280	93657	325136	26871
2012	284	121302	100267	343769	28063
2013	285	126082	107723	357139	28057
2014	292	122120	110251	364653	28279
2015	296	125105	117408	369520	29207
2016	302	129426	121921	374262	30736
2017	313	131366	119528	383593	32986

14－4　历年小学情况

单位：人

年份	学校数(所)	招生数	毕业生数	在校学生数	教职工数
1949	2640	…	…	147114	7810
1950	2378	…	…	154514	7881
1952	3685	79618	28137	309698	10697
1953	2787	61714	30528	315487	10753
1955	2487	95171	39718	340451	11270
1957	2737	95487	50993	440851	12179
1958	4073	102730	49306	517473	13467
1960	3768	106735	54607	541157	14664
1962	3475	95669	51696	401229	14214
1965	4755	116549	47117	593692	17203
1966	4485	80245	62524	574329	16919
1970	3575	132014	73946	464530	17310
1975	3668	138992	106360	727790	26935
1976	2693	144455	152006	703398	26093
1977	2787	134963	135165	673741	25873
1978	3231	136850	118693	680090	25719
1979	3069	133973	127970	685466	26752
1980	3244	122705	119369	673804	27056
1981	3272	126340	128653	667152	27046
1982	3253	110548	113744	649570	26687
1983	3268	102405	98641	641960	27525
1984	3276	98470	101218	629737	27503
1985	3270	92389	100920	616305	27098
1986	3257	91033	104750	601606	26521
1987	3260	91680	107676	583871	26929
1988	3241	98996	85465	578286	28119
1989	3243	97335	95557	576904	27973
1990	3212	92649	96433	570704	28193

14－4 续表

单位:人

年　份	学校数(所)	招生数	毕业生数	在校学生数	教职工数
1991	3201	93372	90896	563850	28290
1992	3181	100555	90813	568617	28363
1993	3135	108385	87421	567721	28982
1994	3048	112303	92437	602788	28792
1995	3014	116075	93875	623662	28283
1996	2925	112256	88836	646190	28765
1997	2779	85984	90517	642950	28373
1998	2710	56648	99459	599897	27902
1999	2486	43026	109414	535127	27221
2000	2154	43689	113714	466515	25133
2001	1830	50945	114425	399513	22187
2002	1719	54293	112215	342110	20548
2003	1580	59466	87744	313587	19762
2004	1433	63519	59049	318024	19330
2005	1272	63328	46516	338655	20475
2006	1217	68104	44977	366100	21593
2007	1162	69292	52844	382981	21954
2008	1126	67278	55007	395059	22479
2009	1055	67924	61722	403562	22443
2010	1024	73977	66404	413498	22391
2011	987	74333	66371	425405	20865
2012	938	78853	69948	439532	21410
2013	937	84508	71078	457894	21800
2014	937	87655	70504	481333	22894
2015	939	94184	71580	509396	23641
2016	931	99495	78610	536458	25295
2017	918	110635	79852	574220	27814

14－5 历年高考录取人数

单位:人

年份	报名人数	大学录取人数	本科	专科	大学录取率(%)
1978	54649	2491			4.56
1979	32487	1362			4.19
1980	25700	1711	1407	304	6.66
1981	8537	1136	937	199	13.31
1982	5779	1142	969	173	19.76
1983	6986	2273	862	1411	32.54
1984	7501	3049	1846	1203	40.65
1985	9480	4320	2213	2107	45.57
1986	9308	3799	2008	1791	40.81
1987	9618	4431	2388	2043	46.07
1988	10358	5219	2201	3018	50.39
1989	16418	2674	1113	1561	16.29
1990	19248	3242	1705	1537	16.84
1991	17941	3032	1419	1613	16.90
1992	17455	4504	2028	2476	25.80
1993	15317	5569	2265	3304	36.36
1994	14642	6061	2367	3694	41.39
1995	13006	6073	2573	3500	46.69
1996	13765	5886	2577	3309	42.76
1997	13864	6003	3002	3001	43.30
1998	15241	6855	3469	3386	44.98
1999	16207	10383	5720	4663	64.06
2000	18953	12037	6108	5929	63.51
2001	22893	15177	8319	6858	66.30
2002	28965	21179	10619	10560	73.12
2003	32482	26197	11540	14657	80.65
2004	37886	30726	13020	17706	81.10
2005	50750	38871	16131	22740	76.59
2006	53845	33922	16557	17365	63.00
2007	62871	42250	18966	23284	67.20
2008	66149	43072	20618	22454	65.11
2009	56494	41603	22003	19600	73.64
2010	46553	38393	22187	16206	82.47
2011	42002	34432	21240	13192	81.98
2012	43969	35557	22888	12669	80.87
2013	46790	37710	23781	13929	80.59
2014	49707	39776	25514	14262	80.02
2015	52094	40759	27920	12839	78.24
2016	56395	43627	29861	13766	77.36
2017	55187	50633	33192	17441	91.75

14－6 历年高校研究生数

单位：人

年　份	培养博士学位				培养硕士学位			
	机构(个)	招生人数	毕业人数	在学人数	机构(个)	招生人数	毕业人数	在学人数
1983	3	8		13	7	324	87	676
1984	3	7		22	7	389	31	1030
1985	4	24	1	44	7	751	224	1552
1986	4	36		80	7	645	342	1853
1987	5	47	10	112	9	670	424	2094
1988	6	73	14	174	9	587	750	1910
1989	4	62	22	212	9	518	637	1771
1990	6	70	42	237	9	578	621	1696
1991	6	92	62	260	9	540	606	1606
1992	7	89	43	282	9	567	445	1694
1993	7	114	102	337	9	702	513	1791
1994	8	191	78	431	9	899	497	2144
1995	7	205	73	544	9	878	564	2425
1996	8	219	90	676	10	1036	703	2779
1997	7	226	129	748	9	962	850	2789
1998	7	285	189	838	9	1198	829	3110
1999	7	479	196	1114	9	1559	1021	3708
2000	5	575	155	1534	6	2411	945	5158
2001	7	794	239	2142	10	3732	1383	8335
2002	5	899	285	2669	6	4075	1331	9501
2003	6	1350	371	3317	10	5983	2272	13390
2004	6	1553	493	4628	11	7585	3163	18214
2005	7	1602	577	5669	11	8237	3943	22657
2006	7	1645	773	6538	11	9463	5612	26663
2007	11	1687	948	7238	11	9988	7081	29670
2008	10	1723	1088	7889	10	10360	8062	31602
2009	10	1776	1136	8489	10	12157	9260	34686
2010	10	1809	1411	8863	10	12865	9521	37487
2011	10	1878	1297	9365	10	13128	10299	39679
2012	10	1918	1399	9935	10	13497	11611	40636
2013	10	1948	1429	10302	10	14052	12392	41788
2014	9	1956	1428	10584	9	14280	13633	41818
2015	8	1990	1415	10970	8	14608	12878	43353
2016	8	2025	1419	10973	10	14972	12944	44558
2017	8	2304	1716	11490	11	19207	13148	50089

14－7　历年技工学校情况

单位：人

年　份	学校数(所)	招生数	毕业生数	在校学生数	教职工数
1979	23	3700	1552	4614	913
1980	26	2579	1739	6672	1362
1981	28	1784	4218	4179	1646
1982	27	192	3357	1693	1562
1983	24	1230	1787	1551	1471
1984	21	1181	227	2596	1246
1985	19	1337	1318	2931	1386
1986	23	2557	1390	4671	1658
1987	22	2809	1549	5792	1717
1988	22	3678	2402	7140	1837
1989	25	2894	2198	7283	1951
1990	25	3451	3197	8002	2075
1991	24	3973	3024	8989	2095
1992	28	4543	3321	10381	2245
1993	32	5140	3655	11785	2318
1994	31	5112	4264	12951	2398
1995	34	4742	5342	12575	2416
1996	41	5024	5840	13581	2412
1997	40	4850	5793	12686	2696
1998	41	3528	5566	10541	2642
1999	43	2819	4127	9331	2700
2000	43	3791	3407	7706	2418
2001	42	5562	2940	9870	2613
2002	30	5155	2968	12257	2158
2003	32	8262	3478	14942	2026
2004	33	8729	6215	14810	2069
2005	32	10676	4902	18845	2050
2006	32	9221	5841	18736	1876
2007	24	9634	6502	20208	1923
2008	24	12095	7643	22666	2016
2009	26	15271	11206	32981	3124
2010	26	14549	7354	33685	2897
2011	26	10143	10645	26250	2340
2012	23	6366	7391	18003	1537
2013	24	3551	4392	10308	1310
2014	24	3827	2865	9860	1880
2015	24	4314	1985	9930	1684
2016	14	4516	2193	10363	1764
2017	14	4321	2134	11053	1225

14－8 高考录取情况(2017年)

单位:人

项目	全市	市区	县市	长沙县	浏阳市	宁乡市
报名人数	55187	32872	22315	5833	7441	9041
录取总人数	50633	30408	20225	5439	6736	8050
总录取率(%)	91.75	92.50	90.63	93.25	90.53	89.04
录取总人数中						
本科	33192	21749	11443	2771	4345	4327
专科	17441	8659	8782	2668	2391	3723
录取总人数中						
文科	14279	8054	6225	1932	1954	2339
理科	25472	15256	10216	2372	3718	4126
职高对口	5104	3882	1222	511	224	487
音乐	1968	1187	781	215	230	336
美术	2524	1530	994	234	365	395
体育	899	239	660	144	216	300
附:保送生(本科)	48	48				
单招生	5906	3413	2493	1134	336	1023
本科						
专科	5906	3413	2493	1134	336	1023

注:1. 录取总人数中:音乐含文、理音乐;美术含文、理美术;体育含文、理体育。
2. 录取总人数中不包括保送生和单招生人数。

14－9 大学基本情况(2017年)

单位:人

项目	学校数(所)	招生人数	在校学生数	毕业生数	校本部教职工数	专任教师
大学合计	51	184950	610379	159359	52666	34320
综合大学	14	62451	203339	50731	21300	12714
理工院校	13	43307	136486	38735	10439	7203
农业院校	2	11306	38346	9771	3544	1926
医药院校	4	14031	51432	12620	4602	3457
师范院校	2	9580	35093	8701	2252	1576
财经院校	8	20410	65738	17017	4262	3191
林业院校	1	6532	25568	6386	2359	1581
其他院校	7	17333	54377	15398	3908	2672
成人高校普通本专科	—					—

14－10 成人高等学历教育基本情况(2017年)

单位:人

项 目	合 计	小 计	# 职工大学	# 广播电视大学	# 教育学院	# 管理干部学院	普通高等学校
学校数(所)	—	4	2	1	1		
在校学生数	165566	2759	1779	980			162807
本年招生数	84810	1508	895	613			83302
本年毕业生数	62808	1107	883	224			61701
教职员工数	280	280	71	209			
# 专任教师	142	142	57	85			

14－11 普通中学、小学情况(2017年)

单位:人

项 目	学校数(所)	招生人数	毕业生人数	在校学生人数	教职工人数	专任教师人数
普通中学	313	131366	119528	383593	32986	30130
市 区	127	72079	64495	207281	18905	16751
县 (市)	186	59287	55033	176312	14081	13379
合计中:教育和集体办	277	112301	106870	334798	27875	26093
民 办	29	15530	8815	37743	4204	3250
其他部门办	7	3535	3843	11052	907	787
小学合计	918	110635	79852	574220	27814	27375
市 区	370	62993	41978	317689	16119	15989
县 (市)	548	47642	37874	256531	11695	11386
合计中:教育和集体办	900	105254	74555	542946	26440	26263
民 办	10	4415	4093	25078	994	753
其他部门办	8	966	1204	6196	380	359

14－12 特殊教育学校情况(2017年)

单位:人

项目	盲、聋、哑学校	工读学校
学校数(所)	4	1
班数(个)	71	3
毕业生数	179	
招生数	307	35
在校学生数	1714	35
教职工数	284	49
专任教师数	254	49

14－13 幼儿园情况(2017年)

单位:人

项目	园数(所)	班数(个)	在园幼儿数	教职工数	# 教师	# 保育员
总计	**1736**	**10028**	**293925**	**35372**	**16855**	**9830**
# 公办	422	2531	85480	8691	4325	2260
市区	820	5318	154509	21933	10321	5827
县(市)	916	4710	139416	13439	6534	4003
长沙县	267	1538	45249	4676	2479	1228
浏阳市	364	1953	58245	5740	2610	1797
宁乡市	285	1219	35922	3023	1445	978

14－14 规模以上工业企业R&D活动人员情况(2017年)

项目	有R&D活动的单位数(家)	R&D人员(人)	#全时人员	R&D人员折合全时当量(人年)
总计	**901**	**54658**	**41388**	**40329**
按区县(市)分组:				
芙蓉区	72	1418	1215	1022
天心区	22	1342	1028	765
岳麓区	202	13363	10746	8726
开福区	28	769	677	534
雨花区	46	1834	1431	1344
望城区	90	4174	2878	2454
长沙县	126	20368	14165	17888
浏阳市	142	7255	5932	4608
宁乡市	173	4135	3316	2988
按企业规模分组:				
大型企业	55	34135	24848	26468
中型企业	173	8285	6743	5853
小型企业	661	11599	9288	7691
微型企业	12	639	509	317
按登记注册类型分组:				
内资企业	845	36806	28332	25206
国有	7	1613	1004	668
集体	3	22	18	6
股份合作				
联营企业				
国有独资公司	9	970	837	638
其他有限责任公司	175	8183	6498	5489
股份有限公司	67	8191	6800	5080
私营独资	3	22	15	12
私营合伙				
私营有限责任公司	514	13835	10278	10534
私营股份有限公司	67	3970	2882	2778
其他企业				
港、澳、台商投资企业	24	16164	11562	13931
外商投资企业	32	1688	1494	1192

14－14 续表

项　　目	有R&D活动的单位数(家)	R&D人员(人)	#全时人员	R&D人员折合全时当量(人年)
按工业行业大类分组:				
煤炭开采和洗选业				
石油和天然气开采业				
黑色金属矿采选业				
有色金属矿采选业	1	16	10	8
非金属矿采选业				
其他采矿业				
农副食品加工业	43	1043	857	777
食品制造业	20	311	257	198
酒、饮料和精制茶制造业	9	144	124	54
烟草制品业	1	260	67	157
纺织业	6	327	249	245
纺织服装、服饰业	3	205	128	152
皮革、毛皮、羽毛及其制品和制鞋业				
木材加工及木、竹、藤、棕、草制品业	1	5	3	4
家具制造业	3	87	75	55
造纸及纸制品业	12	176	134	143
印刷和记录媒介复制业	16	342	248	225
文教、工美、体育和娱乐用品制造业	5	53	42	32
石油加工、炼焦及核燃料加工业	1	18	14	18
化学原料及化学制品制造业	78	2054	1660	1365
医药制造业	65	2101	1531	1487
化学纤维制造业				
橡胶和塑料制品业	23	413	348	212
非金属矿物制品业	57	2325	1342	1350
黑色金属冶炼及压延加工业	10	228	156	134
有色金属冶炼及压延加工业	26	1531	1215	964
金属制品业	40	721	595	501
通用设备制造业	83	2483	1779	1673
专用设备制造业	117	10324	8014	7612
汽车制造业	47	3065	2290	2012
铁路、船舶、航空航天和其他运输设备制造业	13	1831	1626	1192
电气机械及器材制造业	76	2645	2144	1904
计算机、通信和其他电子设备制造业	76	18760	13760	15604
仪器仪表制造业	45	2086	1835	1629
其他制造业	9	143	111	119
废弃资源综合利用业	4	83	70	43
金属制品、机械和设备修理业	1	174	133	103
电力、热力的生产和供应业	7	631	505	311
燃气生产和供应业	1	35	32	30
水的生产和供应业	2	38	34	15

14－15 规模以上工业企业按活动类型分 R&D 经费内部支出情况(2017 年)

单位:万元

项　　目	R&D 经费内部支出	基础研究支出	应用研究支出	试验发展支出
总　　计	**1712328**	**52**	**30885**	**1681391**
按区县(市)分组:				
芙蓉区	25409		349	25061
天心区	40812		338	40474
岳麓区	433871		2400	431471
开福区	27440			27440
雨花区	49681		1334	48347
望城区	209776		7263	202513
长沙县	624132		5974	618159
浏阳市	152804		12342	140462
宁乡市	148404	52	886	147466
按企业规模分组:				
大型企业	1168645		11301	1157344
中型企业	268240		13411	254829
小型企业	272552	52	5895	266606
微型企业	2892		279	2613
按登记注册类型分组:				
内资企业	1307696	52	29726	1277919
国有	10048		489	9559
集体	572			572
股份合作				
联营企业				
国有独资公司	47289		1585	45703
其他有限责任公司	327002		12947	314055
股份有限公司	318886		10352	308534
私营独资	838			838
私营合伙				
私营有限责任公司	505911	52	4302	501558
私营股份有限公司	97151		51	97100
其他企业				
港、澳、台商投资企业	228362		861	227501
外商投资企业	176270		299	175971

14－15 续表

单位:万元

项　　目	R&D经费内部支出	基础研究支出	应用研究支出	试验发展支出
按工业行业大类分组:				
煤炭开采和洗选业				
石油和天然气开采业				
黑色金属矿采选业				
有色金属矿采选业	248			248
非金属矿采选业				
其他采矿业				
农副食品加工业	24042		1897	22145
食品制造业	10928	52	37	10839
酒、饮料和精制茶制造业	3216		595	2621
烟草制品业	1712		47	1665
纺织业	14724			14724
纺织服装、服饰业	2475			2475
皮革、毛皮、羽毛及其制品和制鞋业				
木材加工及木、竹、藤、棕、草制品业	180			180
家具制造业	1810			1810
造纸及纸制品业	5400		93	5307
印刷和记录媒介复制业	8557		154	8403
文教、工美、体育和娱乐用品制造业	722			722
石油加工、炼焦及核燃料加工业	700			700
化学原料及化学制品制造业	59391		707	58684
医药制造业	58841		11214	47627
化学纤维制造业				
橡胶和塑料制品业	7402		299	7103
非金属矿物制品业	59318		427	58891
黑色金属冶炼及压延加工业	6413		59	6354
有色金属冶炼及压延加工业	151482		157	151325
金属制品业	20397			20397
通用设备制造业	68284		644	67640
专用设备制造业	501078		2270	498808
汽车制造业	217447		6012	211435
铁路、船舶、航空航天和其他运输设备制造业	56585		1706	54879
电气机械及器材制造业	95184		623	94561
计算机、通信和其他电子设备制造业	272454		1598	270857
仪器仪表制造业	42729		1265	41464
其他制造业	2313		219	2094
废弃资源综合利用业	1591		707	884
金属制品、机械和设备修理业	10013			10013
电力、热力的生产和供应业	3107		156	2951
燃气生产和供应业	2768			2768
水的生产和供应业	820			820

14－16 规模以上工业企业按经费来源分R&D经费内部支出情况(2017年)

单位:万元

项目	R&D经费内部支出	政府资金	企业资金	境外资金	其他
总计	**1712328**	**53640**	**1658511**	**177**	
按区县(市)分组:					
芙蓉区	25409	3047	22362		
天心区	40812	2114	38698		
岳麓区	433871	16735	417136		
开福区	27440	207	27234		
雨花区	49681	1279	48402		
望城区	209776	12641	197135		
长沙县	624132	14082	609873	177	
浏阳市	152804	2068	150736		
宁乡市	148404	1467	146936		
按企业规模分组:					
大型企业	1168645	34490	1133977	177	
中型企业	268240	8988	259252		
小型企业	272552	10154	262398		
微型企业	2892	8	2884		
按登记注册类型分组:					
内资企业	1307696	48735	1258962		
国有	10048	3021	7027		
集体	572	10	562		
股份合作					
联营企业					
国有独资公司	47289	2153	45136		
其他有限责任公司	327002	15433	311569		
股份有限公司	318886	10595	308291		
私营独资	838	5	833		
私营合伙					
私营有限责任公司	505911	14915	490996		
私营股份有限公司	97151	2602	94549		
其他企业					
港、澳、台商投资企业	228362	4440	223922		
外商投资企业	176270	466	175628	177	

14－16 续表

单位:万元

项　　目	R&D 经费内部支出	政府资金	企业资金	境外资金	其他
按工业行业大类分组:					
煤炭开采和洗选业					
石油和天然气开采业					
黑色金属矿采选业					
有色金属矿采选业	248	50	198		
非金属矿采选业					
其他采矿业					
农副食品加工业	24042	2905	21137		
食品制造业	10928	459	10469		
酒、饮料和精制茶制造业	3216	63	3153		
烟草制品业	1712		1712		
纺织业	14724	10	14714		
纺织服装、服饰业	2475	78	2397		
皮革、毛皮、羽毛及其制品和制鞋业					
木材加工及木、竹、藤、棕、草制品业	180	20	160		
家具制造业	1810		1810		
造纸及纸制品业	5400	50	5350		
印刷和记录媒介复制业	8557	40	8517		
文教、工美、体育和娱乐用品制造业	722	79	643		
石油加工、炼焦及核燃料加工业	700		700		
化学原料及化学制品制造业	59391	1284	58107		
医药制造业	58841	2564	56277		
化学纤维制造业					
橡胶和塑料制品业	7402	148	7254		
非金属矿物制品业	59318	1174	58143		
黑色金属冶炼及压延加工业	6413	409	6004		
有色金属冶炼及压延加工业	151482	475	151007		
金属制品业	20397	427	19971		
通用设备制造业	68284	3647	64637		
专用设备制造业	501078	14267	486810		
汽车制造业	217447	8317	208952	177	
铁路、船舶、航空航天和其他运输设备制造业	56585	1662	54923		
电气机械及器材制造业	95184	3281	91903		
计算机、通信和其他电子设备制造业	272454	6018	266436		
仪器仪表制造业	42729	5604	37124		
其他制造业	2313	608	1705		
废弃资源综合利用业	1591		1591		
金属制品、机械和设备修理业	10013		10013		
电力、热力的生产和供应业	3107		3107		
燃气生产和供应业	2768		2768		
水的生产和供应业	820		820		

14－17 规模以上工业企业按支出用途分R&D经费内部支出情况(2017年)

单位:万元

项目	R&D经费内部支出	经常费支出	#人员劳务费	资产性支出	#仪器和设备
总计	**1712328**	**1559591**	**478706**	**152737**	**151246**
按区县(市)分组:					
芙蓉区	25409	24564	10252	845	842
天心区	40812	36927	6477	3885	3878
岳麓区	433871	420353	150568	13518	13109
开福区	27440	23669	6628	3772	3351
雨花区	49681	48406	15416	1275	1273
望城区	209776	174660	37876	35116	34945
长沙县	624132	546746	161308	77386	77175
浏阳市	152804	142302	39285	10503	10403
宁乡市	148404	141964	50897	6440	6270
按企业规模分组:					
大型企业	1168645	1060334	293675	108310	107827
中型企业	268240	251861	88032	16379	16044
小型企业	272552	244597	95844	27955	27285
微型企业	2892	2799	1155	92	90
按登记注册类型分组:					
内资企业	1307696	1218275	397547	89421	87942
国有	10048	9793	3088	255	255
集体	572	506	174	67	67
股份合作					
联营企业					
国有独资公司	47289	42614	9225	4675	4674
其他有限责任公司	327002	285202	83310	41799	41095
股份有限公司	318886	309448	101253	9437	9335
私营独资	838	299	126	539	537
私营合伙					
私营有限责任公司	505911	477172	159887	28739	28327
私营股份有限公司	97151	93242	40485	3910	3653
其他企业					
港、澳、台商投资企业	228362	168561	55691	59800	59797
外商投资企业	176270	172755	25468	3516	3507

14－17 续表

单位:万元

项　　目	R&D经费内部支出	经常费支出	#人员劳务费	资产性支出	#仪器和设备
按工业行业大类分组:					
煤炭开采和洗选业					
石油和天然气开采业					
黑色金属矿采选业					
有色金属矿采选业	248	191	107	57	57
非金属矿采选业					
其他采矿业					
农副食品加工业	24042	22337	7447	1705	1697
食品制造业	10928	9455	2716	1473	1468
酒、饮料和精制茶制造业	3216	2801	1273	416	414
烟草制品业	1712	1554	209	158	158
纺织业	14724	13453	2761	1271	1229
纺织服装、服饰业	2475	2473	1515	2	2
皮革、毛皮、羽毛及其制品和制鞋业					
木材加工及木、竹、藤、棕、草制品业	180	55	14	125	125
家具制造业	1810	1810	996		
造纸及纸制品业	5400	4895	1864	505	505
印刷和记录媒介复制业	8557	7897	3978	660	660
文教、工美、体育和娱乐用品制造业	722	648	387	74	73
石油加工、炼焦及核燃料加工业	700	649	171	51	50
化学原料及化学制品制造业	59391	53147	17909	6244	5831
医药制造业	58841	51894	11948	6947	6865
化学纤维制造业					
橡胶和塑料制品业	7402	6552	2760	850	850
非金属矿物制品业	59318	54977	21484	4341	4025
黑色金属冶炼及压延加工业	6413	5050	2070	1363	1331
有色金属冶炼及压延加工业	151482	125550	23202	25932	25932
金属制品业	20397	18684	6779	1713	1670
通用设备制造业	68284	64815	24021	3469	3455
专用设备制造业	501078	490261	161520	10817	10577
汽车制造业	217447	212353	38007	5093	5072
铁路、船舶、航空航天和其他运输设备制造业	56585	48727	17955	7858	7858
电气机械及器材制造业	95184	91126	22694	4059	3894
计算机、通信和其他电子设备制造业	272454	210865	79082	61589	61572
仪器仪表制造业	42729	40054	20262	2675	2599
其他制造业	2313	2088	999	225	216
废弃资源综合利用业	1591	1462	573	129	125
金属制品、机械和设备修理业	10013	7127	1218	2887	2887
电力、热力的生产和供应业	3107	3105	1394	2	2
燃气生产和供应业	2768	2768	868		
水的生产和供应业	820	768	523	52	52

14－18 规模以上工业企业办科技机构情况(2017年)

项目	企业办科技机构(个)	企业办科技机构人员(人)	#博士	#硕士	机构经费支出(万元)
总计	**690**	**38250**	**864**	**7689**	**1117768**
按区县(市)分组:					
芙蓉区	34	1054	45	220	15473
天心区	19	988	110	193	11809
岳麓区	152	10187	198	1936	194935
开福区	23	754	23	176	18325
雨花区	33	1342	30	166	49946
望城区	90	4009	66	758	166090
长沙县	136	9069	166	3370	489613
浏阳市	94	7747	91	418	101007
宁乡市	109	3100	135	452	70570
按企业规模分组:					
大型企业	121	23274	191	5073	794650
中型企业	162	6815	241	1102	177431
小型企业	395	7726	334	1369	142980
微型企业	12	435	98	145	2707
按登记注册类型分组:					
内资企业	651	28984	822	6611	868744
国有	6	560	106	180	13204
集体	1	15	1	1	135
股份合作					
联营企业					
国有独资公司	10	916	16	281	26149
其他有限责任公司	125	7294	134	1598	247155
股份有限公司	106	6732	121	1211	130911
私营独资	4	31		1	941
私营合伙	8	40	3	4	171
私营有限责任公司	324	10244	319	2703	374499
私营股份有限公司	66	3147	122	632	75555
其他企业	1	5			26
港、澳、台商投资企业	15	7353	18	415	71615
外商投资企业	24	1913	24	663	177408

14－18 续表

项　　目	企业办科技机构（个）	企业办科技机构人员（人）	#博士	#硕士	机构经费支出（万元）
按工业行业大类分组：					
煤炭开采和洗选业					
石油和天然气开采业					
黑色金属矿采选业					
有色金属矿采选业	1	20	2	5	302
非金属矿采选业					
其他采矿业					
农副食品加工业	44	1011	58	198	20013
食品制造业	21	380	16	66	9337
酒、饮料和精制茶制造业	9	144	1	13	3577
烟草制品业		71	8	23	8527
纺织业	2	269			8209
纺织服装、服饰业	13	523	8	17	4447
皮革、毛皮、羽毛及其制品和制鞋业					
木材加工及木、竹、藤、棕、草制品业	2	10			70
家具制造业	6	36	2	8	503
造纸及纸制品业	5	104	2	16	4865
印刷和记录媒介复制业	11	315	4	15	5354
文教、工美、体育和娱乐用品制造业	11	117	18	35	1036
石油加工、炼焦及核燃料加工业	1	12		2	849
化学原料及化学制品制造业	62	1565	47	308	43556
医药制造业	49	1753	65	299	50308
化学纤维制造业					
橡胶和塑料制品业	15	286	6	27	4352
非金属矿物制品业	30	708	34	128	14640
黑色金属冶炼及压延加工业	6	157	9	10	3877
有色金属冶炼及压延加工业	18	2496	38	564	118503
金属制品业	15	286	13	48	8526
通用设备制造业	61	1919	32	327	54594
专用设备制造业	119	7589	181	2771	283615
汽车制造业	32	3617	31	927	239528
铁路、船舶、航空航天和其他运输设备制造业	7	812	10	265	37031
电气机械及器材制造业	57	2253	83	299	53477
计算机、通信和其他电子设备制造业	50	8775	58	686	90832
仪器仪表制造业	31	2238	38	445	42473
其他制造业	6	102	3	20	1688
废弃资源综合利用业					
金属制品、机械和设备修理业	1	206		15	755
电力、热力的生产和供应业	5	476	97	152	2922
燃气生产和供应业					
水的生产和供应业					

14－19 规模以上工业企业科技活动产出情况(2017 年)

项目	新产品产值(万元)	新产品销售收入(万元)	#出口	专利申请数(件)	拥有发明专利数(件)
总计	**38632027**	**37301627**	**2211504**	**9521**	**13624**
按区县(市)分组:					
芙蓉区	1165406	1157720	10209	105	160
天心区	528467	468845	32774	552	628
岳麓区	6815969	6555031	123718	2926	5504
开福区	304328	317112	24238	311	147
雨花区	2506965	2529594	22071	390	589
望城区	3047125	2967029	39652	624	699
长沙县	10697375	10121927	1286223	2688	3540
浏阳市	6532409	6476142	579106	572	1000
宁乡市	7033983	6708229	93513	1353	1357
按企业规模分组:					
大型企业	23480202	22879744	1755044	3934	6549
中型企业	8335448	7996874	180612	1958	2460
小型企业	6758594	6374158	275848	3305	4289
微型企业	57783	50853		324	326
按登记注册类型分组:					
内资企业	27186768	25964426	588513	8432	12722
国有	2135940	2183140	761	368	422
集体	35575	32078		3	2
股份合作					
联营企业					
国有独资公司	781241	700338	65007	470	391
其他有限责任公司	5070479	4927096	82501	1576	1543
股份有限公司	5195453	4978341	197747	1334	4252
私营独资	60734	59573	33682	9	4
私营合伙	23002	22528	7443	11	6
私营有限责任公司	12311757	11599248	145362	3312	4920
私营股份有限公司	1571577	1461376	56009	1349	1181
其他企业	1011	708			1
港、澳、台商投资企业	7485714	7434770	1528933	928	468
外商投资企业	3959544	3902432	94058	161	434

14－19 续表

项　　目	新产品产值(万元)	新产品销售收入(万元)	#出口	专利申请数(件)	拥有发明专利数(件)
按工业行业大类分组:					
煤炭开采和洗选业					
石油和天然气开采业					
黑色金属矿采选业					
有色金属矿采选业					14
非金属矿采选业					
其他采矿业					
农副食品加工业	728319	683025	8400	69	139
食品制造业	132851	119598	3094	61	134
酒、饮料和精制茶制造业	138116	121404	10608	19	31
烟草制品业	2114757	2163098	761	95	105
纺织业	546214	488308		94	31
纺织服装、服饰业	139410	124270	15378	35	10
皮革、毛皮、羽毛及其制品和制鞋业	200001	195585			
木材加工及木、竹、藤、棕、草制品业	19283	14588		4	21
家具制造业	305790	294861		23	17
造纸及纸制品业	148459	131616	6789	122	86
印刷和记录媒介复制业	571572	552256	913	61	78
文教、工美、体育和娱乐用品制造业	93291	94290	568	32	35
石油加工、炼焦及核燃料加工业	3873	3486			3
化学原料及化学制品制造业	1336548	1289428	152789	381	849
医药制造业	936752	867950	13017	266	550
化学纤维制造业					
橡胶和塑料制品业	337393	318975	4712	93	113
非金属矿物制品业	1223723	1207869	41133	754	971
黑色金属冶炼及压延加工业	82935	94595	16678	32	26
有色金属冶炼及压延加工业	3431475	3367493	73723	306	380
金属制品业	916558	880771	8683	226	213
通用设备制造业	1580368	1442904	29445	524	502
专用设备制造业	7778060	7503946	76072	2291	6129
汽车制造业	4810797	4639613	55120	579	578
铁路、船舶、航空航天和其他运输设备制造业	767580	714503	19168	300	290
电气机械及器材制造业	2544939	2370485	2242	563	636
计算机、通信和其他电子设备制造业	6983638	6872160	1669600	1278	631
仪器仪表制造业	688519	674496	2156	966	693
其他制造业	30324	29573	456	20	47
废弃资源综合利用业	3714	3714		6	6
金属制品、机械和设备修理业	9521	9521		6	
电力、热力的生产和供应业	60	60		307	294
燃气生产和供应业	4384	4384		4	2
水的生产和供应业	22803	22803		4	10

14－20 规模以上工业企业R&D项目和新产品开发项目情况(2017年)

项目	R&D项目数(项)	R&D项目人员(人)	R&D项目经费内部支出(万元)	新产品开发项目数(项)	新产品开发经费支出(万元)
总计	**4049**	**50984**	**1710837**	**4640**	**2003064**
按区县(市)分组:					
芙蓉区	169	1205	25407	207	29345
天心区	156	1275	40805	111	33852
岳麓区	1394	12840	433462	1496	458464
开福区	101	755	27020	169	34001
雨花区	250	1677	49679	261	55472
望城区	448	3778	209605	515	230227
长沙县	716	18513	623921	841	777957
浏阳市	423	7028	152705	499	161763
宁乡市	392	3913	148234	541	221984
按企业规模分组:					
大型企业	877	31513	1164296	892.9	1352938.8
中型企业	893	8374	273318	1015	318272.9
小型企业	2259	11022	271882	2689	329832.5
微型企业	20	75	1341	43	2019.4
按登记注册类型分组:					
内资企业	3687	33220	1306217	4228	1560599
国有	120	1462	10048	34	13044
集体	3	22	572	5	1204
股份合作					
联营企业					
国有独资公司	141	930	47288	143	82877
其他有限责任公司	845	7568	326297	915	363459
股份有限公司	577	7710	318783	612	327112
私营独资	3	22	836	16	2782
私营合伙				11	719
私营有限责任公司	1535	11727	505498	1944	655097
私营股份有限公司	463	3779	96894	542	114251
其他企业				6	54
港、澳、台商投资企业	184	16126	228358	203	237656
外商投资企业	178	1638	176262	209	204809

14－20 续表

项　目	R&D 项目数(项)	R&D 项目人员(人)	R&D 项目经费内部支出(万元)	新产品开发项目数(项)	新产品开发经费支出(万元)
按工业行业大类分组:					
煤炭开采和洗选业					
石油和天然气开采业					
黑色金属矿采选业					
有色金属矿采选业	8	16	247	9	257
非金属矿采选业				1	5
其他采矿业					
农副食品加工业	152	881	24034	183	31041
食品制造业	56	283	10923	107	17147
酒、饮料和精制茶制造业	29	135	3215	48	5449
烟草制品业	36	170	1712	5	5735
纺织业	20	327	14682	32	9561
纺织服装、服饰业	6	191	2475	18	5832
皮革、毛皮、羽毛及其制品和制鞋业				2	1565
木材加工及木、竹、藤、棕、草制品业	1	5	180	6	193
家具制造业	8	87	1810	17	2267
造纸及纸制品业	19	155	5400	22	7941
印刷和记录媒介复制业	48	330	8557	61	9458
文教、工美、体育和娱乐用品制造业	14	52	721	23	3820
石油加工、炼焦及核燃料加工业	5	17	699	7	1318
化学原料及化学制品制造业	322	1962	58977	396	68191
医药制造业	369	1907	58760	378	65200
化学纤维制造业					
橡胶和塑料制品业	59	388	7402	74	13228
非金属矿物制品业	221	2301	59002	267	69951
黑色金属冶炼及压延加工业	47	225	6380	52	7888
有色金属冶炼及压延加工业	152	1202	151482	181	176455
金属制品业	129	686	20354	162	23994
通用设备制造业	251	2314	68270	296	68495
专用设备制造业	557	8471	500838	664	585740
汽车制造业	166	2778	217425	196	298959
铁路、船舶、航空航天和其他运输设备制造业	101	1830	56585	106	62667
电气机械及器材制造业	349	2549	95020	390	110657
计算机、通信和其他电子设备制造业	560	18637	272437	641	295931
仪器仪表制造业	219	2014	42653	234	46891
其他制造业	22	141	2305	34	2392
废弃资源综合利用业	16	83	1587	3	322
金属制品、机械和设备修理业	5	159	10013	1	891
电力、热力的生产和供应业	91	615	3107	17	625
燃气生产和供应业	7	35	2768	7	2999
水的生产和供应业	4	38	820		

14－21　大中型工业企业R&D活动人员情况(2017年)

项　　目	有R&D活动的单位数(家)	R&D人员(人)	#全时人员	R&D人员折合全时当量(人年)
总　　计	**228**	**42420**	**31591**	**32321**
按区县(市)分组:				
芙蓉区	12	648	553	510
天心区	7	552	410	382
岳麓区	45	9773	7816	6238
开福区	8	560	493	396
雨花区	8	1231	926	923
望城区	22	3180	2137	1789
长沙县	37	18613	12771	16853
浏阳市	33	5745	4761	3606
宁乡市	56	2118	1724	1624
按企业规模分组:				
大型企业	55	34135	24848	26468
中型企业	173	8285	6743	5853
按登记注册类型分组:				
内资企业	205	25309	19159	17673
国有	3	996	519	389
集体	1	17	14	3
股份合作				
联营企业				
国有独资公司	9	970	837	638
其他有限责任公司	47	5463	4270	3575
股份有限公司	34	7333	6149	4491
私营独资				
私营合伙				
私营有限责任公司	92	7528	5311	6450
私营股份有限公司	19	3002	2059	2126
其他企业				
港、澳、台商投资企业	9	15840	11292	13735
外商投资企业	14	1271	1140	913

14－21 续表

项　　目	有 R&D 活动的单位数（家）	R&D 人员（人）	#全时人员	R&D 人员折合全时当量（人年）
按工业行业大类分组：				
煤炭开采和洗选业				
石油和天然气开采业				
黑色金属矿采选业				
有色金属矿采选业				
非金属矿采选业				
其他采矿业				
农副食品加工业	8	547	470	457
食品制造业	4	135	115	98
酒、饮料和精制茶制造业	2	49	39	12
烟草制品业	1	260	67	157
纺织业	3	294	221	217
纺织服装、服饰业	3	205	128	152
皮革、毛皮、羽毛及其制品和制鞋业				
木材加工及木、竹、藤、棕、草制品业				
家具制造业	2	69	61	40
造纸及纸制品业	2	78	63	68
印刷和记录媒介复制业	5	189	129	148
文教、工美、体育和娱乐用品制造业	2	12	7	9
石油加工、炼焦及核燃料加工业				
化学原料及化学制品制造业	16	1112	879	725
医药制造业	17	1350	953	962
化学纤维制造业				
橡胶和塑料制品业	3	95	83	47
非金属矿物制品业	8	1481	714	735
黑色金属冶炼及压延加工业	2	92	71	54
有色金属冶炼及压延加工业	8	1230	997	749
金属制品业	9	223	194	192
通用设备制造业	22	1433	920	959
专用设备制造业	29	8620	6626	6541
汽车制造业	21	2683	1964	1790
铁路、船舶、航空航天和其他运输设备制造业	4	1552	1385	969
电气机械及器材制造业	21	1735	1430	1310
计算机、通信和其他电子设备制造业	23	17260	12575	14522
仪器仪表制造业	6	1400	1256	1188
其他制造业	2	88	72	80
废弃资源综合利用业	1	4	1	3
金属制品、机械和设备修理业	1	174	133	103
电力、热力的生产和供应业	1	12	3	5
燃气生产和供应业	1	35	32	30
水的生产和供应业	1	3	3	1

14－22 大中型工业企业按活动类型分 R&D 经费内部支出情况(2017 年)

单位:万元

项目	R&D 经费内部支出	基础研究支出	应用研究支出	试验发展支出
总计	**1436884**		**24711**	**1412173**
按区县(市)分组:				
芙蓉区	11098		202	10896
天心区	34116		59	34057
岳麓区	363286		1244	362043
开福区	20032			20032
雨花区	38543		754	37789
望城区	164944		6648	158297
长沙县	592178		3820	588358
浏阳市	111669		11594	100075
宁乡市	101019		391	100627
按企业规模分组:				
大型企业	1168645		11301	1157344
中型企业	268240		13411	254829
按登记注册类型分组:				
内资企业	1052411		24711	1027699
国有	8057		333	7725
集体	232			232
股份合作				
联营企业				
国有独资公司	47289		1585	45703
其他有限责任公司	263841		11170	252670
股份有限公司	301222		10192	291031
私营独资				
私营合伙				
私营有限责任公司	356258		1432	354826
私营股份有限公司	75512			75512
其他企业				
港、澳、台商投资企业	214964			214964
外商投资企业	169510			169510

14－22 续表

单位:万元

项　　目	R&D 经费内部支出	基础研究支出	应用研究支出	试验发展支出
按工业行业大类分组:				
煤炭开采和洗选业				
石油和天然气开采业				
黑色金属矿采选业				
有色金属矿采选业				
非金属矿采选业				
其他采矿业				
农副食品加工业	10757		1186	9571
食品制造业	5980			5980
酒、饮料和精制茶制造业	1459			1459
烟草制品业	1712		47	1665
纺织业	13839			13839
纺织服装、服饰业	2475			2475
皮革、毛皮、羽毛及其制品和制鞋业				
木材加工及木、竹、藤、棕、草制品业				
家具制造业	1628			1628
造纸及纸制品业	2647			2647
印刷和记录媒介复制业	5284			5284
文教、工美、体育和娱乐用品制造业	118			118
石油加工、炼焦及核燃料加工业				
化学原料及化学制品制造业	34348		707	33641
医药制造业	37375		10805	26570
化学纤维制造业				
橡胶和塑料制品业	1893			1893
非金属矿物制品业	32503		391	32112
黑色金属冶炼及压延加工业	4267			4267
有色金属冶炼及压延加工业	137067			137067
金属制品业	6836			6836
通用设备制造业	47855		486	47370
专用设备制造业	469005		1009	467997
汽车制造业	210327		6012	204315
铁路、船舶、航空航天和其他运输设备制造业	52157		1706	50451
电气机械及器材制造业	70762			70762
计算机、通信和其他电子设备制造业	242614		979	241634
仪器仪表制造业	29751		1165	28586
其他制造业	1018		219	799
废弃资源综合利用业	286			286
金属制品、机械和设备修理业	10013			10013
电力、热力的生产和供应业	46			46
燃气生产和供应业	2768			2768
水的生产和供应业	95			95

14－23 大中型工业企业按经费来源分R&D经费内部支出情况(2017年)

单位:万元

项目	R&D经费内部支出	政府资金	企业资金	境外资金	其他
总计	**1436884**	**43478**	**1393229**	**177**	
按区县(市)分组:					
芙蓉区	11098	2426	8672		
天心区	34116	1835	32281		
岳麓区	363286	13345	349942		
开福区	20032	147	19885		
雨花区	38543	640	37903		
望城区	164944	11629	153316		
长沙县	592178	11508	580493	177	
浏阳市	111669	1323	110346		
宁乡市	101019	627	100392		
按企业规模分组:					
大型企业	1168645	34490	1133977	177	
中型企业	268240	8988	259252		
按登记注册类型分组:					
内资企业	1052411	39178	1013232		
国有	8057	2755	5302		
集体	232		232		
股份合作					
联营企业					
国有独资公司	47289	2153	45136		
其他有限责任公司	263841	12178	251663		
股份有限公司	301222	10018	291205		
私营独资					
私营合伙					
私营有限责任公司	356258	10076	346182		
私营股份有限公司	75512	1999	73514		
其他企业					
港、澳、台商投资企业	214964	4142	210822		
外商投资企业	169510	158	169175	177	

14－23 续表

单位:万元

项　　目	R&D经费内部支出	政府资金	企业资金	境外资金	其他
按工业行业大类分组:					
煤炭开采和洗选业					
石油和天然气开采业					
黑色金属矿采选业					
有色金属矿采选业					
非金属矿采选业					
其他采矿业					
农副食品加工业	10757	2501	8256		
食品制造业	5980	251	5729		
酒、饮料和精制茶制造业	1459	18	1441		
烟草制品业	1712		1712		
纺织业	13839		13839		
纺织服装、服饰业	2475	78	2397		
皮革、毛皮、羽毛及其制品和制鞋业					
木材加工及木、竹、藤、棕、草制品业					
家具制造业	1628		1628		
造纸及纸制品业	2647	15	2632		
印刷和记录媒介复制业	5284	0	5284		
文教、工美、体育和娱乐用品制造业	118	15	103		
石油加工、炼焦及核燃料加工业					
化学原料及化学制品制造业	34348	594	33754		
医药制造业	37375	1828	35547		
化学纤维制造业					
橡胶和塑料制品业	1893	111	1782		
非金属矿物制品业	32503	541	31962		
黑色金属冶炼及压延加工业	4267	320	3947		
有色金属冶炼及压延加工业	137067	128	136939		
金属制品业	6836	152	6684		
通用设备制造业	47855	3159	44696		
专用设备制造业	469005	12276	456729		
汽车制造业	210327	8083	202067	177	
铁路、船舶、航空航天和其他运输设备制造业	52157	1536	50621		
电气机械及器材制造业	70762	2374	68389		
计算机、通信和其他电子设备制造业	242614	3970	238644		
仪器仪表制造业	29751	5254	24497		
其他制造业	1018	275	743		
废弃资源综合利用业	286		286		
金属制品、机械和设备修理业	10013		10013		
电力、热力的生产和供应业	46		46		
燃气生产和供应业	2768		2768		
水的生产和供应业	95		95		

14-24 大中型工业企业按支出用途分 R&D 经费内部支出情况(2017 年)

单位:万元

项目	R&D 经费内部支出	经常费支出	#人员劳务费	资产性支出	#仪器和设备
总计	**1436884**	**1312195**	**381706**	**124690**	**123871**
按区县(市)分组:					
芙蓉区	11098	11052	4867	46	46
天心区	34116	30462	4331	3654	3647
岳麓区	363286	354394	118740	8893	8651
开福区	20032	18551	4704	1480	1360
雨花区	38543	37725	9619	818	818
望城区	164944	136048	28751	28897	28768
长沙县	592178	518988	148640	73191	73001
浏阳市	111669	106483	29891	5186	5112
宁乡市	101019	98492	32165	2527	2469
按企业规模分组:					
大型企业	1168645	1060334	293675	108310	107827
中型企业	268240	251861	88032	16379	16044
按登记注册类型分组:					
内资企业	1052411	990073	305853	62338	61520
国有	8057	7900	2188	158	158
集体	232	207	145	25	25
股份合作					
联营企业					
国有独资公司	47289	42614	9225	4675	4674
其他有限责任公司	263841	226304	57651	37537	37177
股份有限公司	301222	292797	94648	8426	8325
私营独资					
私营合伙					
私营有限责任公司	356258	346771	110699	9487	9260
私营股份有限公司	75512	73481	31297	2031	1902
其他企业					
港、澳、台商投资企业	214964	155960	53606	59004	59004
外商投资企业	169510	166162	22247	3348	3347

14－24 续表

单位:万元

项目	R&D经费内部支出	经常费支出	#人员劳务费	资产性支出	#仪器和设备
按工业行业大类分组:					
煤炭开采和洗选业					
石油和天然气开采业					
黑色金属矿采选业					
有色金属矿采选业					
非金属矿采选业					
其他采矿业					
农副食品加工业	10757	10432	4213	326	326
食品制造业	5980	5363	1535	617	617
酒、饮料和精制茶制造业	1459	1326	526	133	133
烟草制品业	1712	1554	209	158	158
纺织业	13839	12590	2434	1248	1208
纺织服装、服饰业	2475	2473	1515	2	2
皮革、毛皮、羽毛及其制品和制鞋业					
木材加工及木、竹、藤、棕、草制品业					
家具制造业	1628	1628	868		
造纸及纸制品业	2647	2451	1223	196	196
印刷和记录媒介复制业	5284	5284	3010		
文教、工美、体育和娱乐用品制造业	118	75	51	43	43
石油加工、炼焦及核燃料加工业					
化学原料及化学制品制造业	34348	30942	9880	3406	3162
医药制造业	37375	33622	7230	3754	3705
化学纤维制造业					
橡胶和塑料制品业	1893	1846	761	46	46
非金属矿物制品业	32503	31932	13223	571	561
黑色金属冶炼及压延加工业	4267	3011	1356	1257	1237
有色金属冶炼及压延加工业	137067	111755	21071	25312	25312
金属制品业	6836	6475	2799	361	361
通用设备制造业	47855	46933	16007	922	918
专用设备制造业	469005	461450	147703	7556	7340
汽车制造业	210327	205777	34538	4550	4541
铁路、船舶、航空航天和其他运输设备制造业	52157	44316	14885	7841	7841
电气机械及器材制造业	70762	68045	14822	2718	2585
计算机、通信和其他电子设备制造业	242614	183969	64932	58645	58630
仪器仪表制造业	29751	27768	14286	1983	1910
其他制造业	1018	860	495	159	155
废弃资源综合利用业	286	286	22		
金属制品、机械和设备修理业	10013	7127	1218	2887	2887
电力、热力的生产和供应业	46	44	17	2	2
燃气生产和供应业	2768	2768	868		
水的生产和供应业	95	95	11		

14－25　大中型工业企业办科技机构情况(2017 年)

项　　目	企业办科技机构(个)	企业办科技机构人员(人)	#博士	#硕士	机构经费支出(万元)
总　　计	**283**	**30089**	**432**	**6175**	**972081**
按区县(市)分组:					
芙蓉区	21	716	28	170	11771
天心区	8	504	12	44	7760
岳麓区	59	7922	98	1389	155358
开福区	7	579		138	15862
雨花区	7	904	21	100	43513
望城区	33	3156	29	639	147225
长沙县	66	7589	127	3149	466520
浏阳市	36	6896	48	313	83192
宁乡市	46	1823	69	233	40882
按企业规模分组:					
大型企业	121	23274	191	5073	794650
中型企业	162	6815	241	1102	177431
按登记注册类型分组:					
内资企业	267	21591	413	5194	733959
国有	2	142	8	30	10729
集体	1	15	1	1	135
股份合作					
联营企业					
国有独资公司	8	906	16	281	26064
其他有限责任公司	45	5331	67	1237	208335
股份有限公司	80	6255	106	1131	121708
私营独资	1	15			718
私营合伙					
私营有限责任公司	96	6569	157	2081	307287
私营股份有限公司	34	2358	58	433	58982
其他企业					
港、澳、台商投资企业	7	7067	15	383	67614
外商投资企业	9	1431	4	598	170508

14－25 续表

项　　目	企业办科技机构（个）	企业办科技机构人员（人）	#博士	#硕士	机构经费支出（万元）
按工业行业大类分组：					
煤炭开采和洗选业					
石油和天然气开采业					
黑色金属矿采选业					
有色金属矿采选业					
非金属矿采选业					
其他采矿业					
农副食品加工业	23	724	30	151	13407
食品制造业	8	274	10	49	6973
酒、饮料和精制茶制造业	3	67		10	2578
烟草制品业		71	8	23	8527
纺织业	2	269			8209
纺织服装、服饰业	12	513	8	17	4402
皮革、毛皮、羽毛及其制品和制鞋业					
木材加工及木、竹、藤、棕、草制品业					
家具制造业	4	21	1	6	436
造纸及纸制品业	2	73		11	3754
印刷和记录媒介复制业	3	174	1	3	3620
文教、工美、体育和娱乐用品制造业	3	16			102
石油加工、炼焦及核燃料加工业					
化学原料及化学制品制造业	19	901	20	200	29853
医药制造业	18	1149	25	151	34400
化学纤维制造业					
橡胶和塑料制品业					
非金属矿物制品业	7	350	12	61	8658
黑色金属冶炼及压延加工业	1	78	9	7	2821
有色金属冶炼及压延加工业	8	2248	26	528	114417
金属制品业	4	122	4	11	3826
通用设备制造业	23	1152	20	237	43261
专用设备制造业	58	6292	127	2466	263056
汽车制造业	22	3298	29	901	233217
铁路、船舶、航空航天和其他运输设备制造业	2	627	10	237	34121
电气机械及器材制造业	28	1703	30	233	40683
计算机、通信和其他电子设备制造业	21	7816	33	464	74994
仪器仪表制造业	8	1819	24	366	34728
其他制造业	2	40	3	16	827
废弃资源综合利用业					
金属制品、机械和设备修理业	1	206		15	755
电力、热力的生产和供应业	1	86	2	12	458
燃气生产和供应业					
水的生产和供应业					

14－26 大中型工业企业科技活动产出情况(2017年)

项目	新产品产值(万元)	新产品销售收入(万元)	#出口	专利申请数(件)	拥有发明专利数(件)
总计	**31815650**	**30876617**	**1935656**	**5892**	**9009**
按区县(市)分组:					
芙蓉区	1063370	1058710	8401	19	17
天心区	345561	293484	32357	186	270
岳麓区	6044945	5835115	89887	1898	3714
开福区	220175	235150	6052	64	70
雨花区	2315549	2358725	19261	157	326
望城区	1004002	1003471	38987	254	373
长沙县	10045788	9558567	1198103	2092	2851
浏阳市	5080382	5043733	462636	277	594
宁乡市	5695877	5489663	79972	945	794
按企业规模分组:					
大型企业	23480202	22879744	1755044	3934	6549
中型企业	8335448	7996874	180612	1958	2460
按登记注册类型分组:					
内资企业	21793843	20934920	388771	4885	8287
国有	2122163	2169939	761	108	109
集体				3	2
股份合作					
联营企业					
国有独资公司	754818	684572	56507	426	380
其他有限责任公司	4007739	3922933	33206	810	870
股份有限公司	4793980	4588741	165114	1066	3283
私营独资	9312	9280	6247		
私营合伙	974	974			
私营有限责任公司	8954362	8493370	88242	1401	2942
私营股份有限公司	1150496	1065110	38694	1071	701
其他企业					
港、澳、台商投资企业	6247901	6218729	1526387	886	393
外商投资企业	3773906	3722968	20498	121	329

14－26 续表

项　　目	新产品产值(万元)	新产品销售收入(万元)	#出口	专利申请数(件)	有效发明专利数(件)
按工业行业大类分组：					
煤炭开采和洗选业					
石油和天然气开采业					
黑色金属矿采选业					
有色金属矿采选业					
非金属矿采选业					
其他采矿业					
农副食品加工业	379594	343337	8400	13	49
食品制造业	38066	27834		17	20
酒、饮料和精制茶制造业	82454	78021	2108	1	16
烟草制品业	2114757	2163098	761	95	105
纺织业	538372	481080		74	10
纺织服装、服饰业	139410	124270	15378	27	8
皮革、毛皮、羽毛及其制品和制鞋业	200001	195585			
木材加工及木、竹、藤、棕、草制品业					
家具制造业	301434	290798		11	12
造纸及纸制品业	97775	86998		44	28
印刷和记录媒介复制业	505031	488911		21	19
文教、工美、体育和娱乐用品制造业				5	3
石油加工、炼焦及核燃料加工业					
化学原料及化学制品制造业	671888	684706	69587	188	458
医药制造业	540407	490378		117	376
化学纤维制造业					
橡胶和塑料制品业	124929	116286	661	12	12
非金属矿物制品业	874116	875727	38787	414	153
黑色金属冶炼及压延加工业	42034	55499	16678	27	7
有色金属冶炼及压延加工业	1932636	1906056	21	233	296
金属制品业	701113	679154	4292	78	56
通用设备制造业	990090	879044	24430	255	175
专用设备制造业	7287895	7075587	65638	1554	5325
汽车制造业	4524322	4407924	19741	464	448
铁路、船舶、航空航天和其他运输设备制造业	718858	667780	16359	272	204
电气机械及器材制造业	1660381	1521091	417	333	363
计算机、通信和其他电子设备制造业	6828779	6725394	1650245	910	396
仪器仪表制造业	495780	486996	2156	667	444
其他制造业	16007	15545		15	19
废弃资源综合利用业				2	2
金属制品、机械和设备修理业	9521	9521		6	
电力、热力的生产和供应业				33	3
燃气生产和供应业				4	2
水的生产和供应业					

14－27 大中型工业企业R&D项目和新产品开发项目情况(2017年)

项目	R&D项目数(项)	R&D项目人员(人)	R&D项目经费内部支出(万元)	新产品开发项目数(项)	新产品开发经费支出(万元)
总计	**1770**	**39887**	**1437614**	**1908**	**1671211.7**
按区县(市)分组:					
芙蓉区	24	467	11098	29	12854
天心区	123	1071	35657	46	27573
岳麓区	548	9409	363044	597	388728
开福区	50	549	19912	68	21847
雨花区	133	1116	38543	123	43195
望城区	256	2829	164816	284	180778
长沙县	378	16880	591989	435	738781
浏阳市	124	5585	111595	126	112116
宁乡市	134	1981	100961	200	145340
按企业规模分组:					
大型企业	877	31513	1164296	893	1352939
中型企业	893	8374	273318	1015	318273
按登记注册类型分组:					
内资企业	1556	22856	1053141	1647	1249008
国有	110	1423	9605	11	11683
集体	1	17	232	2	850
股份合作					
联营企业					
国有独资公司	141	930	47288	140	82085
其他有限责任公司	351	4966	263481	385	289160
股份有限公司	412	6894	301122	402	306721
私营独资					
私营合伙					
私营有限责任公司	335	5767	356031	464	470664
私营股份有限公司	206	2859	75383	242	87835
其他企业				1	10
港、澳、台商投资企业	123	15807	214964	145	225351
外商投资企业	91	1224	169509	116	196853

14－27 续表

项目	R&D项目数(项)	R&D项目人员(人)	R&D项目经费内部支出(万元)	新产品开发项目数(项)	新产品开发经费支出(万元)
按工业行业大类分组:					
煤炭开采和洗选业					
石油和天然气开采业					
黑色金属矿采选业					
有色金属矿采选业					
非金属矿采选业					
其他采矿业					
农副食品加工业	45	393	10757	49	15148
食品制造业	19	123	5980	35	8567
酒、饮料和精制茶制造业	7	46	1458	15	3705
烟草制品业	36	170	1712	5	5735
纺织业	11	294	13798	11	8402
纺织服装、服饰业	6	191	2475	12	4693
皮革、毛皮、羽毛及其制品和制鞋业				2	1565
木材加工及木、竹、藤、棕、草制品业					
家具制造业	7	69	1628	8	1846
造纸及纸制品业	4	59	2647	7	5242
印刷和记录媒介复制业	23	189	5284	17	4689
文教、工美、体育和娱乐用品制造业	2	11	118	2	124
石油加工、炼焦及核燃料加工业					
化学原料及化学制品制造业	120	1072	34104	157	39147
医药制造业	208	1181	37327	197	38283
化学纤维制造业					
橡胶和塑料制品业	6	95	1893	13	4435
非金属矿物制品业	80	1475	32493	94	39466
黑色金属冶炼及压延加工业	12	91	4248	18	4774
有色金属冶炼及压延加工业	101	920	137067	124	161731
金属制品业	23	220	6836	30	12451
通用设备制造业	85	1306	47851	84	39532
专用设备制造业	270	6865	468789	316	546715
汽车制造业	99	2408	210318	129	286336
铁路、船舶、航空航天和其他运输设备制造业	47	1552	52157	45	57174
电气机械及器材制造业	171	1730	70629	192	83928
计算机、通信和其他电子设备制造业	243	17189	242599	277	260557
仪器仪表制造业	55	1392	29677	58	32407
其他制造业	6	88	1014	3	670
废弃资源综合利用业	1	4	286		
金属制品、机械和设备修理业	5	159	10013	1	891
电力、热力的生产和供应业	70	557	1594		
燃气生产和供应业	7	35	2768	7	2999
水的生产和供应业	1	3	95		

15 文化、体育、卫生

15－1 历年文化事业发展情况

单位：个

年份	电影放映单位	#电影院影剧院	艺术表演团体	艺术表演观众人数（万人）	公共图书馆	文化馆
1949	7	7	9	…	1	1
1950	6	…	9	…	1	2
1952	6	6	10	…	1	3
1955	6	…	12	…	1	6
1957	16	7	14	…	2	8
1960	24	…	14	…	3	7
1962	21	10	17	…	3	8
1965	102	13	19	…	4	10
1966	151	…	4	…	4	10
1970	138	…	4	…	4	10
1975	292	…	13	…	4	10
1976	370	18	13	…	5	10
1977	459	…	13	…	5	10
1978	484	31	13	351	5	10
1979	503	…	14	…	5	11
1980	510	38	14	506	5	11
1981	504	42	14	431	6	11
1982	506	33	14	432	6	11
1983	537	43	14	323	6	11
1984	780	41	14	271	6	11
1985	844	42	14	207	7	11
1986	822	42	14	186	7	11
1987	818	42	14	154	7	11
1988	817	50	12	87	7	11
1989	802	48	12	70	7	11
1990	807	47	12	118.6	7	11
1991	812	46	12	127	7	11
1992	771	48	12	61.9	7	11

15－1 续表

单位:个

年　份	电影放映单　位	#电影院影剧院	艺术表演团　体	艺术表演观众人数（万人）	公共图书馆	文化馆
1993	657	34	12	55.0	7	11
1994	641	32	12	125.3	7	11
1995	644	29	12	130.3	7	11
1996	589	30	12	146.0	7	11
1997	580	31	13	132.0	7	11
1998	581	32	13	171.1	7	11
1999	485	32	13	167.3	7	11
2000	458	20	13	121.0	7	11
2001	458	20	13	…	7	11
2002	…	…	12	57.0	7	10
2003	…	…	12	272.0	7	10
2004	…	…	12	210.2	7	10
2005	…	…	12	247.0	12	10
2006	…	…	12	115.0	12	10
2007	…	…	12	216.1	12	10
2008	…	…	12	357.2	12	10
2009	…	…	12	203.7	12	10
2010	…	…	12	271.2	12	10
2011	…	…	12	193.7	12	10
2012	…	…	9	166.1	12	10
2013	…	…	9	149.3	12	10
2014	…	…	9	152.5	12	10
2015	…	…	12	201.8	12	10
2016	…	…	12	179.9	12	10
2017	…	…	12	170.6	12	10

注:由于放映市场的变化,电影放映单位无法统计。

15－2 历年出版事业发展情况

年份	书籍		课本（万册）	杂志		报纸	
	种数（种）	总印数（万册）		种数（种）	总印数（万册）	种数（种）	总印数（万册）
1951	113	482		3	43		
1952	112	1626		4	245	17	6786
1954	110	589	1563	1	6	10	4503
1955	143	877	1853	2	52	10	5403
1957	267	975	2844	4	169	11	6530
1958	764	5467	3622	6	371	23	19317
1960	676	1361	5070	7	402	16	33318
1962	186	495	2735	2	150	12	6983
1965	233	2549	4568	2	211	7	17000
1970	132	10717	4242			6	10028
1975	185	7640	8618	4	1535	8	33861
1976	134	8373	5974	8	1643	8	38365
1977	88	7384	6606	8	2101	8	36931
1978	134	1983	12102	13	2680	3	30057
1979	317	4736	10614	26	3592	3	31120
1980	426	8563	11190	30	3182	5	20830
1981	568	13442	13002	41	2343	7	29838
1982	780	16082	13595	56	2189	11	33089
1983	985	15300	13882	61	2160	11	45705
1984	998	15818	14000	85	2836	23	55911
1985	1270	18850	16288	124	5149	35	59431
1986	1274	10532	19132	131	5247	38	53400
1987	1482	14073	18757	137	5931	40	60134
1988	2157	37293	23396	146	6037	31	55743
1989	2157	35055	19728	145	4968	31	37317
1990	1892	32135	21393	144	5144	28	40325

15－2 续表

年份	书籍		课本（万册）	杂志		报纸	
	种数（种）	总印数（万册）		种数（种）	总印数（万册）	种数（种）	总印数（万册）
1991	1969	35086	21392	146	6349	32	47414
1992	2124	36436	20686	149	7700	32	37592
1993	2069	33503	19726	165	7899	36	57677
1994	2249	29597	18693	162	7288	36	47815
1995	2357	33677	20146	178	7636	36	55721
1996	2734	39390	21957	180	7700	33	43698
1997	2893	37512	22139	180	7515	36	48190
1998	3262	36375	22489	171	8695	30	54831
1999	3341	30680	21171	183	12271	31	62613
2000	3156	24844	18342	198	10404	44	62354
2001	2612	24851	18007	203	9867	46	69194
2002	2866	32556	23135	213	10844	46	71169
2003	3123	29554	19222	219	12391	44	87814
2004	3353	12345	18830	192	18958	37	78802
2005	3218	8228	21000	202	10925	38	75309
2006	3221	6832	20838	198	9622	38	78381
2007	2535	8231	22735	181	8143	37	75636
2008	4230	12577	16342	184	8467	36	76080
2009	4421	14084	11820	204	11271	42	100554
2010	6222	18783	12202	201	12540	42	101861
2011	8362	21427	12858	205	12140	40	94019
2012	9237	22052	13831	205	12496	40	102698
2013	10064	23745	11890	204	12804	39	105924
2014	9817	27543	14524	204	13247	39	107582
2015	10697	33843	14645	204	13918	38	105635
2016	11622	37518	14107	203	13757	38	70934
2017	11136	31248	14621	207	11473	38	65592

注：因新闻出版统计口径变化，从2007年开始，一套书只按一本书计算。

15－3 历年市、县属广播事业发展情况

年　份	市台平均日播音时间（时°分′）	市电台覆盖率（%）	县、区广播台、站（个）	市电视台每周播出时间（时°分′）	市电视台覆盖率（%）
1956			1		
1957			3		
1958	8°30′	…	3		
1960	6°30′	…	3		
1961	6°30′	…	3		
1962			…		
1965			3		
1970			4		
1975			4		
1976			4		
1977			4		
1978			5		
1979			5		
1980	8°30′	…	5		
1981	11°05′	89.7	5		
1982	11°05′	90	5		
1983	10°00′	46.1	5		
1984	10°30′	63	5		
1985	10°45′	76	5	16°	23.6
1986	11°25′	70	5	22°	23
1987	11°25′	67.1	5	56°	23
1988	11°25′	70	5	35°	50
1989	11°30′	…	5	56°	80
1990	11°30′	…	5	56°	90
1991	11°20′	…	5	56°	90
1992	11°30′	92.7	5	56°	95

15－3 续表

年　份	市台平均日播音时间（时°分′）	市电台覆盖率（%）	县、区广播台、站（个）	市电视台每周播出时间（时°分′）	市电视台覆盖率（%）
1993	16°30′	95	5	56°	98
1994	16°45′	95	5	56°	98
1995	16°30′	95	5	42°	98
1996	36°30′	96	4	78°	95
1997	49°30′	95	4	125°30′	85.61
1998	36°30′	95	4	174°30′	88.39
1999	36°30′	95	4	238°00′	97.3
2000	37°40′	95	4	206°30′	97.3
2001	43°00′	96.5	4	456°	98.1
2002	54°30′	96.41	4	543°	97.23
2003	60°00′	96.46	4	817°	97.57
2004	64°00′	96.78	4	817°	97.82
2005	88°96′	96.88	4	858°12′	97.88
2006	82°12′	96.91	4	893°56′	97.9
2007	91°30′	96.93	4	916°00′	97.92
2008	139°46′	99.1	4	970°24′	98.48
2009	140°11′	99.14	4	1057°22′	98.49
2010	139°71′	99.14	4	1060°47′	98.49
2011	139°48′	99.3	4	1078°30′	98.61
2012	142°6′	99.3	4	1096°58′	98.62
2013	147°6′	99.32	4	1115°54′	98.68
2014	147°14′	99.41	4	1114°78′	98.89
2015	147°14′	99.41	4	1114°78′	98.91
2016	165°34′	99.41	4	1164°17′	99.04
2017	…	99.48	4	…	99.13

15－4　历年市、县训练体育干部、举办运动会情况

单位：人

年　份	训练体育干部			举办运动会（次）	参赛人次
	合　计	#裁判员	#社会体育指导员		
1978	815	455	100	46	…
1979	538	330		43	17168
1980	1367	385	650	64	19263
1981	1967	1030	424	115	38496
1982	1802	496	768	118	37696
1983	1045	515	252	99	47746
1984	1318	606	192	130	32596
1985	745	160	336	266	66424
1986	1390	425	655	280	74000
1987	2126	599	263	467	92404
1988	1468	579	125	428	69558
1989	2642	764	380	728	164013
1990	1278	800	267	1149	563139
1991	2233	1563	86	2357	503469
1992	1540	1161	22	444	83537
1993	941	277	34	144	57401
1994	938	539		128	79684
1995	2162	352	1387	283	148479
1996	2504	450	1343	384	194981
1997	1292	373	174	152	263015
1998	1401	548	99	219	75255
1999	2480	956	307	206	84579
2000	2165	785	136	163	116958
2001	1959	608	321	149	33203
2002	865	361	150	35	22700
2003	2223	1689	370	14	489300
2004	238	60	75	28	30000
2005	776	76	700	26	12000
2006	547	58	489	200	300000
2007	3285	60	3225	214	320000
2008	5215	65	5150	301	450000
2009	5952	73	5879	334	480000
2010	2136	11	2125	…	…
2011	1058	32	1026	…	…
2012	451	51	400	…	…
2013	1049	49	1000	…	…
2014	2235	55	2180	…	…
2015	6861	191	6670	…	…
2016	1907	31	1876	…	…
2017	2097	39	2058	…	…

15－5 历年卫生事业发展情况

年 份	机构数（个）	# 医院、卫生院	床位数（张）	# 医院、卫生院	卫生工作人员（人）	# 卫生技术人员	# 执业医师和执业助理医师
1949	34	14	747	…	1468	1253	…
1952	522	38	1478	…	4167	2367	…
1957	993	41	3312	…	8412	4645	…
1962	992	…	8081	…	9171	7880	…
1963	986	122	8177	…	10070	7725	…
1965	1035	138	8454	5713	11235	8779	…
1966	993	152	9746	6613	11112	7944	…
1970	768	192	8165	4437	10451	7857	4130
1972	937	304	9276	7842	15749	11345	4949
1975	1066	313	11760	9705	18694	13854	6637
1976	1131	241	12132	11017	19687	14656	7233
1977	1192	316	12410	9941	20447	15416	7370
1978	1195	248	12976	11036	21583	16068	7247
1979	1205	323	13343	10851	23075	16722	8018
1980	1250	290	13356	11974	24637	18266	8435
1981	1337	284	13842	11179	26031	19044	8947
1982	1348	255	14000	11283	26755	19805	9305
1983	1330	317	14051	11521	27787	20979	9668
1984	1397	317	14385	11728	29053	22031	10286
1985	1403	291	13743	11503	29620	21611	10187
1986	1319	290	14940	12085	30196	22106	10034
1987	1388	285	15287	12640	30542	22813	10519
1988	1312	284	16158	13619	31960	23918	11386
1989	1397	300	17823	14281	32871	24606	11868
1990	1346	297	18349	14766	34190	26307	12423
1991	1258	300	19352	15705	34834	26546	12297

15－5 续表

年　份	机构数（个）	# 医院、卫生院	床位数（张）	# 医院、卫生院	卫生工作人员（人）	# 卫生技术人员	# 执业医师和执业助理医师
1992	1323	300	19968	16470	35549	27092	12225
1993	1009	303	20681	17031	34894	25543	11296
1994	1215	305	20878	17245	36473	26875	12210
1995	1100	205	21378	17594	37115	27553	12107
1996	1295	235	20991	17797	37434	27706	11825
1997	1218	246	20751	18240	38107	27966	11526
1998	1281	249	20569	17974	37954	28579	12070
1999	1216	256	21342	18492	38336	28840	12639
2000	1036	263	20590	17281	36225	27460	12345
2001	1086	265	22538	18998	35303	28187	12310
2002	1127	282	22487	20621	34795	27102	11172
2003	1291	282	23405	21024	38415	29909	11655
2004	1440	258	24360	22264	35937	28142	11412
2005	1519	260	27395	25501	37711	28943	12088
2006	1557	252	28845	27240	40681	31180	12692
2007	2259	265	31891	30046	47340	37402	14683
2008	2385	252	35547	31563	50599	40232	15831
2009	2709	265	41603	35909	55564	44888	17153
2010	2655	255	42629	39983	59738	48791	18258
2011	2680	255	47036	42954	66104	53030	19100
2012	4270	254	51285	46382	69011	55978	20268
2013	4690	279	57919	52507	76479	62123	22936
2014	4586	276	63606	57374	81645	66735	24340
2015	4661	284	66036	59927	84857	69634	25599
2016	4605	286	71335	64805	89246	73603	27271
2017	4493	287	73711	66458	93540	77442	29265

注：1. 2001 年（含）以前“执业医师和执业助理医师”指标统计口径为“医生”。
2. 2007 年卫生系统新的报表制度将医务室、社区卫生服务中心、社区卫生服务站均统计到“卫生机构”中，故数据增加较大。
3. 2012 年卫生系统新的报表制度将村卫生室、门诊部、诊所（医务室）、专业公共卫生机构、其他医疗卫生机构均统计到“卫生机构”中，故数据增加较大，按 2011 年同口径数据为 2902 个。

15－6 医疗机构诊疗人数(2017年)

类　　别	医疗机构数(个)	总诊疗人次数(万人次)	#门诊人次数
总　　计	**4493**	**4804.00**	**4220.32**
#医院合计	188	2643.82	2229.64
#卫生院合计	99	392.44	361.75
#社区卫生服务机构	282	532.02	483.21
社区卫生服务中心	75	398.54	364.67
社区卫生服务站	207	133.48	118.54

15－7 医疗机构入院、出院人数(2017年)

单位:万人

类　　别	健康检查人数	入院人数	出院人数
总　　计	**386.90**	**249.31**	**248.13**
#医院合计	191.45	182.33	181.65
#卫生院合计	59.05	36.31	35.91
#社区卫生服务机构	93.48	13.29	13.23
社区卫生服务中心	60.69	13.10	13.04
社区卫生服务站	32.79	0.19	0.19

16 区县（市）主要经济和社会指标

长沙统计年鉴

16－1　区县(市)年末户籍户数和人口数(2017年)

单位:人

区县(市)	年末总户数(户)	年末总人口	男　性	女　性	城镇人口	乡村人口
全　　市	**2331390**	**7087939**	**3542794**	**3545145**	**4744653**	**2343286**
市区合计	1204847	3397749	1674035	1723714	2936857	460892
芙蓉区	139799	403972	197949	206023	403972	
天心区	181179	475285	235829	239456	460670	14615
岳麓区	257454	720473	354988	365485	592918	127555
开福区	192281	487524	235525	251999	472583	14941
雨花区	244124	690021	342328	347693	649898	40123
望城区	190010	620474	307416	313058	356816	263658
县(市)合计	1126543	3690190	1868759	1821431	1807796	1882394
长沙县	252740	785647	390986	394661	434334	351313
浏阳市	418700	1483717	756992	726725	705411	778306
宁乡市	455103	1420826	720781	700045	668051	752775

16－2 历年分区县(市)年末户籍人口

单位:人

区县(市)	2000年	2001年	2002年	2003年	2004年	2005年	2006年	2007年	2008年
全　　市	**5831894**	**5870933**	**5954592**	**6017624**	**6103844**	**6209248**	**6309958**	**6373561**	**6417367**
市区合计	1754142	1807670	1889773	1962561	2024646	2086476	2146096	2187488	2365801
县(市)合计	4077752	4063263	4064819	4055063	4079198	4122772	4163862	4186073	4051566
芙蓉区	313987	323035	334844	345817	359797	370498	381843	397760	408441
天心区	356518	369082	386443	401010	417866	422118	429104	421136	412568
岳麓区	314706	326408	353719	376124	386266	395385	416715	431013	617889
开福区	376771	381347	388545	395399	399750	410326	415841	416085	411404
雨花区	392160	407798	426222	444211	460967	488149	502593	521494	515499
望城区	713953	706877	706546	704964	702481	710330	717055	712314	541622
长沙县	735402	735958	734198	734731	737560	745179	755524	764869	775815
浏阳市	1320593	1318343	1318611	1325928	1332120	1345410	1355160	1363979	1380303
宁乡市	1307804	1302085	1305464	1289440	1307037	1321853	1336123	1344911	1353826

16－2续表

区县(市)	2009年	2010年	2011年	2012年	2013年	2014年	2015年	2016年	2017年
全　　市	**6468350**	**6501248**	**6566185**	**6606166**	**6628122**	**6714121**	**6803579**	**6959998**	**7087939**
市区合计	2391675	2395348	2967851	2979005	2992513	3035103	3184995	3283293	3397749
县(市)合计	4076675	4105900	3598334	3627161	3635609	3679018	3618584	3676705	3690190
芙蓉区	406271	406641	409726	408872	406273	403948	403073	399936	403972
天心区	407537	400566	398395	396222	392340	397329	445700	460205	475285
岳麓区	625527	627763	630265	626976	624428	644834	645883	674871	720473
开福区	414841	419868	426620	433334	441605	452168	461884	475865	487524
雨花区	537499	540510	550721	556458	565405	576257	648812	669357	690021
望城区	541037	544314	552124	557143	562462	560567	579643	603059	620474
长沙县	781972	788566	803861	813395	818874	832244	743210	764869	785647
浏阳市	1393501	1407104	1423524	1436248	1439697	1453246	1469104	1489306	1483717
宁乡市	1360165	1365916	1370949	1377518	1377038	1393528	1406270	1422530	1420826

注:望城区从2011年开始撤县设区,数据纳入市区合计。

16－3 历年分区县(市)年末常住人口

单位:人

区县(市)	2000 年	2001 年	2002 年	2003 年	2004 年	2005 年	2006 年	2007 年	2008 年
全　　市	**6138719**	**6200800**	**6268778**	**6283499**	**6290000**	**6393000**	**6465000**	**6529200**	**6585600**
市区合计	2122873	2220025	2273184	2304859	2310860	2372600	2413421	2498341	2682518
县(市)合计	4015846	3980775	3995594	3978640	3979140	4020400	4051579	4030859	3903082
芙蓉区	390074	410289	417362	417794	419095	431600	440809	447418	460403
天心区	396827	428547	437439	442319	443619	448100	455086	460588	451650
岳麓区	409939	423318	438665	443720	444820	455300	464847	482435	673884
开福区	423645	433394	442120	454530	455530	467600	474851	484299	479420
雨花区	502388	524477	537598	546496	547796	570000	577828	623601	617161
望城区	686349	673420	677953	678439	678539	686000	692760	688188	519050
长沙县	774707	763529	769660	770218	770318	778300	786069	790656	803428
浏阳市	1307572	1303121	1303096	1306304	1306404	1319400	1328470	1310784	1329107
宁乡市	1247218	1240705	1244885	1223679	1223879	1236700	1244280	1241231	1251497

16－3 续表

区县(市)	2009 年	2010 年	2011 年	2012 年	2013 年	2014 年	2015 年	2016 年	2017 年
全　　市	**6642200**	**7040709**	**7090700**	**7146600**	**7221400**	**7311500**	**7431800**	**7645200**	**7918100**
市区合计	2725458	3092034	3650800	3676000	3711400	3757600	3972900	4116400	4267500
县(市)合计	3916742	3948675	3439900	3470600	3510000	3553900	3458900	3528800	3650600
芙蓉区	460700	523989	528200	530600	533300	539200	542800	575800	595400
天心区	452296	475196	479000	479300	481600	487400	596800	643400	664300
岳麓区	694057	801720	811800	812200	813800	818900	826500	837900	849600
开福区	484405	567140	572900	579700	588400	595000	606000	621600	636900
雨花区	634000	723989	731300	740800	748200	755000	824600	836400	888000
望城区	522200	523650	527600	533400	546100	562100	576200	601300	633300
长沙县	805249	979420	986700	998600	1008600	1037800	916000	945800	1041000
浏阳市	1333923	1279469	1284600	1285500	1295100	1297700	1307400	1317400	1327400
宁乡市	1255370	1166136	1168600	1186500	1206300	1218400	1235500	1265600	1282200

注:1. 2010 年为人口普查以后的年报数,比以前年度数据有较大的增加。

2. 望城区从 2011 年开始撤县设区,数据纳入市区合计。

3. 因区划调整,2015 年长沙县、天心区、雨花区人口数据调整。

16－4 区县(市)人口自然变动情况(2017年)

区县(市)	出生人口(人)	死亡人口(人)	自然增长人数(人)	出生率(‰)	死亡率(‰)	自然增长率(‰)
全　　市	**115691**	**129736**	**－14045**	**16.47**	**18.47**	**－2.00**
市区合计	59031	63380	－4349	17.67	18.97	－1.30
芙蓉区	5262	8196	－2934	13.09	20.39	－7.30
天心区	7755	11446	－3691	16.58	24.47	－7.89
岳麓区	14918	12128	2790	21.36	17.32	4.04
开福区	8025	10895	－2870	16.66	22.62	－5.96
雨花区	11600	12321	－721	17.07	18.13	－1.06
望城区	11471	8394	3077	18.56	13.49	5.07
县(市)合计	56660	66356	－9696	15.38	18.01	－2.63
长沙县	14356	11278	3078	18.52	14.55	3.97
浏阳市	22233	28998	－6765	14.96	19.51	－4.55
宁乡市	20071	26080	－6009	14.12	18.34	－4.23

16－5 区县(市)人口机械增长情况(2017年)

区县(市)	迁入人数(人)	迁出人数(人)	机械增长人数(人)	机械增长率(‰)	自然、机械净增人数(人)	净增率(‰)
全　　市	**227731**	**48897**	**178834**	**25.46**	**164789**	**23.46**
市区合计	193788	35301	158487	47.44	154138	46.14
芙蓉区	22146	6260	15886	39.52	12952	32.22
天心区	31483	5292	26191	55.99	22500	48.10
岳麓区	58759	9946	48813	65.40	51825	69.43
开福区	25262	3513	21749	45.15	18879	39.19
雨花区	40138	7880	32258	47.46	31537	46.40
望城区	16000	2410	13590	24.14	16445	29.21
县(市)合计	33943	13596	20347	5.52	10651	2.89
长沙县	21544	3685	17859	23.04	20937	27.01
浏阳市	4979	5145	－166	－0.11	－6931	－4.66
宁乡市	7420	4766	2654	1.87	－3355	－2.36

16－6　区县(市)地区生产总值(2017年)

单位:万元

指　　标	芙蓉区	天心区	岳麓区	开福区	雨花区	望城区	长沙县	浏阳市	宁乡市
地区生产总值	12402524	8982588	10101790	9268131	17001657	6146670	14327354	13049854	10938539
农、林、牧、渔业	703	16263	110149	13516	57613	421537	659860	965057	1042930
工业	513011	1324649	3408141	586376	7509079	3307231	7918348	8125460	6270495
建筑业	631710	1348287	880203	928605	1230525	972820	1421667	855426	752289
批发和零售业	2465482	747784	357153	1186042	1079971	116920	429358	577761	364515
交通运输、仓储和邮政业	1070310	119963	151549	347928	209202	85693	400490	271933	160170
住宿和餐饮业	462910	392268	208589	365983	309688	134080	204464	279670	299334
金融业	2146834	991729	582595	1096164	1080098	86636	427319	267284	181906
房地产业	240388	218159	650497	347841	513804	328547	598634	294815	382549
营利性服务业	2504141	2868912	1164275	3258901	2744995	124039	785284	596366	677656
非营利性服务业	2367035	954574	2588639	1136775	2266682	569167	1481930	816082	806695
第一产业	672	15410	105540	13098	55289	394516	629478	914237	991812
第二产业	1144721	2672503	4283061	1514981	8727590	4274188	9328982	8953818	7022199
第三产业	11257131	6294675	5713189	7740052	8218778	1477966	4368894	3181799	2924528

16－7　区县(市)地区生产总值增长速度(2017年)

单位:%

指　　标	芙蓉区	天心区	岳麓区	开福区	雨花区	望城区	长沙县	浏阳市	宁乡市
地区生产总值	9.0	9.4	9.2	8.8	5.4	11.2	11.3	10.8	10.3
农、林、牧、渔业	-44.2	-18.3	-6.3	-32.5	-15.0	5.6	3.2	5.7	4.0
工业	0.7	1.2	9.8	0.9	1.0	10.5	12.3	11.3	11.0
建筑业	5.2	6.0	6.1	5.7	-2.2	11.4	7.3	7.3	6.1
批发和零售业	6.7	11.5	7.1	4.2	3.4	8.3	14.9	6.0	7.1
交通运输、仓储和邮政业	8.1	11.8	9.1	9.9	9.2	8.6	9.8	8.8	9.3
住宿和餐饮业	7.4	6.9	8.5	8.1	7.3	12.2	6.3	8.0	8.3
金融业	7.3	7.1	7.7	8.7	9.3	7.9	8.6	10.9	8.7
房地产业	-9.1	-0.2	-17.5	-11.1	-1.0	13.6	-6.1	6.3	11.3
营利性服务业	21.3	17.4	19.0	14.2	24.2	30.1	24.0	25.8	27.5
非营利性服务业	6.9	7.9	13.7	14.0	7.5	17.4	15.6	13.3	8.0
第一产业	-45.2	-19.0	-6.5	-32.6	-15.5	5.5	3.1	5.0	3.9
第二产业	3.0	3.5	9.2	3.7	0.6	10.6	11.6	10.9	10.5
第三产业	9.6	12.3	9.6	10.0	12.0	14.7	11.9	12.3	12.5

16－8 区县(市)规模以上工业企业主要经济指标(2017年)

单位:万元

区县(市)	资产总计	负债合计	主营业务收入	利润总额	工业增加值
全　　市	**99104880**	**50384464**	**111472203**	**7515701**	**35332603**
芙蓉区	3139522	1355073	4230685	387018	909063
天心区	9179617	6714811	3891861	180088	1031396
岳麓区	19631898	9782114	11993698	872900	2924761
开福区	1631109	872628	1715686	127367	475922
雨花区	11337083	3474721	11781900	1086931	7565181
望城区	9660310	3754165	12716276	378129	3406210
长沙县	27596697	17025742	21352786	1207200	5315866
浏阳市	8174206	3618043	24715198	1256725	7727810
宁乡市	8754438	3787166	19074115	2019345	5976394

16－9 区县(市)单位GDP能耗上升或下降

单位:%

区县(市)	2006年	2007年	2008年	2009年	2010年	2011年	2012年	2013年	2014年	2015年	2016年	2017年
全　　市	**-3.89**	**-4.69**	**-6.1**	**-4.53**	**-2.29**	**-3.96**	**-6.04**	**-4.56**	**-5.71**	**-5.77**	**-4.26**	**-5.60**
芙蓉区	-4.35	-4.8	-6.29	-5.56	-1.66	-3.77	-5.21	-4.72	-5.49	-4.79	-5.33	-5.70
天心区	-4.28	-5.04	-6.25	-4.66	-2.21	-3.69	-5.62	-4.79	-5.3	-4.91	-3.35	-5.14
岳麓区	-5.28	-5.74	-6.04	-4.42	-2.02	-3.49	-6.21	-4.2	-5.67	-6.91	-6.72	-5.43
开福区	-5.59	-5.08	-6.03	-4.61	-1.6	-3.36	-5.44	-4.55	-5.39	-5.23	-3.47	-5.54
雨花区	-2.06	-5.69	-6.01	-4.81	-3.19	-3.71	-5.99	-4.88	-5.86	-4.67	-1.3	-5.49
望城区	-5.54	-4.36	-6.23	-4.52	-1.23	-3.68	-7.8	-4.12	-7.67	-4.2	-2.26	-5.59
长沙县	-4.9	-4.38	-6.32	-4.68	-3.22	-3.93	-6.07	-5.66	-6.03	-4.09	-4.38	-7.11
浏阳市	-4.67	-4.23	-5.84	-5.52	-2.28	-4.18	-6.2	-5.93	-6.48	-7.6	-7.74	-6.16
宁乡市	-4.41	-4.5	-6.5	-4.5	-3.54	-4.22	-6.46	-5.77	-7.88	-11.94	-5.93	-6.24

16－10 区县(市)单位GDP电耗上升或下降

单位:%

区县(市)	2006年	2007年	2008年	2009年	2010年	2011年	2012年	2013年	2014年	2015年	2016年	2017年
全　　市	**-2.14**	**-4.45**	**-5.48**	**-3.05**	**-1.52**	**0.22**	**-1.46**	**-2.31**	**-7.58**	**-1.69**	**5.21**	**0.23**
芙蓉区	-9.88	-10.43	-9.53	-4.79	-2.41	-2.56	-5.1	-3.16	-8.04	-1.55	3.58	-3.84
天心区	-3.17	-3.02	-0.70	-19.39	-4.17	-1.62	-4.8	-2.92	-7.55	-4.00	4.47	-2.29
岳麓区	-5.35	-3.98	-9.14	-4.39	-5.67	-3.52	-6.61	-2.75	-9.06	-2.83	2.69	-1.04
开福区	-8.23	-9.27	-6.17	-15.6	-4.81	-0.96	-4.5	-2.99	-8.84	-2.28	2.92	-4.52
雨花区	2.94	-7.76	6.47	-14.95	-1.51	-0.36	-5.21	-2.69	-6.83	-5.07	2.40	-2.53
望城区	17.62	-7.03	-3.89	-13.97	-1.63	7.49	6.30	-6.62	-11.63	5.49	26.14	-5.84
长沙县	-1.04	-2.2	-16.97	-27.29	-2.85	0.13	2.77	3.60	-2.07	7.36	6.75	4.18
浏阳市	4.920	7.94	-15.83	-1.76	8.40	10.51	5.37	-5.15	-7.72	-4.67	-2.59	7.03
宁乡市	-7.83	0.24	-4.29	2.45	-0.78	-2.03	-8.84	-4.69	-12.71	-14.59	-0.98	3.36

16－11 区县(市)单位规模工业增加值能耗上升或下降

单位:%

区县(市)	2006年	2007年	2008年	2009年	2010年	2011年	2012年	2013年	2014年	2015年	2016年	2017年
全　　市	**-4.57**	**-6.75**	**-13.72**	**-14.37**	**-13.76**	**-11.6**	**-16.78**	**-7.47**	**-14.92**	**-11.93**	**-9.71**	**-6.21**
芙蓉区	-4.37	-6.06	-13.08	-15.18	-12.42	-8.67	-17.48	-10.01	-4.11	-1.89	-7.85	-5.26
天心区	-4.34	-7.79	-14.87	-17.21	-17.1	-6.80	-4.27	-0.13	-24.01	-5.52	0.45	25.21
岳麓区	-5.33	-18.2	-14.95	-6.82	-17.9	-25.6	-21.1	-3.24	-5.45	-12.56	-25.71	-9.81
开福区	-5.93	-15.28	-10.25	-14.74	-15.00	-8.70	-7.17	-5.11	-7.28	1.14	-17.37	-7.40
雨花区	-4.76	-6.25	-9.26	-8.10	-12.20	2.02	-9.43	-9.79	-7.96	-0.44	5.15	-5.70
望城区	-7.06	-7.80	-10.95	-7.29	-16.8	7.12	-36.32	-10.96	-30.64	-4.65	-1.97	1.30
长沙县	-7.98	-8.05	-13.88	-16.73	-14.92	-19.09	-5.96	-7.13	-8.71	-6.12	-5.13	-20.81
浏阳市	-7.42	-9.14	-11.86	-14.54	-8.00	-13.25	-7.18	-12.48	-8.84	-14.58	-19.79	-3.96
宁乡市	-4.53	-11.02	-12.97	-13.92	-17.4	-18.44	-17.77	-10.05	-17.28	-32.22	-16.04	-14.57

16－12 区县(市)固定资产投资主要指标完成情况(2017年)

区县(市)	固定资产投资(万元)	房地产开发投资(万元)	商品房销售面积(万m^2)
全　　市	**75677703**	**14896906**	**2259.15**
芙蓉区	5867885	1527105	90.50
天心区	5420016	1484652	228.42
岳麓区	8625148	3556188	371.30
开福区	8541934	1684885	194.64
雨花区	6193392	2229041	335.18
望城区	7523531	1342363	402.18
长沙县	9559273	1668761	301.21
浏阳市	10731264	293104	143.42
宁乡市	10590914	1110807	192.31

16－13 区县(市)财政收入(2017 年)

指标	全市	市本级	芙蓉区	天心区
地方一般公共预算收入	8003456	3548838	333048	398543
税收收入	5682980	2728343	173502	223308
营业税	14345	5042	336	410
国内增值税和消费税	1796607	524986	99030	118345
企业所得税	634299	374260	20712	36794
个人所得税	318731	218305	11835	9906
资源税	672	63		
固定资产投资方向调节税				
城市维护建设税	732510	530538		
房产税	260351	90109	17844	21694
印花税	105190	35524	6280	6033
城镇土地使用税	129405	71182		
土地增值税	496155	143721	17167	28127
车船税	78063	56233		
船舶吨税				
车辆购置税				
关税				
耕地占用税	176792	26557	298	1999
契税	933543	651823		
烟叶税	6317			
其他税收收入				
非税收入	2320476	820495	159546	175235
专项收入	510404	406247	1196	1347
行政事业性收费收入	321219	130981	12348	7805
罚没收入	116176	59594	2991	3153
国有资本经营收入	12752	2419		
国有资源(资产)有偿使用收入	836692	28183	131277	129454
其他收入	523233	193071	11734	33476
政府性基金预算收入合计	3597056	1838959		

单位:万元

岳麓区	开福区	雨花区	望城区	长沙县	浏阳市	宁乡市
297506	479231	536262	460654	885005	623580	440789
184678	266471	282942	329715	760909	455319	277793
1874	1846	971	947	420	1587	912
75874	119943	141368	119859	375824	122274	99104
28283	41582	30623	13560	36868	26540	25077
9343	15025	13300	2693	10600	13789	13935
			2	72	490	45
			23855	117967	46158	13992
10938	18230	27101	9862	34191	16888	13494
4517	6584	12086	6209	18459	4708	4790
			16717	17738	12187	11581
45071	47356	51990	41494	55607	36067	29555
			2561	5871	8812	4586
8778	15905	5503	22346	23510	63126	8770
			69610	63782	99242	49086
					3451	2866
112828	212760	253320	130939	124096	168261	162996
935	1189	2528	20857	38783	15612	21710
12506	8807	4474	63125	53241	16928	11004
4491	3182	3292	8076	13814	8244	9339
					10333	
86696	170919	177839	34436	9448	56057	12383
8200	28663	65187	4445	8810	61087	108560
			456350	647983	421887	231877

16－14 区县(市)财政支出(2017年)

单位:万元

指 标	全市	市本级	芙蓉区	天心区	岳麓区	开福区
一般公共预算支出	11826043	4131635	539258	565104	568021	680914
一般公共服务	1482502	265814	57395	180280	143099	134600
科学技术	293220	175928	11364	8490	9118	12873
交通运输	551961	240630	1179	1863	5258	43119
农林水事务	814133	97582	5988	12451	37402	47368
环境保护	477620	204127	6452	2852	5156	16439
城乡社区事务	2904206	1436741	228092	140008	112659	124460
文化体育与传媒	169042	74434	3083	4285	3006	5486
教育支出	1772617	473252	86232	102457	128188	140695
医疗卫生支出	616146	149179	18685	21615	29456	26353
商业服务业等事务	136988	89473	431	446	2144	1023
社会保障和就业	969703	257614	64292	43278	53209	74213
公共安全	670767	383336	22242	17172	15183	21541
外交支出						
其他支出	967138	283525	33823	29907	24143	32744

16－14 续表

指 标	雨花区	望城区	长沙县	浏阳市	宁乡市
一般公共预算支出	888316	806230	1611920	1160780	873865
一般公共服务	226018	92491	156989	119729	106087
科学技术	12339	18138	24270	13302	7398
交通运输	3720	39739	153944	41804	20705
农林水事务	18451	108479	164516	170335	151561
环境保护	23125	42613	129961	26780	20115
城乡社区事务	291936	95443	261277	159506	54084
文化体育与传媒	4120	15507	25301	21393	12427
教育支出	127706	134219	189744	230401	159723
医疗卫生支出	27061	63275	90978	95851	93693
商业服务业等事务	2717	10075	15186	8541	6952
社会保障和就业	65602	88477	100496	104562	117960
公共安全	25111	36537	79684	42545	27416
外交支出					
其他支出	60410	61237	219574	126031	95744

16－15 区县(市)社会消费品零售总额(2017年)

单位:万元

指标	全市	芙蓉区	天心区	岳麓区	开福区
总计	**45476752**	**8558594**	**5487442**	**3611379**	**7988053**
按销售单位所在地分组					
城镇	41333194	8558594	5115735	3282362	7883417
# 城区	34399617	8558594	5050400	2678367	7506315
乡村	4143559	—	371708	329017	104636
按行业分组					
批发零售业	41306895	7628627	4751904	3270608	7309940
限额以上	20482622	2998201	2880811	1863863	2888215
限额以下	20824273	4630426	1871093	1406744	4421726
住宿餐饮业	4169857	929967	735539	340772	678113
限额以上	1245083	147166	440461	56701	237300
限额以下	2924774	782801	295078	284071	440813

16－15 续表

指标	雨花区	望城区	长沙县	浏阳市	宁乡市
总计	**7126055**	**1527808**	**4794592**	**3201611**	**3181217**
按销售单位所在地分组					
城镇	7036733	1349914	3454324	2257163	2394952
# 城区	6711948	1044186	318624	1549708	981476
乡村	89322	177894	1340268	944448	786265
按行业分组					
批发零售业	6645191	1401269	4639463	2838296	2821597
限额以上	2915438	1057554	3374037	1166959	1337543
限额以下	3729753	343716	1265426	1671337	1484054
住宿餐饮业	480864	126539	155129	363315	359620
限额以上	99043	80367	63490	61520	59036
限额以下	381820	46172	91638	301796	300585

17 全国三十五个直辖市、省会和副省级城市主要经济社会指标

长沙统计年鉴

全国三十五个城市主要经济社会指标(2017 年)

单位:亿元

城市	地区生产总值				第一产业增加值			
	2017 年	位次	比上年±%	位次	2017 年	位次	比上年±%	位次
长沙	**10210.13**	**12**	**9.0**	**5**	**312.01**	**13**	**3.0**	**21**
郑州	9130.20	14	8.2	10	158.60	23	2.6	26
太原	3382.18	29	7.5	23	40.82	32	3.0	21
合肥	7213.45	17	8.5	9	272.75	16	3.7	14
武汉	13410.34	8	8.0	14	408.20	7	2.8	23
南昌	5003.19	24	9.0	5	192.13	22	4.0	10
石家庄	6460.90	21	7.3	26	480.50	5	2.4	27
南宁	4118.83	27	8.0	14	404.18	8	4.1	9
成都	13889.39	7	8.1	11	500.90	4	3.9	12
西安	7469.85	15	7.7	21	281.12	15	4.6	6
贵阳	3537.96	28	11.3	1	147.33	24	6.3	2
昆明	4857.64	25	9.7	2	210.13	21	6.0	3
兰州	2523.54	32	5.7	32	61.47	29	5.9	4
乌鲁木齐	2743.82	30	8.1	11	29.62	33	2.7	25
西宁	1284.91	35	9.5	3	41.80	31	5.1	5
呼和浩特	2743.70	31	5.0	33	107.70	26	2.8	23
银川	1803.17	33	8.0	14	61.38	30	4.2	8
沈阳	5865.00	23	3.5	35	268.20	17	3.6	18
长春	6530.00	20	8.0	14	315.10	11	3.8	13
哈尔滨	6355.00	22	6.7	30	688.80	2	3.7	14
福州	7104.02	19	8.7	8	519.49	3	3.7	14
海口	1390.48	34	7.5	23	63.72	28	3.7	14
南京	11715.10	10	8.1	11	263.01	18	1.2	32
杭州	12556.16	9	8.0	14	311.67	14	1.9	31
广州	21503.15	4	7.0	28	233.49	19	-1.0	33
济南	7201.96	18	8.0	14	317.40	10	3.3	19
北京	28000.40	2	6.7	30	120.50	25	-6.2	34
上海	30133.86	1	6.9	29	98.99	27	-9.5	35
天津	18595.38	6	3.6	34	218.28	20	2.0	30
重庆	19500.27	5	9.3	4	1339.62	1	4.0	10
大连	7363.90	16	7.1	27	477.10	6	4.4	7
青岛	11037.28	11	7.5	23	380.97	9	3.2	20
宁波	9846.94	13	7.8	20	314.11	12	2.4	27
深圳	22438.39	3	8.8	7	18.54	35	52.8	1
厦门	4351.18	26	7.6	22	23.23	34	2.1	29

注:空缺数据未收集到,后同。

续表 1

单位:亿元

城市	第二产业增加值				第三产业增加值			
	2017 年	位次	比上年±%	位次	2017 年	位次	比上年±%	位次
长　沙	**4740.32**	**10**	**7.7**	**12**	**5157.80**	**12**	**10.9**	**4**
郑　州	4247.50	14	7.6	13	4724.10	13	9.0	13
太　原	1271.42	29	7.0	19	2069.94	28	7.9	27
合　肥	3643.08	15	8.6	6	3297.62	21	8.9	16
武　汉	5861.35	7	7.1	18	7140.79	9	9.2	11
南　昌	2666.10	20	8.4	8	2144.96	26	10.2	7
石家庄	2913.90	19	3.7	30	3066.40	22	11.6	2
南　宁	1599.50	27	8.6	6	2115.15	27	8.4	20
成　都	5998.20	6	7.5	14	7390.30	8	8.9	16
西　安	2596.08	21	5.5	24	4592.65	14	9.2	11
贵　阳	1375.18	28	10.0	2	2015.45	29	12.6	1
昆　明	1865.97	24	9.0	4	2781.54	24	10.5	5
兰　州	881.74	31	3.1	32	1580.34	32	7.2	31
乌鲁木齐	827.63	32	7.4	16	1886.56	30	8.4	20
西　宁	556.44	34	10.6	1	686.67	35	8.7	19
呼和浩特	755.80	33	2.6	34	1880.20	31	6.1	33
银　川	908.60	30	6.5	22	833.18	34	10.1	8
沈　阳	2261.40	23	2.7	33	3335.40	20	4.0	35
长　春	3175.20	16	7.5	14	3039.70	23	9.0	13
哈尔滨	1820.70	25	3.6	31	3845.50	17	9.0	13
福　州	2962.94	18	6.9	20	3621.60	19	11.0	3
海　口	252.22	35	5.0	27	1074.54	33	8.4	20
南　京	4454.87	12	5.1	26	6997.22	10	10.3	6
杭　州	4387.19	13	5.3	25	7857.30	7	10.0	9
广　州	6015.29	5	4.7	28	15254.37	3	8.2	24
济　南	2569.22	22	8.4	8	4315.34	16	8.2	24
北　京	5310.60	8	4.6	29	22569.30	1	7.3	30
上　海	9251.40	2	5.8	23	20783.47	2	7.5	29
天　津	7590.36	4	1.0	35	10786.74	5	6.0	34
重　庆	8596.61	3	9.5	3	9564.04	6	9.9	10
大　连	3052.60	17	8.3	10	3834.30	18	6.4	32
青　岛	4546.21	11	6.8	21	6110.10	11	8.4	20
宁　波	5105.48	9	7.9	11	4427.35	15	8.1	26
深　圳	9266.83	1	8.8	5	13153.02	4	8.8	18
厦　门	1815.92	26	7.2	17	2512.03	25	7.9	27

续表 2

单位：亿元

城市	规模以上工业增加值				固定资产投资			
	2017 年	位次	比上年 ±%	位次	2017 年	位次	比上年 ±%	位次
长　沙	**3533.26**	**2**	**8.5**	**16**	**7567.77**	**8**	**13.1**	**7**
郑　州	3191.31	5	7.8	20	7573.44	7	8.2	19
太　原	631.23	14	9.0	13	964.86	35	6.8	24
合　肥	—	—	9.4	11	6351.43	11	5.0	28
武　汉	—	—	7.7	21	7871.66	5	11.0	16
南　昌	—	—	9.5	9	5115.18	20	12.7	9
石家庄	2355.80	8	3.6	32	6310.10	12	6.7	25
南　宁	1159.08	12	9.9	3	4307.95	23	12.6	10
成　都	—	—	9.0	13	9404.20	3	12.3	11
西　安	1361.77	11	5.8	27	7556.47	9	12.9	8
贵　阳	817.80	13	9.7	5	3850.60	25	18.1	3
昆　明	—	—	10.4	2	4217.94	24	7.6	20
兰　州	583.69	16	4.8	30	1315.35	34	-33.9	35
乌鲁木齐	602.81	15	9.5	9	2020.00	27	25.7	1
西　宁	—	—	9.7	5	1600.03	30	14.3	5
呼和浩特	—	—	6.0	25	1490.80	31	-19.4	34
银　川	—	—	8.5	16	1719.05	28	1.4	30
沈　阳	—	—	2.8	33	1484.00	32	-9.0	33
长　春	2654.60	7	9.0	13	5194.80	18	11.5	14
哈尔滨	—	—	5.0	29	5395.50	17	7.1	23
福　州	2202.69	9	8.2	18	5823.39	16	12.3	11
海　口	130.29	17	4.5	31	1415.50	33	11.3	15
南　京	3166.63	6	6.0	25	6215.20	13	12.3	11
杭　州	3204.63	4	7.0	23	5856.65	15	1.4	30
广　州					5919.83	14	5.7	26
济　南	—	—	9.8	4	4363.60	22	13.5	6
北　京	—	—	5.6	28	8948.10	4	5.7	26
上　海	—	—	6.8	24	7246.60	10	7.3	22
天　津	—	—	2.3	34	11274.69	2	0.5	32
重　庆	—	—	9.6	7	17440.57	1	9.5	18
大　连	—	—	11.2	1	1652.80	29	15.1	4
青　岛	—	—	7.5	22	7777.10	6	7.4	21
宁　波	3266.70	3	9.6	7	5009.60	21	3.5	29
深　圳	8087.62	1	9.3	12	5147.32	19	23.8	2
厦　门	1437.16	10	8.1	19	2381.46	26	10.3	17

注："—"表示不发布绝对额。

续表 3

单位:亿元

城市	社会消费品零售总额				地方一般公共预算收入			
	2016 年	位次	比上年 ± %	位次	2016 年	位次	比上年 ± %	位次
长　沙	**4547.68**	**11**	**10.5**	**14**	**800.35**	**14**	**7.6**	**26**
郑　州	4057.22	16	10.7	12	1056.67	13	9.6	18
太　原	1767.82	27	6.1	32	311.85	30	10.3	15
合　肥	2728.51	23	11.6	5	655.90	19	12.8	3
武　汉	6196.30	6	10.4	17	1402.93	8	11.2	9
南　昌	2096.96	26	12.3	2	417.08	25	3.7	32
石家庄	3296.00	21	10.8	11	460.70	23	12.2	5
南　宁	2204.16	25	11.3	8	332.15	29	6.2	30
成　都	6403.50	5	11.5	6	1275.50	9	11.3	8
西　安	4329.51	13	10.5	14	654.50	20	9.8	17
贵　阳	1335.28	31	11.7	4	377.77	27	8.0	25
昆　明	2590.95	24	12.2	3	560.86	22	8.2	24
兰　州	1358.72	30	7.6	30	234.20	31	11.9	6
乌鲁木齐	1317.00	32	6.5	31	400.78	26	8.4	21
西　宁	560.79	35	9.3	23	79.16	35	18.2	1
呼和浩特	1570.95	28	6.0	33	201.63	32	-23.0	35
银　川	562.31	34	9.4	22	177.46	33	9.2	19
沈　阳	3989.80	19	0.1	35	656.20	18	5.7	31
长　春	2922.80	22	10.3	19	450.10	24	8.3	23
哈尔滨	4044.80	18	8.0	28	368.10	28	8.4	21
福　州	4193.87	14	11.4	7	634.16	21	10.4	14
海　口	726.12	33	11.0	9	125.36	34	12.8	3
南　京	5604.66	10	10.2	20	1271.91	10	11.9	6
杭　州	5717.43	9	10.5	14	1567.42	6	17.4	2
广　州	9402.59	3	8.0	28	1533.06	7	10.9	11
济　南	4146.10	15	10.1	21	677.20	16	10.5	13
北　京	23789.00	1	8.5	26	5430.80	2	6.8	29
上　海	11830.27	2	8.1	27	6642.26	1	9.1	20
天　津	5729.67	8	1.7	34	2310.11	4	-10.4	34
重　庆	8067.67	4	11.0	9	2252.40	5	3.0	33
大　连	3722.50	20	9.2	24	657.70	17	7.5	27
青　岛	4541.00	12	10.6	13	1157.10	12	7.1	28
宁　波	4047.80	17	10.4	17	1245.30	11	10.9	11
深　圳	6016.19	7	9.1	25	3332.13	3	10.1	16
厦　门	1446.74	29	12.7	1	696.78	15	11.0	10

续表 4

单位:亿元

城市	进出口总额(海关口径)				出口总额			
	2017 年	位次	比上年±%	位次	2017 年	位次	比上年±%	位次
长　沙	**938.02**	**20**	**29.0**	**7**	**587.89**	**19**	**20.9**	**8**
郑　州	4015.65	13	10.1	27	2327.94	12	10.8	19
太　原	915.25	21	4.1	31	572.16	20	4.1	30
合　肥	1685.18	18	33.6	6	983.47	18	15.3	12
武　汉	1936.20	17	23.2	10	1157.60	17	27.8	7
南　昌	669.20	25	8.3	29	428.27	23	12.7	16
石家庄	862.20	23	12.3	24	531.20	21	14.8	13
南　宁	607.09	26	48.8	2	275.69	26	35.8	5
成　都	3941.80	14	45.4	3	2064.90	13	42.3	4
西　安	2545.41	15	39.1	5	1552.38	15	63.9	1
贵　阳	202.01	31	25.3	8	153.33	29	17.7	10
昆　明	527.86	27	18.2	15	198.71	27	-27.5	34
兰　州	125.11	33	21.8	12	72.88	32	55.4	2
乌鲁木齐	460.34	28	45.2	4	360.67	24	33.3	6
西　宁	32.91	35	-61.4	35	19.13	35	-74.8	35
呼和浩特	107.96	34	22.2	11	51.52	34	11.9	18
银　川	270.62	29	65.6	1	195.99	28	49.7	3
沈　阳	867.60	22	15.9	17	317.70	25	13.4	15
长　春	952.50	19	1.9	32	129.80	30	2.8	31
哈尔滨	201.40	32	-15.1	33	91.70	31	-8.7	33
福　州	2336.06	16	12.0	25	1482.40	16	5.1	28
海　口	210.22	30	-18.5	34	55.46	33	6.4	25
南　京	4143.00	11	24.8	9	2333.00	11	19.3	9
杭　州	5085.08	8	13.3	21	3455.61	6	4.3	29
广　州	9714.36	4	13.7	20	5792.15	3	12.3	17
济　南	708.10	24	10.5	26	451.00	22	10.5	20
北　京	21923.90	3	17.5	16	3962.50	5	15.5	11
上　海	32237.82	1	12.5	23	13120.31	2	8.4	22
天　津	7646.85	5	12.8	22	2952.36	9	1.2	32
重　庆	4508.25	10	8.9	28	2883.71	10	7.8	23
大　连	4132.20	12	21.7	13	1745.80	14	8.5	21
青　岛	5033.50	9	15.7	18	3031.80	8	7.5	24
宁　波	7600.10	6	21.3	14	4984.10	4	14.3	14
深　圳	28011.46	2	6.4	30	16533.57	1	5.5	26
厦　门	5816.04	7	14.3	19	3253.65	7	5.2	27

注:1. 合肥、贵阳、昆明、呼和浩特进出口总额分别为 249.59、29.92、78.18、15.99 亿美元,表中按汇率将美元折算成人民币,2017 年美元兑人民币平均汇率为 6.7518;增长速度按美元统计口径计算;

2. 合肥、贵阳、昆明、呼和浩特出口总额分别为 145.66、22.71、29.43、7.63 亿美元,表中数据按汇率将美元折算成人民币,2017 年美元兑人民币平均汇率为 6.7518;增长速度按美元统计口径计算。

续表 5

城市	实际使用外商直接投资(亿美元)				城镇居民人均可支配收入(元)			
	2017 年	位次	比上年±%	位次	2017 年	位次	比上年±%	位次
长　沙	**52.50**	**11**	**9.1**	**14**	**46948**	**10**	**8.4**	**15**
郑　州	40.50	12	0.4	24	36050	24	8.5	12
太　原	1.07	29	-76.8	30	31469	34	6.2	34
合　肥	30.20	18	7.5	19	37972	21	9.0	5
武　汉	96.50	4	13.2	7	43405	13	9.2	1
南　昌	31.81	17	10.1	11	37675	22	8.8	8
石家庄	12.90	25	9.9	12	32929	30	8.1	26
南　宁	2.26	28			33217	27	8.1	26
成　都	62.00	9	3.2	23	38918	19	8.4	15
西　安	53.07	10	17.8	4	38536	20	8.2	22
贵　阳	13.45	24	20.1	3	32186	33	9.1	2
昆　明	8.01	27	8.3	16	39788	18	8.3	17
兰　州					32331	31	9.0	5
乌鲁木齐	0.06	32	-97.6	32	37028	23	8.3	17
西　宁					30043	35	9.1	2
呼和浩特					43518	12	8.2	22
银　川	0.31	30	-13.8	27	32981	29	8.2	22
沈　阳	10.10	26	24.1	2	41359	14	6.1	35
长　春	14.00	23	8.6	15	33168	28	6.8	32
哈尔滨	34.40	15	7.3	20	35546	25	7.1	31
福　州	19.51	21	14.1	5	40973	15	8.3	17
海　口	0.29	31	-19.3	28	33320	26	8.3	17
南　京	36.73	14	5.6	21	54538	6	9.1	2
杭　州	66.10	7	-8.3	25	56276	3	7.8	30
广　州	62.89	8	10.3	10	55400	5	8.8	8
济　南	18.72	22	12.6	8	46642	11	8.3	17
北　京	243.30	1	86.7	1	62406	2	9.0	5
上　海	170.08	2	8.1	18	62596	1	8.5	12
天　津	106.08	3	5.0	22	40278	17	8.5	12
重　庆	22.20	20	-20.4	29	32193	32	8.7	10
大　连	32.50	16	8.2	17	40587	16	6.7	33
青　岛	77.40	5	13.9	6	47176	9	8.2	22
宁　波	40.30	13	-10.7	26	55656	4	7.9	29
深　圳	74.01	6	9.9	12	52938	7	8.7	10
厦　门	23.71	19	11.2	9	50019	8	8.1	26

注：福州、济南、厦门实际使用外商直接投资为 131.76、126.4、160.11 亿元，表中数据按汇率将人民币折算成美元，2017 年美元兑人民币平均汇率为 6.7518。

续表 6

城市	城镇居民人均消费性支出(元)				城市居民消费价格指数(%)	
	2017 年	位次	比上年 ± %	位次	2017 年	位次
长　沙	**34645**	**6**	**8.9**	**4**	**101.3**	**30**
郑　州	24973	26	7.6	12	101.8	17
太　原	18234	34	8.7	5	101.8	17
合　肥	23311	29	6.9	17	101.4	24
武　汉	28546	16	7.6	12	101.9	14
南　昌	24275	27	7.7	9	102.1	6
石家庄	20339	33	6.0	22	101.4	24
南　宁					102.3	4
成　都	25314	25	7.7	9	102.0	9
西　安	25374	24	6.6	19	102.0	9
贵　阳	26063	21	7.1	15	101.0	33
昆　明	26093	20	11.4	2	100.5	35
兰　州	24071	28	5.2	27	101.5	23
乌鲁木齐	31473	9	12.6	1	102.8	2
西　宁	20627	32	6.2	20	101.4	24
呼和浩特	29458	15	3.9	30	101.4	24
银　川	23125	30	1.0	33	101.7	20
沈　阳	29958	14	8.3	6	101.4	24
长　春	25874	22	7.4	14	101.3	30
哈尔滨	25679	23	5.5	24	101.6	22
福　州	27427	17	3.9	30	101.1	32
海　口	26110	19	9.8	3	103.3	1
南　京	31385	10	5.4	26	101.9	14
杭　州	38179	5	7.0	16	102.5	3
广　州	40637	2	5.8	23	102.3	4
济　南	30729	11	7.7	9	102.0	9
北　京	40346	3	5.5	24	101.9	14
上　海	42304	1	6.1	21	101.7	20
天　津	30284	13	6.8	18	102.1	6
重　庆	22759	31	8.2	7	101.0	33
大　连	27191	18	0.3	34	102.1	6
青　岛	30569	12	8.1	8	102.0	9
宁　波	33197	7	5.1	28	101.8	17
深　圳	38320	4	5.0	29	101.4	24
厦　门	32009	8	3.7	32	102.0	9

续表 7

城市	农村居民人均可支配收入(元)				城乡居民储蓄余额(亿元)(本外币)			
	2017 年	位次	比上年 ± %	位次	2017 年	位次	比年初 ± %	位次
长　沙	**27360**	**4**	**7.5**	**31**	**5203.64**	**18**	**6.8**	**8**
郑　州	19974	12	8.4	21	6538.23	11	3.8	26
太　原	15595	23	6.9	33	4384.88	23	8.9	2
合　肥	18594	14	9.0	12	3535.20	25	6.1	12
武　汉	20887	9	9.1	8	7007.26	10	6.1	12
南　昌	16364	20	9.4	4	2913.24	28	5.2	18
石家庄	13345	29	8.1	25	5641.60	15	5.5	16
南　宁	12515	32	9.8	2	3176.69	26	8.6	3
成　都	20298	11	9.1	8	11971.00	5	6.8	8
西　安	16522	19	8.8	16	7497.30	9	6.6	10
贵　阳	14264	25	10.0	1	2646.09	29	6.4	11
昆　明	13698	27	9.1	8	4431.71	22	7.4	6
兰　州	11305	33	8.8	16	2974.22	27	5.3	17
乌鲁木齐	17839	16	9.1	8	2600.39	30	13.3	1
西　宁	10548	34	9.0	12	1339.19	35	1.6	34
呼和浩特	15710	21	8.2	24	1953.41	32	4.7	20
银　川	13087	30	8.7	18	1496.94	34	7.6	4
沈　阳	15461	24	7.5	31	6495.30	12	5.7	14
长　春	13431	28	6.8	34	4566.99	20	3.9	25
哈尔滨	15614	22	8.1	25	4938.40	19	5.7	14
福　州	17865	15	9.3	6	4064.51	24	5.0	19
海　口	13763	26	8.6	20	1555.56	32	7.6	4
南　京	23133	7	9.3	6	6019.70	13	2.1	33
杭　州	30397	2	8.9	15	8502.96	8	2.3	32
广　州	23484	6	9.5	3	14625.63	3	4.5	21
济　南	16594	18	8.1	25	4465.70	21	4.3	23
北　京	24240	5	8.7	18	28962.20	1	3.4	28
上　海	27825	3	9.0	12	25763.20	2	2.6	30
天　津	21754	8	8.4	21	9756.89	7	4.4	22
重　庆	12638	31	9.4	4	14367.38	4	7.2	7
大　连	16865	17	7.7	30	5414.50	16	2.6	30
青　岛	19364	13	7.8	29	5394.00	17	1.3	35
宁　波	30871	1	8.0	28	5902.68	14	3.7	27
深　圳					10837.59	6	4.3	23
厦　门	20460	10	8.3	23	2087.62	30	2.7	25

18 国民经济主要指标解释及计算方法

长沙统计年鉴

国民经济主要指标解释及计算方法

1. 总产出　是指常住单位在核算期内生产的货物和服务的价值总和。它是货物和服务的全部价值，包括转移价值和新增价值两部分。

2. 地区生产总值　是指按市场价格计算的一个地区所有常住单位在一定时期内生产活动的最终成果。

3. 三次产业　我国国民经济三次产业的划分如下：

第一产业　农、林、牧、渔业（不含农、林、牧、渔服务业）。

第二产业　是指采矿业（不含开采辅助活动），制造业（不含金属制品、机械和设备修理业），电力、热力、燃气及水生产和供应业，建筑业。

第三产业　即服务业是指除第一产业、第二产业以外的其他行业。包括：批发和零售业，交通运输、仓储和邮政业，住宿和餐饮业，信息传输、软件和信息技术服务业，金融业，房地产业，租赁和商务服务业，科学研究和技术服务业，水利、环境和公共设施管理业，居民服务、修理和其他服务业，教育，卫生和社会工作，文化、体育和娱乐业，公共管理、社会保障和社会组织，国际组织，以及农、林、牧、渔业中的农、林、牧、渔服务业，采矿业中的开采辅助活动，制造业中的金属制品、机械和设备修理业。除上述第一、二产业外的其他行业。

4. 增加值　是指常住单位在生产过程中创造的新增价值和固定资产的转移价值。它反映本单位对社会所作的贡献，社会经济各部门（即第一、第二、第三产业）的增加值之和为地区生产总值。

5. 农林牧渔业总产值　是以货币表现的农林牧渔业的全部产品总量和对农林牧渔业生产活动进行的各种支持性服务活动的价值，它反映一定时期内农林牧渔业生产的总规模和总成果。

6. 农用化肥施用量　指报告期内实际用于农业生产的化肥数量，包括氮肥、磷肥、钾肥及复合肥。施用量要求按实物量和折纯量两种方法计算。

7. 工业总产值　是以货币表现的工业企业生产的产品总量，反映一定时期工业生产的总成果和总规模，1995 年第三次全国工业普查，对其计算方法和包括范围均进行了修订。

8. 轻工业　指提供生活消费品和制作手工工具的工业，是为满足人们的吃、穿、用需要的工业，按其所使用的原料不同，可分为两大类：①以农产品为原料的轻工业，是指直接或间接以农产品为基本原料的轻工业；②以非农产品为原料的轻工业，是指以工业品为原料的轻工业。

9. 重工业　是指生产生产资料的工业，为国民经济各部门提供物质技术基础的工业。按其生产和产品用途，可以分为下列三类：①采掘工业，是指对自然资源的开采；②原材料工业，是指提供国民经济各部门使用的原料、动力和燃料的工业；③制造工业，是指对原材料进行加工制造的工业。

10. 能源消费总量　指一定时期内用于生产和生活的各种能源消费量的总和。包括原煤和原油及其制品、天然气、电力的消费量，可分为三部分，即终端能源消费量、能源加工转换量和损失量。它是观察能源消费水平、构成和增长速度的总量指标。

11. 货（客）运量　指运输业实际运送的货物（旅客）数量。货运按吨计算，客运按人计算。货物不论运输距离长短，货物类别，均按实际重量统计；旅客不论行程远近或票价多少，均按一人一次作为客运量统计。

12. 货物（旅客）周转量　指运输业运送的货物（旅客）数量与其相应运输距离的乘积之总和，通常以吨公里和人公里为计算单位。它是反映运输业生产总成果的重要指标。

13. 邮电业务总量　指以货币表现的邮电部门为用户传递信息和提供其他邮电服务的总量。它综合反映了一定时期邮电工作的总成果，是研究邮电业务量构成和发展趋势的重要指标。

14. 建筑业总产值　是以货币表现的建筑业企业在一定时期内生产的建筑业产品和服务的总和。建筑业总产值包括建筑工程产值、安装工程产值和其他产值三部分内容。

15. 固定资产投资额　是以货币表现的在一定期内建造和购置固定资产的工作量以及与此有关的费用的总和。它是反映固定资产投资规模、速度、比例关系的综合性指标。

16. 新增固定资产　是指已经完成建造和购置过程，并以交付生产或使用单位的固定资产价值。它是反映固定资产投资成果的价值量指标。

17. 房屋施工面积　指报告期内施工的全部房屋建筑面积。包括本期新开工的面积、上期跨入本期继续施工的房屋面积、上期停缓建在本期恢复施工的房屋面积、本期竣工的房屋面积以及本期施工后又停缓建的房屋面积。多层建筑应填各层建筑面积之和。

18. 房屋竣工面积　指在报告期内房屋建筑按照设计要求已全部完工，达到住人和使用条件，经验收鉴定合格或达到竣工验收标准，可正式移交使用的各栋房屋建筑面积的总和。

19. 社会消费品零售总额　指各种经济类型的批发零售

贸易业、餐饮业和其他行业对城乡居民和社会集团的消费品零售额总和。这个指标反映通过各种商品流通渠道向居民和社会集团供应的生活消费品来满足他们生活需要，是研究人民生活、社会消费品购买力、货币流通等问题的重要指标。居民的消费品零售额：指销售给城乡居民用于生活消费的商品。社会集团的消费品零售额：指销售给机关、团体、部队、学校企业、事业单位和城市街道居民委员会、农村村民委员会用公款购买的用作非生产、非经营使用的消费品。

20. 商品交易市场成交总额 指市场所有摊位商品交易总额之和。

21. 旅游收入 游客（入境游客和国内游客）在旅游过程中（由游客或游客的代表为游客）支付的一切旅游支出就是国家（省、区、市）的旅游收入。旅游支出应包括（过夜）旅游者和一日游游客在整个游程中行、游、住、食、购、娱，以及为亲友、家人购买纪念品、礼品等方面的旅游支出，不包括为商业目的的购物、购买房、地、车、船等资本性或交易性的投资、馈赠亲友的现金及给公共机构的捐赠。旅游收入包括国际旅游（外汇）收入和国内旅游收入。

22. 国际旅游（外汇）收入 入境游客在中国（大陆）境内旅行、游览过程中用于交通、参观游览、住宿、餐饮、购物、娱乐等全部花费。

23. 国内旅游收入 指国内游客在国内旅行、游览过程中用于交通、参观游览、住宿、餐饮、购物、娱乐等全部花费。

24. 利用外资 指我国各级政府、部门、企业和其他经济组织通过对外借款、吸收外商直接投资以及用其他方式筹措的境外现汇、设备、技术等。

25. 外商直接投资 指外国企业和经济组织或个人（包括华侨、港澳台胞以及我国在境外注册的企业）按我国有关政策、法规，用现汇、实物、技术等在我国境内开办外商独资企业、与我国境内的企业或经济组织共同举办中外合资经营企业、合作经营企业或合作开发资源的投资（包括外商投资收益的再投资），以及经政府有关部门批准的项目投资总额内企业从境外借入的资金。

26. 外商直接投资实际到位资金 外商直接投资指外国投资者在我国境内通过设立外商投资企业、与中方投资者共同进行合作开发以及设立外国公司分支机构等方式进行投资，包括外国投资者以现金、实物、技术等作为投资，外商投资收益的再投资，以及在批准的项目投资总额内，企业从境外借入的资金。

27. 进出口总额、海关进出口总额 指实际进出我国国境的货物总金额。包括对外贸易实际进出口货物，来料加工装配进出口货物，国家间、联合国及国际组织无偿援助物资和赠送品，华侨、港澳台同胞和外籍华人捐赠品，租赁期满归承租人所有的租赁货物，进料加工进出口货物，边境地方贸易及边境地区小额贸易进出口货物（边民互市贸易除外），中外合资企业、中外合作经营企业、外商独资经营企业进出口货物和公用物品，到、离岸价格在规定限额以上的进出口货样和广告品（无商业价值、无使用价值和免费提供出口的除外），从保税仓库提取在中国境内销售的进口货物，以及其他进出口货物。进出口总额用以观察一个国家在对外贸易方面的总规模。我国规定出口货物按离岸价格统计，进口货物按到岸价格统计。

28. 居民消费价格指数 是综合反映居民所购买各种消费品和生活服务项目价格变动程度的重要经济指标。通常简记为 CPI。在居民消费价格指数中分为八大类，即食品、烟酒及用品、衣着、家庭设备用品及维修服务、医疗保健和个人用品、交通和通信、娱乐教育文化用品及服务、居住。

29. 商品零售价格指数 反映市场各种零售商品（不含服务项目）价格变动的指数。它包括销售给居民和社会集团的生活消费品和办公用品价格，还包括餐饮业商品价格。

30. 年末自来水生产能力 指年末城建部门管理的自来水厂和社会单位自备水源的取水、净水、送水、出厂输水干管等环节的实际生产能力。

31. 年末实有铺装道路长度 指除土路外，路面经过铺装宽度在3.5米以上的道路，包括高级、次高级道路和普通道路。

32. 年末实有公共汽车（电车）辆 指年底可参加营运的全部车辆数，包括年底营运的车辆数和库存查封未参加营运的车辆，不包括非营运车辆，如架线车、油灌车、工程车、货车及其他专用车辆和借入的客运车辆。

33. 城市园林绿地面积 指城市专用绿地、生产绿地、防护绿地、郊区风景名胜区等的全部面积。

34. 城市人口 用自来水普及率、用气普及率指城市人口中的非农业人口用自来水，用煤气（包括人工煤气、液化石油气、天然气用气人口）的普及情况。

35. 工业废水排放总量 指经过企业厂区所有排放口排到企业外部的工业废水量。包括生产废水、外排的直接冷却水、超标排放的矿井地下水、与工业废水混排的厂区生活污水。

36. 工业废水排放达标量 指各项指标全部达到国家或地方排放标准的外排工业废水量，包括经过处理后外排达标的和未经处理外排达标的两部分。

37. 工业废气排放总量 指企业燃料燃烧和生产工艺过程中产生的各种排入空气的含有污染物的气体的总量，以标准状态下亿标立方米表示。

38. 工业粉尘排放量 指企业在生产工艺过程中排放的能在空气中悬浮一定时间的固体颗粒物重量。如钢铁企业的耐火材料粉尘、焦化企业的筛焦系统粉尘、烧结机的粉尘、石灰窑的粉尘、建材企业的水泥粉尘等。不包括电厂排入大气的烟尘。

39. 工业粉尘去除量 指企业在生产工艺过程中产生的废气,经过各种废气治理设施处理后,去除的粉尘重量。

40. 工业固体废物产生量 指企业在生产过程中产生的固体状、半固体状和高浓度液体状废弃物的总量,包括危险废物、冶炼废渣、粉煤灰、炉渣、煤矸石、尾矿、放射性废物和其他废物等;不包括矿山开采的剥离废石和掘进废石(煤矸石和呈酸性或碱性的废石除外)。

41. 文化事业机构 指从事专业文化工作和为专业文化工作服务的单独核算、独立建制的单位。不包括文化主管部门直属单位举办的其他行业和各部门的业务文化组织。

42. 艺术表演团体 指从事戏曲、音乐、舞蹈、杂技等专业艺术表演的,有独立帐户,实行单独核算的团体。不包括半工半艺、半农半艺的业余剧团。

43. 等级裁判员人数 指经考核正式批准授予等级裁判员称号的人数。裁判员等级分为国际裁判、国家级裁判、一级裁判、二级裁判、三级裁判。

44. 医院 指名称为医院,设有固定床位能收容病人住院并能为病人提供医疗、护理服务的医疗机构。包括综合医院、中医医院、中西医结合医院、民族医院、各类专科医院和护理院,不包括专科疾病防治院、妇幼保健院和疗养院。

45. 卫生技术人员 指卫生事业机构支付工资的全部固定职工和合同制职工中现任职务为卫生技术工作人员。包括执业医师、执业助理医师、注册护士、药师(士)、检验技师、影像技师(士)、卫生监督员和见习医(药、护、技)师(士)等卫生专业人员。不包括从事管理工作的卫生技术人员(如院长、副院长、党委书记等)。

46. 执业医师和执业助理医师 指具有医师执业证书及其"级别"为"执业医师和执业助理医师"且实际从事医疗、预防保健工作的人员,不包括实际从事管理工作的执业医师和执业助理医师。执业医师类别分为临床、中医、口腔和公共卫生。

47. 劳动力资源总数 指在劳动年龄内,具有劳动能力,在正常情况下,可能或实际参加社会劳动的人口数。劳动力资源的范围为:劳动年龄内(16 周岁以上),有劳动能力,实际参加社会劳动和未参加社会劳动的人员。劳动力资源也可划分为:经济活动人口和非经济活动人口。

48. 经济活动人口 指在劳动年龄内,有劳动能力,参加或要求参加社会经济活动的人口,包括从业人员和失业人员。

49. 从业人员 指从事一定社会劳动并取得劳动报酬或经营收入的人员。

50. 失业人员 指在劳动年龄内,有劳动能力,在调查期间无工作并以某种方式正在寻找工作的人员。

51. 在岗职工 指在本单位工作并由单位支付工资的人员。以及有工作岗位,但由于学习、病伤、产假等原因暂未工作,仍由单位支付工资的人员。

52. 从业人员工资总额 指各单位在一定时期内直接支付给本单位全部从业人员的劳动报酬总额。包括计时工资、计件工资、奖金、津贴和补贴、加班加点工资、特殊情况下支付的工资,是在岗职工工资总额、劳务派遣人员工资总额和其他从业人员工资总额之和。

53. 可支配收入

老口径(2012 年及以前年份使用)

城市居民人均可支配收入是指居民家庭可用于最终消费支出和其他非义务性支出以及储蓄的总和,即居民家庭可以用来自由支配的收入。它是家庭总收入扣除交纳的所得税、个人交纳的社会保障支出以及调查户的记帐补贴后的收入。

计算公式为:可支配收入 = 家庭总收入 - 交纳的所得税 - 个人交纳的社会保障支出 - 记帐补贴

农村居民人均可支配收入指农村住户获得的经过初次分配与再分配后的收入。可支配收入可用于住户的最终消费、非义务性支出以及储蓄。

计算方法:

农村住户可支配收入 = 农村住户总收入 - 家庭经营费用支出 - 税费支出 - 生产性固定资产折旧 - 财产性支出 - 转移性支出

新口径(2013 年因报表制度改革,人均可支配收入按新口径计算)

可支配收入指调查户在调查期内获得的、可用于最终消费支出和储蓄的总和,即调查户可以用来自由支配的收入。可支配收入既包括现金,也包括实物收入。按照收入的来源,可支配收入包含五项,分别为:工资性收入、经营净收入、财产净收入、转移净收入和自有住房折算净租金。计算公式为:

可支配收入 = 工资性收入 + 经营净收入 + 财产净收入 + 转移净收入 + 自有住房折算净租金

其中:经营净收入 = 经营收入 - 经营费用 - 生产性固定

资产折旧－生产税净额（生产税－生产补贴）

财产净收入＝财产性收入－财产性支出

转移净收入＝转移性收入－转移性支出

54. 农村居民人均纯收入 指农村住户当年从各个来源得到的总收入相应地扣除所发生的费用后的收入总和。纯收入主要用于再生产投入和当年生活消费支出，也可用于储蓄和各种非义务性支出。

计算方法：纯收入＝总收入－家庭经营费用支出－税费支出－生产性固定资产折旧－赠送农村外部亲友支出

55. 消费支出 指住户用于满足家庭日常生活消费需要的全部支出，包括用于消费品的支出和用于服务性消费的支出。根据用途不同，消费支出可划分为食品烟酒、衣着、居住、生活用品及服务、交通通信、教育文化娱乐、医疗保健、其他用品及服务八大类。根据来源不同，消费支出可划分为现金消费支出、实物消费支出（含自产自用、来自单位、来自政府和其他社会组织）。

56. 城乡居民储蓄存款年末余额 包括城镇居民储蓄和农民个人储蓄两部分的年末余额。不包括工矿企业、部队、机关团体等集团存款。

57. 单位 GDP 能耗 指在一定时期内，某地区每创造一万元生产总值（GDP）所耗用的各种能源的总和。目前国家考核的指标是以包含生产和生活的各种能源消费量的总和和形成的 GDP 之间的总量对比。

58. 单位规模工业增加值能耗 指在一定时期内，某地区规模以上工业企业每创造一万元工业增加值所耗用的各种能源的总和。

59. 当年价格 指报告期的实际价格，如工厂的出厂价格，农产品的收购价格、商业的零售价格等。按当年价格计算，是指一些以货币表现的物量指标，如工农业总产值、国民生产总值等，按照当年的实际价格来计算总量。

60. 不变价格 用某一时期的同类产品的平均价格作为固定价格，来计算各个时期的产品价值。目的是为了消除各时期价格变动的影响，使产品价值在前后时期之间、地区之间、计划与实际之间具有可比性，建国以来我国分别使用了 1952 年、1957 年、1970 年、1980 年、1990 年、2000 年、2010 年不变价格。

61. 可比价格 指在不同时期的价值指标对比时，扣除了价格变动的因素，以确切表示物量的变化。

62. 平均每年增长速度 在我国计算平均增长速度有两种方法，一种是习惯上经常使用的“水平法”，又称几何平均法，是以间隔期最后一年的水平同基期水平对比来计算平均每年增长（或下降）速度。另一种是“累计法”，又称代数平均法或方程法，是以间隔期内各年水平的总和同基期水平对比来计算平均每年增长（或下降）速度。

公式为：平均增长速度＝期次最后一期水平/基期水平×100%－100%

中国统计出版社最新图书简目

(仅供参考,以实际出版为准)

统计资料

中国统计年鉴 中国统计摘要 中国第三产业统计年鉴
中国第三次全国农业普查综合资料 国际统计年鉴 金砖国家联合统计手册
中国-东盟国家统计手册 中国农村统计年鉴 中国县域统计年鉴
中国农产品价格调查年鉴 中国城市统计年鉴 中国价格统计年鉴
中国贸易外经统计年鉴 中国零售和餐饮连锁企业统计年鉴 中国商品交易市场统计年鉴
大中型批发零售和住宿餐饮企业统计年鉴 中国住户调查年鉴 中国工业统计年鉴
中国环境统计年鉴 中国能源统计年鉴 中国建筑业统计年鉴
中国房地产统计年鉴 中国固定资产投资统计年鉴 中国对外直接投资统计公报
中国人口和就业统计年鉴 中国劳动统计年鉴 中国社会统计年鉴
中国科技统计年鉴 中国高技术产业统计年鉴 全国企业创新调查年鉴
中国文化及相关产业统计年鉴 2018年时间利用调查资料 中国妇女儿童状况统计资料
中国基本单位统计年鉴 中国教育统计年鉴 中国教育经费统计年鉴
中国民族统计年鉴 中国残疾人事业统计年鉴

省级综合统计年鉴系列

北京 天津 河北 山西 内蒙古 辽宁 吉林 黑龙江 上海 江苏 浙江 安徽 福建 江西 山东 河南 湖北 湖南
广东 广西 海南 重庆 四川 贵州 云南 西藏 陕西 甘肃 青海 宁夏 新疆 新疆生产建设兵团

市(县)级综合统计年鉴系列

滨海新区 石家庄 唐山 邯郸 保定 沧州 邢台 廊坊 承德 衡水 秦皇岛 张家口 太原 大同 阳泉 长治 晋城
朔州 晋中 运城 忻州 临汾 吕梁 呼和浩特 呼和浩特新城区 鄂尔多斯 包头 沈阳 大连 长春 吉林 延吉 四平
通化 松原 哈尔滨 齐齐哈尔 黑龙江垦区 上海浦东新区 南京 无锡 徐州 常州 苏州 南通 连云港 淮安 盐城
扬州 镇江 泰州 宿迁 江阴 丹阳 海门 杭州 宁波 温州 嘉兴 湖州 绍兴 金华 衢州 舟山 台州 丽水 合肥
安庆 马鞍山 福州 厦门 宁德 漳州 龙岩 南昌 九江 上饶 新余 抚州 萍乡 赣州 吉安 景德镇 济南 青岛 潍坊
枣庄 日照 滕州 郑州 洛阳 平顶山 三门峡 商丘 信阳 济源 汝州 武汉 十堰 荆州 宜昌 荆门 咸宁 长沙 广州
深圳 惠州 东莞 汕尾 南宁 柳州 桂林 梧州 来宾 河池 防城港 海口 三亚 成都 贵阳 黔南 毕节 昆明 西安
咸阳 延安 宝鸡 安康 铜川 汉中 榆林 兰州 庆阳 银川 乌鲁木齐 兵团一师 兵团十师

调查年鉴系列

天津 内蒙古 上海 浙江 福建 河南 湖北 湖南 广东 广西 重庆 四川 云南 甘肃 宁夏

统计方法应用/实用手册

实用SAS统计分析教程 Python数据分析基础 统计公文知识问答 领导干部统计知识问答
乡镇统计人员岗位知识培训系列教材：辅助调查员岗位基础知识 乡镇统计人员岗位基础知识
县级统计人员岗位知识培训系列教材：Excel在统计工作中的应用 简明统计分析
地市级统计人员岗位知识培训系列教材：统计报告与演示 中国国民经济核算体系（2016）基础知识
全国统计专业技术资格考试系列考试用书：统计业务知识（第四版） 统计业务知识学习指导与习题
全国统计专业技术资格考试系列考试用书：统计相关知识（第四版） 统计相关知识学习指导与习题

统计通俗读物/统计科普图书

我国20个统计指标的历史变迁 联合国工业发展组织：2016年工业发展报告
中国古代统计发展史 理解国民账户

重点图书

波澜壮阔四十年 砥砺奋进铸就辉煌——改革开放40年与时俱进的中国统计
新编英汉汉英统计大词典 中国国民经济核算体系2016 国民经济行业分类注释
挑大学选专业2019—考研择校指南 挑大学选专业2019—高考志愿填报指南 中华医学统计百科全书